STÄMPFLIS JURISTISCHE LEHRBÜCHER

HANS SCHULTZ
EINFÜHRUNG IN DEN ALLGEMEINEN TEIL
DES STRAFRECHTS

ERSTER BAND

*Die allgemeinen Voraussetzungen
der kriminalrechtlichen Sanktionen*

PROFESSOR DR. HANS SCHULTZ

# EINFÜHRUNG IN DEN ALLGEMEINEN TEIL DES STRAFRECHTS

EIN GRUNDRISS

ERSTER BAND

DIE ALLGEMEINEN VORAUSSETZUNGEN
DER KRIMINALRECHTLICHEN SANKTIONEN

2., DURCHGESEHENE UND ERGÄNZTE AUFLAGE

BERN · VERLAG STÄMPFLI & CIE AG · 1974

©

VERLAG STÄMPFLI & CIE AG BERN 1973
2., DURCHGESEHENE UND ERGÄNZTE AUFLAGE 1974
GESAMTHERSTELLUNG STÄMPFLI & CIE AG BERN
PRINTED IN SWITZERLAND

IS BN 3-7272-0851-1

# VORWORT

Die allgemeinen Lehren des Strafrechts pflegen eine der ersten Materien des geltenden Rechts zu sein, mit denen der Student der Rechte Bekanntschaft macht. Im Gegensatz zu seinen Kommilitonen anderer Fakultäten bringt er aus dem Gymnasium keine Vorkenntnisse seines Faches mit. Alles ist Neuland. Es fehlen die Kenntnis der grundlegenden Begriffe und die Übersicht über den Zusammenhang einer Rechtsordnung.

Diesem Umstand will der hier vorgelegte Grundriss Rechnung tragen. Er verleugnet seine Herkunft aus einer Anfängervorlesung nicht. Er ist bewusst einfach gehalten und will nichts anderes als eine erste Orientierung über die Probleme und deren Lösung geben. Allerdings fällt der Blick gelegentlich auch auf die Rechtswirklichkeit, insbesondere die Rechtspflege, und es wird der Regelung der Strafen und Massnahmen die ihr gebührende Aufmerksamkeit geschenkt.

Der hier verfolgten Absicht entspricht es, die Systematik des Gesetzes zugrunde zu legen. Die Auseinandersetzung mit der Literatur ist auf ein kaum zulässiges Mindestmass beschränkt. Es geht darum, dem Anfänger vorerst einmal einen vorläufigen Standpunkt zu vermitteln, von dem aus er sich mit der überaus reichen und differenzierten Lehre der strafrechtlichen Dogmatik auseinandersetzen kann. Der aufmerksame Leser wird schon im Text selber genügend Hinweise auf kritische Einwände gegenüber den hier vorgetragenen Ansichten finden. Aber ich hoffe, er wird auch bemerkt haben, dass es im Strafrecht und besonders in der Strafrechtspflege, wie in keinem anderen Rechtsgebiet, immer um menschliche Schicksale geht. «Cum igitur hominum causa omne ius constitutum sit», D 1 5 2, was, etwas frei übersetzt, heisst: «Alles Recht habe dem Menschen zu dienen», gilt ganz besonders für das Strafrecht.

Gegenstand der Darstellung sind die allgemeinen strafrechtlichen Lehren und deren Verwirklichung durch das schweizerische bürgerliche Strafgesetzbuch. Gelegentlich werden ohne Anspruch auf Vollständigkeit Hinweise auf das bürgerliche Nebenstrafrecht des Bundes und das Militärstrafgesetzbuch gegeben.

Das Manuskript wurde am 30. April 1972 abgeschlossen. Die Gesetzesänderungen und die veröffentlichten Urteile des Bundesgerichtes sind bis Ende 1972 berücksichtigt.

Für Hilfe bei den Korrekturen danke ich Frau Fürsprecherin Franca Trechsel-Kinsbergen und Herrn Fürsprech Heinz-Walter Mathys.

Thun, am Jahresende 1972                                     HANS SCHULTZ

## VORWORT ZUR ZWEITEN AUFLAGE

Die freundliche Aufnahme, welche die Einführung in den allgemeinen Teil des Strafrechts fand, führte dazu, dass deren erster Band schon knapp ein Jahr nach seinem Erscheinen vergriffen war. Die zweite Auflage berücksichtigt die inzwischen eingetretenen Gesetzesänderungen sowie die neuen Urteile des Bundesgerichtes und zuweilen kantonaler Instanzen. Sie bringt die bibliographischen Angaben auf den neusten Stand. Stichtag ist der 30. Juni 1974. Ausserdem wurden Versehen berichtigt und gelegentlich die Darstellung verdeutlicht. Für manchen Hinweis auf solche Unstimmigkeiten bin ich Hans Walder zu Dank verpflichtet.

Für erneute Hilfe bei den Korrekturen danke ich Frau Fürsprecherin Franca Trechsel-Kinsbergen und Herrn Fürsprech Heinz-Walter Mathys.

Thun, am 15. Juli 1974                                     HANS SCHULTZ

# INHALT

### ERSTER TEIL: STRAFE, STRAFRECHT UND STRAFGESETZ

§ 1 Kriminalrechtliche Sanktion, Strafrecht und Strafrechtswissenschaft ..... 23
    I. Die rechtliche Regelung menschlichen Verhaltens und die Notwendigkeit der Sanktionen .................................................. 23
    II. Die Arten der kriminalrechtlichen Sanktionen ..................... 26
       1. Die kriminalrechtliche Strafe ................................. 26
          a) Die Strafe im allgemeinen ............................. 26
          b) Die Strafe im Rechtssinn .............................. 26
          aa) Die Strafe im Rechtssinn im allgemeinen: Die kriminalrechtliche Strafe ........................................ 26
          bb) Der Übelscharakter der kriminalrechtlichen Strafe ....... 27
          c) Abgrenzung der Strafe von anderen Rechtsinstituten ..... 28
          d) Die Selbständigkeit der Ordnungswidrigkeit ............ 31
       2. Die sichernden Massnahmen .................................. 31
       3. Vom Strafrecht zum modernen Kriminalrecht ................. 32
    III. Begriff und Arten des Strafrechts ................................. 34
       1. Der Begriff des Strafrechts ................................... 34
          a) Strafrecht im objektiven Sinn .......................... 34
          b) Strafrecht im subjektiven Sinn ......................... 34
       2. Die Arten des Strafrechts .................................... 34
          a) Das materielle Strafrecht .............................. 34
          b) Das formelle Strafrecht ............................... 34
    IV. Die Strafrechtswissenschaft ...................................... 35
       1. Die beiden Betrachtungsweisen ............................... 35
       2. Die Strafrechtswissenschaft .................................. 36
       3. Die Kriminologie ............................................ 36
          a) Die Kriminalphänomenologie ......................... 36
          b) Die erklärende Kriminologie .......................... 36
          c) Die Psychologie des Strafverfahrens .................... 37
          d) Die Pönologie ........................................ 37
       4. Die Kriminalistik ............................................ 37

*1. Abschnitt: Begründung der Strafe, Strafrechtstheorien.*
*Aufgabe der kriminalrechtlichen Sanktionen*

§ 2 Die Strafrechtstheorien ............................................. 38
    I. Bedeutung und Arten .......................................... 38
    II. Die absoluten Theorien ........................................ 39
    III. Die relativen Theorien ......................................... 39
       1. Die Generalprävention ...................................... 39
          a) Durch die Strafandrohung ............................ 39
          b) Durch den Strafvollzug ............................... 39

|     |     |                                                                  |    |
| --- | --- | ---------------------------------------------------------------- | -- |
|     |     | 2. Die Spezialprävention                                         | 40 |
|     | IV. | Die Vereinigungstheorien                                         | 41 |
|     | V.  | Kritik der Strafrechtstheorien                                   | 41 |
|     |     | 1. Zu den absoluten Theorien                                     | 41 |
|     |     | 2. Zu den relativen Theorien                                     | 42 |
|     |     | 3. Zu den Vereinigungstheorien                                   | 42 |
| § 3 | Rechtsgrund und Aufgabe der kriminalrechtlichen Sanktion; die Strafwürdigkeit | | 43 |
|     | I.  | Das Strafrecht als Teil der Rechtsordnung                        | 43 |
|     | II. | Die Aufgaben der kriminalrechtlichen Sanktionen                  | 43 |
|     |     | 1. Der Schutz der Rechtsgüter als allgemeine Aufgabe             | 43 |
|     |     | 2. Weitere besondere kriminalpolitische Zielsetzungen            | 44 |
|     | III.| Die Strafwürdigkeit                                              | 45 |
|     | IV. | Die leitenden Gesichtspunkte                                     | 46 |
|     | V.  | Die Stellung des schweizerischen Strafgesetzbuches               | 46 |
|     |     | 1. Die Straftheorie des Gesetzes                                 | 46 |
|     |     | 2. Die kriminalpolitische Einstellung des Gesetzes               | 47 |

## 2. Abschnitt: Strafrecht und Strafgesetz

|     |     |                                                                  |    |
| --- | --- | ---------------------------------------------------------------- | -- |
| § 4 | Die Rechtsquellen des Strafrechts                                      | | 47 |
|     | I.  | Der Begriff der Rechtsquelle                                     | 47 |
|     |     | 1. Rechtsquelle im juristisch-dogmatischen Sinn                  | 47 |
|     |     | 2. Rechtsquelle als Grund der Rechtskenntnis                     | 48 |
|     |     | 3. Rechtsquelle als Grund der Rechtserzeugung                    | 48 |
|     |     | 4. Rechtsquelle als Grund der Wertung                            | 48 |
|     | II. | Der Grundsatz der Legalität                                      | 48 |
|     |     | 1. Allgemeines                                                   | 48 |
|     |     | 2. Die Erstreckung des Grundsatzes der Legalität auf die sichernden Massnahmen | 49 |
|     |     | 3. Die Durchführung des Legalitätsgrundsatzes                    | 49 |
|     |     |    a) Voraussetzungen der Strafe                  | 49 |
|     |     |    b) Voraussetzungen der sichernden Massnahmen   | 50 |
|     |     | 4. Grenzen des Legalitätsprinzipes                               | 50 |
|     |     | 5. Das prozessuale Legalitätsprinzip                             | 50 |
|     | III.| Das Strafgesetz                                                  | 51 |
|     |     | 1. Allgemeines                                                   | 51 |
|     |     | 2. Die Gesetzestechnik                                           | 51 |
|     |     | 3. Die Arten des Strafgesetzes                                   | 51 |
|     |     |    a) Hinsichtlich der Strafdrohung               | 51 |
|     |     |       aa) Absolut bestimmt         | 51 |
|     |     |       bb) Relativ bestimmt         | 52 |
|     |     |       cc) Absolut unbestimmt       | 52 |
|     |     |    b) Hinsichtlich der ausgesprochenen Strafe     | 52 |
|     |     |    c) Hinsichtlich der Verbindung von Tatbestand und Rechtsfolge | 52 |

|     |      | IV. Andere Rechtsquellen | 52 |
|---|---|---|---|
|     |      | 1. Die Rechtsprechung | 53 |
|     |      | 2. Die Wissenschaft | 53 |
|     |      | 3. Das Gewohnheitsrecht | 53 |

§ 5 Die Rechtsquellen des schweizerischen Strafrechts und rechtsvergleichende Hinweise ... 53
    I. Völkerrecht und Landesrecht ... 54
        1. Beschränkung der landesrechtlichen Gesetzgebungshoheit durch völkerrechtliche Gebote oder Rechtspflichten ... 54
            a) Regeln des allgemeinen Völkerrechts ... 54
            b) Regeln des vertraglichen (partikulären) Völkerrechts ... 54
        2. Das eigentliche völkerrechtliche Strafrecht ... 55
        3. Völkerrechtliche Begrenzung der Gerichtsbarkeit ... 56
    II. Gesetzliche Regeln des Landesrechtes ... 56
        1. Die Bestimmungen der Bundesverfassung ... 56
            a) Die verfassungsmässige Grundlage ... 56
            b) Andere Verfassungsbestimmungen strafrechtlichen Inhalts ... 57
            aa) Unmittelbar strafrechtlich bedeutsam ... 57
            bb) Auch strafrechtlich bedeutsam ... 57
        2. Die Strafgesetzgebung des Bundes ... 57
            a) Die materiellrechtlichen Gesamtordnungen ... 57
            aa) Das bürgerliche Strafgesetzbuch ... 57
            aaa) Die Entstehungsgeschichte ... 57
            bbb) Das geltende Recht ... 64
            bb) Das Militärstrafgesetz ... 65
            b) Die prozessrechtlichen Gesamtordnungen ... 65
            aa) Bürgerliche ... 65
            bb) Militärische ... 65
            c) Das Nebenstrafrecht des Bundes ... 65
        3. Das kantonale Strafrecht ... 66
            a) Das Übertretungs- oder Polizeistrafrecht ... 66
            b) Das Verwaltungsstrafrecht ... 67
            c) Das Prozessstrafrecht ... 67
            d) Das Steuerstrafrecht ... 67
        4. Das Verhältnis der verschiedenen Rechtsquellen zueinander ... 68
            a) Verschiedene Rechtsquellen des Bundesrechtes ... 68
            b) Bundesrecht – kantonales Recht ... 68
            aa) Prozessuale Bestimmungen des Strafgesetzbuches ... 68
            bb) Regeln des Bundesstrafprozesses für kantonale Strafverfahren ... 68
            aaa) Im allgemeinen ... 68
            bbb) In Delegationsstrafsachen ... 69
            ccc) Bestrafung auf Grund besonderer Bundesgesetze ... 69
            ddd) Befugnis des Bundesanwaltes zu kantonalen Rechtsmitteln ... 69
            eee) Voraussetzungen der Nichtigkeitsbeschwerde an den Kassationshof des Bundesgerichtes ... 69
            cc) Bundesrechtliche Regeln im Verwaltungsstrafverfahren ... 69

|     |                                                                      |     |
| --- | -------------------------------------------------------------------- | --- |
|     | III. Die Rechtsprechung                                              | 69  |
|     | 1. Die Rechtsprechung des Bundes                                     | 70  |
|     | a) Bürgerlich                                                        | 70  |
|     | b) Militärisch                                                       | 70  |
|     | 2. Die Rechtsprechung der Kantone                                    | 70  |
|     | a) Offiziell                                                         | 70  |
|     | b) Nicht amtlich                                                     | 70  |
|     | 3. Rechtsprechung des Bundes und der Kantone                         | 71  |
|     | IV. Die Doktrin                                                      | 71  |
|     | 1. Lehr- und Handbücher                                              | 71  |
|     | 2. Kommentare                                                        | 72  |
|     | 3. Monographien                                                      | 72  |
|     | 4. Zeitschriften                                                     | 72  |
|     | 5. Übersichten                                                       | 72  |
|     | V. Vereinigungen                                                     | 72  |
|     | VI. Die Rechtsvergleichung                                           | 73  |
|     | 1. Die Bedeutung der Rechtsvergleichung                              | 73  |
|     | 2. Hinweise auf einige ausländische Rechtsordnungen                  | 74  |
|     | a) Bundesrepublik Deutschland                                        | 74  |
|     | b) Frankreich                                                        | 76  |
|     | c) Italien                                                           | 76  |
|     | d) Österreich                                                        | 77  |
|     | e) Angelsächsisches Recht                                            | 78  |
|     | aa) Grossbritannien                                                  | 78  |
|     | bb) Die Vereinigten Staaten von Nordamerika                          | 78  |
| § 6 | Die Auslegung des Strafgesetzes                                      | 79  |
|     | I. Die Auslegung im allgemeinen                                      | 79  |
|     | 1. Die Auslegung                                                     | 79  |
|     | 2. Freie Rechtsfindung intra legem                                   | 81  |
|     | 3. Die Ausfüllung von Lücken                                         | 81  |
|     | II. Die Auslegung des Strafrechts                                    | 82  |
| § 7 | Die Geltung des Strafrechts                                          | 83  |
|     | I. Der zeitliche Geltungsbereich                                     | 83  |
|     | 1. Die gesetzlichen Regeln                                           | 83  |
|     | 2. Der Grundsatz                                                     | 83  |
|     | 3. Die Geltung des neuen Gesetzes als milderes Recht                 | 84  |
|     | a) Das geänderte Gesetz                                              | 84  |
|     | b) Die Bestimmung des milderen Rechts                                | 85  |
|     | c) Das anwendbare mildere Recht                                      | 85  |
|     | d) Die Änderung des Strafrechts während eines hängigen Verfahrens    | 85  |
|     | e) Die Abgrenzung der lex mitior von anderen Änderungen des Rechtszustandes | 86 |
|     | aa) Zeitgesetze                                                      | 86  |
|     | bb) Wegfallen von Handlungsobjekten                                  | 86  |
|     | f) Sonderregeln                                                      | 86  |
|     | aa) Strafantrag                                                      | 86  |

| | | |
|---|---|---|
| bb) | Ausnahmsweise Einwirkung auf schon beurteilte Straftaten | 86 |
| g) | Die Geltung des neuen Gesetzes als vermutetes milderes Recht | 87 |

4. Unbedingte Geltung des neuen Rechts .................... 87
5. Die Anwendung der Regeln über die zeitliche Geltung ......... 88

II. Der räumliche Geltungsbereich ............................... 88
  1. Die Grundbegriffe und Prinzipien ......................... 89
    a) Die Grundbegriffe .................................... 89
      aa) Die internationalen strafrechtlichen Zuständigkeiten: Strafrechts- und Gerichtshoheit ........................... 89
      aaa) Die Strafrechtshoheiten ............................ 89
      bbb) Die Gerichtshoheiten .............................. 89
      bb) Andere Grundbegriffe .............................. 90
      aaa) Die Gerichtsbarkeit ............................... 90
      bbb) Der Gerichtsstand ................................ 90
      ccc) Der Begehungsort ................................ 90
      cc) Abgrenzung der internationalen strafrechtlichen Zuständigkeiten von anderen rechtlichen Erscheinungen ........... 91
      aaa) Begrenzung eines gesetzlichen Tatbestandes auf den Schutz inländischer Rechtsgüter ............................ 91
      bbb) Die Begehung in einem bestimmten Gebiet .............. 91
    b) Die Prinzipien ....................................... 91
      aa) Das Territorialprinzip .............................. 91
      bb) Das Flaggenprinzip ................................ 91
      cc) Das Staatsschutzprinzip ............................ 91
      dd) Das Prinzip der aktiven Personalität ................... 92
      ee) Das Prinzip der passiven Personalität oder Individualschutzprinzip ..................................... 92
      ff) Das Weltrechtsprinzip ............................. 92
      gg) Das stellvertretende Strafrecht ....................... 92
    c) Die Berücksichtigung des ausländischen Rechts und der ausländischen Strafverfolgung ............................ 92
      aa) Die beidseitige Strafbarkeit ......................... 93
      bb) Die Anwendung des milderen Rechts ................... 93
      cc) Das Anrechnungsprinzip ............................ 93
      dd) Das Erledigungsprinzip ............................. 93
      ee) Die Vollstreckung ausländischer Strafen ................ 93
    d) Die Auslieferung ..................................... 94
  2. Die Regelung der räumlichen Geltung des schweizerischen Strafgesetzbuches ............................................ 94
    a) Übersicht ........................................... 94
    b) Die Strafrechtshoheiten des schweizerischen Rechts ........ 94
      aa) Nach Territorialprinzip ............................. 94
      aaa) Voraussetzungen .................................. 94
      bbb) Berücksichtigung ausländischer Strafverfolgung ......... 95
      bb) Nach Staatsschutzprinzip ........................... 95
      aaa) Voraussetzungen .................................. 95

| | | |
|---|---|---|
| bbb) | Berücksichtigung ausländischer Strafverfolgungen | 95 |
| cc) | Nach aktiver Personalität | 95 |
| aaa) | Voraussetzungen | 95 |
| bbb) | Berücksichtigung fremden Rechts und ausländischer Strafverfolgung | 95 |
| ccc) | Ergänzungen | 95 |
| dd) | Nach Flaggenprinzip | 96 |
| c) | Die Gerichtshoheiten des schweizerischen Strafrechts | 96 |
| aa) | Nach Individualschutzprinzip | 96 |
| aaa) | Voraussetzungen | 96 |
| bbb) | Berücksichtigung fremden Rechts und ausländischer Strafverfolgung | 96 |
| bb) | Nach Weltrechtsprinzip | 96 |
| cc) | Nach stellvertretendem Strafrecht | 96 |
| d) | Verhältnis der verschiedenen Zuständigkeiten zueinander | 96 |

III. Der persönliche Geltungsbereich des Strafgesetzbuches ............ 97
  1. Die materiellrechtlichen Begrenzungen ...................... 97
    a) Der Vorrang des Militärstrafgesetzes ................. 97
    b) Die parlamentarische Immunität (Indemnität) ......... 97
  2. Prozessuale Beschränkungen ............................ 97
    a) Die diplomatische Immunität ...................... 97
    b) Staatsrechtliche Verfolgungsbeschränkungen .......... 98
      aa) Des Bundesrechtes ............................ 98
      bb) Des kantonalen Rechts ........................ 98

ZWEITER TEIL: DAS STRAFBARE VERHALTEN

*1. Abschnitt: Die allgemeinen Voraussetzungen der Strafbarkeit*

*1. Unterabschnitt: Das strafbare Verhalten im allgemeinen*

§ 8 Der Begriff des strafbaren Verhaltens oder der allgemeine Verbrechensbegriff ................................................ 99
  I. Die Problemstellung ........................................ 99
  II. Der allgemeine Begriff des strafbaren Verhaltens ................ 100
    1. Der Begriff des strafrechtlich erheblichen Verhaltens im allgemeinen ................................................ 100
      a) Strafrechtlich erhebliches Verhalten als menschliches Verhalten ............................................. 100
        aa) Im allgemeinen .............................. 100
        bb) Die Strafbarkeit juristischer Personen ........... 100
      b) Das strafrechtlich erhebliche Verhalten als geäussertes, willkürliches und auf zwischenmenschliche Beziehungen gerichtetes Verhalten ............................ 101

    2. Die Merkmale des strafbaren Verhaltens .................. 102
        a) Die Tatbestandsmässigkeit ......................... 102
        b) Die Rechtswidrigkeit .............................. 102
        c) Die Schuldhaftigkeit .............................. 102
        d) Besondere Bedingungen der Strafbarkeit ............. 102
§ 9 Die Arten strafbaren Verhaltens ................................ 103
  I. Nach der Schwere .......................................... 103
  II. Nach der Beziehung zum geschützten Rechtsgut ................ 104
  III. Nach der Beziehung zum Handlungsobjekt ..................... 105
    1. Schlichte Tätigkeitsdelikte und Erfolgsdelikte ................ 105
    2. Zu den Erfolgsdelikten im besonderen ..................... 106
  IV. Nach der Art der Ausführung ................................ 107
    1. Begehungs- und Unterlassungsdelikt ....................... 107
    2. Das unechte Unterlassungsdelikt .......................... 108
    3. Die Kausalität der Unterlassungsdelikte .................... 108
  V. Nach Handlungseinheit und -mehrheit ........................ 109
    1. Der Grund der Handlungseinheit .......................... 109
    2. Besondere Begründung der Handlungseinheit .............. 109
        a) Das Kollektivdelikt ............................... 109
        b) Das Dauerdelikt .................................. 110
    3. Die strafrechtliche Behandlung von Handlungseinheit und -mehrheit ................................................ 110
        a) Die Handlungseinheit ............................. 110
        b) Die Handlungsmehrheit ........................... 111
        c) Abgrenzungen .................................... 112
        aa) Die Unterscheidung von Ideal- und Realkonkurrenz .... 112
        bb) Ausschluss von Ideal- und Realkonkurrenz ............ 112
  VI. Andere Einteilungen strafbaren Verhaltens ..................... 114
    1. Versuchtes und vollendetes Delikt ......................... 114
    2. Vorsätzliche und fahrlässige Delikte ....................... 114
    3. Absichtsdelikte ......................................... 114
    4. Gemeine Delikte – Sonderdelikte .......................... 114
    5. Eigenhändige Delikte .................................... 115
    6. Offizialdelikte – Antragsdelikte ........................... 115

*2. Unterabschnitt: Die allgemeinen Voraussetzungen der Strafbarkeit im einzelnen*

1. Kapitel

§ 10 Die Tatbestandsmässigkeit ...................................... 116
  I. Allgemeines ................................................ 116
    1. Die Bedeutung der Tatbestandsmässigkeit und der Tatbestandsmerkmale ............................................... 116
    2. Die Tatbestandsmässigkeit im eigentlichen Sinne ............ 117
    3. Besonderheiten der Tatbestandsmässigkeit der Unterlassungsdelikte ................................................... 118

    a) Die besondere Tatsituation ........................ 118
    b) Die Fähigkeit, das Gebot zu erfüllen ................ 119
    c) Das Ausbleiben der gebotenen Handlung .............. 119
  II. Der Aufbau der gesetzlichen Tatbestände ...................... 119
   1. Einfache Tatbestände ................................... 119
   2. Zusammengesetzte Tatbestände .......................... 119
    a) Verbindung mehrerer Arten strafbaren Verhaltens ...... 119
    b) Verbindung der Beeinträchtigung mehrerer Rechtsgüter . 119
    c) Verbindung mehrer Schuldformen .................... 119
  III. Die Verwandtschaft der Tatbestände .......................... 119
   1. Der Grundtatbestand .................................... 120
   2. Abgewandelte Tatbestände ............................... 120
  IV. Die Lehre von den negativen Tatbestandsmerkmalen ............. 120
  V. Fehlen der Tatbestandsmässigkeit ............................ 120

## 2. Kapitel: Die Rechtswidrigkeit

§ 11 Begriff und Voraussetzungen der Rechtswidrigkeit im Strafrecht ....... 120
  I. Die formelle Rechtswidrigkeit ................................ 121
   1. Der Begriff ............................................ 121
   2. Die Voraussetzungen der formellen Rechtswidrigkeit ......... 121
  II. Die materielle Rechtswidrigkeit ............................... 123
  III. Der Begriff des Unrechts .................................... 124

## 3. Kapitel: Die Schuld

§ 12 Der Begriff der Schuld, seine Voraussetzungen und seine Bedeutung
  im modernen Strafrecht ......................................... 124
  I. Der Begriff der Schuld ...................................... 124
  II. Die Voraussetzung rechtlicher Schuld .......................... 125
  III. Die Bedeutung der Schuld im modernen Strafrecht ............... 127
  IV. Die Bestimmungen des Strafgesetzbuches über die Schuld ......... 128
§ 13 Die Schuldfähigkeit als Voraussetzung der Schuld ................... 129
  I. Das Problem ................................................ 129
  II. Die Merkmale der Schuldfähigkeit ............................. 129
   1. Die Altersgrenze ....................................... 129
   2. Die Zurechnungsfähigkeit ............................... 130
    a) Der Begriff ....................................... 130
    b) Die Elemente der Zurechnungsfähigkeit .............. 130
    aa) Zum Wissensmoment ............................... 130
    bb) Zum Willensmoment ............................... 131
    c) Die Relativität der Zurechnungsfähigkeit .............. 132
    d) Der massgebende Zeitpunkt ......................... 132
    e) Der Beweis der Zurechnungsfähigkeit ................. 133
§ 14 Die Formen der Schuld ........................................... 133
  I. Allgemeines ................................................ 133
  II. Der Vorsatz ................................................ 134

1. Die Theorien über den Vorsatz .......................... 134
2. Der Begriff des Vorsatzes ............................... 134
3. Der Gegenstand und Inhalt des Vorsatzes ................ 135
   a) Der Gegenstand des Vorsatzes: Die Tatbestandsmerkmale 135
   b) Der Inhalt des Vorsatzes: Das Bewusstsein der Rechtswidrigkeit ............................................. 136
   c) Vom Vorsatz nicht erfasste Merkmale ................ 138
4. Die Arten des Vorsatzes ................................ 138
   a) Einfacher oder direkter Vorsatz .................... 138
   b) Absichtliches Handeln .............................. 138
   c) Dolus eventualis ................................... 139
   aa) Der Sachverhalt .................................... 139
   bb) Der Begriff ........................................ 140
   cc) Theorien des dolus eventualis ...................... 140
   dd) Analyse des Sachverhaltes .......................... 140
   ee) Der dolus eventualis im Strafgesetzbuch und in der schweizerischen Rechtsprechung ..................... 140
   ff) Zum Beweis des Eventualvorsatzes ................... 141
   d) Der bedingte Vorsatz ............................... 142
   e) Andere Vorsatzarten ................................ 142
   aa) Dolus alternativus ................................. 142
   bb) Dolus indeterminatus ............................... 142
   cc) Dolus generalis .................................... 143
   dd) Dolus subsequens ................................... 143
   ee) Dolus superveniens ................................. 143
   ff) Dolus praeterintentionalis ......................... 144
   gg) Versari in re illicita ............................. 144
   hh) Verletzungs- und Gefährdungsvorsatz ................ 144
III. Die Fahrlässigkeit ....................................... 144
   1. Die Bedeutung der Fahrlässigkeit im modernen Strafrecht ..... 145
   2. Der Begriff der Fahrlässigkeit ........................ 145
   3. Die Arten der Fahrlässigkeit .......................... 146
      a) Die bewusste Fahrlässigkeit ...................... 146
      b) Die unbewusste Fahrlässigkeit .................... 147
   4. Die geforderte Sorgfalt ............................... 148
   5. Die Voraussehbarkeit .................................. 150
   6. Der Gegenstand der Fahrlässigkeit ..................... 151
   7. Das Verhältnis mehrerer fahrlässiger Täter zueinander ....... 151
IV. Die Verbindung von Vorsatz und Fahrlässigkeit ............ 152
V. Besondere Schuldformen ................................... 152
   1. Die Wissensschuld ..................................... 152
   2. Wissen – oder Annehmen-Müssen ......................... 153
VI. Die Einheitlichkeit des Schuldbegriffes .................. 153
§ 15 Die Gesinnungs- oder besonderen Schuldmerkmale .......... 154

## 4. Kapitel

§ 16 Die besonderen Bedingungen der Strafbarkeit .................... 155
    I. Die objektiven Strafbarkeitsbedingungen ..................... 155
   II. Der Strafantrag ......................................... 156
      1. Der Begriff ......................................... 156
      2. Die systematische Bedeutung .......................... 156
      3. Die Begründung des Antragserfordernisses ............... 156
      4. Die Arten des Antragsdeliktes ......................... 157
      5. Die Legitimation zum Antrag .......................... 157
      6. Die Antragsfrist ..................................... 157
      7. Die Form des Antrages ............................... 158
      8. Die Unteilbarkeit des Antrages ........................ 159
      9. Die Wirkung des Antrages ............................ 159
    10. Der Verzicht auf den Antrag .......................... 160
    11. Der Rückzug des Antrages ............................ 160

*3. Unterabschnitt: Besondere Gründe des Ausschlusses der Strafbarkeit*    161

*1. Kapitel: Der Ausschluss der Rechtswidrigkeit und der Schuld*    161

§ 17 Der Ausschluss der Rechtswidrigkeit: Die Rechtfertigungsgründe ........ 161
    I. Allgemeines ............................................ 161
      1. Allgemeine Charakteristik der Rechtfertigungsgründe ......... 162
      2. Die Rechtsfolge des Vorliegens eines Rechtfertigungsgrundes .... 163
      3. Die Arten der Rechtfertigungsgründe ..................... 164
        a) Die gesetzlichen Rechtfertigungsgründe ................ 164
        b) Die aussergesetzlichen Rechtfertigungsgründe ........... 164
        c) Die übergesetzlichen Rechtfertigungsgründe ............ 164
      4. Objektive oder subjektive Bedingtheit der Rechtfertigung? ...... 164
      5. Die Begrenzung der gerechtfertigten Taten ................. 165
      6. Die Lehre von den negativen Tatbestandsmerkmalen .......... 165
   II. Die gesetzlichen Rechtfertigungsgründe ....................... 166
      1. Allgemeines ........................................ 166
      2. Die einzelnen gesetzlichen Rechtfertigungsgründe ............ 167
        a) Gesetz, Amts- oder Berufspflicht, Art. 32 ............... 167
        aa) Gesetzlich gebotenes oder erlaubtes Handeln ........... 167
        aaa) Gesetzlich gebotenes Handeln ..................... 167
        bbb) Gesetzlich erlaubtes Handeln ...................... 168
        bb) Die Amtspflicht ................................. 169
        cc) Die Berufspflicht ................................ 169
        dd) Vom Gesetz straflos erklärte Handlungen ............. 170
        b) Die Notwehr, Art. 33 ............................... 170
        aa) Der Begriff ..................................... 170
        bb) Die rechtliche Eigenart ........................... 170
        cc) Die Berechtigung zur Notwehr ..................... 170
        dd) Die Voraussetzungen der Notwehr .................. 170
        ee) Das Mass der Notwehr ............................ 172

|        |                                                              |     |
|--------|--------------------------------------------------------------|-----|
| ff)    | Die Grenzen der Notwehr                                      | 172 |
| gg)    | Das Überschreiten der Notwehr                                | 173 |
| hh)    | Die Abgrenzung der Notwehr von anderen Rechtsbehelfen        | 173 |
| c)     | Der Notstand, Art. 34                                        | 173 |
| aa)    | Der Begriff                                                  | 173 |
| bb)    | Die Rechtsnatur des Notstandes                               | 174 |
| cc)    | Die Berechtigung zur Nottat                                  | 174 |
| dd)    | Die Voraussetzungen des Notstandes                           | 175 |
| ee)    | Das Mass der Nottat                                          | 176 |
| ff)    | Die Grenzen des Notstandes                                   | 176 |
| gg)    | Das Überschreiten des Notstandes                             | 177 |
| aaa)   | Durch den Berechtigten                                       | 177 |
| bbb)   | Durch den Nothelfer                                          | 177 |

III. Die aussergesetzlichen Rechtfertigungsgründe .................... 177
   1. Die Einwilligung des Verletzten .............................. 177
      a) Die wirkliche Einwilligung ............................. 177
      b) Die Abgrenzung von anderen Rechtsformen ............. 179
         aa) Das Fehlen der Einwilligung als Tatbestandsmerkmal: das Einverständnis .................................. 179
         bb) Das Mitwirken des Verletzten als Tatbestandsmerkmal .... 179
   2. Die Selbstverletzung ........................................ 179
   3. Das Handeln mit mutmasslicher Einwilligung des Verletzten .... 180
   4. Die Geschäftsführung ohne Auftrag .......................... 180
   5. Die Wahrung berechtigter Interessen ......................... 181
   6. Die Einwilligung in eine besondere Gefahrensituation ......... 182
   7. Das Züchtigungsrecht von Drittpersonen ..................... 183
   8. Die Sozialadäquanz ......................................... 183
   9. Das Gewohnheitsrecht ...................................... 184

IV. Die übergesetzlichen Rechtfertigungsgründe ..................... 184

§ 18 Der Ausschluss und die Milderung der Schuld .................... 185
  I. Einleitende Bemerkungen ........................................ 185
  II. Die Zurechnungsunfähigkeit, Art. 10 ........................... 186
   1. Vorbemerkungen .......................................... 186
   2. Die Methoden zur Bestimmung der Zurechnungsunfähigkeit .... 187
      a) Die biologische Methode ............................... 187
      b) Die psychologische Methode ........................... 187
      c) Die gemischte Methode ................................ 187
   3. Die Voraussetzungen der Zurechnungsunfähigkeit ............. 188
      a) Die biologischen Voraussetzungen ...................... 188
         aa) Die Geisteskrankheit ................................ 188
         bb) Der Schwachsinn ................................... 188
         cc) Die schwere Störung des Bewusstseins ................ 188
      b) Die psychologischen Voraussetzungen .................. 189
   4. Die Relativität der Zurechnungsunfähigkeit ................... 189
   5. Die Ermittlung der Zurechnungsunfähigkeit .................. 189
   6. Die Wirkungen der Zurechnungsunfähigkeit .................. 190
  III. Die Minderung der Zurechnungsfähigkeit, Art. 11 ............... 190

|  |  |  |  |
|---|---|---|---|
| 1. | Zum Begriff | | 190 |
| 2. | Die Voraussetzungen | | 191 |
| | a) | Die biologischen Voraussetzungen | 191 |
| | aa) | Die Beeinträchtigung der geistigen Gesundheit | 191 |
| | bb) | Die Beeinträchtigung des Bewusstseins | 191 |
| | cc) | Die mangelhafte geistige Entwicklung | 191 |
| | b) | Die psychologischen Voraussetzungen | 191 |
| 3. | Relativität, Ermittlung und Wirkungen der geminderten Zurechnungsfähigkeit | | 191 |

IV. Der Irrtum .................................................. 192
  1. Allgemeines ............................................... 192
  2. Der Irrtum über den Sachverhalt, Art. 19 ..................... 193
      a) Die irrige Vorstellung .................................. 193
      b) Der Gegenstand des Irrtums ............................. 194
      aa) Der Irrtum über die Lebensvorgänge .................... 194
      bb) Der Irrtum bei Absichtsdelikten ....................... 194
      cc) Der Irrtum über das Vorliegen der tatsächlichen Voraussetzungen eines Rechtfertigungsgrundes ................. 195
      dd) Der Irrtum über strafmindernde oder straferhöhende Merkmale ................................................. 195
      c) Die Erheblichkeit des Irrtums .......................... 195
      d) Die Richtung des Irrtums ............................... 195
      e) Die Wirkung des Sachverhaltsirrtums .................... 196
  3. Der sogenannte Rechtsirrtum, recte Verbotsirrtum ............. 196
      a) Der Begriff ............................................ 196
      b) Die wichtigsten Arten des Verbotsirrtums ............... 197
      aa) Die Unkenntnis der strafrechtlich geschützten Norm .... 197
      bb) Der Irrtum über die durch einen Rechtfertigungsgrund verliehene Befugnis ..................................... 197
      cc) Die unrichtige Aufklärung über die Rechtslage ......... 197
      c) Die Voraussetzungen .................................... 198
      d) Die Erheblichkeit des Irrtums .......................... 198
      e) Die Richtung des Irrtums ............................... 199
      f) Die Wirkung des Verbotsirrtums ......................... 199
  4. Die aberratio ictus ........................................ 200
V. Der Zwang ..................................................... 200
VI. Der übergesetzliche Schuldausschliessungsgrund ................ 201


2. Kapitel: Der Ausschluss der Strafbarkeit des tatbestandsmässigen, rechtswidrigen und schuldhaften Verhaltens

§ 19 Allgemeines ................................................. 202
§ 20 Die allgemeinen Strafaufhebungs- und Strafausschliessungsgründe .. 204
  I. Die Verjährung, Art. 70–75 .................................. 204
      1. Die Bedeutung des Zeitablaufes im Strafrecht ............. 204

2. Die Verfolgungsverjährung, Art. 70–72 .................... 205
    a) Die Verjährungsfristen ............................ 205
    b) Der Beginn der Verjährung ....................... 205
    c) Das Ruhen der Verjährung........................ 206
    d) Die Unterbrechung der Verjährung ................ 207
    e) Die rechtliche Natur der Verjährung ............... 207
3. Die Vollstreckungsverjährung, Art. 73–75 ................. 207
    a) Die Verjährungsfristen ............................ 207
    b) Der Beginn der Vollstreckungsverjährung ............... 208
    c) Das Ruhen der Vollstreckungsverjährung ............... 208
    d) Die Unterbrechung der Vollstreckungsverjährung ........ 208
II. Andere allgemeine Strafbefreiungsgründe ...................... 209
  1. Der Tod des Angeschuldigten oder des Verurteilten........... 209
  2. Die Begnadigung ....................................... 209
    a) Der Begriff ...................................... 209
    b) Die Zuständigkeit ................................ 209
    c) Die Legitimation zum Begnadigungsgesuch ............. 209
    d) Die Begnadigungsgründe ............................ 210
    e) Die Wiederholung des Gesuches .................... 210
    f) Die Wirkungen der Begnadigung ................... 210
  3. Die Amnestie ......................................... 211
  4. Die Rehabilitation, Art. 77–81 .......................... 211

*4. Unterabschnitt:*

§ 21 Andere Systeme der allgemeinen Verbrechenslehre .................. 212
  I. Das Tat-Täter-System ...................................... 212
  II. Die Lehre der subjektiven Unrechtselemente ..................... 213
  III. Die finale Handlungslehre und ihre Nachfolger .................. 213
    1. Die finale Handlungslehre .............................. 213
    2. Die personale Unrechtslehre ............................ 215

*5. Unterabschnitt: Die besonderen Erscheinungsformen des Verbrechens:*
*Versuch, Mitwirkung mehrerer, Pressestrafrecht*
  Vorbemerkungen......................................... 217

1. Kapitel: Die Lehre vom Versuch

§ 22 Begriff, Arten und die Begründung der Strafbarkeit des Versuches ..... 218
  I. Der Begriff des Versuches .................................. 218
    1. Die Problemstellung .................................. 218
    2. Der Begriff des Versuches ............................. 219
  II. Die Arten des Versuches .................................. 219
    1. Der unvollendete Versuch, Art. 21 ...................... 219
    2. Der vollendete Versuch, Art. 22 ........................ 220
    3. Der untaugliche Versuch, Art. 23 ....................... 220

- III. Die Begründung der Strafbarkeit des Versuches ................. 220
  - 1. Allgemeines ............................................... 220
  - 2. Die objektiven Versuchstheorien ........................... 221
    - a) Die objektive Gefährdungstheorie .................... 221
    - b) Die formell-objektive oder Tatbestandstheorie .......... 221
    - c) Die materiell-objektive oder erweiterte Tatbestandstheorie von REINHARD FRANK ............................ 221
  - 3. Die subjektiven Versuchstheorien .......................... 221
  - 4. Stellungnahme zu den Versuchstheorien ..................... 222
- IV. Die notwendigen Merkmale des strafbaren Versuches ......... 223

§ 23 Die Regelung des Versuches im schweizerischen Strafgesetzbuch ....... 224
- I. Der unvollendete Versuch, Art. 21 ........................... 224
  - 1. Der Begriff ............................................... 224
  - 2. Die Abgrenzung des unvollendeten Versuches von der straflosen Vorbereitungshandlung ............................ 224
    - a) Die Tatentschlossenheit ............................. 225
    - b) Die Äusserung der Tatentschlossenheit ................ 226
    - c) Die Eindeutigkeit der Äusserung der Tatentschlossenheit . 226
  - 3. Das Zu-Ende-Führen der strafbaren Tätigkeit ................ 227
  - 4. Die Strafe des Versuches .................................. 227
  - 5. Der Rücktritt vom Versuch ................................. 228
- II. Der vollendete Versuch, Art. 22 ............................ 229
  - 1. Der Begriff ............................................... 229
  - 2. Die Strafe ................................................ 229
  - 3. Tätige Reue ............................................... 229
- III. Der untaugliche Versuch, Art. 23 ........................... 230
  - 1. Der Begriff ............................................... 230
  - 2. Das untaugliche Mittel und Objekt ......................... 230
  - 3. Der Grad der Untauglichkeit ............................... 230
    - a) Der unvollendbare Versuch ........................... 231
    - b) Der Wegfall des Motives ............................. 231
    - c) Die Beschränkung auf ein Objekt oder Mittel .......... 231
  - 4. Die Strafe ................................................ 232
  - 5. Beginn und Stufen des untauglichen Versuches, Rücktritt und tätige Reue ............................................... 232
  - 6. Handeln aus Unverstand .................................... 232
- IV. Sonderregelung für Übertretungen ........................... 233
- V. Der Mangel an Tatbestand ................................... 233

2. Kapitel: Die Mitwirkung mehrerer an einer Straftat

§ 24 Allgemeines ...................................................... 234
- I. Die Problemstellung ......................................... 234
- II. Übersicht über die Arten der Mitwirkung und deren gesetzliche Regelung ..................................................... 234
  - 1. Der Täter ................................................. 235
  - 2. Die Arten der Mitwirkung mehrerer ......................... 237
    - a) Die tatsächliche Mitwirkung ......................... 237

        aa) Die mittelbare Täterschaft .......................... 237
        bb) Die fahrlässige Nebentäterschaft ..................... 239
      b) Das bewusste Zusammenwirken ..................... 239
        aa) Das gleichartige bewusste Zusammenwirken mehrerer: Die Mittäterschaft ........................................ 239
        bb) Das ungleichartige bewusste Zusammenwirken mehrerer: Die Teilnahme ...................................... 242
        cc) Das straflose Zusammenwirken mehrerer: Die notwendige Teilnahme ........................................ 243

§ 25 Die Teilnahme, Art. 24–26 ................................. 243
  I. Allgemeines ............................................ 243
    1. Die Akzessorietät der Teilnahme ........................ 243
      a) Die logische Akzessorietät ........................... 244
      b) Die Akzessorietät der Strafdrohung .................. 244
      c) Die tatsächliche Akzessorietät ....................... 244
    2. Der Tatbestand der Teilnahmehandlungen ................ 244
  II. Die Anstiftung, Art. 24 ................................... 245
    1. Der äussere Tatbestand ................................ 245
    2. Der subjektive Tatbestand ............................. 246
    3. Die Vollendung ....................................... 246
    4. Die Strafe der Anstiftung .............................. 247
    5. Der Versuch der Anstiftung ............................ 247
    6. Der Anstiftungsexzess ................................. 247
    7. Der «agent provocateur» .............................. 248
    8. Die Abgrenzung zwischen Täterschaft und Anstiftung ....... 248
  III. Die Gehilfenschaft, Art. 25 ............................... 249
    1. Der äussere Tatbestand ................................ 249
    2. Der innere Tatbestand ................................. 250
    3. Die Vollendung ....................................... 251
    4. Die Strafe ............................................ 251
    5. Der Versuch der Gehilfenschaft ......................... 251
    6. Der Gehilfenschaftsexzess .............................. 251
    7. Die Abgrenzung zwischen Gehilfenschaft und Mittäterschaft ... 252
    8. Besondere Vorschriften ................................ 252
  IV. Besondere Fragen ....................................... 252
    1. Teilnahme an Sonder- und eigenhändigen Delikten .......... 252
    2. Die Berücksichtigung persönlicher Verhältnisse, Art. 26 ....... 252
    3. Die Strafrechtshoheit .................................. 254

### 3. Kapitel

§ 26 Das Pressestrafrecht, Art. 27 ............................... 254
  I. Die Problemstellung ..................................... 255
  II. Das Pressestrafrecht, Art. 27 .............................. 257
    1. Die Begehung der Tat durch die Presse, Zif. 1 .............. 257
    2. Die presserechtliche Verantwortlichkeit, Zif. 1–4 ............ 258

    3. Die Vollendung der Pressedelikte ........................ 261
    4. Der Ausschluss prozessualer Zwangsmassnahmen, Zif. 3 Abs. 2
       und Zif. 6 ............................................... 261
    5. Das Recht zur Berichterstattung, Zif. 5 ..................... 262

Abkürzungsverzeichnis ............................................... 263
Sachregister ........................................................ 266

# ERSTER TEIL:
# STRAFE, STRAFRECHT UND STRAFGESETZ

## § 1 KRIMINALRECHTLICHE SANKTION, STRAFRECHT UND STRAFRECHTSWISSENSCHAFT

### I. DIE RECHTLICHE REGELUNG MENSCHLICHEN VERHALTENS UND DIE NOTWENDIGKEIT DER SANKTIONEN

Weshalb bedarf der Mensch des Rechts und des Strafrechts? Um diese Frage zu beantworten, wird ein seit der Antike oft begangener Weg eingeschlagen und das menschliche Verhalten dem des Tieres gegenübergestellt. Das Tier ist dadurch gekennzeichnet, dass sein Verhalten in bestimmte, anlagemässig festgelegte Bahnen gewiesen ist. Es antwortet auf einzelne Reize mit einem erbmässig bestimmten, schematisch ablaufenden, instinktiven Verhalten. Immerhin ist eine Anpassung an neue Situationen durch Lernen nicht ausgeschlossen.

Das Verhalten des Menschen, von dem J.G.Herder sagte, er sei der erste Freigelassene der Schöpfung, ist in einem nicht allzu engen Rahmen biologischer Notwendigkeiten nicht zum vornehrein festgelegt. Der Mensch kann von seinen Antrieben Abstand und zu sich selber Stellung nehmen. Es ist ihm aufgegeben, sein Leben zu führen. Immanuel Kant sagte von der Menschheit: «Die Natur hat gewollt, dass der Mensch alles, was über die mechanische Anordnung seines tierischen Daseins geht, gänzlich aus sich selbst herausbringe und keiner anderen Glückseligkeit oder Vollkommenheit teilhaftig werde, als die er sich selbst, frei von Instinkt, durch eigene Vernunft verschafft hat» (Idee zu einer allgemeinen Geschichte in weltbürgerlicher Absicht, 3. Satz, WW ed. Cassirer 4 153, im Original gesperrt). Deshalb spricht Hellmuth Plessner vom «Gesetz der natürlichen Künstlichkeit», welchem menschliches Sein untersteht (Die Stufen des Organischen und der Mensch, 2.Aufl., Berlin 1965, S. 309).

Während das Verhalten des Tieres zu seinen Artgenossen erbmässig-instinktiv vorgezeichnet ist, hat der Mensch sein Verhalten zu seinesgleichen durch seine Kultur ausdrücklich zu regeln und immer wieder neue, dem geschichtlichen Wandel angepasste Formen zu finden. Zu diesen Regelungen zählen als Äusserungen menschlicher Kultur mehrere Arten individual- und sozialethischer und anderer Normen, wie die der Ethik, der Religion, der Sitte, der Höflichkeit, der Mode und des Rechts. Das *Recht* ist die *verbindliche* und *nach Gerechtigkeit trachtende Ordnung* des Zusammenlebens in einer Gemeinschaft, die eine *Friedensgemeinschaft* sein will.

Das *Recht* regelt menschliches Verhalten, indem es durch *allgemeine Gebote* ein bestimmtes Verhalten fordert (z. B. es soll jeder einen bestimmten Teil seines Einkommens für die allgemeinen Zwecke dem Staat zur Verfügung stellen) oder durch *allgemeine Verbote* ein Verhalten verpönt (z. B. Du sollst nicht töten!). Diese Verhaltensregeln werden *Normen* genannt (Normentheorie von KARL BINDING, 1841-1920, dazu ARMIN KAUFMANN, Lebendiges und Totes in Bindings Normentheorie, Göttingen 1954).

*Verpönt* werden Verhaltensweisen, welche eine *Verletzung* der Interessen anderer Menschen, z. B. die Tötung eines Menschen, bewirken oder die als *Gefährdung* die erhöhte Möglichkeit einer Verletzung herbeizuführen geeignet sind, z. B. das Verbot, an einer unübersichtlichen Stelle zu überholen.

Der Inhalt der Normen reicht von dem, was durch die Individualethik ebenfalls gefordert oder untersagt wird, wie das Tötungsverbot, bis zu dem Verhalten, welches durch die Anforderungen des friedlichen und geordneten Zusammenlebens geboten ist, wie die Regel, rechts zu fahren. Doch nie darf eine rechtliche Norm blosser Befehl sein, stets soll sie der friedlichen und gerechten Ordnung des menschlichen Zusammenlebens und damit der Achtung vor dem Mitmenschen und der Beachtung seiner Ansprüche dienen. Denn die Rücksichtnahme auf den anderen ist die Grundlage des Rechts überhaupt.

Derart *bewahren* und *sichern* die Normen unmittelbar oder wenigstens mittelbar die von der Rechtsordnung als wertvoll anerkannten Zustände, die *Rechtsgüter,* wie die Unverletzlichkeit des Lebens oder der Freiheit, das Vermögen, aber auch den ungestörten Gang des staatlichen Lebens oder der staatlichen Verwaltung. Auf diese Weise sichert das Recht die menschliche Existenz überhaupt.

Nur angemerkt sei, dass die Rechtsordnung noch Vorschriften anderer Art enthält. Einmal diejenigen, welche als organisatorisches Recht das Zusammenleben in der Rechtsgemeinschaft überhaupt ermöglichen, indem sie bestimmen, auf welche Weise und von wem das Recht gesetzt und angewendet werden soll, Bestimmungen, deren Grundsätze sich in der Verfassung finden. Ausserdem diejenigen, welche den einzelnen Rechtsgenossen Einrichtungen zur Verfügung stellen, um gemeinsame Zwecke zu verfolgen, wie es durch das Vertragsrecht und die juristischen Personen geschieht. Doch sind derartige Rechtsregeln hier nicht näher zu untersuchen.

Wenn die *Rechtsordnung* das menschliche Verhalten wirksam regeln will, so muss sie *verbindlich* sein. Sie soll nicht nur den Weg zu normgemässem Verhalten weisen, sondern ihre Vorschriften müssen dem Widerstrebenden gegenüber durchgesetzt werden können. Derart verschafft das Recht menschlichem Verhalten Verlässlichkeit.

Im Gegensatz zu den übrigen Ordnungen des Verhaltens kennt das Recht eine besondere *Organisation*, den Staat, um seine Normen zu setzen und, wenn nötig, sogar zwangsweise zu verwirklichen. Das Recht wird heute fast ausschliesslich durch die gesetzgebenden Behörden des Staates geschaffen. Einzig dem Staat steht es zu, Gewalt zu gebrauchen, wenn es zur Wahrung des Rechtsfriedens und der Verwirklichung des Rechts unumgänglich ist. «Die Wohltat des Staates besteht darin, dass er der Hort des Rechtes ist. Die einzelnen Individuen haben über sich Gesetze und mit Zwangsrecht ausgerüstete Richter, welche sowohl die zwischen Individuen eingegangenen Privatverpflichtungen als auch die allgemeinen Notwendigkeiten schützen – weit weniger durch die wirklich ausgeübte Gewalt als durch die heilsame Furcht vor ihr... Jeder weiss, dass er mit Gewalt weder Habe noch Macht vermehren, sondern nur seinen Untergang beschleunigen wird» (Jacob Burckhardt, Weltgeschichtliche Betrachtungen, 2. Kap., 1. Der Staat i.f.).

Die, eher seltene, zwangsweise Durchsetzung des Rechts kann auf vielfache Weise geschehen. Das Zivilrecht und der Zivilprozess ermöglichen sie durch gerichtliche Klage und Zwangsvollstreckung gegen den säumigen Schuldner; das Verwaltungsrecht kennt die unmittelbare Verwirklichung seiner Anordnungen durch den Verwaltungszwang, z.B. das Entfernen nicht betriebssicherer Fahrzeuge aus dem Strassenverkehr. Zu den *Sanktionen*, welche den staatlichen Behörden gegen den Rechtsbrecher zur Verfügung stehen, gehört die *Strafe*.

Durch das Androhen der Strafe und die Tätigkeit der Strafrechtspflege soll bewirkt werden, dass die Rechtsgenossen die Begehung der strafbaren, andere Menschen oder die Rechtsgemeinschaft als Ganzes schädigende Handlungen unterlassen. Stünde fest, dass jedermann stets die rechtlichen Normen beachtet, wäre der Rechtszwang und damit die Strafe überflüssig. Die menschliche Unvollkommenheit schliesst diese Voraussetzung aus. Denn in jeder Gemeinschaft, welche Regeln für das Verhalten ihrer Angehörigen aufstellt, missachten einzelne Menschen diese Vorschriften. Mit der Norm ist die Möglichkeit deren Verletzung gegeben. In diesem und nur in diesem Sinn ist die, besonders heute, vielberufene Aussage des französischen Soziologen Emile Durkheim zu verstehen und zutreffend, die Kriminalität sei – eben soziologisch betrachtet – eine normale Erscheinung (Emile Durkheim, Les règles de la méthode sociologique, chap. III, III, 13. Auflage, Paris 1956, S. 65/6). Der Staatsauffassung einer freien Gesellschaft entspricht es, das Strafrecht auf die

Abwehr von Schädigungen des Einzelnen oder der Gesamtheit zu beschränken und es nicht zu verwenden, um moralische Überzeugungen einer kleineren oder grösseren Gruppe durchzusetzen.

## II. DIE ARTEN DER KRIMINALRECHTLICHEN SANKTIONEN

Bis zum Ende des 19. Jahrhunderts gab es beinahe ausnahmslos nur eine Art kriminalrechtlicher Sanktionen: die Strafe, welche noch heute die häufigste Sanktion ist und dem Rechtsgebiet den Namen gibt. In neuerer Zeit kann der Strafrichter neben oder zusammen mit den Strafen auch andere Sanktionen aussprechen: die sichernden Massnahmen.

### *1. Die kriminalrechtliche Strafe*

#### a) Die Strafe im allgemeinen

Strafe gibt es über das Strafrecht hinaus in anderen Rechtsgebieten: so als Disziplinarstrafe, um die Sonderordnung einer Gruppe aufrechtzuerhalten, bei Beamten, im Militärdienst, in einer Schule, oder als Konventionalstrafe, OR Art. 160, als vertragliche Verpflichtung zu einer besonderen Leistung, wenn ein Vertrag nicht oder nicht richtig erfüllt wird. Die Strafe findet sich sogar in anderen Lebensgebieten: als Erziehungsmittel; dazu BGE *80* (1954) IV 102, *85* (1959) IV 125, *89* (1963) IV 71, zur Strafbarkeit der übermässigen Züchtigung eines Kindes als Körperverletzung, und selbst Tieren gegenüber, BGE *75* (1949) IV 169, Schrotschuss auf einen ungehorsamen Jagdhund als Tierquälerei.

Allgemein bezieht sich Strafe wie die Belohnung als ihr Gegensatz auf ein vorausgehendes Verhalten. Strafe ist eine in der Regel als nachteilig empfundene Einwirkung als Folge eines früheren missbilligten Verhaltens.

#### b) Die Strafe im Rechtssinn

##### aa) Die Strafe im Rechtssinn im allgemeinen: Die kriminalrechtliche Strafe

Das der Strafe im Rechtssinn vorausgehende, sie begründende Verhalten ist die Verletzung gewisser rechtlicher Verhaltensnormen. Weil die Androhung einer Strafe als Folge der Normverletzung, das Verfolgen strafbarer Handlungen, das Aussprechen und Vollstrecken von Strafen allgemein bekannt sind, kann jedermann erkennen, dass der Verstoss gegen bestimmte rechtliche Normen verboten ist und missbilligt wird. Diese Kenntnisse werden den jungen Menschen durch die Erziehung vermittelt und führen zu der Einstellung, strafbare Handlungen in der Regel zu unterlassen.

Auf diese Weise wirkt das *Strafrecht* als *Bewährung der Rechtsordnung* und als *Schutz der Rechtsgüter,* welche durch die Rechtsnormen umschrieben werden, deren Verletzung Strafe nach sich zieht.

Das Strafrecht gewährt seinen besonderen Schutz nicht jeder rechtlichen Verhaltensnorm, sondern nur denen, deren Durchsetzung unbedingt geboten ist und die deshalb *zwingende Verhaltensvorschriften* genannt werden. Vertragliche Verpflichtungen werden in der Regel gegen Verletzung strafrechtlich nicht gesichert. Und selbst die Missachtung zwingender Vorschriften wird nur dann strafbar erklärt, wenn sie die wertvollsten Rechtsgüter bedroht oder nicht durch andere Rechtsbehelfe genügender Schutz gewährt werden kann (Problem der Strafwürdigkeit, siehe § 3 III hienach).

Nach moderner Auffassung genügt zur Bestrafung nicht, dass jemand tatsächlich eine Rechtsnorm verletzte, sondern es muss ihm dieses Verhalten vorgeworfen, er muss dafür verantwortlich gemacht werden können. Die Verantwortlichkeit setzt voraus, dass der einzelne Mensch in der Lage gewesen war, die rechtliche Norm zu befolgen und die Rechtsverletzung zu vermeiden. War er es und verletzte er dennoch die Rechtsnormen, so handelte er *schuldhaft.* Dann trifft ihn der staatliche Zwangseingriff der Strafe als nachträgliche Bewährung der Rechtsordnung. Dem *Grundsatz der Persönlichkeit der Strafe* gemäss soll sich der staatliche Eingriff einzig gegen den Täter richten, weder gegen seine Angehörigen noch gegen irgendeine andere natürliche oder juristische Person.

Der Täter war durch seinen Verstoss gegen eine Rechtsnorm der Rechtsordnung zuvorgekommen und konnte sich einen unrechtmässigen Vorteil verschaffen oder andere schädigen. Durch die dem Verstoss folgende Strafe bekundet die Rechtsordnung, dass sie stärker ist als der, welcher, scheinbar erfolgreich, ihr zuwidergehandelt hatte und der sich nun mit dem Zwangseingriff der Strafe eine Schmälerung seiner Rechtsgüter gefallen lassen muss. Darin liegt die Bewährung der Rechtsordnung.

*Kriminalrechtliche Strafe* ist deshalb als Sanktion der erzwungene Eingriff in die Rechtsgüter (Leben, Gesundheit, Freiheit, Vermögen, Ehre) eines Menschen, welcher Eingriff zur Bewährung der Rechtsordnung auferlegt wird, weil der Betreffende wichtige zwingende Verhaltensnormen schuldhaft verletzt hat.

bb) Der Übelscharakter der kriminalrechtlichen Strafe

Die herrschende Meinung fügt der gegebenen Definition der Strafe noch das Merkmal der Zufügung eines Übels bei, so Ernst Hafter, Allg. Teil, 2. Aufl., S. 242; Vital Schwander, Strafgesetzbuch, 2. Aufl., N. 30, S. 18. Die

Aussage ist nicht eindeutig. Von der Strafe als Übel zu sprechen ist zutreffend, wenn gemeint ist, dass die Strafe ihres Zwangscharakters wegen ein Übel *ist*. Die Beifügung ist jedoch nicht zu billigen, wenn sie bedeutet, die Strafe *soll* ein Übel sein. Dadurch wird die Strafe zum Mittel der Vergeltung und in das ganze Strafrecht, mit Einschluss des Strafprozesses und des Strafvollzuges, wird eine unnötige Härte gebracht und der Grund gelegt zu einer den Straffälligen erniedrigenden und herabsetzenden Behandlung. Sollte die Strafe Zufügung eines Übels sein, so liesse sich damit nicht vereinbaren, dass StrGB Art. 37 Zif. 1 Abs. 1 den wichtigsten Freiheitsstrafen die Aufgabe der Resozialisierung weist; die Besserung wäre dann ein Übel. Der Übelscharakter der Strafe lässt sich auch nicht etwa dadurch retten, dass die Strafe als gerechter Ausgleich des durch den Täter geschehenen Übels bezeichnet wird. Ein solcher Ausgleich würde nur dann wirklich vorliegen, wenn der Täter nicht einen als Übel gedachten und von ihm so empfundenen Eingriff erleiden, sondern eine besondere wertvolle Tat ausführen, etwas Gutes tun müsste, wie es Nietzsche (Die Morgenröte 202) folgend der römische Rechtsphilosoph Giorgio del Vecchio (Über die Grundlage der Strafgerichtsbarkeit, in Die Gerechtigkeit, 2. Aufl., Basel 1950, S. 183) als Inhalt der Strafe forderte. Ansätze dazu finden sich in den Weisungen als Bedingungen des bedingten Strafvollzuges, StrGB Art. 41 Zif. 2 Satz 2, in der jugendrechtlichen Strafe der Arbeitsleistung, Art. 87 Abs. 1, 95 Zif. 1 Abs. 1 und in der gemeinnützigen Arbeit gemäss Art. 2 des BRB vom 14.2.1968 über den Vollzug der Haftstrafe an Dienstverweigerern aus Gewissensgründen, AS 1968 223.

### c) Abgrenzung der kriminalrechtlichen Strafe von anderen Rechtsinstituten

Um die Eigenart der Kriminalstrafe deutlicher hervortreten zu lassen, soll sie verschiedenen Rechtsinstituten gegenüber gestellt werden, die in einzelnen Voraussetzungen oder in den Rechtsfolgen oder als Zwangseingriff mit der Strafe übereinstimmen und dennoch keine Strafen im Rechtssinne sind.

Der *Schadenersatz* setzt rechtswidriges und meist schuldhaftes Verhalten voraus, ist jedoch keine Strafe, weil er nicht vom Staat verhängt wird, sondern vom Geschädigten auf Grund des Zivilrechts gefordert werden kann, mit dem Ziel, den dem Geschädigten gestifteten Schaden zu beheben; OR Art. 41, SVG Art. 58.

Die *Konventionalstrafe* tritt nur ein, wenn sie durch die Vertragsparteien oder in den Statuten einer juristischen Person ausdrücklich vorgesehen wurde und von der berechtigten Partei eingefordert wird; sie ist ein Institut des Zivilrechts und dient der Sicherung privatrechtlicher Verpflichtungen, OR Art. 160-163; sie kann als «Verbandsstrafe» zuweilen, insbesondere um Kartellabreden durchzusetzen, viel mehr gefürchtet sein als staatliche Strafen, zuweilen reicht ihr Anwendungsgebiet ausserordentlich weit, siehe ZStrR *74* (1959) 264 ff.

Die *Erziehungsstrafe* setzt kein strafbares, sondern irgendwie ungehöriges Verhalten voraus und wird nicht durch den Staat angeordnet, sondern durch die Inhaber der elterlichen Gewalt; sie gründet im Zivilrecht und dient der Erziehung des Kindes; ZGB Art. 278.

Die *Massnahmen des Prozessrechtes* sind zwar, wie die Strafe, staatliche Zwangsmassnahmen, setzen jedoch kein strafbares Verhalten voraus, sondern wollen nur die Durchführung des Verfahrens sichern. So kann auf Grund der in Frage stehenden Strafprozessordnung der zuständige Beamte der Strafverfolgung die Verhaftung des Angeschuldigten anordnen, wenn die gesetzlich vorgesehenen Verhaftungsgründe, wie Flucht- oder Verdunkelungsgefahr, vorliegen. Das Ziel der *Untersuchungshaft* ist, zu verhindern, dass der Gang der Strafverfolgung durch den Angeschuldigten gestört wird; BStrP Art. 44, siehe auch StrGB Art. 69. Weigert sich ein Zeuge auszusagen, so kann der zuständige Richter ihn auf Grund der Vorschriften des in Frage stehenden Prozessrechts für eine bestimmte Zeit in *Beugehaft* setzen, um den Widerstand des Zeugen zu brechen; BStrP Art. 88, BGE *83* (1957) IV 63, bern. StrV Art. 142 Abs. 1, bern. ZPO Art. 250 Abs. 1. Der zuständige Richter kann auf Grund des in Frage stehenden Prozessrechtes als Massnahme der *Sitzungspolizei* Verweise erteilen, Bussen aussprechen, Personen aus dem Sitzungssaal wegweisen oder für kurze Zeit in Haft setzen, wenn dies nötig ist, um den vorschriftsgemässen und ungestörten Gang des Verfahrens zu ermöglichen; OG Art. 31, bern. StrV Art. 46 Abs. 2, bern. ZPO Art. 19, 42, 43.

Die *Auflage der Verfahrenskosten* ist keine Folge strafbaren Verhaltens, sondern wird ausgesprochen, weil ein Prozessbeteiligter den Gang des Verfahrens behinderte oder erschwerte. Sie kann andere Personen als den Angeschuldigten, so den Anzeiger oder Antragsteller, treffen. Sie hat ihren Rechtsgrund im Strafprozessrecht und dient dazu, dem Staat die infolge der Durchführung des Verfahrens unnötigerweise entstandenen Kosten zu ersetzen; BStrP Art. 121, 173 Abs. 1 und 2, Art. 122 Abs. 2, 177.

Die *Fürsorgemassnahmen des Zivilrechts* auf Grund von ZGB Art. 284 und 406 werden durch die vormundschaftlichen Behörden angeordnet, wenn die Erziehung, Gesundheit oder wirtschaftliche Leistungsfähigkeit einer unter elterlicher oder vormundschaftlicher Gewalt stehenden Person gefährdet sind. Sie versuchen, die Gefährdung zu beheben. Obschon sie oft als nachteilig empfunden werden und erzwungen werden können, stellen sie keine Strafe dar.

Einmal deswegen, weil sie kein strafbares Verhalten voraussetzen, jedoch insbesondere deshalb, weil sie einzig dem wohlverstandenen Interesse des von ihnen Betroffenen dienen sollen.

Die *vorbeugenden Massnahmen des Verwaltungsrechtes*, z. B. gemäss bern. Gesetz über Erziehungs- und Versorgungsmassnahmen vom 3. 10. 1965, Art. 21, 30, 33, bern. Ortspolizeidekret vom 27. 1. 1920, § 1, sollen durch die zuständige Verwaltungsbehörde angeordnet werden, wenn die Gesundheit oder wirtschaftliche Selbständigkeit einer Person oder die öffentliche Sicherheit durch eine Person gefährdet ist. Sie sollen die Gefährdung beheben, setzen keine strafbare Handlung voraus und sollen wie die Fürsorgemassnahmen des Zivilrechts dem wohlverstandenen Interesse des Betroffenen dienen.

Das *Disziplinarstrafrecht* ermöglicht einer bestimmten Gemeinschaft, ihren Zweck ungestört zu erreichen, oder soll der Aufsicht über bestimmte Berufe dienen. Es beruht auf dem Verwaltungsrecht und kann nur die Angehörigen der in Frage stehenden Gruppe, so die Beamten, die Militärpersonen, die Ärzte, die Fürsprecher, BGE *97* (1971) I 834, treffen. Die Disziplinarstrafen setzen keine strafbare Handlung, sondern einzig eine schuldhafte Verletzung der Dienstpflichten voraus. Sie richten sich nicht nach der Schwere der Verfehlung, sondern wollen erreichen, dass der Fehlbare sich wieder den für die Sondergruppe geltenden Vorschriften fügt und dass sein Verhalten nicht andere Mitglieder der Gruppe beeinflusst. Die Disziplinarstrafe wird durch die zuständige Verwaltungsbehörde angeordnet; BG über das Dienstverhältnis der Bundesbeamten vom 30. 6. 1927, BS *1* 489, SR 172.221.10, Art. 30–34. Der Austritt aus der betreffenden Gruppe schliesst die Möglichkeit einer disziplinarischen Bestrafung aus. Andererseits hindert die Möglichkeit disziplinarischer Massregelung die Bestrafung wegen desselben Sachverhaltes nicht, BGE *97* (1971) I 835, *98* (1972) IV 89, *99* (1973) IV 14, E. 2.

Keine Kriminalstrafe ist ferner die in grossen Industriebetrieben auf Grund der Betriebsordnung, welche als Bestandteil des Arbeitsvertrages gilt, ausgesprochene «Strafe». Diesem auf zivilrechtlicher Grundlage beruhenden, dem Disziplinarrecht nahestehenden «*Betriebsstrafrecht*» werden allerdings auch nicht allzu schwerwiegende eigentliche Straftaten, wie kleinere Diebstähle oder Veruntreuungen, neben Verstössen gegen die Betriebsdisziplin, z. B. Zuspätkommen oder Blaumachen, unterstellt. Doch vermag das «Betriebsstrafrecht» das Verhängen einer staatlichen Strafe wegen derselben Tat nicht auszuschliessen.

#### d) Die Selbständigkeit der Ordnungswidrigkeit

Die *Ordnungswidrigkeit* soll sich nach einer seit 1952 von der neueren deutschen Gesetzgebung, jetzt Gesetz über Ordnungswidrigkeiten vom 24.5.1968, befolgten, lebhaft umstrittenen Auffassung von der eigentlichen Straftat qualitativ unterscheiden: die eigentlichen Straftaten seien mala in se, die unabhängig von jeder rechtlichen Regelung verpönten Taten, die Ordnungswidrigkeiten, wie beispielsweise das Verpassen einer Frist oder ein gelinder Verstoss gegen eine Verkehrsregel, jedoch mala quia prohibitum, also nur infolge einer besonderen rechtlichen Anordnung verpönte Taten, deren Begehung ein blosser Ungehorsam gegen eine behördliche Anordnung wäre. Damit wird nahegelegt anzunehmen, die Behörden dürften in beliebiger Weise Verhaltensnormen aufstellen. In Wirklichkeit sollen nur die durch die Erfordernisse des friedlichen und gerecht geordneten Zusammenlebens gebotenen Regeln aufgestellt werden, um Schädigungen der einzelnen Rechtsgenossen oder der Rechtsgemeinschaft zu verhindern. Jede Rechtsnorm soll derart einen vielleicht nicht auf den ersten Blick erkennbaren sozialethischen Gehalt besitzen, sonst ist sie Willkür oder blosser Befehl ohne Anspruch auf Befolgung, und die Verletzung solcher Anordnungen darf nicht bestraft werden. Deshalb ist der angeblich qualitative Unterschied zwischen Kriminalstrafrecht und Ordnungswidrigkeit nur ein gradueller Unterschied. Die Ordnungswidrigkeiten stellen weniger schwerwiegende Verstösse dar, sie werden mit gelinden Strafen bedroht, die Umwandlung der Busse in Freiheitsstrafe ist ausgeschlossen und die Tat kann in einem vereinfachten Verfahren verfolgt werden; siehe z. B. BG über Ordnungsbussen im Strassenverkehr vom 24.6.1970, AS 1972 734, SR 741.03, BG über das Verwaltungsstrafrecht (VStrR) vom 22.3.1974, BBl *1974* I 727, SR 313.0, Art. 3, 5, 10 Abs. 1 und 2. VStrR Art. 5 lässt zudem deutlich erkennen, dass die Ordnungswidrigkeit eine Spielart der Übertretung ist.

### 2. Die sichernden Massnahmen

Wenn der Richter nur Strafen verhängen dürfte, könnte er nichts vorkehren, wenn er den wegen Geisteskrankheit zurechnungsunfähigen Täter freisprechen muss. Oder er hat sich mit einer gelinden Strafe zu begnügen, wenn die Straftat nicht allzu schwer wog, selbst wenn der Täter seines Zustandes wegen einer längeren Beeinflussung bedürfte, um nicht wieder straffällig zu werden, wie dies für Trunksüchtige, Rauschmittelsüchtige, Arbeitsscheue zutreffen kann. Ebensowenig dürfte der Richter die Freiheit für längere Zeit entziehen, wenn dies wegen der seelischen Besonderheit des Täters notwendig ist, um die Allgemeinheit vor ihm zu schützen, was hinsichtlich geisteskranker, seelisch abnormer oder rückfälliger Täter der Fall sein kann.

Seit dem Ende des 19. Jahrhunderts erlaubte der Gesetzgeber dem Richter, in diesen Fällen besondere Sanktionen zu verhängen, welche die Begehung neuer Straftaten verhindern sollten, indem sie die *Sozialgefährlichkeit* des Täters, welche zur Begehung von Delikten führte, zu beheben suchten. Folgerichtig wäre es, solche Sanktionen schon dann anzuordnen, sobald die Sozialgefährlichkeit als Wahrscheinlichkeit, strafbare Handlungen zu verüben, gegeben ist, ohne auf die Begehung einer strafbaren Handlung zu warten. Die Sozialgefährlichkeit lässt sich aber vor Begehung einer strafbaren Handlung nicht mit genügender Sicherheit feststellen. Sanktionen, welche der Gefährlichkeit des Täters begegnen sollen, heissen *sichernde Massnahmen, mesures de sûreté, indeterminated sentences*.

Die *sichernde Massnahme* ist ein erzwungener staatlicher Eingriff in die Rechtsgüter eines Menschen, um zu verhüten, dass er in Zukunft strafbare Handlungen begeht.

Im Gegensatz zu der in die Vergangenheit gerichteten Strafe ist die sichernde Massnahme zukunftsgerichtet; sie wird durch die Zweckmässigkeit bestimmt. Sie ist begründet gegenüber dem, der durch sein bisheriges Verhalten zeigte, dass er die durch das Recht gewährte Freiheit nicht richtig zu gebrauchen versteht, der, wie HANS WELZEL (Das deutsche Strafrecht, 11. Aufl., Bonn 1969, § 32 III, S. 245) und PAUL BOCKELMANN (Strafrechtliche Untersuchungen, Göttingen 1957, S. 24, Anm. 40) sagten, nicht voll freiheitsfähig ist.

### 3. Vom Strafrecht zum modernen Kriminalrecht

Die modernen Strafgesetze kennen neben den Strafen ein mehr oder weniger ausgebautes System der sichernden Massnahmen. Es ist üblich, zwischen den beiden Sanktionsarten begrifflich und systematisch streng zu scheiden. Dies ist auch die in der Schweiz herrschende Auffassung

Sicherlich bestehen in den Voraussetzungen, der Zielsetzung und der Durchführung erhebliche Unterschiede, doch sind Gemeinsamkeiten vorhanden. So ist dem modernen Strafvollzug durch StrGB Art. 37 Zif. 1 Abs. 1 das Ziel gewiesen, den Täter zu bessern, mithin ihn von der Begehung weiterer Straftaten abzuhalten. Damit erhält die Strafe eine Richtung in die Zukunft, welche der Richter nicht übersehen darf, ganz abgesehen davon, dass die Voraussetzungen des bedingten Vollzuges, StrGB Art. 41 Zif. 1 Abs. 1, dieselbe Richtung weisen. Andererseits dient die sichernde Massnahme wie die Strafe der Bewährung und Sicherung der Rechtsordnung, wenn sie zukünftiges strafbares Verhalten zu verhüten sucht. Die sichernde Massnahme wird, von drei Ausnahmen, StrGB Art. 57, 58 und 59, abgesehen, nur verhängt, wenn eine wenigstens strafrechtswidrige, meist auch eine schuldhafte Handlung begangen worden ist. Weil es heute noch keine Methode gibt, welche mit genügender Sicherheit die Sozialgefährlichkeit festzustellen erlauben würde, darf in einem Rechtsstaat eine sichernde Massnahme erst angeordnet werden, wenn eine Straftat als einzig zuverlässiges Indiz erheblicher Sozialgefährlichkeit begangen worden ist. Ferner: In der Wirklichkeit des Vollzuges gleichen sich Strafe und sichernde Massnahme äusserst stark: Beiden eignen alle Nachteile des zwangsweisen Zusammenlebens mit einer grösseren Zahl von Menschen negativer Auswahl auf kleinem Raum. Die Entziehung der Freiheit durch eine Massnahme wird vom Betroffenen genau so als Übel empfunden und wirkt damit repressiv, wie wenn eine Freiheitsstrafe vollzogen würde. Endlich kann die Schwere der begangenen Tat nicht völlig ausser acht gelassen werden, wenn Art und Dauer der Massnahme gesetzlich geregelt werden.

Deshalb ist mit der modernen Doktrin von einem *einheitlichen Begriff der kriminalrechtlichen Sanktion* als Folge strafrechtswidrigen Verhaltens auszugehen. Der Unterschied zwischen Strafe und Massnahme wird zu dem verschiedener Typen, bei denen die einzelnen Merkmale in verschieden starker Ausprägung auftreten. Bei der Strafe tritt die Bewährung der Rechtsordnung, damit die Bezogenheit auf die Straftat, stärker in den Vordergrund, bei der sichernden Massnahme die Verhütung zukünftigen strafbaren Verhaltens.

Welche Sanktion anzuordnen ist, hängt von der Eigenart des Täters ab. Die Strafe trifft den verantwortlichen freiheitsfähigen Täter, der fähig ist, die ihm vom Recht gewährte Freiheit im allgemeinen richtig zu gebrauchen, der jedoch einmal gestrauchelt ist. Sie ist in erster Linie gemünzt auf den normalen Situationsverbrecher, der an seine Verantwortung erinnert werden soll. Die sichernde Massnahme ist auf den nicht oder nicht voll freiheitsfähigen Täter gemünzt, welchem die Fähigkeit zu rechtsgetreuem Verhalten geweckt und gestärkt werden soll.

Weil das Strafrecht heute Strafen und Massnahmen vorsieht, sollte von Kriminalrecht gesprochen werden, doch hat sich dieser Sprachgebrauch nicht eingebürgert.

*Strafrecht* ist als *Kriminalrecht* zu definieren als der Inbegriff der rechtlichen Regeln, welche die Voraussetzungen und die Arten der kriminalrechtlichen Sanktion sowie das Verfahren zum Verhängen und Vollstrecken dieser Sanktionen umschreiben.

Weil das Recht, wie Gustav Radbruch (1878–1949) (Der Zweck des Rechts, in Der Mensch im Recht, Göttingen 1957, S. 103) betonte, als gerechte Lösung von Konflikten durch allgemeine Normen angesehen werden kann, lässt sich vom Strafrecht sagen, es sei die Regelung des Konfliktes zwischen der Rechtsgemeinschaft und dem Einzelnen, der grundlegende Normen der Gemeinschaft verletzte.

### III. BEGRIFF UND ARTEN DES STRAFRECHTS

#### 1. Der Begriff des Strafrechts

##### a) Strafrecht im objektiven Sinn

Es ist Strafrecht im Sinne der soeben gegebenen Definition. Als Umschreibung staatlicher Aufgaben und der Tätigkeit staatlicher Behörden gehört es zum *öffentlichen Recht*.

##### b) Strafrecht im subjektiven Sinn

Strafrecht im subjektiven Sinn meint die Befugnis zu strafen und wird auch mit dem Ausdruck «Strafanspruch» oder «ius puniendi» bezeichnet. Von einem subjektiven Strafrecht zu sprechen hätte nur dann einen Sinn, wenn damit gesagt würde, es hinge vom Belieben des Berechtigten ab, ob er strafen wolle oder nicht. Gerade das trifft für die mit der Ausübung des Strafrechts betrauten Behörden des Staates nicht zu. Ebensowenig wird durch das Strafrecht oder die Straftat ein besonderes Rechtsverhältnis zwischen Staat und Täter begründet. Der Begriff des subjektiven Strafrechts ist unnötig. A. M. Schwander op. cit. N. 1, S. 1 und passim.

#### 2. Arten des Strafrechts

##### a) Das materielle Strafrecht

Das *materielle Strafrecht* umfasst alle Rechtssätze, welche die *Arten der kriminalrechtlichen Sanktionen* und die *Voraussetzungen* für deren Anordnung bestimmen. Es beantwortet die *Fragen:* Soll eine und, wenn ja, welche kriminalrechtliche Sanktion verhängt werden? Es ist ein selbständiger Teil des öffentlichen Rechts.

##### b) Das formelle Strafrecht

Das *formelle Strafrecht* umfasst alle Rechtssätze, welche das zum Verhängen kriminalrechtlicher Sanktionen führende *Verfahren* und den *Vollzug* ausgesprochener kriminalrechtlicher Sanktionen regeln. Es beantwortet die

*Frage:* Wie sollen kriminalrechtliche Sanktionen angeordnet und vollzogen werden?

Insofern das formelle Strafrecht regelt, wie die Behörden vorgehen sollen, um abzuklären, ob eine Straftat begangen wurde und welche Sanktion ausgesprochen werden soll, ist es als *Strafprozess-* oder *Strafverfahrensrecht* ein selbständiger Teil des öffentlichen Rechts. Insofern es besondere Behörden einführt (Untersuchungsrichter, Staatsanwälte, Strafgerichte), gehört es als Recht der *Gerichtsorganisation* dem eidgenössischen und kantonalen Staats- und Verwaltungsrecht an.

Der *Strafvollzug* gehört drei verschiedenen Rechtsgebieten an. Insofern das Strafvollzugsrecht regelt, *wie die Sanktionen zu vollziehen sind* (StrGB Art. 37, 37$^{bis}$, 38, 39 Zif. 2, 43 Zif. 1 Abs. 1 und 2, 44 Zif. 2, 46, 100$^{bis}$ Zif. 2 und 3, 376–378, 383 Abs. 1, VStGB 1, dazu kantonale Gesetze, Verordnungen und Anstaltsreglemente), gehört er als *materielles Strafvollzugsrecht* dem materiellen Strafrecht an. Insofern es erfordert, *Behörden und Anstalten* einzurichten (StrGB Art. 374 Abs. 1, 382–385), gehört es als *formelles Strafvollzugsrecht* zum eidgenössischen oder kantonalen Verwaltungsrecht. Insofern es das *Verfahren des Vollzuges* regelt, gehört es, wiederum als Teil des *formellen Strafvollzugsrechts,* zum kantonalen Strafprozessrecht.

*Strafrecht ohne nähere Bezeichnung* bedeutet immer *materielles Strafrecht.*

### IV. DIE STRAFRECHTSWISSENSCHAFT

#### 1. Die beiden Betrachtungsweisen

Als *normative* Betrachtungsweise untersucht die Strafrechtswissenschaft, welches Verhalten vom Rechtsgenossen und den Behörden gefordert wird, insbesondere, unter welchen Voraussetzungen die Behörden wegen eines strafbaren Verhaltens eine Sanktion verhängen sollen.

Als *Seinswissenschaft* untersucht die Kriminologie, wie das Verhalten, die Persönlichkeit, die Lebensbedingungen der Menschen, welche tatsächlich strafbare Handlungen begehen, beschaffen sind oder in welcher Weise strafbare Handlungen tatsächlich verfolgt werden und welchen Einfluss die Sanktionen auf die Verurteilten ausüben.

Eine Verbindung beider Betrachtungsweisen nimmt die *Kriminalpolitik* vor, welche den Gesetzgeber auf Grund der Kenntnis des geltenden Rechts und der Ergebnisse seiner Anwendung berät, wenn er neue Strafgesetze erlassen will.

## 2. Die Strafrechtswissenschaft

Als Disziplin der Rechtswissenschaft sucht die Strafrechtswissenschaft den genauen Sinn der Regeln des objektiven Strafrechts zu ermitteln und sie in ein System zu bringen, zugleich soll sie der Weiterbildung des Rechts dienen. Sie setzt eine Kenntnis der Persönlichkeiten der Rechtsbrecher wie der zum Vollzug der Sanktionen dienenden Anstalten voraus. Strafrechtswissenschaft meint in der Regel die Lehre vom materiellen Strafrecht. Zur Strafrechtswissenschaft i. w. S. gehört auch die Strafprozesslehre. Das materielle Strafvollzugsrecht sollte zusammen mit dem übrigen materiellen Strafrecht, das formelle Strafvollzugsrecht mit dem formellen Strafrecht behandelt werden. Nicht selten wird das Strafvollzugsrecht zusammen mit den tatsächlichen Gegebenheiten des Anstaltswesens als Gefängniskunde oder Pönologie behandelt.

## 3. Die Kriminologie

Literatur:

Hans Göppinger, Kriminologie. Eine Einführung, 2. Aufl., München 1973.

Günther Kaiser, Kriminologie. Eine Einführung in die Grundlagen, 2. Aufl., Karlsruhe 1973.

Roger Hood/Richard Sparks, Kriminalität, Verbrechen, Rechtsprechung, Strafvollzug, München 1970.

Hermann Mannheim, Comparative Criminology, I und II, London 1965.

Welche Methoden der Kriminologe befolgen will, steht ihm frei. Es stehen ihm alle Forschungsrichtungen offen, die Aufschluss über menschliches, damit auch über strafbares Verhalten versprechen. Heute sind die Hauptrichtungen der Kriminologie:

### a) Die Kriminalphänomenologie

Sie *beschreibt,* wie strafbare Handlungen tatsächlich begangen werden, von wem, zu welcher Zeit, auf welche Weise, wie die Strafverfolgung ihnen begegnet und welches die Ergebnisse der kriminalrechtlichen Sanktionen sind. Zu diesen Forschungen gehören die kriminalpolitisch so wichtigen Untersuchungen der Dunkelziffer, das heisst über den Umfang der den Behörden nicht bekannt gewordenen Straftaten.

### b) Die erklärende Kriminologie

Sie versucht, die Ursprünge kriminellen Verhaltens einzelner Menschen oder einer Gruppe von Menschen zu *erforschen.*

Als *Kriminalanthropologie* oder *-biologie* sucht sie zu ermitteln, ob zwischen einzelnen körperlichen oder seelischen Eigenschaften und der Begehung strafbarer Handlungen Zusammenhänge bestehen. Als *Kriminalsoziologie* untersucht sie, ob zwischen bestimmten sozialen Gegebenheiten und der Begehung strafbarer Handlungen Zusammenhänge nachgewiesen werden können und welches die Bedeutung der Strafrechtspflege, verstanden als ein System zwischenmenschlicher Beziehungen und ihrer Wirkungen, ist.

### c) Die Psychologie des Strafverfahrens

Literatur:
A. FRIEDRICHS, Die aussagenpsychologische Exploration, Handbuch der Psychologie, Band 11, Göttingen 1967, S. 3.
UGO UNDEUTSCH, Beurteilung der Glaubhaftigkeit von Zeugenaussagen, op. cit., S. 26.
ROLAND GRASSBERGER, Psychologie des Strafverfahrens, 2. Aufl., Wien/New York 1968.

Sie untersucht als *Aussagepsychologie* die Bedingungen wahrheitsgetreuer, irriger und lügenhafter Aussagen. Ausserdem wird erforscht, auf welche Weise die Angehörigen der Strafverfolgung vorgehen, welche Einstellungen sie beeinflussen und wie sich das richterliche Urteil bildet. Die Psychologie des Strafverfahrens wird in neuerer Zeit durch soziologische Untersuchungen über das Vorgehen bei der Ermittlung straffälliger Personen sowie der Persönlichkeit der in der Strafverfolgung Tätigen ergänzt.

### d) Die Pönologie

Literatur:
JEAN GRAVEN, Le système pénitentiaire de la Suisse, in Les grands systèmes pénitentiaires actuels VI, Paris 1950.
WOLFGANG MITTERMAIER, Gefängniskunde, Berlin/Frankfurt a. M. 1951.
HORST SCHÜLER-SPRINGORUM, Strafvollzug im Übergang, Göttingen 1969.

Sie erforscht die Anstalten, welche dem Vollzug der kriminalrechtlichen Sanktionen dienen, und die Behandlung straffälliger Menschen.

### 4. Die Kriminalistik

Literatur:
GEORG EISEN (Herausgeber), Handwörterbuch der Rechtsmedizin für Sachverständige und Juristen, Band I: Die Tat und ihr Nachweis, Stuttgart 1973.

Diese besondere, meist naturwissenschaftliche Forschung untersucht die verschiedenen Methoden, den Verbrecher zu überführen.

*1. Abschnitt: Begründung der Strafe. Strafrechtstheorien.*
*Aufgabe der kriminalrechtlichen Sanktionen*

Literatur:
HEINZ MÜLLER-DIETZ, Strafbegriff und Strafrechtspflege, Berlin 1968.
PETER NOLL, Die ethische Begründung der Strafe, Tübingen 1962.
CLAUS ROXIN, Sinn und Grenzen staatlicher Strafe, Juristische Schulung *1966* 377, jetzt in Strafrechtliche Grundlagenprobleme, Berlin–New York 1973, 1.
EBERHARD SCHMIDHÄUSER, Vom Sinn der Strafe, Göttingen 1963, 2. Aufl., 1971.

## § 2 DIE STRAFRECHTSTHEORIEN

### I. BEDEUTUNG UND ARTEN

Seit er über sich nachdachte, bemühte sich der Mensch wie für den Staat und das Staatsrecht auch dem Strafrecht eine eigene, tiefere Begründung zu geben. Dass ein einzelner Zweig des Rechts einer besonderen Rechtfertigung bedarf, ist etwas Aussergewöhnliches. Das Phänomen der Strafe, welches dem Staat mit der Entziehung des Lebens oder der Freiheit das zu tun erlaubt, was sonst – unter Strafe – verboten ist, beunruhigte den Menschen seit jeher.

Zur Begründung des Strafrechts werden drei Lehren vorgetragen:

Die *absoluten Strafrechtstheorien* suchen einen unbedingten Grund der Strafe und finden ihn in der Übeltat, deren Ausgleich das Mass der Strafe abgibt: punitur quia peccatum est.

Die *relativen Theorien* sehen die Strafe nur dann als begründet an, wenn mit ihr ein bestimmter Zweck erreicht wird, nämlich den Übeltäter oder andere von weiteren Straftaten abzuhalten: punitur ne peccetur.

Die *Vereinigungstheorien* gehen vom unbedingten Grund der Strafe aus, unterstellen jedoch die so als notwendig nachgewiesene Strafe einem bestimmten Zweck: punitur quia peccatum est nec peccetur. Sie sind heute herrschend.

Zu den einzelnen Straftheorien eingehend ROBERT V. HIPPEL, Deutsches Strafrecht, Band I, Berlin 1925, S. 460–489.

## II. DIE ABSOLUTEN THEORIEN

Zwei ihrer Vertreter sind heute noch, besonders in Deutschland, auf die Strafrechtslehre von erheblichem Einfluss: IMMANUEL KANT (1724–1804) und GEORG WILHELM FRIEDRICH HEGEL (1770–1831). KANT vertrat die Ansicht, ein kategorischer Imperativ gebiete als sittliches Grundgesetz, dass Verbrechen bestraft werden müssen. HEGEL begründete die Strafe mit der seinem dialektischen Denken entsprechenden Überlegung, das Verbrechen sei die Verneinung des Rechtes, durch das Übel der Strafe werde das Verbrechen aufgehoben und mit dieser Verneinung der Verneinung des Rechts das Recht wiederhergestellt. Die Ansichten von KANT und HEGEL dienten der klassischen Strafrechtslehre zur Begründung der vernünftigen Notwendigkeit der Strafe als eines die strafbare Handlung vergeltenden Übels mit der Folge, dass nicht nur die Strafe als Folge der Straftat gerechtfertigt sei, sondern dass sie unausweichlich eintreten solle: Keine Schuld ohne Strafe!

## III. DIE RELATIVEN THEORIEN

Sie sehen die Strafe durch deren Zweck als begründet an und unterscheiden sich nach ihrem Ziel, welches sie der Strafe setzen. Dies kann sein, den erwischten Täter von weiteren Delikten abzuhalten; dann folgen sie der *Spezialprävention*. Oder es soll versucht werden, die anderen Rechtsgenossen von der Begehung strafbarer Handlungen abzuhalten; dann folgen sie der *Generalprävention*.

Die Spezialprävention kann drei einzelne Zwecke verfolgen: sie kann durch eine Warn- oder Schockstrafe den Täter *abschrecken,* sie kann durch eine entsprechende Beeinflussung ihn *bessern* oder die Gesellschaft vor dem gefährlichen Täter *sichern.*

Die Generalprävention kann versuchen, durch die *Strafandrohung* oder durch das *Verhängen* und *Vollstrecken der Strafen* zu wirken.

Folgende Beispiele relativer Theorien seien genannt:

### 1. Die Generalprävention

#### a) Durch die Strafdrohung

Die von ANSELM RITTER VON FEUERBACH (1775–1833) (Lehrbuch des gemeinen in Deutschland gültigen peinlichen Rechts, 12. Aufl. von C. J. A. MITTERMAIER, Giessen 1836, §§ 13–17, S. 25) vertretene Lehre des psychologischen Zwanges hält dafür, die Androhung strenger Strafen werde dem zukünftigen Verbrecher den Vorteil, den er durch die Straftat zu erlangen hofft, nicht mehr erstrebenswert erscheinen lassen, so dass er die Straftat unterlässt.

### b) Durch den Strafvollzug

Die öffentliche Vollstreckung von Strafurteilen, wie sie im Mittelalter und bis weit in die Neuzeit üblich gewesen war, sollte der Abschreckung und damit der Verhütung zukünftiger Delikte dienen.

### 2. Die Spezialprävention

Dass die Strafe der Besserung dienen solle, wurde bereits in der Antike vertreten. Während der jüngere PLATO (427–347 v. Chr.) im Dialog «Gorgias» vom Grundsatz, Unrecht tun sei schlimmer als Unrecht leiden, ausgehend, die Strafe als Sühne aufgefasst hatte, vertrat PLATO im Spätwerk «Die Gesetze» die Besserungstheorie. Besonders starken Widerhall fand diese Auffassung in der Aufklärung, wie nicht zuletzt die verschiedenen auf das Strafrecht bezogenen Äusserungen von HEINRICH PESTALOZZI (1745–1827) beweisen.

Bereits in der Antike wurde eine umfassende Lehre der Spezialprävention verfochten, nämlich von dem Sophisten PROTAGORAS aus Abderit (etwa 485–415 v. Chr.) wie im platonischen Dialog Protagoras überliefert wird (PLATO, Protagoras, S. 324). Auch SENECA (3–65 n. Chr.) folgte dieser Auffassung, die er irrigerweise PLATO selber zuschrieb (de ira I 16). Ein neuerer Vertreter der Spezialprävention von weitreichendem Einfluss war FRANZ VON LISZT (1851–1919) (Der Zweckgedanke im Strafrecht. Marburger Universitätsprogramm 1882, in Strafrechtliche Vorträge und Aufsätze I, Berlin 1905, S. 126, bes. S. 166), welcher die Strafe als *Zweckstrafe* zur Abschreckung der Gelegenheitsverbrecher, zum Bessern der verbesserlichen Gewohnheitsverbrecher und zur Sicherung vor den unverbesserlichen Gewohnheitsverbrechern verwenden wollte. Neuen Auftrieb erhielt die Lehre der Spezialprävention durch die von FILIPPO GRAMATICA begründete Bewegung der Défense sociale, welche eine Sanktion nur dann zu verhängen bereit ist, wenn die Verhinderung neuer Delikte durch den Täter es erfordert, und die, wenn möglich, schon eingreifen möchte, bevor jemand eine Straftat begeht. (F. GRAMATICA, Grundlagen der Défense sociale I und II, Hamburg 1965; dazu ZStrR *83* [1967], S. 205.) Die neuere Entwicklung dieser Bewegung führte sie in die Nähe herkömmlicher strafrechtlicher Überlegungen, so zur Wiederaufnahme der Strafe in das Arsenal kriminalrechtlicher Sanktionen, insbesondere unter dem Einfluss von MARC ANCEL (La défense sociale nouvelle, 2. Aufl., Paris 1966) und JEAN GRAVEN, Genf.

## IV. DIE VEREINIGUNGSTHEORIEN

In der deutschen Strafrechtslehre wird der Gedanke gerechter Vergeltung der Tatschuld durch das Strafübel (REINHARD MAURACH, Deutsches Strafrecht, Allg. Teil, 4. Aufl., Karlsruhe 1971, § 7 I, S. 76) oder die Sanktionierung des Abfalls von sozialethischen Grundwerten (WELZEL op. cit. § 1 I, S. 2) betont. Die Spezialprävention erhielt hingegen stärkeres Gewicht bei KARL PETERS (Grundfragen der Strafrechtsreform, in KARL PETERS/DIETRICH LANG-HINRICHSEN, Grundfragen der Strafrechtsreform, Paderborn 1959, S. 44 zu Anm. 54) und in dem Kreis der 14 deutschen und schweizerischen Strafrechtslehrer, welche 1966 den Alternativ-Entwurf zu einem Strafgesetzbuch, Allgemeiner Teil, 2. Aufl., Tübingen 1969 (AE), herausgaben.

In der Schweiz werden die spezialpräventiven Erwägungen seit langem stärker berücksichtigt, so schon von CARL STOOSS und ERNST HAFTER, der eine ähnliche Straflehre entwickelte wie sein Lehrer FRANZ VON LISZT (STOOSS, Motive zu dem Vorentwurf eines Schweizerischen Strafgesetzbuches, Basel/Bern 1893, S. 45; HAFTER op. cit. § 49 IV 2, S. 254).

Eine besondere Spielart der Vereinigungstheorie entwickelten, offenbar unabhängig voneinander, CLAUS ROXIN (op. cit.) und der Japaner KINSAKU SAITO (Das Japanische Strafrecht, in Das ausländische Strafrecht der Gegenwart, herausgegeben von Edmund Mezger, Adolf Schönke, Hans-Heinrich Jescheck, Berlin 1955, S. 359). Sie sprechen die Aufgabe der Generalprävention der Strafdrohung zu, die gerichtliche Verurteilung dient der Vergeltung sowie dem Ausgleich der Tat als Ausdruck der Verantwortlichkeit, und die Aufgabe der Besserung obliegt dem Vollzuge.

Vereinigungstheorien sind ferner im Spiele, wenn von einer Antinomie der Strafzwecke gesprochen wird.

## V. KRITIK DER STRAFRECHTSTHEORIEN

Allen Theorien gegenüber ist einzuwenden, dass sie die grundlegende Frage übergehen, ob das Strafrecht überhaupt einer selbständigen Rechtfertigung bedarf. Ausserdem vermischen sie zwei Fragen: die nach der *Rechtfertigung* des Strafrechts und die nach der *Sinngebung* der Strafe. Im einzelnen ist zu den verschiedenen Arten von Strafrechtstheorien anzumerken:

### 1. Zu den absoluten Theorien

Wenn sie von der Strafe als Sühne sprechen, behandeln sie die soziale Einrichtung der Strafe, wie wenn es sich um eine Frage der Individualethik handeln würde. Die Einstellung der Gesellschaft gegenüber dem aus einer

Strafanstalt Entlassenen zeigt, wie wenig die Kennzeichnung der Strafe als Sühne mit der sozialen Wirklichkeit übereinstimmt.

Die absoluten Theorien begründen die Strafe nur, vermitteln jedoch keinen Massstab für sie. So trat Kant für die Talion, Hegel für die Proportionalität der Strafe ein. Anzumerken ist, dass die Ansichten von Kant und Hegel in ganz anderer Hinsicht hochbedeutsam waren: durch die Bindung der Strafe an die vorausgegangene Tat oder die in der Tat bekundete Schuld begrenzten sie die Strafe und dienten in ihrer Zeit als Bollwerk gegen übermässigen Zugriff der Staatsmacht auf den Einzelnen.

### 2. Zu den relativen Theorien

Folgerichtig durchgeführt sollten sie das staatliche Eingreifen erlauben, bevor überhaupt eine Straftat begangen wurde. Doch dann und selbst wenn die Sanktion erst nach Verüben einer Straftat verhängt werden darf, besteht die Gefahr eines überstarken Eingriffes in die Rechtsgüter des Täters, dessen Besserung so lange versucht werden dürfte, bis sie vielleicht nach Jahren erreicht würde, sogar wenn die vorausgegangene Tat geringfügig gewesen war. Darf andererseits nur eingegriffen werden, wenn der Täter einer bessernden oder sichernden Behandlung bedarf, so wird die allgemeine Aufgabe des Strafrechts, die Rechtsordnung zu sichern, vernachlässigt. Denn es kann weder eine einmalige schwere Tat, wie eine vorsätzliche Tötung, einfach hingenommen werden, noch dürfen häufige Widerhandlungen sozial eingeordneter Täter, wie beispielsweise die Verstösse gegen die Vorschriften im Strassenverkehr, folgenlos gelassen werden.

### 3. Zu den Vereinigungstheorien

Sie vermeiden einige der den anderen Theorien anhaftenden Fehler, indem sie die Notwendigkeit der Strafe nach absoluter Theorie begründen, die auszufällende Strafe nach der Zweckmässigkeit bestimmen. Doch müssen noch andere Gesichtspunkte für die Bemessung der Strafe herangezogen werden, so zum Beispiel die Bedeutung des zu schützenden Rechtsgutes. Auch die von Roxin und Saito versuchte Neubegründung vermag nicht zu befriedigen, weil sich die verschiedenen Aufgaben der Strafe nicht derart ausschliesslich mit den einzelnen Stufen der Rechtsverwirklichung verbinden lassen; es könnte, dies ist auch Roxin und Saito nicht entgangen, höchstens vom Vorwiegen einer Aufgabe auf einer Stufe gesprochen werden.

Der Hauptfehler der Vereinigungstheorien ist jedoch, dass sie überhaupt eine besondere Begründung für das Strafrecht suchen und es damit aus dem Zusammenhang der Rechtsordnung als Ganzes reissen.

## § 3 RECHTSGRUND UND AUFGABE DER KRIMINALRECHTLICHEN SANKTION; DIE STRAFWÜRDIGKEIT

### I. DAS STRAFRECHT ALS TEIL DER RECHTSORDNUNG

Im Gegensatz zu allen Strafrechtstheorien ist zu betonen, dass das Strafrecht gar nicht besonders begründet zu werden braucht. Die *Strafe* ist *notwendig*, weil das Recht der zwangsweisen Durchsetzung gegenüber dem Widerstrebenden bedarf. «Strafen ist kein metaphysisches Geschehen, noch eine Verwirklichung der Sittlichkeit, sondern eine bittere Notwendigkeit in einer Gemeinschaft unvollkommener Wesen, wie sie die Menschen nun einmal sind» (SCHULTZ, JZ *21* [1966] 114; ähnlich AE, Begründung zu § 2 Abs. 1, S. 29). Die Rechtfertigung der Strafe fällt zusammen mit der Rechtfertigung des Rechtes als einer verbindlichen und gerechten, mit Zwang bewehrten Friedensordnung menschlichen Zusammenlebens überhaupt; siehe § 1 I hievor. Die Strafe sichert die Rechtsordnung; sie ist nur insoweit gerechtfertigt, als sie dazu notwendig ist, weil eine andere Möglichkeit, das Recht, erforderlichenfalls durch Zwang, durchzusetzen, fehlt. Die Strafe ist *Ersatzzwang* (WALTHER BURCKHARDT, Die Organisation der Rechtsgemeinschaft, Basel 1927, S. 288/289). Besondere *Strafrechtstheorien* sind *überflüssig*. Dies schliesst nicht aus, *Straf*theorien aufzustellen, um den Sinn der Strafe genauer zu bestimmen.

Die sichernden Massnahmen sind auf dieselbe Weise zu begründen. Bei ihnen tritt der Gesichtspunkt der Bewährung der Rechtsordnung noch deutlicher hervor.

### II. DIE AUFGABE DER KRIMINALRECHTLICHEN SANKTIONEN

#### *1. Der Schutz der Rechtsgüter als allgemeine Aufgabe*

Als Teil der Rechtsordnung und als deren Sicherung fällt dem Strafrecht die Aufgabe zu, den durch das Recht geschützten Gütern, den Rechtsgütern, einen verstärkten Schutz zu verleihen. Durch die in der Erziehung vermittelten Hinweise und die Mitteilungen über die Strafrechtspflege in den Zeitungen wird die Strafe als Folge schwerer Rechtsbrüche allgemein bekannt. Deshalb unterlassen sozial reife Personen in der Regel solche Rechtsverletzungen.

Die Bestrafung von Rechtsverletzungen hat zur Folge, dass die Rechtsnormen, deren Missachtung Strafe nach sich zieht, als besonders wichtig und für das Verhalten der Rechtsgenossen richtunggebend herausgehoben werden. Diese Seite des Rechtsgüterschutzes darf in einer Gesellschaft, in der, wie heute, die Anhänger der verschiedensten religiösen und ethischen Überzeugungen neben- und miteinander leben, sog. pluralistische Gesellschaft, nicht übersehen werden.

Der verstärkte Schutz wird dadurch bewirkt, dass nachträglich zwangsweise in die Rechtsgüter des Täters eingegriffen wird. Wegen der vom Täter begangenen Rechtsanmassung wird ihm ein Eingriff in seine Rechtsgüter auferlegt, welcher dem Massstab der Gerechtigkeit untersteht. Früher wurde nach dem Prinzip der Talion ein äusserlich der Tat gleicher Eingriff als richtig erachtet, heute wird von der wohl noch herrschenden Meinung ein der Tatschuld entsprechender Eingriff als geboten angesehen. Es würde jedoch genügen, im *Ausgleich der Schuld* die *oberste Grenze* der zulässigen Strafe zu sehen und in diesem Rahmen die Strafe auf das zu beschränken, was zum Schutz der Rechtsordnung unbedingt erforderlich ist. Die Möglichkeit des bedingten Strafvollzugs, Art. 41 Ziff. 1, deutet bereits in diese Richtung.

### 2. Weitere, besondere kriminalpolitische Zielsetzungen

Im Rahmen dessen, was der Schutz der Rechtsgüter fordert, ist es zulässig, besondere Zielsetzungen der *Strafe* zu berücksichtigen, so vor allem die *Resozialisierung* als eine Einwirkung auf den Täter, um ihn davon abzuhalten, erneut strafbare Handlungen zu begehen. Dieses Ziel, welches vorerst den Strafvollzug beherrschte, früher Art. 37 Abs. 1, jetzt Art. 37 Ziff. 1 Abs. 1, beginnt für das gesamte Strafrecht wirksam zu werden. Der Straffällige wird nicht mehr nur als derjenige angesehen, vor dem es die Gesellschaft zu sichern gilt und von dem sich die übrigen Rechtsgenossen durch das Auferlegen einer vergeltenden Strafe pharisäisch abzuheben trachten, sondern als ein Mitglied der Rechtsgemeinschaft, dem mit den Mitteln des Strafrechts und des Strafvollzuges geholfen werden soll, den Weg zu einem rechtsgetreuen Leben zurückzufinden. Welche Einwirkungen auf den Täter dazu dienen können, richtet sich nach den in einer bestimmten Zeit herrschenden Ansichten über den Menschen und die zulässigen Möglichkeiten seiner erzieherischen Beeinflussung. Selbst eine eher gelinde und einmalige Einwirkung, beispielsweise durch eine Geldstrafe, vermag in nicht allzu schweren Fällen resozialisierend zu wirken.

Die Betonung der Resozialisierung entspricht durchaus der allgemeinen Aufgabe des Strafrechts. Denn der beste Schutz der Rechtsgüter ist eine rechtsgetreue Einstellung, auf deren Begründung und Stärkung alle Strafe hinwirken sollte: Besserung ist die beste Sicherung. Deshalb hat die Strafe «dem humanen Bestreben nach Wiedergewinnung des Delinquenten für das Leben in der freien Gesellschaft» zu dienen (O. A. GERMANN ZStrR 73 [1958] 74). Deswegen darf auf das Verhängen oder den Vollzug der Strafe verzichtet werden, wenn ein anderes Vorgehen nur schaden würde. Dabei ist die sanktionierende Wirkung, die allein in der Durchführung eines Strafverfahrens liegt, nicht zu übersehen.

Die *sichernde Massnahme* ist ganz ausgesprochen auf den Schutz der Rechtsgüter vor künftiger Beeinträchtigung ausgerichtet.

Heute ist die Einsicht allgemein, dass es ausserordentlich schwierig ist, die Resozialisierung als Vorbereitung auf das Leben in der Freiheit in der Zwangsgemeinschaft einer Anstalt durchzuführen. Deshalb ist das moderne Strafrecht gekennzeichnet durch grösste *Zurückhaltung* mit *freiheitsentziehenden Sanktionen*, die einzig *ultima ratio* sind, und durch die Bemühungen, das Leben in den Anstalten den Bedingungen des Lebens in der Freiheit möglichst anzupassen. Die Erkenntnis, dass schon die Abstempelung als Krimineller, wie sie durch ein Strafurteil ausgesprochen, insbesondere aber durch Einweisung in eine Strafanstalt bekundet wird, nachteilig wirken und eine Resozialisierung verhindern kann, führt dazu, das Strafrecht und seine Sanktionen überhaupt äusserst zurückhaltend anzuwenden. Diese Haltung rechtfertigt sich um so mehr, als Kriminell-Sein keine dauernde Eigenschaft des Menschen ist, sondern der Täter ist nur in dem Augenblick kriminell, da er gegen die durch Strafe gesicherte Norm verstösst. Nur eine kleine Anzahl aller Urheber strafbarer Handlungen hat solche Charaktereigenschaften, dass sie stärker zur wiederholten Begehung von Delikten disponiert ist. Ausserdem führt die kriminologische Erkenntnis, dass nur eine Minderzahl der Urheber von Straftaten ermittelt und verfolgt werden, zur Zurückhaltung in dem Rückgriff auf das Strafrecht.

Die Generalprävention muss nicht besonders berücksichtigt werden. Sie verwirklicht sich schon dadurch, dass es überhaupt ein Strafrecht gibt und dass es angewendet wird.

Vereinfacht lässt sich sagen: Das Strafrecht sucht den Schutz der Rechtsgüter durch Resozialisierung der Täter, die derart zu ihrer Verantwortung gegenüber der Rechtsordnung aufgerufen werden sollen, zu erzielen.

### III. DIE STRAFWÜRDIGKEIT

Weil nicht die Verletzung aller zwingenden Verhaltensvorschriften mit Strafe bedroht ist, sondern nur die Missachtung der wichtigsten, stellt sich die

Frage, welche Vorschriften durch Strafe gegen Verletzung geschützt werden sollen. Dies ist die Frage nach der *Strafwürdigkeit*. In einem Rechtsstaat darf diese Frage nach dem *Grundsatz der Legalität* des Strafrechts nur durch den Gesetzgeber beantwortet werden; StrGB Art. 1, siehe dazu § 4 II hienach. Weil das Strafrecht, wie alles Recht ein Teil der Kultur, sich mit der Zeit ändert, wird die Frage, welches Verhalten mit Strafe zu bedrohen sei, zu verschiedenen Zeiten anders beantwortet.

Weil die Strafe wie die sichernde Massnahme ein schwerer Eingriff ist, soll sie zurückhaltend angewendet werden. Das führt zu zwei Leitsätzen:

1. Das Strafrecht ist *fragmentarisch*. Nicht alles, was rechtswidrig ist, ist strafbar, sondern nur einiges Rechtswidriges.
2. Das Strafrecht ist *subsidiär*. Es soll nicht eingreifen, wenn andere rechtliche Mittel ausreichen oder wenn die verletzende Handlung so geringfügig ist, dass sie die Geltung der Rechtsordnung nicht stört.

### IV. DIE LEITENDEN GESICHTSPUNKTE

Strafrechtliche Auffassungen scheiden sich immer wieder nach zwei Gegensätzen: Ist die Straftat Rechtsgut- oder Pflichtverletzung, soll die Sanktion Folge schuldhafter Tat sein oder Sozialgefährlichkeit bekämpfen? Nur auf das eine oder andere Glied des Gegensatzes abzustellen ist verfehlt; das Strafrecht berücksichtigt beide Gesichtspunkte. Die Tat als Pflichtwidrigkeit und die Sanktion als Folge der Schuld anzusehen, rückt den Standpunkt des Täters in den Vordergrund; die Verletzung des Rechtsgutes und die Sozialgefährlichkeit zu betonen, stellt sich auf den Standpunkt des Opfers oder der Allgemeinheit. Die hier vertretene Auffassung geht von der Aufgabe des Rechtsgüterschutzes aus und stellt sie in den Vordergrund, ohne die übrigen Aspekte beiseite zu lassen.

### V. DIE STELLUNG DES SCHWEIZERISCHEN STRAFGESETZBUCHES

#### *1. Die Straftheorie des Gesetzes*

Gesetzbücher vermeiden meist ausdrückliche Bekenntnisse zu einer bestimmten Straftheorie, so auch das schweizerische Strafgesetz. Sein Art. 63 zeigt jedoch, dass Strafe voller Ausgleich der Tatschuld sein soll. Deshalb sprach das Bundesgericht vom «Sühnezweck der Strafe», BGE 77 (1951) IV 134, in BGE *90* (1964) IV 60 allerdings vom «Sühne- und Abschreckungszweck der Strafe», in BGE *94* (1968) 58 E. 1a, wieder von «Sühne und Vergeltung» gegenüber strafmündigen Tätern. Den Strafzweck der Besserung betont jedoch BGE *98* (1972) IV 4 und noch deutlicher 202 E. 3 a: «Die Strafe bezweckt in erster Linie eine Resozialisierung des Täters und damit einen Schutz der Gesellschaft vor künftigen deliktischen Handlungen.»

*2. Die kriminalpolitische Einstellung des Gesetzes*

StrGB Art. 37 Zif. 1 Abs. 1 lässt deutlich erkennen, dass für das Strafgesetz die Spezialprävention als Besserung von grundlegender Bedeutung ist; richtig verstanden, ist diese Vorschrift nicht nur durch den Strafvollzug, sondern als massgebende Äusserung über den Inhalt der Strafe auch durch den Richter zu beachten. Ausgesprochen spezialpräventiv ist ferner die Regelung des bedingten Strafvollzuges, Art. 41. Dies anerkennt die Rechtsprechung: «... in erster Linie massgebend für den Entscheid über den bedingten Strafaufschub bleibt immer die Spezialprävention...»; BGE *91* (1965) IV 60.

Die kriminalpolitische Einstellung des Gesetzes mit ihrer Richtung auf Resozialisierung geht ausserdem deutlich aus der Regelung der sichernden Massnahmen hervor, die den Vollzug der Massnahme dem der Strafe vorausgehen lässt, siehe insbesondere Art. 38 Zif. 4 Abs. 5, 41 Zif. 3 Abs. 4, und für alle sichernden Massnahmen die bedingte Entlassung vorsieht. Die Rechtsprechung lehnte es jedoch ab, aus dieser Ordnung abzuleiten, die Sanktion sei so zu bemessen, dass wenn immer möglich die Resozialisierung erreicht werde, BGE *90* (1964) IV 59 E. 2.

*2. Abschnitt: Strafrecht und Strafgesetz*

### § 4 DIE RECHTSQUELLEN DES STRAFRECHTS

#### I. DER BEGRIFF DER RECHTSQUELLE

Literatur:
Peter Liver, Der Begriff der Rechtsquelle, ZBJV *91*[bis] (1955) 1.
Mit Peter Liver sind vier Bedeutungen des Begriffes Rechtsquelle zu unterscheiden:

*1. Rechtsquelle im juristisch-dogmatischen Sinn*

oder *formelle Rechtsquelle* heissen alle die Formen, in denen eine Anordnung als verbindliche rechtliche Regel in Erscheinung tritt, z. B. Verfassung, Gesetz, Verordnung, die Rechtsprechung (streitig).

### 2. Rechtsquelle als Grund der Rechtserkenntnis

oder *Erkenntnisquelle* sind alle Zeugnisse darüber, welche Rechtssätze zu einer bestimmten Zeit für eine Gemeinschaft zum verbindlichen Recht gehörten. Dazu zählen ausser den formellen Rechtsquellen Urkunden wie Verträge oder Gerichtsprotokolle, ferner literarische Äusserungen.

### 3. Rechtsquelle als Grund der Rechtserzeugung

oder *Entstehungsquelle* sind alle tatsächlichen Faktoren der Rechtsbildung, welche als Ideal- oder Realfaktoren Grund der Entstehung verbindlichen Rechts sind.

### 4. Rechtsquelle als Grund der Wertung

sind endlich die Überlegungen, welche eine Rechtsordnung oder einzelne Rechtssätze als sozialethisch verpflichtend nachweisen.

Wenn im folgenden von den Quellen des Strafrechts gesprochen wird, so sind die formellen Rechtsquellen gemeint, welche heute als Erkenntnisquellen meist zu genügen vermögen.

## II. DER GRUNDSATZ DER LEGALITÄT

### 1. Allgemeines

Der Grundsatz der Legalität bedeutet, dass eine Bestrafung nur zulässig ist, wenn die *Merkmale strafbaren Verhaltens* und dessen *Folgen* im Zeitpunkt seiner Ausführung *durch ein Gesetz bestimmt* gewesen waren; StrGB Art. 1. Gesetz bedeutet hier nicht Gesetz im formellen Sinn, die auf dem Wege der Gesetzgebung entstandene Regel, sondern Gesetz im materiellen Sinn und meint jede von einer zuständigen Behörde erlassene generell-abstrakte Regel.

In einem Rechtsstaat ist überdies die Befugnis zum Androhen der Strafe begrenzt. Die schweren Strafen des Zuchthauses und des Gefängnisses sind in Gesetzen im formellen Sinn vorzusehen.

Das Legalitätsprinzip weist die Entscheidung über die Strafwürdigkeit dem Gesetzgeber zu. Gewohnheitsrecht genügt zur Begründung von Strafbarkeit nicht.

Weil der Grundsatz der Legalität den Beschuldigten vor einer im Gesetz nicht vorgesehenen Strafe schützen soll, verbietet er nicht, dass der Richter *zugunsten* des Angeschuldigten Gewohnheitsrecht heranzieht, freie Rechtsfindung oder Analogie übt.

Das Legalitätsprinzip besitzt dreifache Bedeutung:
nulla poena sine lege scripta (Verbot der Strafbegründung durch Gewohnheitsrecht),
nulla poena sine lege praevia (Verbot der Rückwirkung),
nulla poena sine lege stricta (Verbot der Strafe ohne ausdrückliche gesetzliche Begründung).

Der Grundsatz der Legalität ist nicht, wie Franz von Liszt erklärte, die Magna Charta der Verbrecher, sondern sichert die Freiheit des Bürgers vor staatlichen Eingriffen. Herausgebildet im englischen Recht seit der Magna Charta von 1215, von der Aufklärung klar gefasst und zum Menschenrecht erhoben, gilt er nun als Menschenrecht; Déclaration des Droits de l'homme vom 27.8.1789, Art. 7; Erklärung der Menschenrechte der UNO vom 10.12.1948, Art. 11 Abs. 2; Europäische Konvention über Menschenrechte von Rom vom 4.11.1950, Art. 7 Abs. 1.

*2. Die Erstreckung des Grundsatzes der Legalität auf die sichernden Massnahmen*

Obschon StrGB Art. 1 nur von den Strafen spricht, besteht kein Zweifel, dass die sichernden Massnahmen ebenfalls dem Grundsatz der Legalität unterstehen. Es wäre ein unerträglicher Widerspruch, wenn der Richter gehindert wäre, die geringste im Gesetz nicht vorgesehene Strafe auszusprechen, doch nicht eine ungesetzliche sichernde Massnahme, welche viel stärker in die Rechtsgüter der Bürger eingreift. Deshalb bilden die in einem Gesetz vorgesehenen sichernden Massnahmen einen numerus clausus.

Die ausdrückliche Anwendung des Grundsatzes der Legalität auf sichernde Massnahme ist selten; so italienischer CP Art. 199, AE § 1 Abs. 2.

*3. Die Durchführung des Legalitätsgrundsatzes*

Das Legalitätsprinzip fordert eine möglichst genaue gesetzliche Umschreibung der

a) Voraussetzungen der Strafe

Dies geschieht durch das Aufstellen gesetzlicher Tatbestände, welche das zu Strafe führende Verhalten mit einzelnen bestimmten Merkmalen umschreiben, z.B. die Kennzeichnung des Diebstahls in Art. 137 Zif. 1 durch die Wegnahme einer fremden beweglichen Sache in der Absicht, sich oder einen anderen unrechtmässig zu bereichern. Ausserdem werden die Folgen strafbaren Verhaltens gesetzlich nach Art, Grösse (bei Geldbussen) oder Dauer, Vollzug festgelegt.

b) *Voraussetzungen der sichernden Massnahmen*

Das Gesetz bezeichnet durch möglichst bestimmte Merkmale das sozialgefährliche Verhalten als Voraussetzung einer sichernden Massnahme sowie Art, Dauer und Vollzug der Massnahme, z.B. in Art. 42 bis 45.

*4. Grenzen des Legalitätsprinzips*

Der Grundsatz der Legalität ist nicht vollständig durchgeführt. Während der besondere Teil eines Strafgesetzes ihm ausnahmslos untersteht, hat der Gesetzgeber im allgemeinen Teil einige Fragen bewusst nicht geregelt (z.B. die Täterschaft, die Unterlassung oder die Kausalität) und der Entscheidung durch Rechtsprechung und Doktrin überlassen. In allen diesen Punkten ist die Ergänzung des Gesetzes zulässig, selbst wenn der Richter durch seinen Entscheid die Voraussetzungen der Bestrafung schafft.

Die Lückenhaftigkeit des allgemeinen Teils entbindet nicht von der strengen Beachtung des Grundsatzes der Legalität, insofern sich allgemeine gesetzliche Regeln finden (a. M., vielleicht nur missverständlich, V. Schwander op. cit. N. 113 Abs. 2, S. 60).

Rechtsprechung und Doktrin beschränken die Geltung des Legalitätsprinzipes und seiner Folgen auf das Gesetz selber und schliessen die Rechtsprechung davon aus. Es ist zu erwägen, ob, was schon Radbruch anregte, eine Änderung der Rechtsprechung dem Verbot der Rückwirkung zu unterstellen sei, wenn die neue Praxis sich zuungunsten des Beschuldigten auswirkt; dies wenigstens in der Weise, dass der Fall, der zur Änderung der Auffassungen Anlass gibt, von der neuen Rechtsprechung nicht betroffen wird.

*5. Das prozessuale Legalitätsprinzip*

Literatur:

O.A. Germann, Zum strafprozessrechtlichen Legalitätsprinzip, ZStrR 77 (1961) 1.

Dem Legalitätsprinzip des materiellen Rechts steht das *prozessuale* Legalitätsprinzip gegenüber, welches den Behörden der Strafverfolgung gebietet, ein Strafverfahren einzuleiten, wenn genügender Tatverdacht vorliegt. Es folgt aus der Eigenschaft des Strafrechts, die Sanktion zwingender Verhaltensvorschriften zu sein, und wird durch StrGB Art. 343 und BStrP Art. 247 Abs. 1 gefordert (streitig). Im Gegensatz zum materiell-rechtlichen Legalitätsprinzip dient es nicht dem Schutze des Bürgers vor dem Zugriff der Behörden der Strafverfolgung, sondern sagt, wann diese Behörden, unter Beachtung der Rechtsgleichheit, einschreiten sollen.

## III. DAS STRAFGESETZ

### 1. Allgemeines

Das *Strafgesetz, Strafgesetzbuch,* Code pénal, Codice penale, ist heute die wichtigste formelle Rechtsquelle des Strafrechts, die Länder des Common Law ausgenommen. Daneben besteht in vielen Ländern ein eigenes Strafgesetz für die Militärpersonen, das *Militärstrafgesetzbuch.*

Ausserdem finden sich Strafbestimmungen in zahlreichen anderen Erlassen, dem *Nebenstrafrecht.*

An wen richtet sich das Strafgesetz? Ist es für den Bürger verbindliche *Bestimmungsnorm* oder nur für den Richter geltende *Bewertungsnorm?* Das Strafgesetz hat beide Aufgaben zu erfüllen. Dass es sich auch an den Bürger richtet, geht besonders daraus hervor, dass nur es gewisse Verhaltensnormen ausspricht, so in bezug auf einzelne Sexualdelikte oder die Staatsdelikte. Dass es sich auch an die Behörden der Strafverfolgung richtet, bedarf keiner Begründung.

### 2. Die Gesetzestechnik

Strafrechtsordnungen waren früher bunt zusammengewürfelte Aufzählungen kasuistischer Regeln. Heute trennen sie deutlich die Vorschriften, welche in jedem Straffall anzuwenden sind oder die in jedem Straffall angewendet werden könnten, von den Beschreibungen der einzelnen strafbaren Handlungen durch gesetzliche Tatbestände. Die ersten Vorschriften finden sich im *allgemeinen Teil,* im Schweizerischen Strafgesetzbuch in Art. 1–110, aber auch in Art. 333–401. Die übrigen Regeln stehen im *besonderen Teil,* StrGB Art. 111–332.

Einzelne Vorschriften dienen nur der Erläuterung und der Systematik, so Art. 9, 101 und 110.

Deshalb finden sich *alle gesetzlichen Voraussetzungen der Strafbarkeit* im einzelnen Fall nur, wenn sowohl die anwendbare Bestimmung des besonderen Teils wie auch die jeweils erforderlichen allgemeinen Voraussetzungen der Strafbarkeit des allgemeinen Teils ermittelt werden.

### 3. Die Arten des Strafgesetzes

#### a) Hinsichtlich der Strafdrohung

Eine gesetzliche Vorschrift ist

aa) *absolut bestimmt,* wenn sie die Rechtsfolge für den Richter unausweichlich festlegt, StrGB Art. 112;

bb) *relativ bestimmt*, wenn sie nur ein Mindest- und Höchstmass der Strafe festlegt, also einen Strafrahmen bestimmt, was heute die Regel ist; derart erhält der Richter grosse Freiheit in der Strafzumessung, siehe z.B. Art. 137 Zif. 1, der auf Diebstahl eine Freiheitsstrafe von drei Tagen Gefängnis bis zu fünf Jahren Zuchthaus androht;

cc) *absolut unbestimmt*, wenn sie nichts über das Mass oder nicht einmal über die Art der Strafe sagt; eine solche Strafdrohung ist mit dem Legalitätsprinzip unvereinbar, weswegen StrGB Art. 48 Zif. 1 Abs. 2 nicht unbedenklich ist.

### b) Hinsichtlich der ausgesprochenen Strafe

Im schweizerischen Recht, wie in dem der übrigen kontinentalen Länder, ist es üblich, eine völlig bestimmte Strafe auszusprechen. In Amerika kann der Richter eine zwischen einem Mindest- und Höchstmass liegende Strafe verhängen; die tatsächliche Dauer der Strafe wird durch die Behörden des Strafvollzuges, je nach dem Verhalten des Verurteilten, bestimmt. Eine ähnliche Wirkung erreicht die bedingte Entlassung des kontinentalen Rechts, StrGB Art. 38.

### c) Hinsichtlich der Verbindung von Tatbestand und Rechtsfolge

In der Regel droht das Strafgesetz die Strafe als Folge der Verwirklichung eines bestimmt umschriebenen Tatbestandes an.

Gelegentlich ist die Strafe nur für ein ganz allgemein beschriebenes Verhalten vorgesehen; die genaue Bezeichnung der Voraussetzungen der Strafbarkeit im einzelnen Fall wird durch andere Vorschriften oder behördliche Anordnungen gegeben. Dann liegt eine *Blankettstrafdrohung* vor, wie sie sich in StrGB Art. 292 findet. Häufig werden die Widerhandlungen gegen die Vorschriften ganzer verwaltungsrechtlicher Erlasse auf diese Weise mit einer einzigen Strafe bedroht. Weil in diesen Fällen nicht leicht festzustellen ist, welches die Voraussetzungen der Strafbarkeit sind, und zuweilen sogar die Grenzen der Strafbarkeit ungewiss bleiben, sind solche Blankettstrafdrohungen rechtsstaatlich bedenklich.

## IV. ANDERE RECHTSQUELLEN

Sie springen ein, wenn es sich um Rechtsfindung zugunsten des Angeschuldigten handelt oder wenn die Regelung des allgemeinen Teils unvollständig blieb. Dazu zählen:

### 1. Die Rechtsprechung

Die Besonderheit der Rechtsprechung als Rechtsquelle besteht darin, dass sie sich an die Leitlinie des Gesetzes zu halten hat, im einzelnen Fall verbindlich entscheidet, mit ihren Urteilen durch deren Gründe über den Einzelfall hinaus rechtsbildend wirkt und dennoch unter ständiger Überprüfung auf ihre Richtigkeit steht.

Massgebend ist die veröffentlichte Rechtsprechung in erster Linie des Bundesgerichtes und der oberen kantonalen Gerichte.

Sie ist dann wichtig, wenn der Gesetzgeber nicht möglichst genau bestimmte, sogenannte *deskriptive Tatbestandsmerkmale* wie Wegnehmen, Sache, Töten, sondern wenn er *normative* oder *wertausfüllungsbedürftige* Begriffe verwendete, deren Sinn der Richter im einzelnen Fall genauer bestimmen soll. Solche Begriffe erhalten erst durch die Rechtsprechung ihre wirkliche Bedeutung, z.B. «offenbares Missverhältnis» im Sinne von StrGB Art. 157 Zif. 1 Abs. 1, oder «unzüchtig» i.S. von Art. 191 Zif. 2 oder 204. Doch ist nicht zu übersehen, dass der Richter sogar in der Anwendung deskriptiver Merkmale deren Sinn genauer festzulegen hat, wenn er keine typischen Fälle zu beurteilen hat, siehe z.B. BGE *87* (1961) IV 117, zur Frage, ob die Forderung im bargeldlosen Zahlungsverkehr als bewegliche Sache im Sinn von Art. 141 angesehen werden könne.

### 2. Die Wissenschaft

Zu berücksichtigen ist als Rechtsquelle die übereinstimmende oder die deutlich vorwiegende Ansicht in der Lehre. Sie vermag durch ihre überzeugenden Lösungen und deren Begründung auf die Rechtsbildung durch den Gesetzgeber und die Gerichte zu wirken; auch sie steht, wie die Rechtsprechung, unter dem Vorbehalt ständiger Überprüfung auf ihre Richtigkeit.

### 3. Das Gewohnheitsrecht

Es ist die Regel, welche ein Personenkreis in langjähriger Übung auf Grund der allgemeinen Überzeugung ihrer Notwendigkeit und Verbindlichkeit als Rechtsbestimmung befolgt.

## § 5 DIE RECHTSQUELLEN DES SCHWEIZERISCHEN STRAFRECHTS

Welche Normenkomplexe sind für das schweizerische Strafrecht massgebend?

## I. VÖLKERRECHT UND LANDESRECHT

*1. Beschränkung der landesrechtlichen Gesetzgebungshoheit durch völkerrechtliche Gebote oder Rechtspflichten*

Zu den Aufgaben des Völkerrechts als Rechtsordnung zwischen den Staaten gehörte vor allem zu begrenzen, wie weit das Landesrecht reichen darf.

### a) Regeln des allgemeinen Völkerrechts

Ob es überhaupt Regeln des allgemeinen Völkerrechts gibt, welche die Gesetzgebungsbefugnis der einzelnen Staaten begrenzen, ist höchst zweifelhaft, und solche Regeln wären schwer nachzuweisen.

Als Ausdruck des heutigen geläuterten Rechtsbewusstseins sind die Bestimmungen in der Erklärung der Menschenrechte durch die Generalversammlung der Vereinigten Nationen vom 10. 12. 1948 anzusehen, besonders Art. 3, 5, 9–12, welche bestimmte Strafen oder gewisse Vorgehen in Strafsachen ausschliessen.

### b) Regeln des vertraglichen (partikulären) Völkerrechts

Rechtsverbindlich sind für die Vertragsstaaten die Bestimmungen des Europäischen Übereinkommens über Menschenrechte vom 4. 11. 1950 in Rom, welcher die Schweiz noch nicht angehört; siehe aber Bericht des Bundesrates an die Bundesversammlung über die Konvention zum Schutze der Menschenrechte und Grundfreiheiten vom 9. 12. 1968, BBl *1968* II 1057, Ergänzungsbericht vom 23. 2. 1972, BBl 1972 I 989, Botschaft vom 4. 3. 1974, BBl 1974 I 1035. Wenn die Schweiz dieses Abkommen ratifiziert haben wird, so wird für sie dessen Art. 2 gelten, der den Vertragsstaaten untersagt, jemanden «unmenschlicher oder erniedrigender Strafe» zu unterwerfen. Das schweizerische Recht vermag diesen Ansprüchen zu genügen. Dasselbe trifft zu für das Verbot der Rückwirkung strafrechtlicher Vorschriften, wie es durch Art. 7 des Abkommens ausgesprochen wird, siehe StrGB Art. 2, dazu § 7 I 2 hienach, aber auch § 4 II 1 hievor.

Ausserdem bestehen Vorschriften, die zum Erlass von Strafbestimmungen sowie zur Strafverfolgung und Auslieferung verpflichten, in mehreren multilateralen Vereinbarungen zur Bekämpfung bestimmter Verbrechen, z. B. Einheits-Übereinkommen von 1961 über die Betäubungsmittel vom 30. 3. 1961 in New York, AS *1970* 802, SR 0.812.121.0, Art. 36.

Andere internationale Übereinkommen begrenzen die landesrechtliche Strafgewalt, so die Genfer Abkommen vom 12. 8. 1949 zur Verbesserung des

Loses der Verwundeten und Kranken der bewaffneten Kräfte im Felde, AS *1951* 181, SR 0.518.12, Art. 49, 50, über die Behandlung der Kriegsgefangenen, AS *1951* 228, SR 0.518.42, Art. 129, 130, über den Schutz der Zivilpersonen in Kriegszeiten, AS *1951* 300, SR 0.518.51, Art. 146, 147.

Gelegentlich wird durch zweiseitige Staatsverträge die Bestrafung von Widerhandlungen in Grenzgebieten oder anlässlich der Grenzabfertigung geregelt, so z. B. durch die Übereinkünfte der Schweiz mit Frankreich über die Fischerei in den Grenzgewässern des Doubs vom 4.12.1957, AS *1958* 49, SR 0.923.2, Art. 32, Abkommen über die nebeneinanderliegenden Grenzabfertigungsstellen und die Grenzabfertigung während der Fahrt mit der Bundesrepublik Deutschland vom 1.6.1961, AS *1964* 391, SR 0.631.252.913.690.

Südamerika kennt schon lange Vereinbarungen über die Begrenzung des Geltungsbereiches der Strafgesetze der Vertragsstaaten; so Vertrag von Lima vom 7.11.1878, von Montevideo vom 23.1.1889 und die Convention von Havanna, der Codigo Bustamente, vom 20.2.1928, doch ist deren Beachtung durch die Vertragsstaaten zweifelhaft.

Zu den strafrechtlich beachtlichen völkerrechtlichen Vereinbarungen zählen die zahlreichen bi- und multilateralen Verträge über Auslieferung, andere Rechtshilfe und Zusammenarbeit in Strafsachen, insbesondere die Convention européenne d'Extradition vom 13.12.1957, AS *1967* 814, SR 0.353.1, und die Convention européenne d'Entraide judiciaire en matière pénale vom 20.4.1959, AS *1967* 831, SR 0.351.1; ferner Convention Européenne pour la surveillance des personnes condamnées ou libérées sous condition und pour la répression des infractions routières, beide vom 30.11.1964, in der Schweiz noch nicht in Kraft.

### 2. Das eigentliche völkerrechtliche Strafrecht

Neuere Literatur:
OTTO TRIFFTERER, Dogmatische Untersuchungen zur Entwicklung des materiellen Völkerstrafrechts seit Nürnberg, Freiburg i. Br. 1966.
STEFAN GLASER, Droit international pénal conventionnel, Brüssel 1970.

Bestrafung des Besiegten ist ein alter Kriegsbrauch. Seit Ende des 19. Jahrhunderts setzten Versuche ein, gewisse Arten der Kriegsführung als unerlaubt und sogar die Kriegsführung als solche widerrechtlich zu erklären, was mit dem Briand-Kellog-Pakt von 1929 deutlich ausgesprochen wurde. Auf dieser Grundlage und massgeblich durch die angelsächsische Auffassung des Strafrechts, insbesondere in bezug auf eine anständige Prozessführung, gestützt, wurden die Kriegsverbrecher der Achsenmächte in Nürnberg und Tokio nach 1945 verurteilt.

Entgegen den durch dieses Vorgehen geweckten Erwartungen stagniert seither die Entwicklung des völkerrechtlichen Strafrechts; es gelang nur die Annahme einer Vereinbarung über die Ächtung des Genocids durch die UNO am 9.12.1948, doch kam keine Vereinbarung über die Bestrafung der Kriegsverbrechen und der Verbrechen gegen die Menschheit zum Abschluss, geschweige denn über die Einsetzung eines internationalen Gerichtshofes zur Beurteilung dieser Taten.

### 3. Völkerrechtliche Begrenzung der Gerichtsbarkeit

Die Ausübung der Strafrechtspflege findet ihre Schranke an den Staatsgrenzen. Und selbst innert der Landesgrenzen ist sie begrenzt zugunsten der Personen, welche diplomatische Immunität geniessen, siehe § 7 III 2a hienach. Darüber bestehen heute staatsvertragliche Regelungen, nämlich und vor allem das Wiener Übereinkommen über diplomatische Beziehungen vom 18.4.1961, AS *1964* 435, SR 0.191.01, ferner Allgemeines Abkommen über die Vorrechte und Immunitäten des Europarates vom 2.9.1949 von Paris, AS *1966* 779, SR 0.192.110.3.

Führt eine Strafverfolgung über die Landesgrenzen hinaus, muss sich der verfolgende Staat der internationalen Rechtshilfe in Strafsachen bedienen, indem er den fremden Staat um Auslieferung des flüchtigen Angeschuldigten oder um Vornahme der erforderlichen Prozesshandlungen, wie Abhörungen oder Haussuchungen, ersucht; siehe 1 b hievor am Ende.

## II. GESETZLICHE REGELN DES LANDESRECHTES

### 1. Die Bestimmungen der Bundesverfassung

#### a) Die verfassungsmässige Grundlage

Die Zuständigkeit zum Erlass eines Strafgesetzes erhielt der Bund erst 1898 durch BV Art. 64$^{bis}$. Soweit das Strafrecht Bundesrecht ist, geht es dem kantonalen Recht vor, BV Übergangsbestimmung Art. 2, StrGB Art. 400.

Den Kantonen bleibt das Strafverfahren wie bis anhin. Umstritten ist, wem die Befugnis zur Gesetzgebung über das materielle Strafvollzugsrecht zusteht; WALTHER BURCKHARDT (Komm. BV, 3.Aufl., Bern 1931, zu Art. 64$^{bis}$, II A 5, S. 596) folgend, ist sie dem Bundesgesetzgeber zuzusprechen, weil der Vollzug in Übereinstimmung mit dem materiellen Strafrecht geregelt werden muss. Demgegenüber sprach BGE *99* (1973) Ia 270, E.IV, leider vorbehaltlos vom Strafvollzug als Sache der Kantone und hielt die bundesrechtlichen Vorschriften über das Ziel des Vollzuges nicht für eine unmittelbar anwendbare Ordnung, deren Verletzung als bundesrechtswidrig und Verstoss gegen Art. 2 der Übergangsbestimmungen zur Bundesverfassung durch den Verfassungsrichter aufzuheben wäre.

### b) Andere Verfassungsbestimmungen strafrechtlichen Inhalts
#### aa) Unmittelbar strafrechtlich bedeutsam

Die durch BV Art. 65 untersagten körperlichen Strafen meinen pars pro toto alle Strafen, die eine «Herabwürdigung der Person» bedeuten (BURCKHARDT op. cit. zu Art. 65 Abs. 2, S. 599).

Die in BV Art. 67 vorgesehene Regelung der interkantonalen Auslieferung findet sich jetzt in StrGB Art. 352 Abs. 2 und 3.

#### bb) Auch strafrechtlich bedeutsam

Eine ganze Reihe von Bestimmungen der Bundesverfassung sind auch strafrechtlich bedeutsam, siehe Art. 20 Abs. 1, 44 Abs. 1, 45 Abs. 3, 49 Abs. 2 und 5, 50 Abs. 1 und 2 (dazu StrGB Art. 261), 58 Abs. 1, 59 Abs. 3, 65 Abs. 1 und 2, 85 Zif. 7, 112.

### 2. *Die Strafgesetzgebung des Bundes*

#### a) Die materiellrechtlichen Gesamtordnungen

##### aa) Das bürgerliche Strafgesetzbuch

*aaa) Die Entstehungsgeschichte*
Literatur:
PH. THORMANN/A. V. OVERBECK, Das schweizerische Strafgesetzbuch, Kommentar, 1. Band, Zürich 1940, Einleitung, S. 1–29.
HANS FELIX PFENNINGER, Das schweizerische Strafrecht, in Das ausländische Strafrecht der Gegenwart, II, Berlin 1957, S. 160–194.

Das erste schweizerische Strafgesetzbuch war das «Peinliche Gesetzbuch» vom 4. 5. 1799, welches während der Helvetik galt, «eine schlechte und notdürftig in einzelnen Bestimmungen der Schweiz angepasste Übersetzung des französischen Code pénal von 1791» (THORMANN/v. OVERBECK op. cit., S. 10). Mit der Mediation vom 19. 2. 1803 fiel die Zuständigkeit zur Strafgesetzgebung an die Kantone zurück. Weil sich mit der Französischen Revolution das Legalitätsprinzip (§ 4 II 1 hievor) durchgesetzt hatte, gaben sich die Kantone, Nidwalden und Uri ausgenommen, im Laufe des 19. Jahrhunderts eigene Strafgesetze, die sich deutlich an ausländische Vorbilder hielten, in der romanischen Schweiz an den Code pénal Frankreichs von 1810, in der deutschen Schweiz meistens an deutsche Landesgesetze, später an das Reichsstrafgesetzbuch von 1871.

Die starken Unterschiede in den kantonalen Rechten machten sich mit dem Aufkommen der modernen Verkehrsmittel in der Mitte des 19. Jahrhunderts und mit der durch die Bundesverfassung von 1848 gewährten Freizügigkeit stossend bemerkbar. Der Ruf nach Vereinheitlichung des Strafrechts wurde laut. Schon in der Tagsatzung von 1848 schlug Solothurn die Vereinheitlichung von Strafrecht und Strafverfahren vor, drang aber, nur von Bern, Freiburg und Aargau unterstützt, nicht durch. Das Bundesstrafrecht vom 4.2.1853 gab einzig dem Bundesstaat, seinen Behörden und Einrichtungen strafrechtlichen Schutz, indem Strafbestimmungen über Hoch- und Landesverrat gegen die Schweiz, über Straftaten gegen eidgenössische Behörden, Verkehrsmittel und Urkunden aufgestellt wurden.

Der schwerfällige Gang der Strafrechtspflege wurde immer wieder beklagt, und neue Vorstösse, ein schweizerisches Strafrecht zu erhalten, wurden unternommen. Die revidierte Verfassung von 1872 wollte die Vereinheitlichung von Straf- und Zivilrecht und wurde gerade deswegen verworfen, weshalb die neue Bundesverfassung von 1874 davon absah. Erneute Anläufe, zu einem schweizerischen Strafrecht zu gelangen, setzten ein, insbesondere befürwortete der Schweizerische Juristenverein 1887 in Bellinzona die Strafrechtseinheit. Im Februar 1889 beauftragte der Bundesrat CARL STOOSS (1849-1934), Oberrichter, dann Professor für Strafrecht in Bern, mit den Vorarbeiten zu einem schweizerischen Strafgesetzbuch.

STOOSS ging in derselben Weise vor wie EUGEN HUBER bei der Vorbereitung des schweizerischen Zivilgesetzbuches. Er suchte Übersicht über die Vielfalt der kantonalen Regelungen zu gewinnen durch die beiden Werke:

Die schweizerischen Strafgesetzbücher zur Vergleichung zusammengestellt, Basel/Genf 1890;

Die Grundzüge des schweizerischen Strafrechts, Basel/Genf 1892/93.

Von Bedeutung für die weitere Vorbereitung des Schweizerischen Strafgesetzbuches war, dass die *Internationale kriminalistische Vereinigung,* in welcher sich unter der Führung des Deutschen FRANZ VON LISZT, des Belgiers ADOLPHE PRINS und des Holländers G.A. VAN HAMEL die reformfreudigen Strafrechtslehrer jener Zeit zusammengeschlossen hatten, 1890 ihre zweite Session in Bern abgehalten hatte. Ihre Ansichten verfehlten nicht, das schweizerische Reformwerk zu beeinflussen.

Schon am 15.8.1893 legte STOOSS den «Vorentwurf zu einem Schweizerischen Strafgesetzbuch Allgemeiner Teil» vor, und im September 1893 folgte die Begründung, die «Motive zu dem Vorentwurf eines Schweizerischen Strafgesetzbuches Allgemeiner Teil», beide Basel/Genf 1893. Die französischen Übersetzungen stammten von ALFRED GAUTIER, Strafrechtslehrer in Genf.

Mit diesem Vorentwurf erwies sich CARL STOOSS als einer der grossen Schweizer Gesetzgeber. ROBERT V. HIPPEL rühmte 1925 das Werk von Stooss mit den Worten: «Eine in der Einfachheit und Klarheit der Sprache wie im Inhalt gleich *bahnbrechende Leistung*, die die Schweiz zunächst an die Spitze der internationalen Reformbewegung im Strafrecht stellte» (v. HIPPEL, Deutsches Strafrecht I, Berlin 1925, S. 388). Und ERNST HAFTER urteilte: «STOOSS hat für die damalige Zeit unerhört kühne kriminalpolitische Gedanken in die Sprache des Gesetzgebers übertragen» (HAFTER op. cit. § 6 II, S. 19).

Im Vorentwurf STOOSS findet sich, in den Grundzügen wenigstens, alles, was das Strafgesetzbuch noch heute als zeitgemässes Gesetz erscheinen lässt: ein besonderes Jugendstrafrecht, der bedingte Aufschub des Vollzuges kurzer Freiheitsstrafen, ein ausgebautes System sichernder Massnahmen mit Ansätzen des dualistisch-vikariierenden Systems.

In demselben Jahr begann eine erste Expertenkommission den Vorentwurf zum allgemeinen Teil zu beraten. In dem Vorentwurf des ganzen Strafgesetzes (Schweizerisches Strafgesetzbuch Vorentwurf mit Motiven, im Auftrage des Schweizerischen Bundesrates ausgearbeitet von CARL STOOSS und französische Übersetzung des Vorentwurfs von ALFRED GAUTIER, Basel/Genf 1894) konnte STOOSS im allgemeinen Teil bereits die ersten Ergebnisse der Beratungen der Kommission berücksichtigen. Über die Verhandlungen dieser Kommission unterrichten:

Verhandlungen der Expertenkommission über den Vorentwurf zu einem Schweizerischen Strafgesetzbuch, Band I und II, Bern 1896.

Sie führten zum «Vorentwurf zu einem Schweizerischen Strafgesetzbuch nach den Beschlüssen der Expertenkommission», Bern 1896.

Am 30.6.1898 wurde BV Art. 64[bis] (II 1 a hievor) mit 266 610 zu 102 870 Stimmen und von 15 3/2 gegen 4 3/2 Ständen angenommen.

Doch dann verzögerte sich der Fortgang der Strafrechtsvereinheitlichung. Der Vorentwurf STOOSS, dessen Verfasser 1896 einem Ruf nach Wien gefolgt war, stiess seiner modernen Auffassungen wegen auf lebhaften Widerstand. Die weniger angefochtene Vereinheitlichung des Zivilrechts erhielt den Vorrang. Nach Beratungen durch mehrere kleine Kommissionen, denen STOOSS noch angehörte, wurde im April 1908 ein neuer Vorentwurf ausgearbeitet, welcher Gegenstand der von EMIL ZÜRCHER, Professor für Strafrecht in

Zürich, verfassten «Erläuterungen zum Vorentwurf» vom April 1908, Bern 1914, und «Schweizerisches Strafgesetzbuch, 3. Buch, Anwendung und Einführung des Gesetzes, Erläuterungen», Bern 1915, bildete. Der Vorentwurf vom April 1908 lag auch den sehr eingehenden und sorgfältigen Beratungen der 2. Expertenkommission in den Jahren 1912 bis 1916 zugrunde, siehe «Protokolle der 2. Expertenkommission», 9 Bände, 1912-1916, 2 Beilagebände, Luzern 1912-1920. Sie führten zu einem Vorentwurf von 1916.

Am 23.7.1918 legte der Bundesrat seinen Entwurf mit der Botschaft an die Bundesversammlung vor. Doch nochmals gerieten die Beratungen ins Stokken. Die Erfahrungen des Ersten Weltkrieges hatten gezeigt, dass das Militärstrafgesetzbuch von 1851 völlig veraltet war. Seine Erneuerung wurde für dringlicher gehalten, und deshalb wurde vorerst dieses Gesetz auf Grund eines Vorentwurfes von ERNST HAFTER vom 10.10.1918 revidiert und das Militärstrafgesetz vom 13.6.1927 geschaffen. In den parlamentarischen Beratungen des bürgerlichen Strafgesetzes, die im Plenum des Nationalrates in der Frühjahrssession 1928 begannen, bildeten die Fragen der Todesstrafe und der straflosen Unterbrechung der Schwangerschaft schwer überwindbare Hindernisse. Am 21.12.1937 nahm das Parlament das Gesetz an, siehe dazu die Protokolle der Beratungen der eidgenössischen Räte in einem Sonderband des Stenographischen Bulletins.

Da erwuchs dem Gesetz neuer Widerstand, welcher sich nicht gegen seinen Inhalt, sondern, verspätet und nur als föderalistische Kundgebung der Zwischenkriegszeit verständlich, gegen die Vereinheitlichung des Strafrechts richtete. Das Referendum wurde ergriffen. In der Volksabstimmung vom 3.7.1938 wurde das Gesetz knapp mit 358438 zu 312030 Stimmen angenommen, $12^{1}/_{2}$ Stände hatten es verworfen. Einzig die starke Annahme des Gesetzes durch die Kantone Bern und Zürich verhalfen der Schweiz zur Strafrechtseinheit.

Das Gesetz trat am 1.1.1942 in Kraft, Art. 401, nachdem die Kantone durch Einführungsgesetze ihr Recht, vor allem das Prozessrecht, dem Gesetz angepasst hatten. Die Kreise, welche sich noch 1938 gegen das Gesetz gewendet hatten, arbeiteten loyal an der Verwirklichung der durch das Strafgesetzbuch ausgesprochenen neuen strafrechtlichen Grundsätze mit.

Das jetzt in Kraft stehende Gesetz wurde bereits mehrmals revidiert. Art. 21 des BG vom 30.9.1943 über den unlauteren Wettbewerb, BS *2* 1951, SR 241, hob StrGB Art. 161 auf. Wenige Jahre darauf liess der Umsturz vom Februar 1948 in der Tschechoslowakei erkennen, dass der durch das Gesetz ausgesprochene strafrechtliche Staatsschutz den heute bestehenden Möglichkeiten, sich eines demokratischen Staates von innen her zu bemächtigen, zuwenig Rechnung trug. Deshalb erschien die Übernahme von einzelnen Bestimmungen aus dem Notrecht, welches am Ende der Zwischenkriegszeit eingeführt worden war und das während des Krieges gegolten hatte, angezeigt. Zugleich wurden einige andere Mängel des Gesetzes behoben, welche sich in den ersten Jahren seiner Anwendung gezeigt hatten, z.B. durch Erweiterung des Entlastungsbeweises, den Art. 173 Zif. 2 dem der Üblen Nachrede Beschuldigten ermöglicht, oder durch Ermässigung der durch Art. 191 Zif. 1 Abs. 1 angedrohten Strafe. Der Bundesrat legte am 20.6.1949 eine Botschaft mit einem entsprechenden Gesetzesentwurf vor, welche zum Bundesgesetz betreffend Abänderung des Schweizerischen Strafgesetzbuches vom 5.10.1950, in Kraft seit dem 5.1.1951, AS *1951* 1, führte.

Der ersten Teilrevision folgte bald die zweite. StrGB Art. 35 und 36, je Zif. 2 Abs. 1, sahen ursprünglich vor, dass die Zuchthaus- und Gefängnisstrafen in besonderen Anstalten oder Anstaltsabteilungen vollzogen werden sollten. Art. 393 Abs. 1 setzte den Kantonen bis Ende 1961 Frist, die entsprechenden Anstalten zu errichten. Die Erfahrungen des Strafvollzuges hatten jedoch längstens gezeigt, dass für die vom Vollzug anzustrebende Resozialisierung des Verurteilten nicht die Art der ihm auferlegten Strafe, sondern seine Persönlichkeit massgebend ist. Insbesondere ist von Bedeutung, ob es sich um erstmals in eine Strafanstalt Eingewiesene handelt oder nicht, ferner wie alt der Verurteilte ist. Ausserdem erschien das System der sichernden Massnahmen und das Jugendstrafrecht gründlicher Überprüfung bedürftig, ferner wurde die Revision vereinzelter anderer Bestimmungen des allgemeinen wie des besonderen Teils angeregt. Eine Expertenkommission beriet in den Jahren 1954–1958 die Reformprobleme. Damit sich die Reform nicht allzu lange hinzog, verzichtete sie auf die Behandlung von Bestimmungen des besonderen Teils und legte am 8.4.1959 einen Vorentwurf vor, der sich einzig mit Fragen des allgemeinen Teils befasste. In dem Vorentwurf der Justizabteilung vom 3.5.1960 erschienen jedoch nur noch die Vorschriften, welche den Vollzug der Strafen, die sichernden Massnahmen und das Jugendstrafrecht betrafen. Die Botschaft des Bundesrates an die Bundesversammlung über eine Teilrevision des Schweizerischen Strafgesetzbuches vom 1.3.1965, BBl *1965* I 561, mit einem entsprechenden Gesetzesentwurf, hielt diese Linie ein, ebenso der Ständerat, welchem die Priorität zukam. Erst die Kommission des Nationalrates war reformfreudiger; auf sie geht die Erweiterung der bedingt vollziehbaren Strafen auf Freiheitsstrafen von 18 Monaten und die Tilgung der Ehrenstrafe der Einstellung in den bürgerlichen Ehren zurück.

Die zweite Teilrevision führte zu folgenden Ergebnissen:

Nachdem zuerst ein Bundesbeschluss vom 19.9.1961 die Frist zur Ausführung der Anstaltsreform nach dem Strafgesetzbuch fünf Jahre verlängert hatte (AS *1962* 24), hob das Bundesgesetz vom 6.10.1966 über die Änderung des Art. 393 des Strafgesetzbuches, AS *1967* 28, Art. 393 Abs. 1 auf. Das Bundesgesetz vom 6.10.1966 über die Bundesbeiträge an Strafvollzugs- und Erziehungsanstalten, AS *1967* 29, SR 341, ersetzte die entsprechenden Vorschriften des Strafgesetzes, Art. 386–390, durch eigene Vorschriften. Dieses Gesetz wurde ergänzt durch die Verordnung über die Leistung von Bundesbeiträgen an Strafvollzugs- und Erziehungsanstalten (Beitragsverordnung) vom 6.11.1968, AS *1968* 1455, 10.7.1972, AS *1972* 1640, SR 341.1.

Die eigentliche Revision des Gesetzes wurde ausgeführt durch das Bundesgesetz vom 18.3.1971 betreffend Änderung des Schweizerischen Strafgesetzbuches (Abänderungsgesetz), AS *1971* 777, welches seit dem 1.7.1971 zum Teil in Kraft steht und dessen übrige Bestimmungen seit dem 1.1.1974 gelten.

Unabhängig von der zweiten Teilrevision ist das Bundesgesetz vom 20.12.1968 betreffend Verstärkung des strafrechtlichen Schutzes des persönlichen Geheimbereiches, AS *1969* 319, welches auf einen Vorstoss von Nationalrat MÜLLER-Luzern zurückgeht und vor den modernen technischen Möglichkeiten, wie Minispionen oder Aufnahmen mit Teleobjektiven, schützen will, indem es in Art. 179$^{bis}$ bis 179$^{septies}$ entsprechende Strafbestimmungen in das Gesetz einfügte.

Inzwischen ist bereits eine neue Teilrevision im Gang. Am 1.12.1971 wurde ein Volksbegehren mit 59 904 gültigen Unterschriften, BBl *1971* II 2034, eingereicht, welches fordert, der Bundesverfassung eine Bestimmung einzuverleiben, welche die Bestrafung wegen Unterbrechung einer Schwangerschaft ausschliessen soll; siehe über die Hintergründe dieser Initiative CLERC ZStrR *87* (1971) 204 Nr. 49. Am 14.12.1971 beschloss der Neuenburger Grosse Rat mit 53 gegen 41 Stimmen eine Standesinitiative mit dem Ziel, StrGB Art. 118–121 aufzuheben. Diese Bestrebungen führten das Eidgenössische Justiz- und Polizeidepartement dazu, im Sommer 1971 eine neue Expertenkommission einzuberufen, welche die Vorschriften über die Abtreibung und die straflose Unterbrechung der Schwangerschaft zu überprüfen hat. Indessen ist dies nicht die einzige Aufgabe der neuen Revision. Es sind ausserdem zu behandeln die bereits fertig formulierten Vorschriften des allgemeinen Teils, welche nicht in die zweite Teilrevision einbezogen wurden, insbesondere die Bestimmungen über den Irrtum, Art. 19 und 20, sowie über die persönlichen Verhältnisse und das Handeln für einen anderen, Art. 26 und 26$^{bis}$. Ausserdem ist die Änderung und Ergänzung einer ganzen Reihe von

Vorschriften aus dem besonderen Teil zu erwägen, wie dies durch parlamentarische Vorstösse zur Bekämpfung der Luftpiraterie und anderer Gewalttaten verlangt worden war oder sich aus verschiedenen weiteren Reformanregungen ergibt. Der Vielgestaltigkeit der einzelnen Reformprobleme und der verschiedenen zeitlichen Dringlichkeit wegen ist zu vermuten, dass die dritte Teilrevision zu einer Reihe von Bundesgesetzen führen wird, welche jeweils in sich geschlossene Materien regeln. Die Kommission legte am 7.6.1973 dem Eidgenössischen Justiz- und Polizeidepartement drei bis ins einzelne ausgearbeitete Vorschläge über die Bestrafung der Abtreibung sowie die straflose Beendigung einer Schwangerschaft vor, um den politischen Behörden die Wahl zwischen der Fristenlösung, oder der Indikationenlösung mit und ohne soziale Indikation zu lassen. Das Departement führte ein Vernehmlassungsverfahren durch. Die bundesrätliche Botschaft wird eine Indikationenlösung mit sozialer Indikation befürworten. Die Kommission setzte die Beratungen über die Delikte gegen Leib und Leben, die Sittlichkeitsdelikte und die Delikte gegen die Familie fort, Titel I, V und VI des besonderen Teils des Strafgesetzbuches, und prüfte, welche Neuerungen angezeigt erscheinen.

Über die bereits durchgeführten Änderungen des Strafgesetzbuches und die bevorstehenden Revisionen unterrichten:

O. A. Germann, Zur Arbeit der parlamentarischen Kommission in unserer Bundesgesetzgebung, beleuchtet am Beispiel der gegenwärtigen Partialrevision des Strafgesetzbuches, SJZ *1970,* 281;

–, Grundzüge der Partialrevision des Schweizerischen Strafgesetzbuches durch das Gesetz vom 18.3.1971, ZStrR *87* (1971) 337;

Viktor Kurt, Die revidierten Bestimmungen des Schweizerischen Strafgesetzbuches; Der Strafvollzug in der Schweiz Nr. 77 (1972), S. 1, Nr. 78 (1972), S. 1, Nr. 79 (1972) S. 1;

–, Die Änderungen des Schweizerischen Strafgesetzbuches gemäss dem Bundesgesetz vom 18.3.1971, Kriminalistik 1972, 155, 205, 251;

François Clerc, Les récentes transformations du Code pénal Suisse, Revue de science criminelle et de droit pénal comparé (Paris), 1972 301;

Hans Schultz, Das Erbe Franz von Liszts und die gegenwärtige Reformsituation in der Schweiz, ZStrW *81* (1969) 787;

– Der strafrechtliche Schutz der Geheimsphäre, SJZ *1971* 301;

– Schweizer Strafrecht, ZStrW *83* (1971) 1045;

– Dreissig Jahre Schweizer Strafgesetzbuch, ZStrR *88* (1972) 1;

– Notwendigkeit und Aufgaben der dritten Teilrevision des schweizerischen Strafgesetzbuches, ibid. 225;

Philippe Graven, L'adéquation du droit pénal aux réalités, ibid. 243.

Durch das BG vom 22.3.1974 über das Verwaltungsstrafrecht (VStrR), BBl *1974* I 727, SR 313.0, Anhang Zif. 1, wurden StrGB Art. 58 bis 60 geändert und ein neuer Art. 58^bis eingefügt.

*bbb) Das geltende Recht.* Heute gilt somit das *Schweizerische Strafgesetzbuch* vom 21.12.1937, BS *3* 203, SR 311.0, abgeändert durch UWG Art. 21, und Bundesgesetze vom 5.10.1950, AS *1951* 1, 6.10.1966, AS *1967* 28 und 29, 20.12 1968, AS *1969* 319, 18.3.1971, AS *1971* 777, VStrR vom 22.3.1974, Anhang Zif. 1, BBl *1974* I 727, SR 313.0. Dem Bundesratsbeschluss vom 4.6.1971, AS *1971* 807, zufolge ist das Bundesgesetz vom 18.3.1971 auf den 1.7.1971 in Kraft getreten, ausgenommen die Art. 49 Zif. 4 Abs. 2, 82–99, 370 371 Abs. 2 aufgehoben, 372, 373, 379 Zif. 1 Abs. 2, 385 und 391. Ein Bundesratsbeschluss vom 13.11.1973, AS *1973* 1840, setzte diese Bestimmungen auf den 1.1.1974 in Kraft. Als Ausführungsvorschriften gelten die Verordnung (1) zum Schweizerischen Strafgesetzbuch (VStGB 1) vom 13.11.1973, AS *1973* 1841, SR 311.01, und die Verordnung über das Strafregister vom 21.12.1973, AS *1974* 57, SR 331, welche ebenfalls am 1.1.1974 in Kraft traten.

*Textausgaben* des Strafgesetzbuches sind in den drei Amtssprachen von der Eidgenössischen Drucksachen- und Materialzentrale in Bern zu erhalten. Weil die Texte in den verschiedenen Amtssprachen nicht selten voneinander abweichen, sollte die amtliche Ausgabe in den drei Amtssprachen angeschafft werden. Ausserdem stehen folgende Ausgaben zur Verfügung:

O. A. Germann, Schweizerische Strafgesetzbuch vom 21.12.1937, angenommen in der Volksabstimmung vom 3.7.1938, in Kraft seit 1.1.1942, abgeändert durch Bundesgesetz vom 5.10.1950, ergänzt durch Bundesgesetze vom 20.12.1968 und vom 18.3.1971 (Taschenausgabe), 9. Aufl., Zürich 1972;

Oscar Härdy, Handkommentar zum Schweizerischen Strafgesetzbuch und Bundesgesetz über den unlauteren Wettbewerb unter Berücksichtigung der Nebengesetze, 4. Aufl., Bern 1964;

B. Neidhart, Schweizerisches Strafgesetzbuch unter Berücksichtigung der Entscheide des Bundesgerichts und der kantonalen Rechtsprechung, nebst Anmerkungen und Sachregister, 7. Aufl., Zürich 1973;

André Panchaud, Code pénal suisse annoté, 3^e éd., Lausanne 1967.

Weil das Strafgesetzbuch ein Bundesgesetz ist, untersteht seine Anwendung, soweit nicht die Strafgerichte zuständig sind, der Aufsicht des Bundesrates, BV Art. 102 Zif. 2, StrGB Art. 392. Beschwerden, welche diese Aufsicht wirksam werden lassen wollen, sind jetzt gemäss Bundesgesetz vom

20.12.1968 über das Verwaltungsverfahren, AS *1969* 757, SR 172.021, Art. 73 Abs. 1 lit. c, Bundesgesetz vom 16.12.1943 über die Organisation der Bundesrechtspflege in der Fassung gemäss Bundesgesetz vom 20.12.1968, Art. 98 lit. g, als verwaltungsgerichtliche an das Bundesgericht zu richten, siehe BGE *97* (1971) I 919.

Über die Behandlung solcher Beschwerden durch den Bundesrat orientiert: Victor Kurt, ZStrR *57* (1943) 39, 202, 268, *58* (1944) 94, 334, *59* (1945) 32, 263, 348, 428, *60* (1946) 186, 459, *62* (1947) 56, 333, 396, *63* (1948) 223; Der Strafvollzug in der Schweiz, Heft 31 (1960), S. 11–19, Heft 40 (1962), S. 3–34.

### bb) Das Militärstrafgesetz

Es gilt das *Militärstrafgesetz* (MilStrGB) vom 13.6.1927/13.6.1941/ 21.12.1950/5.10.1967 (BS *3* 391, AS *1951* 437, *1968* 212, 444, SR 321.0). Insoweit seine Vorschriften dem Gegenstande nach mit denen des Strafgesetzes übereinstimmen, lauten sie genau gleich wie die des bürgerlichen Rechts. Eine Anpassung des Militärstrafgesetzes an die Ergebnisse der zweiten Teilrevision des Strafgesetzbuches wird vorbereitet.

Der Grundriss befasst sich nur mit dem bürgerlichen Strafrecht der Schweiz.

### b) Die prozessrechtlichen Gesamtordnungen

#### aa) Bürgerliche

Es gilt das mehrfach geänderte Bundesgesetz vom 15.6.1934 über die Bundesstrafrechtspflege (BStrP), BS *3* 303, AS *1959* 902, *1965* 905, SR 312.0. Dieses Bundesgesetz ist zusammen mit den übrigen Prozessgesetzen des Bundes in einem von der Bundeskanzlei herausgegebenen Sammelband «Bundesrechtspflege» in der neuesten Fassung zu finden; letzte Ausgabe 1970.

#### bb) Militärische

Es gilt noch immer die vielfach geänderte, zur Zeit in Revision stehende Militärstrafgerichtsordnung vom 28.6.1889 (MilStrGO), BS *3* 456, *1951* 437, *1968* 212, SR 322.1, dazu VO vom 29.1.1954 über die Militärstrafrechtspflege, AS *1954* 299, *1968* 627, 1016, SR 322.2.

### c) Das Nebenstrafrecht des Bundes

Es ist in zahlreiche, etwa 300–350 Bundesgesetze, Bundesbeschlüsse, Verordnungen und Bundesratsbeschlüsse zerstreut, wie zum Beispiel das Bundesgesetz über den Strassenverkehr vom 19.12.1958, AS *1959* 679, SR 741.01, oder das Bundesgesetz über das Zollwesen vom 1.10.1925, BS *6* 465, SR 631.0. Wonach richtet sich die Zuweisung einer Bestimmung an das Strafgesetzbuch oder das Nebenstrafrecht? Einmal darnach, ob sich deutlich fassbare Rechtsgüter, welche es zu schützen gilt, erkennen lassen; trifft dies zu, wie beim Schutz von Leben, Gesundheit, Freiheit, Ehre, Vermögen, so gehört die Bestimmung in das Strafgesetzbuch. Ferner darnach, ob die strafrechtliche Vorschrift eng mit einer verwaltungsrechtlichen oder einer anderen besonderen rechtlichen Regelung verbunden ist, wie dies für das Zollrecht, das Strassenverkehrsgesetz oder den unlauteren Wettbewerb zutrifft; wenn dies der Fall ist, wird sich die entsprechende strafrechtliche Bestimmung im Nebenstrafrecht finden. Eine teilweise Vereinheitlichung des Nebenstrafrechtes des Bundes werden VStrR Art. 1–18 bringen. Das Verhältnis des Strafgesetzbuches zum Nebenstrafrecht des Bundes regeln Art. 333 und 334.

### *3. Das kantonale Strafrecht*

Das den Kantonen verbleibende Strafrecht wird nach der durch Art. 400 Abs. 1, etwas voreilig und ungenau, ausgesprochenen Aufhebung des gesamten bisherigen kantonalen Strafrechts durch StrGB Art. 335 geregelt. Diese Bestimmung geht von folgender Einteilung der strafbaren Handlungen aus:

Verbrechen sind die mit Zuchthaus als Höchststrafe bedrohten Taten, Art. 9 Abs. 1.

Vergehen sind die mit Gefängnis als Höchststrafe bedrohten Taten, Art. 9 Abs. 2.

Übertretungen sind die mit Haft oder Geldbusse als Höchststrafe bedrohten Taten, Art. 101.

#### a) Das Übertretungs- oder Polizeistrafrecht

Art. 335 Zif. 1 Abs. 1 behält den Kantonen die Gesetzgebung über das Übertretungsstrafrecht vor, soweit es nicht Gegenstand der Bundesgesetzgebung ist. Was heisst *Übertretungsstrafrecht?* Sind es nur die geringsten Ordnungswidrigkeiten und Ruhestörungen, welche üblicherweise als Polizeistrafrecht – so das Marginale – bestraft werden? Weil im Entwurf 1918 zahlreiche geringfügige *Vergehen* als Übertretungen des Bundesrechtes vorgesehen worden waren, durch die eidgenössischen Räte jedoch eine Reihe von ihnen aus dem Strafgesetz entfernt und ausdrücklich der Regelung der Kantone unterworfen wurden, steht fest, dass zu dem Übertretungsstrafrecht auch kleine Vergehen oder sogar Verbrechen zählen, so z.B. der Feldfrevel, BGE 72 (1946) IV 53, der sonst als geringfügiger Diebstahl ein Verbrechen wäre.

Die Grenzziehung ist deshalb schwierig, weil zuweilen berücksichtigt werden muss, dass der Bundesgesetzgeber absichtlich bestimmte Verhaltensweisen durch *qualifiziertes Schweigen* des Gesetzgebers straflos liess, beispielsweise den Gebrauchsdiebstahl, BGE *70* (1944) IV 129, den ausserehelichen Geschlechtsverkehr als einfache Unzucht, BGE *68* (1942) IV 110, die homosexuellen Handlungen zwischen Mündigen, BGE *81* (1955) IV 126. In diesen Fällen muss sich der kantonale Gesetzgeber an den Entscheid des Bundesrechts halten und solches Verhalten ebenfalls straflos lassen.

Auf Übertretungsstrafrecht im Sinne von Art. 335 Zif. 1 Abs. 1 darf der kantonale Gesetzgeber als Hauptstrafen nur Haft oder Busse androhen. Hingegen steht es ihm frei, Nebenstrafen und, BGE *69* (1943) IV 185 zufolge, sichernde Massnahmen jeder Art (höchst fraglich!) vorzusehen.

### b) Das Verwaltungsstrafrecht

Das *Verwaltungsstrafrecht* den Kantonen in Art. 335 Zif. 1 Abs. 2 ausdrücklich vorzubehalten war unnötig. Denn insoweit der Kanton nach der Verfassung zuständig ist, ein Gebiet – so Schulwesen, Fürsorge, Baupolizei – zu regeln, darf er auch die Verstösse gegen seine Regelungen unter Strafe stellen. Dem steht nicht entgegen, dass BV Art. 64[bis] Abs. 1 den Bund zur Gesetzgebung auf dem Gebiet des Strafrechts zuständig erklärt. Denn damit war offensichtlich nur die Übertragung der Befugnisse zum Erlass der strafrechtlichen Bestimmungen gemeint, welche sich üblicherweise in der Gesamtkodifikation des Strafrechts, im Strafgesetzbuch, fanden (siehe BURCKHARDT op. cit. zu Art. 64[bis], II A 1, S. 594). Es handelt sich um einen *unechten Vorbehalt*. Der Kanton darf auf Widerhandlungen gegen sein Verwaltungsrecht auch schwerere als nur Übertretungsstrafen androhen.

### c) Das Prozessstrafrecht

Es gilt dasselbe wie zu b.

In Art. 335 Zif. 1 Abs. 2 meint Übertretung mithin nicht dasselbe wie in Abs. 1, sondern bedeutet Widerhandlung, was die romanischen Texte deutlich sagen.

### d) Das Steuerstrafrecht

Es gilt dasselbe wie zu b, insbesondere weil das Steuerrecht ein Teil des ohnehin den Kantonen vorbehaltenen Verwaltungsrechts ist. Insoweit das kantonale Steuerstrafrecht anzuwenden ist, ist die Anwendung des eidgenössischen Rechtes, etwa wegen Betruges oder Urkundenfälschung, ausgeschlossen, RStrS *1943* 119; BGE *81* (1955) IV 168, *84* (1958) IV 167.

## 4. Das Verhältnis der verschiedenen Rechtsquellen zueinander

### a) Verschiedene Rechtsquellen des Bundesrechtes

Zu den in Art. 333 Abs. 1 genannten allgemeinen Bestimmungen des Strafgesetzbuches, die auch im Nebenstrafrecht gelten, wenn dort keine eigene Regelung herrscht, gehören nicht nur die des ersten Buches, Art. 1–110, sondern auch die des dritten über die Einführung und Anwendung des Gesetzes, so vor allem die über den Gerichtsstand, Art. 346 f.

Abs. 3 weicht von StrGB Art. 18 Abs. 1 ab und erklärt die fahrlässige Begehung für strafbar, wenn der Sinn der Bestimmung dies nicht ausschliesst.

Art. 334 rückt an die Stelle der Verweisung auf aufgehobene Bestimmungen, wie des BG über das Bundesstrafrecht von 1853, die Vorschriften des Strafgesetzbuches. Er gilt aber auch, wenn die Vorschriften dieses Gesetzes selber seither geändert wurden.

### b) Bundesrecht – Kantonales Recht

Der Bund drängte mit seinem Recht nicht nur das kantonale Recht zurück, sondern er griff sogar in das den Kantonen vorbehaltene Recht ein, wenn es erforderlich war, um die Anwendung des eidgenössischen Rechts überhaupt oder dessen einheitliche Anwendung zu sichern, ohne dass diese Begrenzung streng beachtet wurde, wie StrGB Art. 397 zeigt.

Im einzelnen bestehen folgende prozessuale Vorschriften des Bundesrechtes, welche von den Kantonen in Bundesstrafsachen zu beachten sind:

#### aa) Prozessuale Bestimmungen des Strafgesetzbuches

Gebot besonderer Untersuchungen des Beschuldigten: Art. 13, 42 Zif. 1 Abs. 2, 43 Zif. 1 Abs. 3, 44 Zif. 1 Abs. 2, 83, 90, 100 Abs. 2, 208 Abs. 1;
Regeln über die örtliche Zuständigkeit: Art. 346–351, 372;
Verbot von Zwangsmassnahmen: Art. 27 Zif. 3 Abs. 2 Satz 2;
Regeln über die Rechtshilfe: Art. 352–357;
Verfahrensrechtliche Regeln: allgemein Art. 343, 365; für Übertretungen Art. 367; für Verfahren gegen Jugendliche Art. 371; über die Vollstreckungspflicht Art. 374, 380; über die Anrechnung der Sicherheitshaft Art. 375;
Gebot der Wiederaufnahme zugunsten des Verurteilten Art. 397.

#### bb) Regeln des Bundesstrafprozesses für kantonale Strafverfahren

*aaa)* *Im allgemeinen.* Allgemeine Verfolgungspflicht Art. 247;

Adhäsionsprozess auch in Bundesstrafsachen Art. 248;
freie Beweiswürdigung Art. 249;
Eröffnen des Entscheides an die Parteien Art. 251 Abs. 1;
Mitteilen der Rechtsmittelfristen und -instanzen: Art. 251 Abs. 2;
unentgeltliche Ausfertigung des Entscheides auf Verlangen: Art. 251 Abs. 3;
Rechtshilfepflicht der Kantone: Art. 252;
Tragen der Verfahrenskosten durch die Kantone: Art. 253.

*bbb) In Delegationsstrafsachen.* Pflicht, das Verfahren durch Einstellungsbeschluss oder Urteil abzuschliessen: Art. 254;
Pflicht, den Entscheid dem Bundesrat mitzuteilen: Art. 255.

*ccc) Bestrafung auf Grund besonderer Bundesgesetze.* Pflicht, das Verfahren auf Verlangen der zuständigen Bundesbehörde einzuleiten und durchzuführen: Art. 258;
Befugnis des Bundesanwaltes, Ermittlungen anzuordnen: Art. 259;
Befugnis der Anklagekammer, von der Gerichtsstandsregelung gem. StrGB Art. 349 und 350 abzuweichen: Art. 262, 263;
Pflicht zur Mitteilung von Entscheiden aus bestimmten Rechtsgebieten an den Bundesrat: Art. 265 Abs. 1; dazu BRB über die Mitteilung kantonaler Strafentscheide gemäss schweizerischem Strafgesetzbuch und anderen Bundesvorschriften vom 9. 1. 1970, AS *1970* 61, SR 312. 3;
Befugnis des Bundesanwaltes, unentgeltlich eine Ausfertigung des Entscheides zu verlangen: Art. 265 Abs. 2.

*ddd) Befugnis des Bundesanwaltes zu kantonalen Rechtsmitteln.* Art. 266, 267.

*eee) Die Voraussetzungen der Nichtigkeitsbeschwerde an den Kassationshof des Bundesgerichtes.* Wurde gegen kantonalen Entscheid eidgenössische Nichtigkeitsbeschwerde angemeldet, so ist eine schriftliche Ausfertigung des Entscheides auszuhändigen: Art. 272 Abs. 1.

Der kantonale Entscheid ist so eingehend zu begründen, dass überprüft werden kann, ob das Gesetz richtig angewendet wurde: Art. 277.

cc) Bundesrechtliche Regeln im Verwaltungsstrafverfahren

Die kantonalen Gerichte haben VStrR Art. 73 bis 83 zu beachten.

III. DIE RECHTSPRECHUNG

Für die Rechtsprechung stellt sich die Frage der *Erkenntnisquelle:* Wo finde ich die entsprechenden Urteile? Die folgende Übersicht gibt die in Frage kommenden Veröffentlichungen und zugleich in Klammern die üblichen Abkürzungen bekannt:

### 1. Die Rechtsprechung des Bundes
#### a) Bürgerlich

Entscheidungen des Schweizerischen Bundesgerichtes, Amtliche Sammlung, seit 1942, Band 68, IV. Abteilung, Lausanne (BGE); vor 1942 in der I. Abteilung; Wiedergabe der Urteile im Originaltext.

Die Praxis des Bundesgerichts, Basel (Pra); französische und italienische Urteile in deutsche Sprache übersetzt.

Journal des Tribunaux, IV. Teil, Lausanne (JdT); deutsche und italienische Urteile in französische Sprache übersetzt.

#### b) Militärisch

Entscheidungen des Militärkassationsgerichtes, herausgegeben im Auftrage des Eidgenössischen Militärdepartementes vom Oberauditor der Armee, zuletzt Band 8, Jahre 1965–1972 (EMKG).

### 2. Die Rechtsprechung der Kantone
#### a) Offiziell

Appenzell Ausser-Rhoden, Rechenschaftsbericht des Obergerichtes, alle 2 Jahre;

Fribourg, Extraits des principaux arrêts rendus par les divers sections du Tribunal cantonal de l'Etat de Fribourg, seit 1950 jährlich;

Luzern, Entscheidungen des Obergerichtes des Kantons Luzern und der Anwaltskammer (Maximen), jährlich;

St. Gallen, St. Gallische Gerichts- und Verwaltungspraxis (GVP), jährlich;

Schaffhausen, Amtsbericht des Obergerichtes, jährlich;

Schwyz, Rechenschaftsbericht des Kantonsgerichts, jährlich;

Solothurn, Bericht des Obergerichts, jährlich;

Thurgau, Rechenschaftsbericht des Obergerichts, jährlich;

Valais, Rapport du Tribunal cantonal, jährlich, seit 1967 Revue valaisanne de jurisprudence (RVJ), vierteljährlich;

Zug, Rechenschaftsbericht des Obergerichts, zweijährlich.

#### b) Nicht amtlich

Ebenso zuverlässig!

Zeitschrift des bernischen Juristenvereins (ZBJV), seit Band 80 (1944) mit jährlicher kritischer Darstellung der Rechtsprechung des Bundesgerichtes in Strafsachen von WAIBLINGER, dann von SCHULTZ;

Aargauische Gerichts- und Verwaltungsentscheide (AGVE);

Basler juristische Mitteilungen (BJM); für Basel-Stadt und -Landschaft;

Blätter für zürcherische Rechtsprechung (ZR);
Praxis des Kantonsgerichts Graubünden (PKG);
Repertorio di giurisprudenza Patria (Rep);
Revue de Jurisprudence neuchâteloise, seit 1960 (RJN);
Journal des Tribunaux, Lausanne (JdT IV);
La Semaine judiciaire, Genf (SJ).

### 3. Rechtsprechung des Bundes und der Kantone

Rechtsprechung in Strafsachen, Bern seit 1943 (RStrS).

## IV. DIE DOKTRIN

Auch für die Doktrin stellt sich die Frage der *Erkenntnisquelle*. Die folgende Übersicht weist auf die grösseren Werke, wie Kommentare und Lehrbücher, hin. Die übrige strafrechtliche Literatur ist zerstreut in Dissertationen, anderen Monographien und Zeitschriftenaufsätzen, meistens in der Schweizerischen Zeitschrift für Strafrecht, aber auch in der Schweizerischen Juristen-Zeitung. Hilfreich ist die Bibliographie, welche VITAL SCHWANDER 1964 der 2. Auflage seiner Darstellung des Schweizerischen Strafrechts einfügte. Ausserdem veröffentlicht die Zeitschrift für Schweizerisches Recht eine jährliche Bibliographie der juristischen Neuerscheinungen, nach einzelnen Disziplinen geordnet. Seit 1971 erscheint die Bibliographie als Beiheft der genannten Zeitschrift.

### 1. Lehr- und Handbücher

ERNST HAFTER, Lehrbuch des schweizerischen Strafrechts, Allg. Teil, 2. Aufl., Bern 1946.
–, Schweizerisches Strafrecht, Besonderer Teil, Berlin, I 1937, II 1943.
O.A. GERMANN, Das Verbrechen im neuen Strafrecht, Zürich 1942.
FRANÇOIS CLERC, Introduction à l'étude du Code pénal suisse, partie générale, Lausanne, 1942 (auch deutsch von STECK), Cours élémentaire sur le Code pénal suisse, Lausanne, I 1943, II 1945.
VITAL SCHWANDER, Das schweizerische Strafgesetzbuch, Zürich 1952, 2. Aufl., 1964.
H. F. PFENNINGER, Das schweizerische Strafrecht, in: Das ausländische Strafrecht der Gegenwart, herausgegeben von Mezger/Schönke/Jescheck, Band 2, Berlin 1957, S. 149–357.
GÜNTER STRATENWERTH, Schweizerisches Strafrecht Besonderer Teil I: Straftaten gegen Individualinteressen, Bern 1973; II: Straftaten gegen Gemeininteressen, Bern 1974.

## 2. Kommentare

PHILIPP THORMANN und ALFRED VON OVERBECK, Das schweizerische Strafgesetzbuch, Zürich, I Allgemeiner Teil 1940, II Besonderer Teil, Einführung und Anwendung 1941, III Kantonale Einführungsbestimmungen 1943.

PAUL LOGOZ, Commentaire du Code pénal suisse, Neuchâtel/Paris, Partie générale 1939, Partie spéciale I 1955, II 1956.

O.A. GERMANN, Kommentar zum schweizerischen Strafgesetzbuch, Zürich 1953, Lieferung I.

–, Schweizerisches Strafgesetzbuch (Taschenausgabe), erweiterte 9. Aufl., Zürich 1974.

## 3. Monographien

Schweizerische Criminalistische Studien, herausgegeben von Germann und Graven, Basel 1–12.

Strafrechtliche Blätter der schweizerischen juristischen Kartothek, Genf.

## 4. Zeitschriften

Schweizerische Zeitschrift für Strafrecht, Bern, redigiert von Hans Schultz (ZStrR).

Revue de Criminologie et de police technique, Genf, redigiert von Olivier Lévy.

Schweizerische Juristenzeitung, Zürich, redigiert von H. U. Walder und P. Forstmoser (SJZ).

Zeitschrift für Schweizerisches Recht, Basel, redigiert von Arthur Meier-Hayoz et al. (ZSR).

Der Strafvollzug in der Schweiz, redigiert von Henri Anselmier et al.

## 5. Übersichten

Kartothek zum schweizerischen Strafgesetzbuch, Zürich, begründet von F. Comtesse, jetzt herausgegeben von P. FINK, ROBERT FRICK und OTTO FRIEDLI (veröffentlichte Urteile und Literatur zu den einzelnen Bestimmungen des Strafgesetzbuches nachweisend).

### V. VEREINIGUNGEN

Mit Fragen des Strafrechts im weitesten Sinn befassen sich in der Schweiz durch das Veranstalten von Vorträgen und Schulungskursen sowie die Herausgabe von Veröffentlichungen:

Schweizerische Kriminalistische Gesellschaft;

Schweizerischer Verein für Straf-, Gefängniswesen und Schutzaufsicht.

## VI. DIE RECHTSVERGLEICHUNG

### 1. Die Bedeutung der Rechtsvergleichung

Noch immer sind die Rechtsordnungen vorwiegend nationales Recht. Aber auf allen Gebieten des Rechtes und selbst im Strafrecht macht sich die *Annäherung* der verschiedenen *Landesrechte* aneinander bemerkbar. Verschiedene Gründe führen dazu: einmal die erhöhte Mobilität und Mischung der Bevölkerung, besonders in der westlichen Welt, dann der Einfluss der Mittel der Massenkommunikation, den kein eiserner Vorhang auszuschalten vermag, ferner die Tatsache, dass immer häufiger sich dieselben Probleme in verschiedenen Staaten stellen, endlich mehren sich die zwischenstaatlichen Übereinkommen, welche einzelne Fragen für mehrere Staaten auf dieselbe Weise beantworten.

Die Übereinstimmung der Probleme zeigt sich weniger auf dem Gebiet des allgemeinen als dem des besonderen Teils des Strafrechts und deutlich im Nebenstrafrecht. Auf dem Gebiet des allgemeinen Teils ist es die Regelung des räumlichen Geltungsbereiches und insbesondere die der Sanktionen und ihres Vollzuges, welche die Erfahrungen ausländischer Rechte zu Rate zieht. Beispiele für die Berücksichtigung ausländischer Bestimmungen auf dem Gebiet des besonderen Teils bieten die Bekämpfung der Luftpiraterie, das Problem der straflosen Beendigung einer Schwangerschaft oder die Bestrafung der Sexualdelikte. Besonders intensiv ist die Beachtung ausländischer Regelungen auf Gebieten des Nebenstrafrechtes, die ihrem Gegenstande nach über die Landesgrenzen hinausreichen; es sei nur erinnert an den Strassenverkehr, die Bekämpfung der Betäubungsmittelsucht und den Umweltschutz.

Als Beispiele strafrechtlich bedeutsamer zwischenstaatlicher Vereinbarungen seien die des Europarates genannt:

Konvention zum Schutze der Menschenrechte und Grundfreiheiten vom 4.11.1950 in Rom und deren Zusatzprotokolle, siehe BBl *1968* II 1057;

Konvention über die Überwachung bedingt verurteilter oder entlassener Personen vom 30.11.1964 in Strassburg;

Konvention über die Bekämpfung der Widerhandlungen im Strassenverkehr vom 30.11.1964 in Strassburg;

Konvention über die internationale Geltung strafrechtlicher Verurteilungen vom 28.5.1970 im Haag.

Aus allen diesen Gründen gewinnt die Rechtsvergleichung im Strafrecht an Bedeutung, und zwar in doppelter Hinsicht. Der Gesetzgeber hat die zwischenstaatlichen Vereinbarungen zu beachten, und die ausländischen Regelungen derselben Fragen können ihm Anregungen vermitteln oder sogar als Vorbild dienen. Ausserdem ist die Rechtsvergleichung als Hilfsmittel der *Auslegung* wichtig, dazu § 6 I 1 hienach. Die gesetzgebungspolitische Wirkung fremder Rechte reicht heute zuweilen weit über das Gebiet derselben Sprache oder derselben Rechtskultur hinaus.

Deshalb ist auch im Strafrecht von allem Anfang an die Sicht über die Landesgrenzen hinaus zu öffnen. Um dies wenigstens in geringem Umfange zu ermöglichen, werden im folgenden einige Hinweise auf die Gesetze und die Literatur der Nachbarstaaten der Schweiz und das angelsächsische Recht gegeben. Wertvolle Hilfen für die rechtsvergleichende Arbeit bieten:

das im Erscheinen begriffene Sammelwerk: «Das ausländische Strafrecht der Gegenwart», herausgegeben von Mezger, Schönke und Jescheck, Berlin 1955 ff.; Band I 1955, Argentinien, Dänemark, Japan, Jugoslawien; Band II 1957, Finnland, Schweiz, Tschechoslowakei; Band III 1959, Chile, Grossbritannien, Griechenland, Österreich; Band IV 1962, Amerika, Norwegen, Türkei;

die Sammlung ausserdeutscher Strafgesetzbücher in deutscher Übersetzung, jetzt herausgegeben vom Max-Planck-Institut für ausländisches und internationales Strafrecht in Freiburg i. Br. durch Hans-Heinrich Jescheck und Gerhard Kielwein, Berlin, seit 1881, bis jetzt 93 Bände;

Hans-Heinrich Jescheck/Klaus H. A. Löffler, Quellen und Schrifttum des Strafrechts, Band I, Europa, München 1972;

Marc Ancel, Introduction comparative aux codes pénaux européens, Paris 1956;

Marc Ancel/Yvonne Marx, Les Codes pénaux européens présentés dans leur texte actuel avec une note spéciale sur chaque Code et une introduction comparative générale, tomes I–IV, Paris 1956, 1957, 1960, 1971.

### 2. *Hinweise auf einige ausländische Rechtsordnungen*

#### a) Bundesrepublik Deutschland

In der Bundesrepublik Deutschland gilt noch heute eigentlich das Reichsstrafgesetzbuch vom 15. Mai 1871, welches jedoch vielfach abgeändert und am 1. September 1969 in einer neuen Fassung bekanntgemacht wurde. Diese Fassung entspricht dem 1. Gesetz zur Reform des Strafrechts vom 25.6.1969, welches zahlreiche Vorschriften des allgemeinen Teils änderte. Inzwischen sind bereits weitere Neuerungen eingeführt worden, und andere stehen in Aussicht; sie betreffen meist den besonderen Teil. Der vollständig erneuerte allgemeine Teil, wie er durch das 2. Gesetz zur Strafrechtsreform bestimmt wurde, soll am 1.1.1975 in Kraft treten. Erheblichen Einfluss auf die Revision des deutschen Strafrechts, insbesondere in bezug auf die Sanktionen und deren Vollzug, übte der 1966 erschienene, von deutschen und schweizerischen Strafrechtslehrern verfasste Alternativ-Entwurf eines Strafgesetzbuches, Allgemeiner Teil, aus.

Literatur
Lehrbücher:
JÜRGEN BAUMANN, Strafrecht Allgemeiner Teil, 6. Aufl., Bielefeld 1974;
HANS-HEINRICH JESCHECK, Lehrbuch des Strafrechts Allgemeiner Teil, 2. Aufl., Berlin 1972.
REINHART MAURACH, Deutsches Strafrecht Allgemeiner Teil, 4. Aufl., Karlsruhe 1971.
–, Deutsches Strafrecht Besonderer Teil, 5. Aufl., Karlsruhe 1971.
HELLMUTH MAYER, Strafrecht Allgemeiner Teil, Stuttgart/Berlin/Köln/Mainz 1967.
EBERHARD SCHMIDHÄUSER, Strafrecht Allgemeiner Teil, Tübingen 1970.
GÜNTER STRATENWERTH, Strafrecht Allgemeiner Teil, I Die Straftat, Köln/Berlin/Bonn/München 1971.
HANS WELZEL, Das deutsche Strafrecht, 11. Aufl., Berlin 1969.
Kommentare:
Strafgesetzbuch, Leipziger Kommentar. Begründet von Ludwig Ebermayer, Adolf Lobe, Werner Rosenberg, 9. Aufl., herausgegeben von PAULHEINZ BALDUS und GÜNTHER WILLMS, Berlin 1970 f. (im Erscheinen begriffen) (LK).
Strafgesetzbuch-Kommentar, begründet von ADOLF SCHÖNKE, fortgeführt von HORST SCHRÖDER, 17. Aufl., München 1974 (SCHÖNKE-SCHRÖDER).
Kurzkommentare:
EDUARD DREHER, Strafgesetzbuch und Nebengesetze, 34. Aufl., München 1974.
KARL LACKNER/HERMANN MAASSEN, Strafgesetzbuch mit Erläuterungen, 8. Aufl., München 1974.
Zeitschriften:
Zeitschrift für die gesamte Strafrechtswissenschaft (ZStrW), Berlin.
Goltdammer's Archiv für Strafrecht (GA), Hamburg.
Monatsschrift für Kriminologie und Strafrechtsreform (Mschr. Krim.), Köln/Berlin/Bonn/München.

## b) Frankreich

In Frankreich gilt immer noch der allerdings vielfach geänderte Code Napoléon von 1810. Eine Gesamtrevision des in seiner Gesamtkonzeption völlig veralteten Gesetzes ist seit langem vorgesehen.

Literatur

Lehrbücher:

PIERRE BOUZAT/JEAN PINATEL, Traité de Droit pénal et de Criminologie; Tome I Droit pénal général (BOUZAT), Tome II Procédure pénale. Régime des mineurs. Domaine des lois pénales dans le temps et dans l'espace (BOUZAT), Tome III Criminologie (PINATEL), 2$^{me}$ éd., Paris 1970, Mise à jour en 1$^{er}$ sept. 1971, tome I et II (BOUZAT) 1971.

A. DECOQ, Droit pénal général, Paris 1972.

L. LAMBERT, Traité de droit pénal spécial. Etude théorique et pratique des incriminations fondamentales, Paris 1968.

JACQUES LÉAUTÉ, Droit pénal et procédure pénale, 3$^e$ éd., Paris 1969.

ROGER MERLE/ANDRÉ VITU, Traité de droit criminel, 2$^e$ éd., Paris 1974.

*Répertoire de Droit pénal* et de procédure pénale, 3$^e$ éd., Paris 1973.

JEAN PRADEL, Droit pénal, Tome I. Introduction. Droit pénal général, Paris 1973.

GASTON STEFANI/GEORGES LEVASSEUR, Droit pénal général et criminologie, 2$^e$ éd., Paris 1961.

–,Droit pénal général et procédure pénale, Tome I. Droit pénal général, 7$^e$ éd., Paris 1973.

ROBERT VOUIN/JACQUES LÉAUTÉ, Droit pénal et criminologie, Paris 1956.

ROBERT VOUIN, Droit pénal spécial, Tome I, 3$^e$ éd., Paris 1971.

Kommentar:

EMILE GARÇON, Code pénal annoté, nouvelle édition par MARCEL ROUSSELET, MAURICE PATIN, MARC ANCEL, Paris, Tome I 1952, Tome II 1956, Tome III 1959; mise à jour 1959.

Zeitschriften:

Revue de science criminelle et de droit pénal comparé, Paris.

Revue internationale de droit pénal, Paris.

## c) Italien

Das in Italien geltende Strafgesetzbuch ist der Codice penale aus dem Jahr 1930, welcher auf einen Entwurf von ROCCO zurückgeht. Auch dieses Strafgesetz wurde oft geändert, und eine Totalrevision ist beabsichtigt, aber bis jetzt noch nicht durchgeführt.

Literatur
Lehrbücher:
FRANCESCO ANTOLISEI, Manuale di Diritto penale Parte generale, 6ª ed., Milano 1969.
GIUSEPPE BETTIOL, Diritto penale (Parte generale), 8ª ed., Palermo 1973.
VINCENZO MANZINI, Trattato di Diritto penale italiano, quarta eidzione aggiornata dai professori P. Nuvolone e G. D. Pisapia; vol. I-X, Torino 1961-1964.
ANTONIO PAGLIARO, Principi di diritto penale, Parte Generale, Milano 1972.
REMO PANNAIN, Manuale di Diritto penale, I Parte generale, 4ª ed., Torino 1967.
-, I delitti contro la vita e la incolumità individuale, Torino 1965.
SILVIO RANIERI, Manuale di Diritto penale, vol. I Parte generale, 4ª ed., Padova 1968; vol. II Parte speciale, I singoli delitti (Tit. I-VII), 2ª ed., Padova 1962; vol. III Parte speciale, I singoli delitti (Tit. VIII-XIII), Le contravvenzioni, 2ª ed., Padova 1967.
Zeitschriften:
Archivio penale, Roma.
Giustizia penale, Roma.
L'indice penale, Milano.
Rassegna di Studi penitenziari, Roma.
Rivista di diritto e procedura penale, Milano.

### d) Österreich

Noch immer steht das allerdings vielfach abgeänderte Allgemeine Strafgesetzbuch vom 27.5.1852, eine überarbeitete Neuausgabe des Strafgesetzes von 1803, in Kraft. Seit langem sind Bestrebungen, ein neues Strafgesetz zu schaffen, im Gang. Sie führten zuletzt zu einer neuen «Regierungsvorlage eines Strafgesetzbuches samt Erläuterungen» vom 16.11.1971, die Grundlage des am 23.1.1974 vom Nationalrat beschlossenen Bundesgesetzes über die mit gerichtlicher Strafe bedrohten Handlungen (Strafgesetzbuch – StGB), Bundesgesetzblatt für die Republik Österreich vom 29.1.1974, S. 641. Das neue Strafgesetz soll am 1.1.1975 in Kraft treten.
Lehrbücher:
FRIEDRICH NOWAKOSWKI, Das österreichische Strafrecht in seinen Grundzügen, Graz/Wien/Köln 1955.
THEODOR RITTLER, Lehrbuch des österreichischen Strafrechts, 1. Band Allgemeiner Teil, 2. Aufl., Wien 1954, 2. Band Besonderer Teil, Wien 1962.

Kommentar:

GUSTAV KANIAK, Das österreichische Strafgesetz samt den einschlägigen Nebengesetzen. Mit verweisenden und erläuternden Anmerkungen und einer systematischen Darstellung der Rechtsprechung, 6. Aufl., Wien 1969; Nachtrag 1971 zur 6. Auflage von EGMONT FOREGGER und EUGEN SERINI, Wien 1971.

### e) Angelsächsisches Recht

#### aa) Grossbritannien

Grossbritannien entbehrt noch heute einer umfassenden Kodifikation des Strafrechts. Der allgemeine Teil des Strafrechts ist überhaupt nicht gesetzlich festgelegt, insoweit es die Voraussetzungen der Strafbarkeit angeht, sondern untersteht dem richterlichen Gewohnheitsrecht des Common law. Gesetzlich geregelt sind hingegen die Sanktionen und deren Vollzug sowie in zahlreichen einzelnen Gesetzen verschiedene Gebiete des besonderen Teils. Dem kontinentalen Juristen vermitteln einen leichten Zugang zum englischen Strafrecht die Lehrbücher:

KENNY's Outlines of criminal Law, 19th ed. by J.W. Cecil Turner, Cambridge 1966.

GLANVILLE WILLIAMS, Criminal law, The general part, 2nd ed., London 1966.

#### bb) Die Vereinigten Staaten von Nordamerika

Wie in der Schweiz zerfällt in den Vereinigten Staaten als Bundesstaat das Strafrecht in das des Bundes und das der Einzelstaaten.

Das Strafrecht des Bundesstaates findet sich im 18. Titel des Code of the Laws of the United States of America. Er regelt nur ganz wenige Fragen des allgemeinen Teils und enthält in erster Linie die Umschreibung der dem Bundesrecht unterstellten einzelnen strafbaren Handlungen. Die Regeln des allgemeinen Teils unterstehen im übrigen dem Common law. Zu Beginn des Jahres 1971 legte eine Kommission zur Reform des Bundesstrafrechtes den Entwurf eines neuen 18. Titels vor, welcher die allgemeinen Voraussetzungen der Strafbarkeit eingehender regelt.

Zahlreiche Einzelstaaten besitzen eigene Strafgesetzbücher mit einem allgemeinen und einem besonderen Teil, andere regeln das Strafrecht nach dem Vorbild des Bundes durch eine Verbindung von Common law und Gesetzesrecht. Von massgebender Bedeutung für die Weiterentwicklung des Strafrechts der Einzelstaaten ist der Model Penal Code, Proposed Official Draft, welchen das American Law Institute, eine private Vereinigung, am 4. 5. 1962 vorlegte. Dieser Entwurf ist als Vorbild neuer einzelstaatlicher Strafgesetze gedacht und hat bereits in dieser Weise gewirkt. Er enthält einen ausgebauten allgemeinen Teil mit Einschluss der allgemeinen Voraussetzungen der Strafbarkeit, die einzelnen strafbaren Handlungen sowie die Regelung der Sanktionen und ihres Vollzuges. Der Model Penal Code ist ausserdem von besonderer Bedeutung für die Rechtsvergleichung.

Den kontinentalen Juristen führt in einer seinem Recht angenäherten Systematik in das amerikanische Strafrecht ein:

JEROME HALL, General principles of criminal law, 2nd ed. 1960, Indianapolis/New York.

## § 6 DIE AUSLEGUNG DES STRAFGESETZES

### I. DIE AUSLEGUNG IM ALLGEMEINEN

Literatur:
O. A. GERMANN, Methodische Grundfragen, Basel 1946.
–, Probleme und Methoden der Rechtsfindung, 2. Aufl., Bern 1967.
ARTHUR MEIER-HAYOZ, Der Richter als Gesetzgeber. Eine Besinnung auf die von den Gerichten befolgten Verfahrensgrundsätze im Bereiche der freien richterlichen Rechtsfindung gemäss Art. 1 Abs. 2 des Schweizerischen Zivilgesetzbuches, Zürich 1951.

#### 1. Die Auslegung

Nicht immer hat der Gesetzgeber seine Aufgabe so vollkommen erfüllt, dass der Richter im Einzelfall nur die Tatsachen festzustellen und darauf die Rechtsregel anzuwenden hat. Wenn es sich nicht um typische Sachverhalte oder um zahlenmässig genau bestimmte Anordnungen, beispielsweise Fristen, handelt, muss die Rechtsregel, welche auf den konkreten Fall passt, die *Entscheidungsnorm*, erst durch Auslegung gewonnen werden, ganz abgesehen davon, dass die Aussage, ein Text sei klar, bereits dessen Auslegung voraussetzt.

Wenn ein Gesetz ausgelegt werden muss, stellen sich verschiedene Fragen.

Die *erste Frage* lautet: Welches ist das *Ziel der Auslegung*? Nach beinahe ausnahmsloser, gefestigter Rechtsprechung ist das Ziel der Auslegung, den wohlverstandenen, wirklichen Sinn einer Vorschrift zu ermitteln. Damit kann dreierlei gemeint sein: was der historische Gesetzgeber anordnen wollte (*subjektiv-historisches Auslegungsziel* oder Auslegungstheorie), was der historische Gesetzgeber seinerzeit vernünftigerweise anordnen sollte *(objektiv-historisches Auslegungsziel)* oder was heute als richtiger Sinn der Norm anzusehen ist *(objektiv-zeitgemässes Auslegungsziel)*. Die objektiv-zeitgemässe Auslegung herrscht heute vor.

Die *zweite Frage* lautet: Welche *Methoden* wendet die Auslegung an? Sie geht aus vom *Wortlaut* und dem durch ihn nach *gewöhnlichem Sprachgebrauch* vermittelten Sinn, erforderlichenfalls verdeutlicht durch *grammatikalische Auslegung*. Darauf ist nach *historischer Methode* zu ermitteln, welche Ordnungsaufgabe durch die auszulegende Norm gelöst, welche Wertungen beachtet wurden und welche Lösung getroffen werden sollte. Die historische Methode beruht auf umfassender Auswertung aller *Vorarbeiten*, der *Materialien* des Gesetzes. Ein ausgezeichnetes Beispiel ertragreicher historischer Auslegung ist die Bestimmung des Sinnes der Wendung «sich oder einen anderen unrechtmässig zu bereichern» in Art. 137 Zif. 1, 140 Zif. 1 Abs. 1, 148 Abs. 1, dazu eingehend ZStrR *74* (1959) 271, ferner BGE *98* (1972) IV 20. Vermittelt sie kein Ergebnis, ist sie durch die *systematische Auslegungsmethode*, endlich durch die wertkritische Methode zu ergänzen, welche auf die ratio legis zurückgeht. Unter Heranziehung der einem Artikel «innewohnenden Wertungen und dessen Zweckgedanken», BGE *89* (1963) IV 120, E. I 1 b, *95* (1969) IV 73, E. 3 a, 147, E. 2 b, soll die Lösung gefunden werden, welche, die Ergebnisse der zuvor angewandten Methoden zusammenfassend, sich als dem *jeweiligen Rechtszustand angepasst* und *gerecht* erweist. Dabei sind die allgemeinen Rechtsgrundsätze und insbesondere die durch die Verfassung ausgesprochenen Wertungen zu beachten. Im Strafrecht bieten, worauf GERMANN hinwies, die auf die einzelnen Delikte angedrohten Strafen eine wichtige Hilfe, die gesetzlichen Wertungen zu erkennen. Zur Überprüfung des Ergebnisses kann die *Rechtsvergleichung* herangezogen werden.

Obschon von verschiedenen Methoden der Auslegung gesprochen wird, ist nicht zu übersehen, dass die Auslegung ein einheitlicher Vorgang ist. Die verschiedenen Methoden voneinander zu trennen ist geboten, weil das Denken nur immer je einen Schritt zu vollziehen vermag und es angezeigt ist, diese Schritte in einer systematisch geordneten Reihenfolge auszuführen. Doch sind die nach den verschiedenen Methoden auszuführenden Prüfungen des Textes und des zu beurteilenden Sachverhaltes miteinander zu verbinden und die nach einer Methode gewonnenen Ergebnisse nach jedem neuen Schritt in der Auslegung erneut zu überprüfen, indem wie KARL ENGISCH es formulierte, der Blick dauernd zwischen Gesetz und zu regelndem Sachverhalt hin- und herwandert. Die den verschiedenen Methoden folgenden Überlegungen sind als Momente, Elemente oder Aspekte des gesamten Auslegungsvorganges zu bezeichnen, welcher zuletzt in einem Gesamtergebnis zusammengefasst wird, das sich nicht in einem Ansprung erzielen lässt.

Eine besondere Schwierigkeit der Auslegung schweizerischer Gesetze besteht in ihrer *Dreisprachigkeit*. Die Texte in allen Amtssprachen besitzen denselben Rang. Weichen sie, was nicht selten ist, voneinander ab, ist der Text massgebend, welcher den wirklichen Sinn der Bestimmung vermittelt: BGE *70* (1944) IV 81, *83* (1957) IV 206.

Die früher hochgeschätzte *logische Auslegung* durch Analogie, argumentum e contrario, a fortiori oder a maiore minus, ist heute von nur untergeordneter Bedeutung und meist einzig eine die sonst gefundenen Ergebnisse stützende Hilfe. Denn in der Regel muss zuvor durch wertende Auslegung bestimmt werden, welches logische Argument verwendet werden kann, so ob Analogie zu üben ist oder das argumentum e contrario gilt; siehe GVP *1963* 84 N. 35, ob die Strafbefreiung gemäss Art. 177 Abs. 2 und 3 gilt, wenn ungebührliches Verhalten des Opfers eine Tätlichkeit veranlasst hatte oder wenn die Tätlichkeit mit einer Beschimpfung erwidert worden war, oder besagt Art. 126, der über diese Strafbefreiung schweigt, dass Analogie ausgeschlossen ist.

### 2. Freie Rechtsfindung intra legem

Die Anwendung normativer oder wertausfüllungsbedürftiger Begriffe, wie offenbares Missverhältnis, Art. 157 Zif. 1 Abs. 1, unzüchtig, Art. 188, schwerer Fall, Art. 266 Zif. 2 Abs. 2, fordert vom Richter nach der Auslegung durch freie Rechtsfindung intra legem (GERMANN) die im Einzelfall richtige Lösung zu treffen. Dies ist nicht mehr Auslegung, sondern *Ergänzung* der vom Gesetzgeber *absichtlich unbestimmt gelassenen Regel*. Dasselbe gilt, wenn der Richter in dem Strafrahmen die Strafe für den Einzelfall genau bemessen muss. Der Hinweis auf das Ermessen hilft nicht weiter; es handelt sich nicht um beliebiges, freies Ermessen, sondern stets um einen Entscheid, der an den durch das Gesetz und die Rechtsordnung als Ganzes vermittelten Werten ausgerichtet und begründbar sein soll, selbst wenn sich nicht vermeiden lässt, dass die persönlichen Ansichten und Überzeugungen des Richters den Entscheid mitbestimmen.

### 3. Die Ausfüllung von Lücken

Literatur:
WALTHER BURCKHARDT, Die Lücken des Gesetzes und die Gesetzesauslegung, Bern 1925.

Lücken weist das Gesetz auf, wenn der Gesetzgeber *unabsichtlich* seine Aufgabe nicht zu Ende führte und dem Richter ungewollt keine Lösung vermittelt. Zwei Arten von Lücken werden unterschieden:
Die Fälle, in denen das Gesetz eine Frage, die es beantworten sollte, offenlässt oder widersprüchlich beantwortet (echte, formelle, offene Lücke), so

wenn ein Verfahren vorgesehen, doch die dazu zuständige Behörde nicht bestimmt wird, BGE *82* (1956) IV 69, E. 3.

Die Fälle, welche sich «zwar unter den Wortlaut einer gesetzlichen Norm..., nicht aber unter das sinngemäss interpretierte Gesetz» ziehen lassen (MEIER-HAYOZ, op. cit., S. 61); das Gesetz bietet eine Lösung, doch sie erscheint ganz verkehrt (unechte, materielle, verdeckte Lücke, Wertungslücke).

Lücken zu schliessen heisst *freie Rechtsfindung praeter legem* ausüben.

## II. DIE AUSLEGUNG DES STRAFRECHTS

Auszugehen ist von der *Faustregel*, dass das Strafrecht *wie ein anderes Gesetz* auszulegen ist, siehe I hievor. Deshalb ist im Strafrecht eine ausdehnende Auslegung zulässig, welche über den durch Wortlaut zuerst vermittelten Sinn hinausführt. Auch bei einer strafrechtlichen Vorschrift kann es vorkommen, dass der Wortlaut den eigentlichen Sinn der Bestimmung nicht kundgibt, weil sich der Gesetzgeber in der Formulierung vergriff. Die Rechtsprechung hält ausdehnende Auslegung ebenfalls für zulässig: «Le juge peut, sans violer le principe nulla poena sine lege... donner du texte légal une interprétation même extensive, afin d'en dégager le sens véritable...»; BGE *90* (1964) IV 187, E. 6. «Massgeblich ist nicht der Buchstabe des Gesetzes, sondern dessen Sinn, der sich namentlich aus den ihm zugrunde liegenden Zwecken und Wertungen ergibt, im Wortlaut jedoch unvollkommen ausgedrückt sein kann»; BGE *95* (1969) IV 73, E. 3a; dazu auch ZBJV *106* (1970) 329 Zif. 1a. Eine Grenze der Auslegung könnte der Wortlaut höchstens dann bieten, wenn die Auslegung zu dem genauen Gegenteil dessen, was der in den drei Amtssprachen eindeutige und übereinstimmende Wortlaut besagt, führen würde.

Die Auffassung, das Strafrecht sei stets in einer für den Täter günstigeren Weise auszulegen, wie dies D *50* 17 155 2 (In poenalibus causis benignius interpretandum est) und ähnlich das kanonische Recht, Codex iuris Canonici, can. 2219 § 1, sagen, ist abzulehnen, ebenso BGE *96* (1970) IV 18, E. 3a, der eine solche Auffassung als «abwegig» bezeichnete. Dagegen spricht, dass das Strafrecht als Rechtsgüterschutz auch die Interessen der möglichen Opfer berücksichtigen muss, weshalb es sich verbietet, stets dem Freiheitsinteresse des Täters den Vorrang zu geben. Dagegen spricht ferner, dass das Strafrecht zuweilen zur Begründung der Rechtswidrigkeit im Zivilrecht dienen muss, ZGB Art. 28 Abs. 1, OR Art. 41 Abs. 1.

Die *Besonderheit* der *Auslegung* des *Strafgesetzes* ist eine Folge des Grundsatzes der Legalität, der verbietet:

a) ein vom Gesetz straflos gelassenes Verhalten etwa auf Grund einer Analogie, zu bestrafen; BGE 77 (1951) IV 162;

b) eine vom Gesetz mit Strafe bedrohte Handlung mit schärferer als der vom Gesetz vorgesehenen Strafe zu ahnden: BGE 71 (1945) IV 92, 80 (1954) IV 36;

c) einen durch das Gesetz vorgesehenen Strafmilderungs- oder Ausschliessungsgrund nicht zu berücksichtigen; BGE 75 (1949) IV 152;

d) eine durch das Gesetz überhaupt nicht oder nicht für den gegebenen Sachverhalt vorgesehene Strafe oder sichernde Massnahme auszusprechen: BGE 75 (1949) I 209.

Ausserdem führt der Grundsatz der Legalität dazu, von Bestrafung oder Anwendung einer schärferen Strafe abzusehen, wenn das sinngemäss ausgelegte Gesetz nicht bestimmt sagt, ob die Bestrafung oder die schärfere Strafe zulässig ist. Hier hat der Gesetzgeber einzugreifen, siehe BGE 72 (1946) IV 136, E. 4, 82 (1956) IV 104, E. 1, die Beschränkung der verkürzten Verjährungsfrist gemäss Art. 213 Abs. 4 auf Abs. 1 ablehnend.

Der Grundsatz der Legalität hindert jedoch weder Analogie noch freie Rechtsfindung praeter legem *zugunsten* des Beschuldigten; BGE 87 (1961) IV 4. Diese an sich zulässige richterliche Weiterbildung des Rechts ist jedoch ausgeschlossen, wenn sie nicht zu einer eindeutigen und einfachen Lösung führt, die sich ohne Widerspruch den übrigen gesetzlichen Regeln einfügen lässt, BGE 82 (1956) IV 105, E. 2.

## § 7 DIE GELTUNG DES STRAFGESETZES

Die Frage, ob ein bestimmtes Strafgesetz für ein bestimmtes menschliches Verhalten gilt, kann sich in dreierlei Hinsicht stellen: in zeitlicher, räumlicher und persönlicher. Die Frage heisst nicht: Ist das Verhalten strafbar, sondern: Darf nach dem betreffenden Gesetz überhaupt geprüft werden, ob es strafbar sei.

### I. DER ZEITLICHE GELTUNGSBEREICH

#### 1. Die gesetzlichen Regeln

Sie finden sich in StrGB Art. 2, 336–339, 400 Abs. 1, 401 Abs. 1, Abänderungsgesetz III Zif. 1.

#### 2. Der Grundsatz

Er lautet: Jedes möglicherweise strafbare Verhalten ist nach dem Gesetz zu beurteilen, welches zu der Zeit galt, in der *die Tat verübt* wurde; StrGB Art. 2 Abs. 1, 401 Abs. 1. Was sich seit dem 1.1.1942 ereignete, ist nach schweizerischem Strafgesetz zu beurteilen, seit dem 5.1.1951 in der Fassung des BG vom 5.10.1950, nach Abschluss der zweiten Teilrevision am 18.3.1971 in der durch sie geschaffenen Fassung, soweit das geänderte Gesetz auf den 1.7.1971 in Kraft gesetzt wurde von diesem Zeitpunkt an, für die übrigen Bestimmungen vom 1.1.1974 an, siehe hievor § 5 II 2a aa bbb, Abs. 1 am Ende. Durch Art. 2 Abs. 1 wird das *Verbot der Rückwirkung* strafrechtlicher Bestimmungen ausgesprochen, das sich allerdings bereits aus dem Legalitätsprinzip, Art. 1, dazu § 4 II 1 hievor, ergibt.

Nach Art. 7 bedeutet Verüben sowohl das ausführende Verhalten des Täters wie das Eintreten des Erfolges, wenn er zum gesetzlichen Tatbestand der in Frage stehenden Tat gehört. So kann bei einer vorsätzlichen Tötung gemäss Art. 111 die Tötungshandlung als Ausführen der Tat von deren Erfolg, dem Tod des Opfers, unterschieden werden. Für die Verübung der Tat i.S. von Art. 2 Abs. 1 ist einzig das *Ausführen* der Tat massgebend, der Eintritt des Erfolges ist ohne Bedeutung. Denn die motivierende Kraft des Gesetzes konnte nur vor oder während der Ausführung der Tat wirken und den Täter von dem beabsichtigten Delikt zurückhalten.

### 3. Die Geltung des neuen Gesetzes als milderes Recht

Weil für das neue Gesetz die Vermutung spricht, es sei besser und gerechter als das alte, wäre es stossend, nach Einführung des neuen Rechts auf die vor seinem Inkrafttreten begangenen Taten die als mangelhaft erkannten alten Regeln anzuwenden. Deshalb wird das neue Gesetz rückwirkend angewendet, wenn eine vor seinem Inkrafttreten begangene Tat zu beurteilen ist und es sich als milder erweist; StrGB Art. 2 Abs. 2. Der Begriff der Beurteilung ist weit auszulegen und schliesst alle Entscheidungen ein, die gefällt werden müssen, bis eine tatsächlich vollstreckbare Sanktion vorliegt. Deshalb ist die Frage, ob eine bedingt vollziehbare Strafe vollstreckbar zu erklären ist oder nicht, entgegen BGE *69* (1943) IV 49, GVP *1971* 74 N.25, E. a, und mit BGE *78* (1952) IV 10, *79* (1953) IV 107, nach neuem Recht zu beurteilen, wenn das Gesetz nach der Gewährung des bedingten Strafvollzuges änderte und milder wurde, wie dies für Art. 41 Zif. 3 Abs. 3 zutrifft. Für diese Lösung spricht ferner, dass auch der Widerrufsrichter etwas zu beurteilen hat, nämlich ob ein Grund, die Strafe vollstreckbar zu erklären, Art. 41 Zif. 3 Abs. 1, oder den Widerruf aufzuschieben, Abs. 2, besteht.

#### a) Das geänderte Gesetz

Gesetz bedeutet hier wiederum Gesetz im materiellen Sinn und schliesst nicht nur die strafrechtlichen Vorschriften ein, sondern alle, welche für die

Bestimmung der Strafbarkeit von Bedeutung sein können, beispielsweise die Vorschriften über das Eigentum in bezug auf den Diebstahl oder die Beamten in bezug auf ein Amtsdelikt. Demgegenüber erklärte BGE *89* (1963) IV 113, Änderungen des Verwaltungsrechts seien nicht zu berücksichtigen, weil sie nur auf Zweckmässigkeit beruhten, kritisch dazu ZBJV *101* (1965) 4, Zif. 2. BGE *97* (1971) IV 236, E. 3, gab diese Rechtsprechung auf und anerkannte, dass die eine Blankettstrafdrohung, § 4 III 3c hievor, ausfüllenden verwaltungsrechtlichen Vorschriften strafrechtlich als Tatbestandsmerkmale zu gelten haben, weswegen deren Änderung bei der Prüfung des milderen Rechts zu berücksichtigen ist. So müsste einer dem Beschuldigten günstigeren neuen Verkehrsregel im Sinne von SVG Art. 26 bis 57 Rechnung getragen werden, wenn eine Bestrafung auf Grund der Blankettstrafdrohung von SVG Art. 90 in Frage steht.

### b) Die Bestimmung des milderen Rechts

Nach *abstrakter* Methode wird einzig auf die Strafdrohungen der beiden Gesetze abgestellt. Lehre und Rechtsprechung folgen jedoch mit Recht der *konkreten* Methode, welche fordert, den Fall nach beiden Rechten ganz zu beurteilen. Entscheidend ist das für den Einzelfall günstigere Ergebnis. Ein Recht kann milder sein, weil es das Verhalten straflos lässt, aber auch weil es eine geringere oder eine bedingt vollziehbare Strafe auszusprechen erlaubt.

Sichernde Massnahmen bleiben nach geltendem Recht unberücksichtigt, was für die persönlichen sichernden Massnahmen, § 27 III 1, in Band II, wegen des deutlichen pönalen Einschlages unrichtig ist.

### c) Das anwendbare mildere Recht

Anwendbar ist stets nur das neue oder alte Recht als Ganzes, keine Verbindung beider, BGE *68* (1942) IV 130, *78* (1952) IV 129; denn es galt jeweils nur das alte oder das neue Recht. Änderte das Gesetz mehrfach, ist das mildeste Recht anzuwenden, um zu vermeiden, dass der Beschuldigte wegen einer nicht von ihm bewirkten Verlängerung des Verfahrens wieder strenger bestraft werden kann.

### d) Die Änderung des Strafrechts während eines hängigen Verfahrens

Wurde das Strafrecht während eines Strafverfahrens geändert, so ist das neue Recht als milderes anzuwenden, selbst wenn die Änderung erst im Rechtsmittelverfahren eintrat, vorausgesetzt dass es sich um ein ordentliches Rechtsmittel handelt, welches uneingeschränkte Überprüfung des Falles in rechtlicher Hinsicht erlaubt und den Eintritt der Rechtskraft des angefochtenen Urteils hemmt. Weil die Nichtigkeitsbeschwerde an das Bundesgericht gemäss BStrP Art. 268 ff. ein ausserordentliches Rechtsmittel ist, welches die Rechtskraft des angefochtenen letztinstanzlichen kantonalen Urteils nicht berührt und es nur daraufhin prüft, ob es Bundesrecht verletzte, wird die Milderung des Strafrechts während des Beschwerdeverfahrens nicht berücksichtigt: BGE 76 (1950) IV 261, E. 2. BGE 97 (1971) IV 235, E. 2 bestätigte diesen Grundsatz und erwägt dessen Anwendung auf kantonale kassatorische Rechtsmittel, was bedeuten würde, dass in diesen Kantonen spätestens im Zeitpunkt des erstinstanzlichen Urteils die Frage des milderen neuen Rechtes geprüft werden kann. Der Tessiner Kassationshof entschied so und lehnte die Prüfung des milderen Rechtes ab, Rep. 1972 411. Im Gegensatz zu BGE 69 (1943) IV 226 ist die Änderung des Rechts im Wiederaufnahmeverfahren, Art. 397, nicht zu beachten, damit der Verurteilte nicht um die Möglichkeit, mangels Schuld freigesprochen zu werden, gebracht wird.

e) Die Abgrenzung der lex mitior von anderen Änderungen des Rechtszustandes

aa) Zeitgesetze

*Zeitgesetze* sind Erlasse, die ausdrücklich oder ihrem Sinne nach nur für eine zum vorneherein bestimmte Dauer gelten: BGE 89 (1963) IV 113. Nach ihrem Ablauf gilt die Regel der lex mitior nicht.

bb) Wegfallen von Handlungsobjekten

Wird einzelnen *Handlungsobjekten*, § 9 III 1 hienach, der strafrechtliche Schutz entzogen, z.B. eine Geldsorte verrufen oder eine Einbahnstrasse aufgehoben, so liegt kein Fall milderen Gesetzes vor. Denn die allgemeine Regel, wie die Bestrafung von Geldfälschung oder des Befahrens von Einbahnstrassen in verbotener Richtung, bleibt bestehen.

f) Sonderregeln

aa) Strafantrag

Für die Antragsfrist eines durch das neue Recht zum Antragsdelikt erhobenen Deliktes gilt StrGB Art. 339 Ziff. 2 Abs. 1.

bb) Ausnahmsweise Einwirkung auf schon beurteilte Straftaten

Gemäss StrGB Art. 337 gilt die Regel der lex mitior für die Verjährung der Vollstreckung und nach Art. 336 lit. a für den Vollzug von Strafen, die wegen

Taten, welche das neue Recht straflos erklärt, ausgesprochen worden waren. Das Abänderungsgesetz vom 18.3.1972 III Zif. 1 erklärte Art. 337 ausdrücklich auf das am 18.3.1971 revidierte Recht anwendbar.

g) Die Geltung des neuen Gesetzes als vermutetes milderes Recht

StrGB Art. 336 lit. e und 338 Abs. 1 galten vorerst nur für den Übergang vom kantonalen zum eidgenössischen Recht. Nach der zweiten Teilrevision sind sie erneut von Bedeutung, siehe Abänderungsgesetz III Zif. 1 in Verbindung mit rev. Art. 38, 77 und 80. Doch gilt gemäss BGE 97 (1971) I 921, E. I, Art. 336 lit. e seines Wortlautes wegen nur für die bedingte Entlassung aus dem Vollzug einer Strafe, nicht dem einer sichernden Massnahme.

*4. Unbedingte Geltung des neuen Rechts*

Neues Recht ist nach der Rechtsprechung stets anzuwenden, wenn sich die Frage des milderen Rechts nicht stellen könne, so hinsichtlich der sichernden Massnahmen, die nur auf ihre Zweckmässigkeit beurteilt werden könnten; BGE *68* (1942) IV 37, *97* (1971) I 921, E. 1, RStrS *1943* 8, ZBJV *79* (1943) 46; als zweckmässiger gilt in der Regel die Massnahme nach neuem Recht, SJZ *1972* 378 N. 243. Eine Ausnahme besteht für die nur vom alten Recht vorgesehene Massnahme: BGE *68* (1942) IV 66. Die persönlichen Massnahmen vom Verbot der Rückwirkung auszunehmen ist rechtsstaatlich bedenklich, handelt es sich doch meistens um sehr schwere Eingriffe, siehe b Abs. 2 hievor. Ausserdem ist diese Rechtsprechung unvereinbar mit der Auffassung, dass die sichernden Massnahmen ebenfalls dem Grundsatz der Legalität unterstehen. Denn das Verbot der Rückwirkung ist nur eine Folge aus dem Legalitätsprinzip; siehe § 4 II 1 hievor, so auch AE § 3 Abs. 2, österreichisches Strafgesetzbuch vom 23.1.1974, § 1 Abs. 2, anders BGE *97* (1971) I 922, SJZ *1972* 378 N. 243, RStrS *1973* 515. Rückwirkung könnte höchstens dann in Frage kommen, wenn die Massnahme ausgesprochen bessernd ist und im dringenden Interesse des Verurteilten selber liegt, so die Pflege oder Heilbehandlung nach Art. 43 Zif. 1 Abs. 1, die Einweisung in eine Trinkerheilanstalt, Art. 44 Zif. 1 oder die entsprechenden ambulanten Behandlungen. In dieser Weise lässt § 2 Abs. 6 des deutschen Strafgesetzbuches in der Fassung des 2. StrRG es zu, die erst nach Begehung der Tat eingeführten Massnahmen anzuwenden.

Ausnahmslos mit dem Inkrafttreten sind prozessuale Regeln anzuwenden, so die über den Gerichtsstand, Art. 346 f.: BGE *68* (1942) IV 61, ebenso Art. 41 Zif. 3 Abs. 3 über die Zuständigkeit, bedingt aufgeschobene Strafen vollstreckbar zu erklären, BGE *98* (1972) IV 75, Art. 43 Zif. 5

Abs. 1 auf das Anordnen des Strafvollzuges gegenüber dem bedingt aus der Massnahme nach Art. 43 Zif. 1, früher nach Art. 14 und 15, Entlassenen, SJZ *1973* 327 N. 146.

### 5. Die Anwendung der Regeln über die zeitliche Geltung

Die Vorschriften über die zeitliche Geltung sind bei jeder Änderung des Gesetzes anzuwenden, insbesondere wenn das Strafgesetzbuch selber geändert wird; selbst wenn die Übergangsregel sich ausdrücklich auf den Übergang vom kantonalen zum Bundesrecht bezieht: BGE 77 (1951) IV 207, *78* (1952) IV 47, *87* (1961) IV 163, PKG *1951* 63 Nr. 23. Dieser ständigen und unangefochtenen Rechtsprechung wegen ist Abänderungsgesetz III Zif. 1 überflüssig. Überdies ist sie misslungen und lautet so, wie wenn nur die in ihr genannten Bestimmungen, nicht aber und ausgerechnet Art. 2, für den Übergang vom früheren zu dem durch das BG vom 18. 3. 1971 geänderten Recht gelten würden.

Im Nebenstrafrecht finden sich gelegentlich Sonderbestimmungen, welche nach Aufhebung einer Strafvorschrift die Anwendung von StrGB Art. 2 Abs. 2 ausschliessen und anordnen, dass die aufgehobenen Vorschriften auf die während ihrer Geltungsdauer eingetretenen Tatsachen weiterhin anwendbar bleiben, z. B. BRB über die Beschränkung der Höchstgeschwindigkeit ausserorts Aufhebung vom 11. 3. 1974, AS *1974* 577, Art. 1 Abs. 2. Zuweilen verdeutlichen solche Regeln nur, dass es sich um ein Zeitgesetz, 3 a aa hievor, handelte.

## II. DER RÄUMLICHE GELTUNGSBEREICH

Die Regeln über den räumlichen Geltungsbereich befassen sich mit der Bedeutung des Begehungsortes. Sind dem Strafrecht eines Landes nur die Taten unterworfen, welche auf seinem Gebiet ausgeführt werden, oder auch ausserhalb dessen begangene, wie die Tötung eines Schweizers im Ausland? Die Frage, welche durch die Vorschriften über den räumlichen Geltungsbereich beantwortet werden soll, lautet: **Darf** *das Recht dieses Staates bestimmen,* **ob** ein inner- oder ausserhalb des Staates ausgeführtes *Verhalten überhaupt* strafbar ist? Die Frage wird bejaht, wenn eine *internationalstrafrechtliche Zuständigkeit* als *Gesetzgebungshoheit* begründet ist. Es handelt sich um das Problem der *Begrenzung der Gesetzgebungshoheit* auf dem Gebiet des Strafrechts.

Diese Vorschriften werden häufig als *internationales Strafrecht* bezeichnet. Die Bezeichnung ist irreführend, weil es sich nicht um Regeln des Völkerrechts handelt, sondern um solche des Landesrechtes, die nur ganz selten und in untergeordneter Weise durch Staatsverträge ergänzt werden. Richtig an ihr ist nur, dass sie an die eigentlich dem Völkerrecht zustehende Aufgabe erinnert, die Gesetzgebungshoheiten der Staaten voneinander abzugrenzen.

## *1. Die Grundbegriffe und Prinzipien*

### a) Die Grundbegriffe

#### aa) Die internationalstrafrechtlichen Zuständigkeiten: Strafrechts- und Gerichtshoheit

Sie bejahen die *Frage,* ob ein Staat befugt ist, nach seinem Recht und durch seine Behörden ein Verhalten auf Strafbarkeit zu prüfen und allenfalls die Sanktionen seines Rechts zu verhängen. Die Zuständigkeiten gehören dem *materiellen Strafrecht* an und sind bei der Prüfung des milderen Rechtes nach StrGB Art. 2 Abs. 2 zu berücksichtigen. Die Frage der Zuständigkeit ist zu unterscheiden von der Frage, ob auf das Verhalten in- oder ausländisches Strafrecht anzuwenden ist. Denn wenn die Bejahung einer internationalstrafrechtlichen Zuständigkeit dazu führt, dass eine im Ausland begangene Tat der schweizerischen Gesetzgebungshoheit unterworfen wird, so kann es sich als zutreffend erweisen, dass der Schweizer Gesetzgeber das ausländische Recht für anwendbar erklärt; siehe bbb hienach.

##### *aaa) Die Strafrechtshoheiten*

Eine Strafrechtshoheit besteht, wenn das zu beurteilende Verhalten *unabhängig von der strafrechtlichen Regelung* dem Recht eines Staates und damit dessen Rechtszwang untersteht. Eine solche Beziehung vermittelt in erster Linie die *Gebietshoheit,* ausserdem der *unmittelbare Angriff auf einen Staat,* die *Staatsangehörigkeit* und die Zugehörigkeit eines *Luft- oder Seefahrzeuges* zu dem Staat, dessen *Flagge* es führt. In allen diesen Fällen steht die *Bewährung des eigenen Rechts* in Frage; anzuwenden ist grundsätzlich das eigene Strafrecht. Die Strafrechtshoheiten *gehen,* in der Regel, *ausländischer Strafverfolgung* und der *Auslieferung vor.*

##### *bbb) Die Gerichtshoheiten*

Ein Staat kann sich eine Zuständigkeit zur strafrechtlichen Beurteilung eines Verhaltens begründen, damit überhaupt eine *Strafverfolgung möglich* wird. Prozessuale Erwägungen spielen hier mit. Weil in diesen Fällen, z.B. Verübung einer Tat im Ausland zum Nachteil eines Schweizers, eine Beziehung zwischen der anzuwendenden Rechtsordnung und dem Täter fehlt, ist Anwendung des am ausländischen Tatort geltenden Rechtes geboten. Dieser Grundsatz wird, wie man sagt praktischer Schwierigkeiten wegen, nur mangelhaft befolgt. Gerichtshoheiten sind *subsidiär* und treten hinter ausländischen Strafverfolgungen und der Auslieferung zurück.

bb) Andere Grundbegriffe

*aaa) Die Gerichtsbarkeit* ist die *prozessuale Zwangsgewalt*, welcher der Beschuldigte und auch Drittpersonen unterstehen und die an den Staatsgrenzen endet. Besteht eine internationalstrafrechtliche Zuständigkeit, muss Gerichtsbarkeit in der Schweiz gegeben sein; BGE *82* (1956) IV 69, E. 3.

*bbb) Der Gerichtsstand* ist die *örtliche Zuständigkeit* einer bestimmten Behörde zur Verfolgung und Beurteilung einer Tat; StrGB Art. 346–351. Wenn eine internationalstrafrechtliche Zuständigkeit gegeben ist, muss ein Gerichtsstand in der Schweiz bestehen: BGE *82* (1956) IV 69, E. 3.

*ccc) Der Begehungsort* ist von Bedeutung für die Begründung der strafrechtlichen Zuständigkeit nach Territorialprinzip, b aa hienach, und eines Gerichtsstandes.

Den Begehungsort zu bestimmen ist in der Regel einfach; er liegt dort, wo der Täter handelt, am *Ausführungsort*. Ausführen ist ein Fachausdruck und meint nur das Verhalten des Täters, wodurch er einzelne gesetzliche Tatbestandsmerkmale verwirklicht, StrGB Art. 7, 21, 22, 23, 346.

Schwierigkeiten, den Begehungsort zu bestimmen, entstehen, wenn der gesetzliche Tatbestand einen *Erfolg*, dazu § 9 III 1 hienach, voraussetzt, wie die vorsätzliche Tötung, und der Ort der Ausführung, z.B. wo ein langsam wirkendes Gift dem Opfer eingegeben wurde, und der des Erfolges, wo der Tod eintrat, auseinanderfallen (Distanzdelikt). Erfolg als die vom ausführenden Verhalten des Täters deutlich trennbare, äussere Wirkung des Verhaltens ist, wie das Ausführen, ein Fachausdruck.

Über den Begehungsort des *Distanzdeliktes* bestehen vier Theorien. Nach der Handlungstheorie ist massgebend der Ort, wo der Täter die Tat ausführte; nach der Erfolgstheorie der Ort, wo der Erfolg eintrat; nach der Theorie der langen Hand der Ort, wo die erste vom Täter verursachte Einwirkung eintrat; nach der Ubiquitätstheorie ist die Tat sowohl dort begangen, wo der Täter sie ausführte, wie dort, wo der Erfolg eintrat.

Das Strafgesetzbuch folgt der Ubiquitätstheorie, Art. 7 und 346.

Ist nur ein Teil einer strafbaren Handlung an einem Ort ausgeführt worden, ist er Begehungsort für die ganze Tat: BGE *78* (1952) I 49, für Mittäterschaft BGE *99* (1973) IV 122, E. 1. Weil Ausführen Verwirklichen einzelner Tatbestandsmerkmale bedeutet, vermag die Zwischenwirkung keinen Begehungsort zu begründen. Wird ein ehrverletzender Brief in Deutschland geschrieben und an das in Italien lebende Opfer gesandt, so ist die Tat nicht in der Schweiz begangen, obschon auch die Schweizer Post den Brief weiterleitete.

cc) Die Abgrenzung der internationalen strafrechtlichen Zuständigkeiten von anderen rechtlichen Erscheinungen

*aaa) Begrenzung eines gesetzlichen Tatbestandes auf den Schutz inländischer Rechtsgüter.* Eine *sachliche*, keine räumliche *Begrenzung* eines gesetzlichen Tatbestandes steht in Frage, wenn er *nur inländische Rechtsgüter* schützt; z. B. erfassen Art. 265 und 266 nur Angriffe auf die Schweiz, anders jedoch Art. 303, siehe BGE *89* (1963) IV 205, E. 1.

*bbb) Die Begehung in einem bestimmten Gebiet.* Ebenfalls um eine *sachliche Begrenzung* handelt es sich, wenn einzelne gesetzliche Tatbestände nur auf dem Gebiet eines bestimmten Staates verwirklicht werden können; StrGB Art. 269, 271 Zif. 1, 299, 300.

### b) Die Prinzipien

Die Prinzipien des sog. internationalen Strafrechts bezeichnen die *Anknüpfungspunkte*, welche die Verbindung einer Tat mit einem Strafrecht vermitteln. Sie entsprechen den verschiedenen Strafrechts- und Gerichtshoheiten.

### aa) Das Territorialprinzip

Die Gebietshoheit verpflichtet als *Strafrechtshoheit* einen Staat, die strafrechtliche Bedeutung des auf seinem Gebiet verübten Verhaltens und seiner Wirkung abzuklären. Dies ist das *positive Territorialprinzip*. Das *negative* Territorialprinzip besagt, dass das Strafrecht nur solches Verhalten beurteilen dürfe.

### bb) Das Flaggenprinzip

Auf Meerschiffe und Luftfahrzeuge ist das Strafrecht des Staates, dessen Flagge sie führen, als *Strafrechtshoheit* anwendbar.

### cc) Das Staatsschutzprinzip

Das *Staatsschutzprinzip* ermächtigt als *Strafrechtshoheit* einen Staat, die gegen seine eigene Existenz gerichteten Angriffe zu ahnden.

### dd) Das Prinzip der aktiven Personalität

Das Prinzip der *aktiven Personalität* erlaubt als *Strafrechtshoheit* dem Heimatstaat, das Verhalten seiner Angehörigen im Auslande dem eigenen Strafrecht zu unterstellen.

Eine moderne Entwicklung stellt die Personen mit Wohnsitz im Staate den Staatsangehörigen gleich; so die nordischen Staaten, siehe z.B. Kriminalgesetzbuch von Schweden vom 21.12.1962, am 1.1.1973 geltende Fassung, Kapitel 2, Art. 2 Abs. 1, Zit. 1.

### ee) Das Prinzip der passiven Personalität oder Individualschutzprinzip

Als *Gerichtshoheit* ermächtigt das *Individualschutzprinzip* einen Staat, im Ausland zum Nachteil seiner Angehörigen begangene Taten seinem Strafrecht zu unterwerfen.

Es entspringt offensichtlich dem Misstrauen gegenüber der Strafrechtspflege anderer Staaten und seine Anwendung ist völkerrechtlich bedenklich, wenn nicht auf das Strafrecht des Begehungsortes oder der Heimat des Täters Rücksicht genommen wird.

### ff) Das Weltrechtsprinzip

Das *Weltrechts-* oder *Universalitätsprinzip* begründet als *Gerichtshoheit* die Befugnis, eine irgendwo ausgeführte Tat zu ahnden. Es dient der Solidarität der Staaten in der Bekämpfung der Kriminalität, erweckt jedoch ähnliche Bedenken wie das Individualschutzprinzip.

### gg) Das stellvertretende Strafrecht

Diese *Gerichtshoheit* wird nur ausgeübt, wenn der Tatortsstaat ausdrücklich darum ersucht, und ersetzte früher eine nicht zulässige Auslieferung. Heute wird sie auch angerufen, wenn die Durchführung des Verfahrens und die Strafvollstreckung in einem anderen als dem Tatortstaate die Resozialisierung des Täters erleichtert. Eine solche Übertragung von Strafverfolgungen wird in modernen Gesetzen und Staatsverträgen immer häufiger vorgesehen und wird wegen der Mobilität der Bevölkerung unserer Zeit – Ferien- und Geschäftsreisen ins Ausland, Fremdarbeiter – immer wichtiger.

### c) Die Berücksichtigung des ausländischen Rechts und der ausländischen Strafverfolgung

Weil sich die Strafgesetze aller Länder einen Geltungsanspruch in bezug auf bestimmte im Ausland verübte Taten zusprechen, ist es leicht möglich, dass eine Tat mehrmals verfolgt wird. Ausserdem kann die am Tatort geltende Regelung mit der des anzuwendenden Strafrechts nicht übereinstimmen, so insbesondere, wenn das Tatortrecht das betreffende Verhalten straflos erklärt. Um diese Konflikte zu lösen, werden das Recht des ausländischen Tatortstaates oder die ausländische Strafverfolgung in verschiedener Weise berücksichtigt.

*Dieselbe Tat* bedeutet den zu beurteilenden *Lebenssachverhalt,* das persönlich, räumlich und zeitlich bestimmte geschichtliche Ereignis.

### aa) Die beidseitige Strafbarkeit

Die *beidseitige Strafbarkeit* gestattet Bestrafung nur, wenn die Tat nach dem Recht des ausländischen Tatortes ebenfalls strafbar ist.

### bb) Die Anwendung des milderen Rechts

Als *Fremdrechtsprinzip* wird die unmittelbare Anwendung des ausländischen Tatortrechtes geboten, wenn es milder ist als das einheimische Recht. Die Prüfung erfolgt nach konkreter Methode, siehe I 3 b hievor.

### cc) Das Anrechnungsprinzip

Nach dem *Anrechnungsprinzip* ist eine für dieselbe Tat ausgesprochene und verbüsste ausländische Strafe auf die in der Schweiz ausgesprochene Strafe anzurechnen, eine Äusserung des Grundsatzes ne bis in idem.

### dd) Das Erledigungsprinzip

Dem *Erledigungsprinzip* zufolge schliesst die ausländische Verfolgung wegen derselben Tat die Verfolgung in der Schweiz aus; es ist der stärkste Ausdruck des Grundsatzes ne bis in idem, welcher beginnt, Geltung für zwischenstaatliche Beziehungen zu erlangen.

### ee) Die Vollstreckung ausländischer Strafen

Die im Ausland verhängte Strafe wird unter Ausschluss einer neuen Strafverfolgung wegen derselben Tat im Inland vollzogen, eine Lösung, die in modernen Gesetzen und Staatsverträgen zusehends mehr befolgt wird, auch deswegen, weil sie die Vollstreckung der Strafe in dem Land erlaubt, wo der Vollzug am aussichtsreichsten erscheint; zur Begründung dieser Entwicklung siehe b gg hievor.

### d) Die Auslieferung

Literatur:

HANS SCHULTZ, Das Schweizerische Auslieferungsrecht, Basel 1953.

Die Auslieferung ist das zwischenstaatliche Verfahren der Rechtshilfe in Strafsachen, wodurch der Aufenthaltsstaat den Beschuldigten dem verfolgenden Staat auf dessen Ersuchen zuführt. Sie ist in der Regel ausgeschlossen für die Staatsangehörigen des Aufenthaltsstaates, für leichtere Straftaten, insbesondere Übertretungen, sowie für politische, fiskalische und rein militärische Delikte.

### 2. Die Regelung der räumlichen Geltung des Strafgesetzbuches

#### a) Übersicht

Das Strafgesetzbuch geht aus vom positiven Territorialprinzip, Art. 3, welches durch das Staatsschutzprinzip, Art. 4, das Individualschutzprinzip, Art. 5 und die aktive Personalität, Art. 6, sowie einige Fälle des Weltrechtsprinzips, Art. 202 Ziff. 5, 240 Abs. 3, 245 Ziff. 1 Abs. 2, ergänzt wird.

Diese Regeln gelten auch im Jugendstrafrecht, vorbehältlich der Sonderregel von rev. Art. 372 Ziff. 2 Abs. 2, sowie wegen Art. 333 für das Nebenstrafrecht des Bundes, ebenso für Übertretungen, insofern Art. 3–6 nicht Voraussetzungen, insbesondere in bezug auf die Auslieferung, enthalten, welche Übertretungen nie erfüllen können.

Die Regeln des Strafgesetzbuches über die räumliche Geltung weisen dem Schweizer Strafrecht einen weiten Anwendungsbereich zu, nehmen aber in hohem Masse Rücksicht auf ausländisches Strafrecht und vorausgegangene ausländische Strafverfolgungen wegen derselben Tat.

#### b) Die Strafrechtshoheiten des schweizerischen Rechts

##### aa) Nach Territorialprinzip

*aaa) Die Voraussetzungen.* StrGB Art. 3 unterwirft dem Strafgesetzbuch die in der Schweiz verübten Straftaten, mithin gemäss Art. 7 die auf, unter oder über der innerhalb der Landesgrenze liegenden Erdoberfläche begangene Tat: BGE *78* (1952) I 49, E. 4 b, Luftfahrtgesetz vom 21.12.1948, AS *1950* 471, SR 748.0, Art. 11 Abs. 2, Abkommen über die internationale Zivilluftfahrt von Chicago vom 7.12.1944, AS *1971* 1305, SR 0.748.0, Art. 1. BGE *99* (1973) IV 122, E. 1, *78* (1952) I 49 bestätigend, zufolge, genügt zur Begründung der Strafrechtshoheit nach Territorialprinzip, dass ein Teil der Tat in der Schweiz ausgeführt wurde, selbst wenn diese Handlungen nach der Vollendung der sonst ganz im Ausland verübten Tat, doch vor deren Beendigung (§ 24 III 1 letzter Absatz, § 8 VI 3 hienach) begangen wurden.

*bbb) Die Berücksichtigung ausländischer Strafverfolgung.* Nach Art. 3 Zif. 1 Abs. 2 gilt das *Anrechnungsprinzip* für die verbüsste ausländische Strafe. Dies trifft zu für die im Strafvollzug verbüsste Strafe, die durch Untersuchungshaft getilgte Strafe, auch wenn es sich um die anstelle der nicht bezahlten Busse ausgesprochene Freiheitsstrafe oder die vollstreckte Geldbusse selber handelt. Die Busse ist entsprechend Art. 49 Zif. 3 Abs. 3 auf die Schweizer Freiheitsstrafe anzurechnen.

Nach Art. 3 Zif. 2 gilt das *Erledigungsprinzip*, wenn die Strafverfolgung auf Ersuchen der Schweiz im Ausland durchgeführt wurde.

### bb) Nach Staatsschutzprinzip

*aaa) Die Voraussetzungen.* StrGB Art. 4 unterwirft eine Reihe abschliessend aufgezählter Staatsdelikte trotz Begehung im Ausland dem Strafgesetzbuch. Im Auslande heisst nicht in der Schweiz ausgeführt.

*bbb) Die Berücksichtigung ausländischer Strafverfolgung.* Es gilt *Anrechnungsprinzip*, Art. 4 Abs. 2.

### cc) Nach aktiver Personalität

Art. 6 gewährt nicht nur stellvertretendes Strafrecht, sondern begründet, unabhängig von einem ausländischen Begehren, eine echte Strafrechtshoheit: BGE *76* (1950) IV 212, unklar BGE *79* (1953) IV 50.

*aaa) Die Voraussetzungen.* Es muss ein Täter im Besitz des Schweizer Bürgerrechtes im Auslande eine Tat begehen, für welche nach schweizerischem Recht die Auslieferung zulässig ist. Dies entscheidet sich nach dem BG betr. die Auslieferung gegenüber dem Auslande vom 22. 1. 1892, BS *3* 509, SR 353.0, zur Zeit in Revision. Ausserdem muss der Täter in der Schweiz ergriffen oder ihr durch Auslieferung zugeführt worden sein, was ein Kontumazialverfahren ausschliesst.

*bbb) Die Berücksichtigung fremden Rechts und ausländischer Strafverfolgung.* Es gilt *beidseitige Strafbarkeit* und *Fremdrechtsprinzip*, *Anrechnungsprinzip* und *Erledigungsprinzip* sogar in bezug auf ausländischen Freispruch. Beidseitige Strafbarkeit und Fremdrechtsprinzip gelten nur, wenn die Tat auf dem Gebiet eines anderen Staates, nicht wenn sie auf staatenlosem Gebiet begangen wurde.

*ccc) Ergänzungen.* Aktive Personalität beherrscht MilStrGB Art. 9 Abs. 1 und Verantwortlichkeitsgesetz vom 14. 3. 1958, AS *1958* 1413, SR 170.32, Art. 16 Abs. 1 und 2.

### dd) Nach Flaggenprinzip

Es gilt gemäss Seeschiffahrtsgesetz vom 23. 9. 1953/14. 12. 1965, AS *1956* 1305, *1966* 1453, SR 747.30, Art. 4 Abs. 2 mit Erledigungs- und Anrechnungsprinzip wie StrGB Art. 6 Zif. 2; Luftfahrtgesetz vom 21. 12. 1948/21. 12. 1971, AS *1950* 471, *1973* 1738, SR 748.0, Art. 97 Abs. 1, unter Vorbehalt der Auslieferung bei Ergreifung in der Schweiz.

## c) Die Gerichtshoheiten des schweizerischen Strafrechts

### aa) Nach Individualschutzprinzip

*aaa) Voraussetzungen.* Es muss im Ausland gegenüber Schweizern ein Verbrechen oder Vergehen begangen worden sein, StrGB Art. 5. Nach richtiger Auffassung ist nur der Schweizer Bürger, nicht auch die Schweizer Recht unterstehende juristische Person gemeint, so allerdings SJZ *1956* 362 N. 119, *1966* 272 N. 158, JdT *1963* IV 158. Der Täter muss sich in der Schweiz befinden oder ihr ausgeliefert worden sein; die mögliche Auslieferung ans Ausland geht vor.

*bbb) Berücksichtigung fremden Rechts und ausländischer Strafverfolgung.* Es gilt *beidseitige Strafbarkeit* und *Fremdrechtsprinzip*, *Erledigungsprinzip* für verbüsste oder erlassene ausländische Strafe und *Vollstreckung* nicht vollzogener ausländischer Strafe in der Schweiz.

### bb) Nach Weltrechtsprinzip

StrGB Art. 202 Zif. 5, 240 Abs. 3 und 245 Zif. 1 Abs. 2 erlauben Bestrafung nach Schweizer Recht, wenn der Täter in der Schweiz ergriffen und nicht ausgeliefert oder der Schweiz ausgeliefert wird, mit *beidseitiger Strafbarkeit* und analoger Anwendung von Art. 6 Zif. 2.

Das Nebenstrafrecht des Bundes kennt weitere Beispiele, so Luftfahrtgesetz, siehe b dd hievor, Art. 97 Abs. 3, Betäubungsmittelgesetz vom 3. 10. 1951/18. 12. 1968, AS *1952* 241, *1970* 9, SR 812.121, Art. 19 Zif. 1 Abs. 2.

### cc) Nach stellvertretendem Strafrecht

AuslG Art. 2 Abs. 2, SVG Art. 101 gestatten die Ausübung stellvertretenden Strafrechts mit *beidseitiger Strafbarkeit* und ausländischer *lex mitior*. Nur die Gewährung stellvertretenden Strafrechts erlaubt in weitem Umfange Art. 372 Zif. 2 Abs. 2.

## d) Das Verhältnis der verschiedenen Zuständigkeiten zueinander

Art. 3 geht allen anderen Zuständigkeiten vor; Art. 5 geht, weil nicht auf Auslieferungsdelikte beschränkt, Art. 6 vor.

III. DER PERSÖNLICHE GELTUNGSBEREICH
DES SCHWEIZERISCHEN STRAFGESETZBUCHES

*1. Die materiellrechtlichen Begrenzungen*

Das schweizerische bürgerliche Strafrecht ist grundsätzlich auf alle in der Schweiz befindlichen Personen anwendbar. Doch sind folgende Ausnahmen zu beachten:

a) Der Vorrang des Militärstrafgesetzes

Die nach MilStrGB Art. 2 bis 4 dem Militärstrafrecht unterworfenen Personen sind, insoweit Militärstrafrecht anwendbar ist, MilStrGB Art. 7, dem bürgerlichen Strafrecht entzogen, StrGB Art. 8. Als Sonderrecht ist das Militärstrafrecht nur anzuwenden, wenn seine Geltung durch ein Gesetz zweifelsfrei ausgesprochen wird, BGE *99* (1973) I a 98, E. 4.

b) Die parlamentarische Immunität (Indemnität)

Dem durch StrGB Art. 366 Abs. 1 ausgesprochenen Vorbehalt gemäss schliesst das BG vom 14. 3. 1958 über die Verantwortlichkeit des Bundes sowie seiner Behördemitglieder und Beamten, AS *1958* 1413, SR 170.32, Art. 2, Abs. 2, die Verantwortlichkeit der Mitglieder des National-, Stände- und Bundesrates für ihre vor der Bundesversammlung oder in ihren Kommissionen abgegebenen Voten aus. StrGB Art. 366 Abs. 2 lit. a ermächtigt die Kantone zu ähnlichen Beschränkungen der Strafbarkeit, z. B. Staatsverfassung des Kantons Bern vom 4. 6. 1893, Art. 30 Abs. 3. Derart wird ein persönlicher Schuldausschliessungsgrund i. w. S., dazu § 19 hienach, geschaffen, der selbst nach Ende der Session oder Legislaturperiode wirkt.

*2. Prozessuale Beschränkungen*

Eine nur prozessuale Beschränkung liegt vor, wenn die parlamentarische Immunität durch Beschluss des Parlamentes aufgehoben werden kann, wie dies einzelne kantonale Rechte vorsehen; siehe BGE 23. 1. 1974, Pra *63* (1974) 353, N. 117. Ausserdem und vor allem wirken prozessual:

a) Die diplomatische Immunität

Sie bewahrt Staatsoberhäupter, deren Familienangehörige und ihr Gefolge, die in einem Staate beglaubigten Diplomaten, deren Familienangehörige und ausländisches Geschäftspersonal, die Vertreter internationaler Ämter und Vereinigungen, vor dem zwangsweisen Zugriff des Gaststaates. Deshalb kann gegen sie während der Dauer der Immunität keine Strafverfolgung durchgeführt werden, wohl aber nach Aufhebung der Immunität, ZBJV *98* (1962) 350. Ebenso bleibt strafbar der an der Straftat des Immunen Teilnehmende. Für den wichtigsten Fall der Diplomaten siehe Wiener Übereinkommen über diplomatische Beziehungen vom 18.4.1961, AS *1964* 435, SR 0.191.01, besonders Art. 22 Abs. 1, 24, 27 Abs. 2 und 3, 29, 30, 31 Abs. 1 und 2; ferner hinsichtlich der Konsuln Wiener Übereinkommen über konsularische Beziehungen vom 24.4.1963, AS *1968* 887, SR 0.191.02, besonders Art. 31, 33, 41, 43.

### b) Staatsrechtliche Verfolgungsbeschränkungen

#### aa) Des Bundesrechtes

Sie finden sich im Verantwortlichkeitsgesetz Art. 14 und 15, und im BG vom 26.3.1934 über die politischen und polizeilichen Garantien zugunsten der Eidgenossenschaft, BS *1* 152, SR 170.21, Art. 1 und 4, und im BG über die Änderung von Bestimmungen betreffend das Post-, Telephon- und Telegraphengeheimnis und die Immunität vom 6.10.1972, AS *1973* 925.

#### bb) Des kantonalen Rechts

StrGB Art. 366 Abs. 2 lit. b erlaubt den Kantonen, die Strafverfolgung der Mitglieder der obersten Vollziehungs- und Gerichtsbehörden wegen Verbrechen oder Vergehen im Amte vom Vorentscheid einer nicht richterlichen Behörde abhängen zu lassen.

# ZWEITER TEIL:
# DAS STRAFBARE VERHALTEN

*1. Abschnitt: Die allgemeinen Voraussetzungen der Strafbarkeit*

1. Unterabschnitt: Das strafbare Verhalten im allgemeinen

## § 8 DER BEGRIFF DES STRAFBAREN VERHALTENS ODER DER ALLGEMEINE VERBRECHENSBEGRIFF

Der allgemeine Verbrechensbegriff wird meistens auf dem Begriff der Handlung aufgebaut. Dieser Begriff ist zu eng, weil die Unterlassung, eine Rechtspflicht zu erfüllen, ebenfalls strafbar sein kann, siehe z.B. StrGB Art. 217. Der Begriff des Verhaltens umfasst Handeln und Unterlassen und ist deshalb vorzuziehen. Er wird übrigens vom Strafgesetzbuch selber verwendet, so in Art. 18 Abs. 3.

### I. DIE PROBLEMSTELLUNG

Jede strafbare Handlung oder Unterlassung ist in Wirklichkeit ein an den verschiedensten Einzelheiten reicher Vorgang. Die Tat entspringt bestimmten, vielleicht seit langem gebildeten Motiven, sie verfolgt bestimmte Zwecke, sie wird zuweilen auf lange Sicht geplant und dann mit den geeigneten Mitteln ausgeführt. Sind alle diese zum Tathergang im psychologischen Sinn zählenden Einzelheiten für die strafrechtliche Beurteilung heranzuziehen? Der *allgemeine Verbrechensbegriff* gibt darauf Antwort. Er bezeichnet den *Ausschnitt aus dem tatsächlichen Hergang*, welcher für die rechtliche Beurteilung als massgebend angesehen wird. Das verbrecherische Verhalten bildet in Wirklichkeit eine Lebenseinheit. Die Merkmale des allgemeinen Verbrechensbegriffes zeigen an, nach welchen Gesichtspunkten die strafbare Handlung oder Unterlassung als Ausschnitt aus der Lebenswirklichkeit herausgehoben werden soll.

Das tatsächliche Vorkommnis wird, dem allgemeinen Verbrechensbegriff entsprechend, unter verschiedenen Gesichtspunkten *bewertet:* es muss als ein *menschliches Verhalten bestimmter Art* sich ganz allgemein von dem Verhalten unterscheiden, welches überhaupt nie rechtlicher Beurteilung unterstehen und ebensowenig Verantwortung begründen kann. Ausserdem hat es *tatbestandsmässig, rechtswidrig* und *schuldhaft* zu sein. Nur wenn es diese Voraussetzungen erfüllt, kann es strafbar sein. Die begriffliche Auflösung des allgemeinen Verbrechensbegriffes in einzelne Merkmale und die ihnen gemässen Wertungen ist ein notwendiges Hilfsmittel des strafrechtlichen Denkens. Doch darf darüber nie vergessen werden, dass das strafbare Verhalten eine Einheit bildet; kein Aspekt darf verabsolutiert werden.

Der so gebildete allgemeine Verbrechensbegriff hat, wie WERNER MAIHOFER (Der Handlungsbegriff im Verbrechenssystem, Tübingen 1953, S. 65) betonte, in dreifacher Weise als Grundbegriff zu dienen:

1. er trennt das möglicherweise strafbare Verhalten von dem, welches nie als strafbar in Frage stehen kann;
2. er dient als Grundlage der anderen allgemeinen Verbrechensmerkmale, welche ihm als Eigenschaften zugeordnet werden;
3. er ermöglicht, die verschiedenen allgemeinen strafrechtlichen Wertungen in der systematisch richtigen Reihenfolge zu verbinden.

## II. DER ALLGEMEINE BEGRIFF DES STRAFBAREN VERHALTENS

### 1. Der Begriff des strafrechtlich erheblichen Verhaltens im allgemeinen

#### a) Strafrechtlich erhebliches Verhalten als menschliches Verhalten

##### aa) Im allgemeinen

Dass nur menschliches Verhalten strafbar sein kann, versteht sich heute von selbst. Doch bis ins 18. Jahrhundert lassen sich Tierprozesse nachweisen.

##### bb) Die Strafbarkeit juristischer Personen

Es ist eine alte Streitfrage, ob juristische Personen strafbar sein können. Sie wird von der Realitätstheorie der juristischen Person bejaht. Nach richtiger Ansicht ist sie ausgeschlossen, weil nur eine natürliche Person schuldhaft handeln und weil die durch die Strafe beabsichtigte Wirkung einzig bei ihr erreicht werden kann, ganz abgesehen davon, dass einzelne Strafen gegenüber juristischen Personen ausgeschlossen sind, so die Freiheitsstrafen. Dasselbe gilt für sichernde Massnahmen, welche menschliches Verhalten beeinflussen möchten. Juristische Personen können hingegen durch andere Massnahmen, wie Auflösung, Beschränkung der Tätigkeit oder Abschöpfen des widerrechtlich erzielten Gewinnes, getroffen werden.

Der Grundsatz «societas non potest delinquere» wird in der Bundesgesetzgebung nicht folgerichtig durchgeführt; einige Verwaltungs- und Fiskalgesetze halten an der Strafbarkeit juristischer Personen fest; z. B. BRB über die Erhebung einer Wehrsteuer vom 9. 12. 1940, BS *6* 350, SR 642. 11, Art. 130 Abs. 4, und neuestens, in Vorwegnahme einer durch den Entwurf eines BG über das Verwaltungsstrafrecht vom 21.4. 1971, BBl *1971* I 993, Art. 6, vorgesehenen Lösung rev. Bankengesetz Art. 51 Abs. 2, AS *1971* 808, so nun VStrR Art. 7 für 5000 Fr. nicht übersteigende Bussen, wenn die Ermittlung der eigentlich verantwortlichen Personen unverhältnismässig weitläufig sein würde.

Als strafrechtlichen Grundsätzen widersprechend ist ferner abzulehnen der im schweizerischen Recht häufig begangene Ausweg, den Geschäftsherrn für Busse und Kosten mit dem Täter solidarisch haften zu lassen, wenn die strafbare Handlung im Geschäftsbetrieb einer juristischen Person, Handelsgesellschaft oder Einzelfirma ausgeführt wurde; beispielsweise BG über die Exportrisikogarantie vom 26. 9. 1958, AS *1959* 391, SR 946.11, Art. 16 Abs. 4. Diese Regelung ist zu verwerfen, selbst wenn der Firma ein Entlastungsbeweis eingeräumt wird. Sie verletzt den Grundsatz der Persönlichkeit der Strafe. BGE *86* (1960) II 75, E. 4, entschied deshalb zutreffend, dass für die Busse der Bürge zivilrechtlich nicht haftet. Einziehen des unrechtmässig erzielten Vermögensvorteils ist die richtige Sanktion, wie sie durch das Verwaltungsstrafrecht allgemein vorgesehen werden soll, siehe zit. Entwurf vom 21. 4. 1971 Art. 13, nun StrGB rev. Art. 58.

Die Rechtsprechung des Bundesgerichtes lehnte die Strafbarkeit juristischer Personen ursprünglich ab, BGE *20* (1894) 355; später anerkannte sie die strafrechtliche Verantwortlichkeit juristischer Personen als solcher ganz allgemein im Verwaltungs- und Fiskalstrafrecht, BGE *41* (1915) I 215 bis *64* (1938) I 53 und noch *82* (1956) IV 45. Mit aller wünschenswerten Deutlichkeit und ausgezeichneter Begründung rückte BGE *85* (1959) IV 97 von dieser Rechtsprechung ab und BGE *90* (1964) IV 116 erklärte die Organe strafrechtlich verantwortlich, ebenso *97* (1971) IV 203, E. 1 a. Die juristische Person selber ist es nur, wenn ein Bundesgesetz es ausdrücklich oder seinem richtigen Sinn nach vorsieht.

b) Das strafrechtlich erhebliche Verhalten als geäussertes, willkürliches und auf zwischenmenschliche Beziehungen gerichtetes Verhalten

Das Recht kann nur das Dritten wahrnehmbare Verhalten beurteilen. Cogitationis poenam nemo patitur, D 48 19 18 oder, nach dem deutschen Sprichwort: Fürs Denken kann niemand henken. Das Verhalten muss geäussert sein, um rechtliche Folgen auszulösen.

Für sein Verhalten kann jemand nur verantwortlich sein, wenn er fähig gewesen war, die rechtlichen Normen zu beachten. Dies kann er nur, insofern er sein Verhalten willentlich beherrschen konnte. Deshalb kann nur willkürliches Verhalten strafbar sein; weder für rein reflexartiges Benehmen noch für Agieren im Zustand der Bewusstlosigkeit kann strafrechtliche Verantwortlichkeit gegeben sein.

Ausserdem muss sich das Verhalten auf zwischenmenschliche Beziehungen richten.

Das *strafrechtlich erhebliche* ist als rechtlich wirksames nur das äusserlich kundgegebene, willkürliche und auf zwischenmenschliche Beziehungen gerichtete Verhalten.

### 2. Merkmale des strafbaren Verhaltens

#### a) Die Tatbestandsmässigkeit

Um strafbar zu sein, muss das Verhalten der in den *gesetzlichen Tatbeständen* des besonderen Teils oder des Nebenstrafrechts umschriebenen, *typischen Beeinträchtigung von Rechtsgütern* entsprechen.

#### b) Die Rechtswidrigkeit

Die tatbestandsmässige Beeinträchtigung eines Rechtsgutes darf nicht, ausnahmsweise, durch einen *Rechtfertigungsgrund,* wie die Notwehr, Art. 33, *erlaubt* sein.

#### c) Die Schuldhaftigkeit

Es muss dem Täter vorgeworfen werden können, das tatbestandsmässig-rechtswidrige Verhalten ausgeführt zu haben. Dies trifft zu, wenn es auf seine *fehlerhafte Willensbildung,* die Schuld, Vorsatz oder Fahrlässigkeit, Art. 18, zurückging.

#### d) Besondere Bedingungen der Strafbarkeit

Ausnahmsweise ist das tatbestandsmässig-rechtswidrige und schuldhafte Verhalten nur strafbar, wenn besondere Bedingungen verwirklicht sind, die *objektiven Strafbarkeitsbedingungen,* wie der Strafantrag, Art. 28, Art. 173 Zif. 1, oder die Konkurseröffnung, Art. 163 Zif. 1 letzter Absatz. Dieses Merkmal wird oft so bezeichnet, dass noch ausdrücklich mit Strafe bedrohtes Verhalten verlangt wird.

Der *allgemeine Verbrechensbegriff* lautet deshalb: Verbrechen ist geäussertes und willkürliches menschliches, tatbestandsmässiges, rechtswidriges, schuldhaftes und mit Strafe bedrohtes Verhalten. Die *Kurzfassung* heisst: Verbrechen ist tatbestandsmässiges, rechtswidriges und schuldhaftes Verhalten. Einzelne Autoren, so SCHWANDER, lassen die Tatbestandsmässigkeit in der Rechtswidrigkeit aufgehen.

Zu beachten ist, dass die *Reihenfolge* der Merkmale tatbestandsmässig-rechtswidrig-schuldhaft nicht zufällig ist, sondern die zuerst genannten Merkmale sind die Voraussetzungen der späteren.

Der Verbrechensbegriff zeigt mit dem Hinweis auf die Tatbestandsmässigkeit, die Rechtswidrigkeit und die Schuld, dass ein Mensch nur dann strafbar ist, wenn sein Verhalten einem besonderen gesetzlichen Tatbestand entspricht, beispielsweise als vorsätzliche Tötung im Sinne von Art. 111 den Tod eines Menschen bewirkte und zudem die im allgemeinen Teil umschriebenen Voraussetzungen der Strafbarkeit gegeben sind, insbesondere Vorsatz im Sinne von Art. 18 Abs. 2 vorliegt.

## § 9  DIE ARTEN STRAFBAREN VERHALTENS

### I. NACH DER SCHWERE

Seit dem ausgehenden Mittelalter wurde im germanischen Rechtsgebiet nach peinlichen und nicht peinlichen Straftaten geschieden; peinlich waren Taten, die mit Strafen an Leib, Leben oder der Ehre bestraft wurden.

Mit dem französischen Code pénal von 1791 wird eine Dreiteilung geschaffen:

*Verbrechen* verletzen natürliche Rechte und sind deshalb durch die Geschworenengerichte zu beurteilen;

*Vergehen* verletzen die durch die Gesellschaft begründeten Rechte und sind deshalb durch Gerichte, gebildet aus Juristen, zu beurteilen;

*Übertretungen* sind blosser Ungehorsam und Ordnungswidrigkeiten.

Daraus entstand die heutige Dreiteilung, StrGB Art. 9 und 101:

*Verbrechen* sind die mit Zuchthaus als Höchststrafe bedrohten Straftaten;

*Vergehen* sind die mit Gefängnis als Höchststrafe bedrohten Straftaten;

*Übertretungen* sind die mit Haft oder Busse als Höchststrafe bedrohten Straftaten.

Die *Schwere der Strafdrohung* richtet sich nach dem *Wert*, welchen die Rechtsordnung dem geschützten *Rechtsgut* beilegt. Aber für alle Straftaten müssen sämtliche Voraussetzungen des allgemeinen Verbrechensbegriffes vorliegen, insbesondere auch für die Übertretungen, StrGB Art. 18 Abs. 1 und 333 Abs. 3. Immerhin sind für Verbrechen und Vergehen sowie Übertretungen zuweilen verschiedene Regelungen vorgesehen: StrGB Art. 24 Abs. 2, 103, 104 Abs. 1 und 2.

Ob eine Straftat ein Verbrechen, ein Vergehen oder eine Übertretung ist, entscheidet sich, der *abstrakten Theorie* zufolge, nach der für sie vorgesehenen ordentlichen Strafdrohung. Veränderungen dieser Strafdrohung, wie sie durch eine allgemeine Strafmilderung, z.B. geminderte Zurechnungsfähigkeit, Art. 11, Versuch, Art. 21–23, Gehilfenschaft, Art. 25 oder allgemeine Strafschärfung, z.B. Rückfall, Art. 67, Zusammentreffen von strafbaren Handlungen oder Strafbestimmungen, Art. 68, im einzelnen Fall wirksam werden können, bleiben ausser Betracht, BGE *81* (1955) IV 145. Dasselbe gilt, wenn ein gesetzlicher Tatbestand als Strafzumessungsregel leichtere oder schwerere Fälle ausscheidet, z.B. Art. 144 Abs. 2, 274 Zif. 1 Abs. 2, a.M. BGE vom 31.1.1963, ZR *1964* 26 N. 16, SJZ *1967* 328 N. 179. Anders ist hingegen zu entscheiden, wenn die besondere Form eines Delikts als selbständige Straftat mit eigener Strafdrohung umschrieben wird, z.B. Art. 112 gegenüber Art. 111, oder wenn ein qualifizierender oder privilegierender Umstand in einem besonderen gesetzlichen Tatbestand, wenngleich in derselben Bestimmung wie der Grundtatbestand umschrieben wird, weil sich die besondere Regelung eindeutig und allgemein aus dem Gesetz ergibt. Deshalb ist die einfache Veruntreuung, Art. 140 Zif. 1, ein Vergehen, die qualifizierte, Art. 140 Zif. 2, hingegen ein Verbrechen.

### II. NACH DER BEZIEHUNG ZUM GESCHÜTZTEN RECHTSGUT

Die verpönte tatbestandsmässige Beeinträchtigung kann in einer Verletzung des geschützten Rechtsgutes bestehen, z.B. die vorsätzliche oder fahrlässige Tötung; dann liegt ein *Verletzungsdelikt* vor.

Zuweilen muss der *Rechtsschutz vorverlegt* werden, um hochwertige Rechtsgüter wirksam zu sichern. Es werden schon Handlungen strafbar erklärt, welche nur geeignet sind, die Verletzung zu erleichtern. Dann liegt ein *Gefährdungsdelikt* vor. *Gefährden* heisst einen bestehenden Zustand so verändern, dass die erhöhte Möglichkeit der Verletzung eines Rechtsgutes entsteht.

Das Gefährdungsdelikt ist ein *abstraktes* Gefährdungsdelikt, wenn das Gesetz ganz allgemein ein Verhalten verpönt, welches *in der Regel* die erhöhte Möglichkeit der Verletzung eines Rechtsgutes begründet, unabhängig davon, ob diese Möglichkeit im Einzelfall geschaffen wurde; z.B. Verbot des Überholens vor einer Kuppe oder unübersichtlichen Biegung, welches gilt, selbst wenn sich kein anderes Fahrzeug aus der entgegengesetzten Richtung nähert.

Das Gefährdungsdelikt ist ein *konkretes* Gefährdungsdelikt, wenn ein Verhalten untersagt wird, welches ein Rechtsgut der *Wahrscheinlichkeit* einer Verletzung aussetzt; ebenso BGE *71* (1945) IV 100, *80* (1954) IV 182, wo von naher Möglichkeit mit der Bedeutung der Wahrscheinlichkeit einer Verletzung gesprochen wird, zu eng hingegen BGE *73* (1947) IV 183, 235, *85* (1959) IV 137, die von naher und ernster Wahrscheinlichkeit einer Verletzung sprechen. Die Wahrscheinlichkeit der Verletzung muss im einzelnen Fall bewiesen werden. Beispiele konkreter Gefährdungsdelikte bieten StrGB Art. 237 und 238. Wenn das Strafgesetzbuch die Ausdrücke «Gefahr» oder «Gefährden» verwendet, so ist in der Regel eine konkrete Gefährdung gemeint.

### III. NACH DER BEZIEHUNG ZUM HANDLUNGSOBJEKT

*1. Schlichte Tätigkeitsdelikte und Erfolgsdelikte*

Um angegriffen werden zu können, muss sich das Rechtsgut in einem konkreten Ding verkörpern: das Rechtsgut Leben in der Person des Johannes Immergrün, das Rechtsgut Vermögen in der im Eigentum von Immergrün stehenden Sache. Die unmittelbar durch die einzelne Straftat betroffene Person oder Sache ist das *Handlungsobjekt*. Wird es im gesetzlichen Tatbestand ausdrücklich genannt, so in Art. 111 als Mensch oder in Art. 137 Zif. 1 als fremde bewegliche Sache, so kann von einem *Angriffsobjekt* gesprochen werden. Die Verletzung oder Gefährdung des einzelnen Handlungsobjektes muss bewiesen werden; die Bestimmung dessen, was als Angriffsobjekt zu gelten hat, siehe z. B. BGE *87* (1961) IV 115, ist eine Aufgabe der Auslegung.

Der gesetzliche Tatbestand kann nun so umschrieben sein, dass das vom Täter ausgeführte Verhalten genügt, um ihn zu erfüllen. Dies trifft zu, wenn als Diebstahl im Sinne von Art. 137 Zif. 1 die Wegnahme der fremden beweglichen Sache gilt. Dann liegt ein schlichtes *Tätigkeitsdelikt* vor.

Andere gesetzliche Tatbestände verlangen, dass das Verhalten des Täters eine davon räumlich und zeitlich deutlich unterschiedene Wirkung hervorrufen muss. Dies ist z. B. der Fall bei allen vorsätzlichen oder fahrlässigen Tötungen, Art. 111, 117. Der vom Täter abgefeuerte Schuss tötet das Opfer, der Tod des Opfers ist die Wirkung des Verhaltens des Täters, die als Erfolg zur Verwirklichung des gesetzlichen Tatbestandes gehört. Es liegt ein *Erfolgsdelikt* vor.

Der hier gemeinte *Erfolg* ist ein Fachausdruck, welcher ausschliesslich den soeben umschriebenen *Aussenerfolg* meint. In Lehre und Rechtsprechung wird häufig die *Beeinträchtigung des Rechtsgutes* als «Erfolg» bezeichnet. In diesem weiten Sinne besitzt jedes Delikt einen Erfolg, und eigentliche Erfolgsdelikte können gar nicht mehr unterschieden werden. Dieser laxe Sprachgebrauch ist entschieden abzulehnen. «Erfolg» in diesem unzutreffenden Sinne als Beeinträchtigung des geschützten Rechtsgutes meint eine abstrakte Beziehung des Verhaltens zu dem Rechtsgut; ihn zu bestimmen ist eine Frage der *Auslegung*. Der Erfolg im technischen Sinn als Tatbestandsmerkmal meint die Beziehung zum konkreten Handlungsobjekt und muss *bewiesen* werden. Wird der «Erfolg» im unechten Sinn verstanden, wenn das Gesetz zur Bestimmung der Zuständigkeit und des Gerichtsstandes, Art. 3, 7, 346 Abs. 1 Satz 2, vom Erfolg im technischen Sinne spricht, so wird der räumliche Geltungsbereich des Strafgesetzes in gesetzwidriger und völkerrechtlich unzulässiger Weise ausgedehnt. Diesem Fehler verfielen BGE *82* (1956) IV 68, *87* (1961) IV 153, *91* (1965) IV 232 (Erfolg sei der «Schaden, um dessentwillen die Handlung unter Strafe gestellt ist»); kritisch dazu ZStrR *72* (1957) 313, ZBJV *99* (1963) 43, Zif. 3, *102* (1966) 331, Zif. 2. BGE *97* (1971) IV 172, E. 2, rückte von dieser Rechtsprechung ab und räumte ein, dass ein im Auslande ausgeführtes schlichtes Tätigkeits- und abstraktes Gefährdungsdelikt, z. B. Art. 252, keinen solchen «Erfolg» hervorrufe.

Zu beachten ist, dass die Unterscheidung schlichtes Tätigkeits- und Erfolgsdelikt sich mit der Unterscheidung Verletzungs- und Gefährdungsdelikt nicht deckt, sondern überschneidet.

### 2. *Zu den Erfolgsdelikten im besonderen*

Nur für die Erfolgsdelikte stellt sich die Frage des *Kausalzusammenhanges* zwischen dem Verhalten des Täters und dem Eintritt des Erfolges. Das Vorliegen des Kausalzusammenhanges ist bei diesen Delikten ein ungeschriebenes Tatbestandsmerkmal.

Unbestritten ist, dass das Verhalten *natürliche Ursache* des Erfolges sein muss, sogar wenn es nur eine Teilursache ist; so wenn die vom Täter zugefügte Verletzung zum Tode führt, weil das Opfer durch eine bereits bestehende Krankheit geschwächt gewesen war. Der natürliche Kausalzusammenhang besteht, selbst wenn ein dem Tod geweihter Schwerkranker getötet wird, sogenannte *überholende* Kausalität. Dasselbe gilt, wenn mehrere durch gemeinsames Handeln den Erfolg bewirken, sogenannte *kumulative* Kausalität, siehe BGE *97* (1971) IV 87, Zif. 5. Anders steht es, wenn mehrere vorsätzlich Handelnde in *konkurrierender* Kausalität unabhängig voneinander denselben Erfolg herbeizuführen trachteten und nicht nachgewiesen werden kann, wessen Handeln den Erfolg bewirkte. Dann können beide Täter nur wegen vollendeten Versuches der betreffenden Tat bestraft werden. Wieder anders steht es, wenn der von beiden ausgeführte Angriff auf vorherige Verabredung zurückging; dann liegt Mittäterschaft, § 24 II 2 b aa hienach, am vollendeten Delikt vor. Der natürliche Kausalzusammenhang ist eigentlich mit der von Reichsgerichtsrat von BURI vertretenen *Bedingungstheorie* gemeint. Darnach gilt als Ursache jede Bedingung, welche nicht weggedacht werden kann, ohne dass zugleich der Erfolg entfällt. Vorzuziehen ist die auf KARL ENGISCH zurückgehende Formulierung, es müsse auf Grund des Erfahrungswissens feststehen, dass der Erfolg gesetzmässig mit dem ausführenden Verhalten als notwendige Folge verbunden gewesen war.

Weil die Bedingungstheorie den Kreis des als ursächlich geltenden menschlichen Verhaltens sehr weit zog, schränkte JOHANNES VON KRIES 1889 mit der Lehre der *adäquaten Kausalität* die Verursachung auf die Fälle ein, in denen die vom Täter gesetzte Ursache nach der allgemeinen Lebenserfahrung geeignet erscheint, den in Frage stehenden Erfolg herbeizuführen.

Andere, so MEZGER 1932, folgen der *Relevanztheorie,* welche auch für das Strafrecht von der Bedingungstheorie ausgeht, aber nur die adäquate Kausalität als strafrechtliche Verantwortlichkeit begründend ansieht. BIRKMEYER sah die wirksamste Ursache als die rechtlich erhebliche an.

BGE *78* (1952) IV 7 anerkennt für die vorsätzlichen Delikte die Bedingungstheorie; die erforderliche Einschränkung der strafrechtlichen Verantwortung geschieht durch den Vorsatz, der sich nur auf das beziehen kann, was der Täter voraussah; dazu § 14 II 3 a hienach. Für die fahrlässigen Delikte lässt das Bundesgericht in ständiger Rechtsprechung die adäquate Kausalität genügen.

Die Lehre von der adäquaten Kausalität ist keine Kausallehre, sondern ein Versuch, die strafrechtliche Verantwortlichkeit, wie sie sich aus der natürlichen Kausalität ergeben könnte, zum vornherein zu begrenzen. Es ist einfacher, die Verantwortung in der Schuldlehre durch das Merkmal der Voraussehbarkeit zu beschränken.

Dieselbe Kritik gilt für die sogenannte Unterbrechung des Kausalzusammenhanges (der durch eine Straftat Verletzte stirbt, weil dem behandelnden Arzt ein Kunstfehler unterlief). Auch hier handelt es sich in Wirklichkeit um eine Begrenzung der Verantwortlichkeit.

## IV. NACH DER ART DER AUSFÜHRUNG

### *1. Begehungs- und Unterlassungsdelikt*

In der Regel verstösst strafbares Verhalten gegen ein *Verbot* und besteht im Tätigwerden, in einer Körperbewegung; so das Beibringen einer Körperverletzung durch einen Schlag. Dann liegt ein *Begehungs-* oder *Kommissivdelikt* vor.

In selteneren Fällen besteht das strafbare Verhalten darin, gegen ein *Gebot* zu verstossen, mithin eine gebotene Handlung nicht auszuführen, sie zu unterlassen. Dann liegt ein *Unterlassungs-* oder *Omissivdelikt* vor. Was sich abspielt, ist allerdings nicht völliges Untätigsein, sondern Unterlassen gerade des gebotenen Verhaltens. Die Unterlassung gilt als dort begangen, wo der Täter hätte handeln sollen: BGE *69* (1943) IV 129, *82* (1956) IV 68, *97* (1971) IV 153.

## 2. Das unechte Unterlassungsdelikt

Literatur:
RENÉ MEYER, Die Garantenstellung beim unechten Unterlassungsdelikt, Diss., Zürich 1972.

In Ausnahmefällen kann das Begehungsdelikt durch Unterlassung begangen werden. Diese Begehungsart heisst *unechtes Unterlassungsdelikt* oder delictum per omissionem commissum. Sie ist möglich, wenn jemand *rechtlich verpflichtet* ist, die verpönte *Beeinträchtigung* des *Rechtsgutes zu verhindern* und dieser Pflicht nicht genügt; so die Mutter, welche ihr Kind absichtlich nicht ernährt, damit es stirbt und die dadurch eine vorsätzliche Tötung, Art. 111 f., begeht; der Polizist, der absichtlich keine Anzeige einreicht, obschon er dazu verpflichtet ist, und derart den Täter begünstigt, BGE *74* (1948) IV 166, E. 1. Die Verpflichtung zur Sicherung des Rechtsgutes heisst *Garantenstellung.* Eine nur sittliche Pflicht begründet sie nicht: BGE *79* (1953) IV 147. Einzelheiten werden in der Lehre der Tatbestandsmässigkeit dargestellt; § 10 I 3a hienach. Entscheidend für die Strafbarkeit wegen unechter Unterlassung ist, ob die Unterlassung als gleich schwere Rechtsverletzung wie das entsprechende Tun angesehen werden kann, ob die Untätigkeit dem Tun *gleichwertig* ist.

Die Begründung der Strafbarkeit der unechten Unterlassung ist ein weiteres Beispiel der Lückenhaftigkeit des allgemeinen Teils, der hier auf Rechtsprechung und Lehre verweist. Nicht verschwiegen sei, dass immer wieder Zweifel laut werden, ob diese Strafbarkeit mit StrGB Art. 1 vereinbar sei; doch bis jetzt wurde keine befriedigende gesetzliche Formel gefunden.

## 3. Die Kausalität der Unterlassungsdelikte

Vielumstritten ist, ob die echte und unechte Unterlassung für den eingetretenen Erfolg kausal sein müsse, wenn es sich um ein Erfolgsdelikt handelt.

Streng genommen kann das Unterlassen als Nichttun keine Wirkung hervorrufen und deshalb nie kausal sein. Ex nihilo nihil fit.

Weil im sozialen Leben mit der Ausführung bestimmter Handlungen und der Verhinderung verpönter Erfolge gerechnet wird, kann höchstens in einem übertragbaren Sinn von Kausalität der Unterlassung zum eingetretenen Erfolg gesprochen werden.

Genau gesehen handelt es sich darum, zu prüfen, ob der verpönte Erfolg hätte abgewendet werden können, wenn der Täter die ihm gebotene Pflicht zu handeln beachtet hätte (entsprechend dem sogenannten Umkehrprinzip, ARMIN KAUFMANN, Die Dogmatik der Unterlassungsdelikte, Göttingen 1962, S. 87). Auf die allgemeine Lebenserfahrung und die Ergebnisse der Wissenschaft zurückgreifend, wird ein Wahrscheinlichkeitsurteil darüber abgegeben. Hätte der Beschuldigte den Erfolg überhaupt nicht verhindern können, so liegt keine strafbare Unterlassung vor.

## V. NACH HANDLUNGSEINHEIT UND -MEHRHEIT

### 1. Der Grund der Handlungseinheit

Im Strafrecht richtet sich der Entscheid, ob ein menschliches Verhalten eine Einheit sei, nach rechtlichen Gesichtspunkten. Dies ist die Folge davon, dass das Leben eine Reihe von ineinandergreifenden Vorgängen, Ereignissen und Umständen darstellt, aus dem die verschiedenen Betrachtungsweisen nach ihren Bedürfnissen Ausschnitte als künstliche Einheit herausgreifen und besonders betrachten, so der Physiologe die Innervation und die Muskelbewegung, der Psychologe die Entwicklung einer Handlung vom ersten Aufdämmern des Tatmotives bis zur Ausführung und den Reflexionen des Täters über das Geschehene.

Strafrechtlich massgebend ist die *Einheit der vorwerfbaren fehlerhaften Willensbildung*, der einheitliche Vorsatz oder die einheitliche Fahrlässigkeit. Ausserdem wird nach herrschender Lehre als einheitlich die gleichzeitige Verwirklichung mehrerer gesetzlicher Tatbestände angesehen, selbst wenn sie nur zum Teil durch dasselbe äussere Verhalten erreicht wird.

### 2. Besondere Begründung der Handlungseinheit

#### a) Das Kollektivdelikt

Gelegentlich fasst das Gesetz mehrere strafbare Handlungen zu einer Einheit zusammen, es sieht dann mitunter schwerere Strafe vor.

Dies gilt für das *gewerbsmässige* oder *gewohnheitsmässige Delikt*. Das Strafgesetzbuch kennt nur das gewerbsmässige Delikt, siehe Art. 119 Zif. 3 Abs. 2, 148 Abs. 2; zum Begriff der Gewerbsmässigkeit vor allem BGE *79* (1953) IV 11. Nach ständiger bundesgerichtlicher Rechtsprechung handelt gewerbsmässig, wer eine Tat wiederholt begeht in der Absicht, ein Erwerbseinkommen zu erzielen, und mit der Bereitschaft, gegenüber unbestimmt Vielen so zu handeln. Nach BGE *86* (1960) IV 207, E. 1, kann diese Bereitschaft auch vorliegen, wenn der Täter nur einem einzigen Opfer gegenüber handelte. Ein Kollektivdelikt als Verbindung der Taten mehrerer Täter ist die *bandenmässige Begehung*, StrGB Art. 137 und 139 je Zif. 2.

Als Kollektivdelikt ist ferner das im Gesetz, Art. 71 Abs. 3, nur angedeutete, massgeblich durch Rechtsprechung und Lehre entwickelte *fortgesetzte Delikt* anzusehen. Nach *objektiver Theorie* ist es die mehrfache Verübung von Delikten gegen dasselbe oder gegen ein ähnliches Rechtsgut; nach *subjektiver Theorie,* so BGE *68* (1942) IV 97, *72* (1946) IV 184, *80* (1954) IV 8, *83* (1957) IV 159, *90* (1964) IV 130, muss ein einheitlicher Willensentschluss zugrunde liegen. Diese Form des Kollektivdeliktes ist abzulehnen, weil sie dem Schuldprinzip zuwiderläuft und ausgerechnet den immer wieder zur Tat bereiten Täter privilegiert, weil die Anwendung von Art. 68 ausgeschlossen wird.

### b) Das Dauerdelikt

Einzelne Straftatbestände setzen als *Dauerdelikte* voraus, dass ein gewisser Zustand geschaffen wird. Sie werden begangen, solange der verpönte Zustand vom Täter aufrechterhalten wird, so die Freiheitsberaubung, StrGB Art. 182, auch SVG Art. 91, a. M. BGE *76* (1950) IV 175.

### 3. Die strafrechtliche Behandlung von Handlungseinheit und -mehrheit

### a) Die Handlungseinheit

Die Handlungseinheit ist in der Regel unproblematisch, weil sie nur eine einzige strafbare Handlung darstellt. Was gilt jedoch, wenn ein und dieselbe Willensentscheidung und deren Verwirklichung den gesetzlichen Tatbestand mehrerer Strafbestimmungen (Faustschlag verletzt das Gesicht und beschädigt die Brille, einfache Körperverletzung und Sachbeschädigung, Art. 122 Zif. 1 Abs. 1, 145 Abs. 1) oder dieselbe Strafbestimmung gegenüber mehreren Personen (Autofahrer verletzt fahrlässig mehrere Personen durch einen Zusammenstoss, Art. 125) erfüllt? Dann liegt gleichartige oder ungleichartige *Idealkonkurrenz* vor. Von Konkurrenz wird gesprochen, weil mehrere Strafbestimmungen auf Geltung Anspruch erheben. Das gesamte Verhalten wird gem. Art. 68 Zif. 1 als Einheit behandelt.

### b) Die Handlungsmehrheit

Hatte der Täter mehrere von einander unabhängige Straftaten begangen, so liegt *Realkonkurrenz* vor. Art. 68 Zif. 1 gebietet auch in diesem Fall einheitliche Bestrafung, ebenso die Art. 350 Zif. 1, 336 lit. c und d, und 344. Dieses Vorgehen ist der Prozessökonomie wegen angezeigt, aber auch deswegen, weil derart eine einheitliche Bestrafung und ein einheitlicher Vollzug möglich wird; siehe BGE *85* (1959) IV 248, E. 3, 255, E. 2, *86* (1960) IV 199, E. 3, zurückhaltender leider BGE *84* (1958) IV 11, dazu kritisch WAIBLINGER ZBJV *96* (1960) 89, *91* (1965) 59; BGE *95* (1969) IV 34, E. 2, dazu ZBJV *106* (1970) 378, Zif. 1 b.

### c) Abgrenzungen

#### aa) Die Unterscheidung von Ideal- und Realkonkurrenz

Sie ist zuweilen schwer zu treffen, aber praktisch nicht so wichtig, weil beide Konkurrenzformen derselben Regelung unterstehen. Entscheidend ist, ob die *fehlerhafte Willensbildung* einheitlich war oder nicht. Die herrschende Lehre stellt darauf ab, ob die äusseren Tatbestandsmerkmale durch dasselbe Verhalten verwirklicht wurden. BGE *98* (1972) IV 106 nahm Tateinheit an, wenn das gesamte Verhalten «wegen engen räumlichen und zeitlichen Zusammenhangs... bei natürlicher Betrachtungsweise» als «zusammengehörendes Tun» erschien. Die Einheit der Willensbildung war jedoch offensichtlich.

#### bb) Ausschluss der Ideal- und Realkonkurrenz

Gelegentlich stehen die durch eine Handlung oder durch mehrere Handlungen verwirklichten gesetzlichen Tatbestände in einem so engen Zusammenhange, dass nur der eine oder der andere angewendet werden kann, obschon die sämtlichen Tatbestandsmerkmale aller in Frage stehenden Straftaten gegeben sind. Dann liegt *unechte Gesetzeskonkurrenz,* zuweilen unechte Konkurrenz oder einfach Gesetzeskonkurrenz genannt, vor. Das Bundesgericht neigt dazu, die schwierigen und lebhaft umstrittenen Probleme der unechten Gesetzeskonkurrenz auf einfache Weise zu lösen, indem es unechte Konkurrenz annimmt, «wenn der eine Tatbestand nicht mit allen einzelnen Merkmalen, wohl aber *wertmässig,* dem Verschulden und Unrecht nach, im andern enthalten ist, so dass die eine Bestimmung die andere konsumiert», BGE *91* (1965) IV 213, ebenso *97* (1971) IV 33, E. 2 a. Es können aber vielleicht doch etwas genauere Unterscheidungen getroffen werden, die mit der vom Bundesgericht vertretenen Ansicht darin übereinstimmen, dass sich die Frage nicht einfach dadurch beantworten lässt, indem geprüft wird, ob sich die verschiedenen in Frage stehenden Strafbestimmungen gegen dasselbe Rechtsgut richten oder nicht. Es kann nur gesagt werden, dass eine Vermutung für echte Konkurrenz spricht, wenn der Schutz verschiedener Rechtsgüter in Frage steht. Auszugehen ist, den Forschungen von RICHARD HONIG und RUDOLF HIRSCHBERG folgend, von der Unterscheidung zwischen unechter Ideal- und Realkonkurrenz.

Fälle *unechter Idealkonkurrenz* sind: Die *Spezialität*, welche vorliegt, wenn ein Straftatbestand sämtliche Merkmale eines anderen und darüber hinaus noch andere, nur ihm eigene, besitzt. Dieses Verhältnis besteht vor allem zwischen den abgewandelten Tatbeständen und dem in ihnen wiederkehrenden Grundtatbestand, so für Art. 111 in bezug auf Art. 112–114 und 116, aber auch für Erpressung, Art. 156, als qualifizierte Nötigung hinsichtlich Art. 181. Der speziellere Tatbestand geht vor. Eine Abart der Spezialität liegt als *Privilegierung* vor, wenn ein mit milderer Strafe bedrohter gesetzlicher Tatbestand einem anderen vorgeht, obschon er nicht alle, sondern nur die wesentlichen Merkmale des verdrängten Tatbestandes aufweist. So tritt die Bestrafung wegen Steuerhinterziehung an die Stelle von Betrug, Art. 148, und Urkundenfälschung, Art. 251, BGE *81* (1955) IV 168, etwas einschränkend *84* (1958) IV 167, *91* (1965) IV 191, E. 5, *92* (1966) IV 45, wegen Warenfälschung oder Inverkehrbringens gefälschter Waren, Art. 153, 154, an die Stelle von Betrug, BGE *99* (1973) IV 10, 83, E. 3 b, wegen Inverkehrbringens von Falschgeld, Art. 242, an die Stelle von Betrug, BGE *99* (1973) IV 10. Diese Regelungen beruhen zum Teil auf verfehlten sozialethischen Wertungen, so der Vorrang der Bestrafung nur wegen Steuerhinterziehung, zum Teil auf der nicht ganz geglückten Fassung der in Frage stehenden gesetzlichen Tatbestände, zum Teil auf unrichtiger Auslegung, so hinsichtlich des Verhältnisses von Art. 153 und 154 zu Art. 148. Die *Konsumtion* ist gegeben, wenn ein gesetzlicher Tatbestand die Verletzung mehrerer Rechtsgüter zusammenfasst. Der zusammengesetzte Tatbestand geht den in ihm vereinigten einzelnen Tatbeständen vor, so der Raub, Art. 139, den in ihm verbundenen Tatbeständen der Nötigung, Art. 181, und des Diebstahls, Art. 137. Die *Alternativität* besteht zwischen gesetzlichen Tatbeständen, welche dasselbe Rechtsgut gegen verschiedene Arten des Angriffes schützen, so wenn Betrug und Erpressung, Art. 148 und 156, Diebstahl und Betrug, Art. 137 und 148, in bezug auf dieselbe Sache in Frage stehen. Der mit schwererer Strafe bedrohte, ausnahmsweise der früher vollendete Tatbestand geht vor. Die *Subsidiarität* bezieht sich auf den Schutz desselben Rechtsgutes in verschiedenen Angriffsstadien, so gegen Gefährdung und Verletzung, und gibt der schwereren Beeinträchtigung des Rechtsgutes, der Verletzung, den Vorrang. Deshalb geht die Fundunterschlagung, Art. 141, dem Nichtanzeigen eines Fundes, Art. 332, BGE *85* (1959) IV 191, das Verletzungsdelikt der Art. 117 oder 125 dem Gefährdungsdelikt der Art. 128, 129 oder SVG Art. 90 Zif. 1 und 2, BGE *87* (1961) IV 7, *91* (1965) IV 32, 195, E. 5, vor.

*Unechte Realkonkurrenz* kommt in der Form der straflosen Vor- oder Nachtat vor. *Straflose Vortat* kann angenommen werden, wenn die frühere Tat nichts Anderes gewesen war als die unbedingt erforderliche Vorbereitung der späteren Tat, wie es der Versuch für die vollendete Tat darstellt, was BGE *79* (1953) IV 62 nur bei rascher zeitlicher Folge beider Taten annimmt. Straflose Vortat ist, nach herrschender Lehre (für viele THORMANN/V. OVERBECK op. cit., Vorbem. zu Art. 24–26, N. 11, S. 120), die Anstiftung im Verhältnis zur Mittäterschaft des Anstiftenden, a. M. und vorzuziehen RStrS *1950* 12, *1954* 6, BGE *85* (1959) IV 134, E. 4. *Straflose Nachtat* ist die spätere Tat, die nichts weiter darstellt als die Sicherung und Verwertung des Gewinnes aus einer früheren gleichartigen Straftat. Deshalb ist, entgegen BGE *71* (1945) IV 207, E. 2, die an einer gestohlenen Sache ausgeführte Sachbeschädigung straflose Nachtat. Das Bundesgericht lehnte besonders entschieden die Lehre der straflosen Vor- und Nachtat ab, weil sie mit dem Strafgesetzbuch als Schuldstrafrecht unvereinbar sei, BGE *71* (1945) IV 207, *72* (1946) IV 11, E. 2, *78* (1952) IV 198, *79* (1953) IV 62. Es sprach sich gegen eine straflose Nachtat insbesondere dann aus, wenn die spätere Tat die Ausführung der von der früheren Tat vorausgesetzten Absicht darstellt, beispielsweise das Inverkehrbringen gefälschter Waren gemäss Art. 154 als Verwirklichung der durch die Warenfälschung, Art. 153, geforderten Absicht, weil die spätere Tat den rechtsbrecherischen Willen erneut und möglicherweise gegenüber anderen Personen bekundet, BGE *77* (1951) IV 92, E. 2; siehe auch *80* (1954) IV 255, E. 3, *84* (1958) IV 127, E. 1

Angemerkt sei, dass die Regeln über die unechte Konkurrenz nur gelten, wenn die verschiedenen Straftaten sich gegen das Rechtsgut oder die Rechtsgüter ein und derselben Person richten. Fehlt diese Voraussetzung, so ist echte Konkurrenz gegeben. Der vorschriftswidrige Automobilist, welcher durch seine Unvorsichtigkeit einen anderen Strassenbenützer verletzt und weitere gefährdet, begeht fahrlässige Körperverletzung, Art. 125, gegenüber dem einen zusammen mit Verletzung der Verkehrsregeln im Sinne von SVG Art. 90 Zif. 1, evtl. 2, gegenüber den anderen, BGE *91* (1965) IV 213, *96* (1970) IV 39.

Ausnahmsweise lebt die Möglichkeit, auf Grund der wegen unechter Konkurrenz zurücktretenden Strafbestimmung zu bestrafen, wieder auf.

Dies ist der Fall, wenn die Verfolgung gemäss der Strafbestimmung, welche den Vorrang besitzt, ausgeschlossen ist, beispielsweise weil Verjährung eingetreten ist oder der erforderliche Strafantrag fehlt, siehe BGE *71* (1945) IV 93, E.4, *76* (1950) IV 126, E.4, und insbesondere BGE *68* (1942) IV 86, E.2, *96* (1970) IV 40, E.2; davon bestehen wieder Ausnahmen, GVP *1972* 59 N.23.

Einzelheiten der Lehre von der unechten Konkurrenz gehören in den besonderen Teil des Strafrechts.

## VI. ANDERE EINTEILUNGEN STRAFBAREN VERHALTENS

### 1. Versuchtes und vollendetes Delikt

Das Delikt ist *vollendet,* wenn alle allgemeinen Voraussetzungen der Strafbarkeit und alle Merkmale des in Frage stehenden gesetzlichen Tatbestandes verwirklicht sind.

Wenn nur die subjektiven, doch nicht alle objektiven Tatbestandsmerkmale vorliegen, ist das Delikt nur *versucht.*

### 2. Vorsätzliche und fahrlässige Delikte

Diese Unterscheidung richtet sich nach der Art der von einer Strafbestimmung vorausgesetzten Schuld.

### 3. Absichtsdelikte

Literatur:
BEATRICE GUKELBERGER, Die Absichtsdelikte des Schweizerischen Strafgesetzbuches, Diss., Bern 1968.

Von Absichtsdelikten wird gesprochen, wenn der gesetzliche Tatbestand den auf ein weiteres Handlungsziel gerichteten Willen fordert, ohne dass dieser Wille verwirklicht werden muss; so die Absicht unrechtmässiger Bereicherung in Art. 137, 140. Ist die Absicht ebenfalls verwirklicht, so ist das Delikt *beendet,* BGE *99* (1973) IV 124, welches Urteil dieser Art von Beendigung ein anderes der Vollendung folgendes Verhalten, welches das angegriffene Rechtsgut noch stärker beeinträchtigt, gleichstellt.

### 4. Gemeine Delikte – Sonderdelikte

*Gemeine Delikte* können von jedermann begangen werden. *Sonderdelikte* setzen als Täter Personen mit bestimmten Eigenschaften, wie Zeugen, Beamte, Frauen (Art. 116), voraus. *Echte Sonderdelikte* sind die einzig von solchen Personen begehbaren Taten, beispielsweise der Amtsmissbrauch, Art. 312, der als Täter das Mitglied einer Behörde oder einen Beamten nennt; *unechte Sonderdelikte* sind abgewandelte (siehe § 10 III 2 hienach) Formen anderer Delikte, so z. B. Art. 317 als qualifizierte Form von Art. 251.

### 5. Eigenhändige Delikte

Einige Delikte sollen nur durch jemanden begangen werden können, welcher die tatbestandsmässige Beeinträchtigung des Rechtsgutes selber ausführt; solche Delikte heissen *eigenhändige*. Welche Straftaten dazu gehören, ist umstritten, ebenso ob diese Kategorie überhaupt aufrechterhalten werden soll, was abzulehnen ist. Als Beispiele werden vor allem Sexualdelikte, Art. 191, 203, oder Blutschande, Art. 213, genannt.

### 6. Offizialdelikte – Antragsdelikte

*Offizialdelikte* sind strafbar, wenn das tatbestandsmässige, rechtswidrige und schuldhafte Verhalten verwirklicht ist; liegt solches Verhalten vor, soll die Verfolgung der Tat *von Amtes wegen* einsetzen. Die *Antragsdelikte* werden erst mit der objektiven Strafbarkeitsbedingung des Strafantrages (§ 16 II hienach) strafbar und können erst verfolgt werden, nachdem der Strafantrag gestellt worden war.

## 2. Unterabschnitt: Die allgemeinen Voraussetzungen der Strafbarkeit im einzelnen

### I. KAPITEL

### § 10 DIE TATBESTANDSMÄSSIGKEIT

#### I. ALLGEMEINES

*1. Die Bedeutung der Tatbestandsmässigkeit und der Tatbestandsmerkmale*

Der Begriff des Tatbestandes besitzt mehrere Bedeutungen.

a) *Tatbestand* im Sinne der *allgemeinen Rechtslehre* bedeutet die generell-abstrakte Umschreibung der *Voraussetzungen einer Rechtsfolge* durch einen *Rechtssatz*. In diesem Sinne ist der gesetzliche Tatbestand einer strafbaren Handlung ein Tatbestand; aber es gibt in diesem Sinne auch einen Tatbestand der Rechtfertigungs- und der Schuldausschliessungsgründe, des Versuches und der Teilnahme, §§ 17, 18 hienach.

b) *Als Garantietatbestand* ist er, dem Legalitätsprinzip entsprechend, der Inbegriff der durch das Gesetz umschriebenen Voraussetzungen der Strafbarkeit. Er umfasst die allgemeinen und die durch die Tatbestände des besonderen Teils umschriebenen Voraussetzungen der Strafbarkeit mit Einschluss der objektiven Strafbarkeitsbedingungen.

c) Tatbestand kann ferner verstanden werden als *Inbegriff aller echten Tatbestandsmerkmale*. Sie lassen sich unterscheiden in objektive und subjektive Merkmale. *Subjektive* oder *innere* Merkmale sind die, welche sich im Bewusstsein des Täters abspielen; die Bildung, Richtung und der Inhalt seines Willens, so Vorsatz oder Fahrlässigkeit, Art. 18. Dazu gehören ferner die Absichten des Täters, Art. 137 Zif. 1, seine Beweggründe, Art. 198 Abs. 1, oder Eigenschaften seiner Gesinnung, Art. 145 Abs. 2. *Objektive* oder *äussere* Tatbestandsmerkmale sind alle anderen; alles was sich durch den oder am Körper des Täters, am oder im Opfer oder an oder durch Sachen abspielt.

d) Tatbestand kann ferner heissen der Inbegriff der Merkmale, welche vom Vorsatz oder der Fahrlässigkeit umfasst sein müssen als *Schuldtatbestand*, eine in der Schweiz wenig gebräuchliche Bezeichnung.

e) Tatbestand bedeutet ausserdem die *erste Stufe* des *allgemeinen Verbrechensbegriffes* und so wird er hier verwendet.

Nicht Tatbestand ist der jeweils zu beurteilende *Lebensvorgang*, der als *Sachverhalt* bezeichnet wird (Johannes Immergrün flösste am 30.6.1971 der Erbtante Eulalia ein langsam wirkendes Gift ein...).

## 2. Die Tatbestandsmässigkeit im eigentlichen Sinne

Tatbestandsmässigkeit im hier gemeinten Sinne ist die *gesetzlich umschriebene Art der Beeinträchtigung des geschützten Rechtsgutes,* die auch als typisierte Beeinträchtigung des Rechtsgutes bezeichnet wird. Denn nicht jede, sondern eben nur die tatbestandsmässige Beeinträchtigung des Rechtsgutes steht unter Strafe. Strafbarkeit setzt voraus, dass das durch einen Sachverhalt verwirklichte Verhalten der tatbestandsmässigen Beeinträchtigung des Rechtsgutes entspricht.

Gehören dazu nur die äusseren oder auch die inneren Merkmale? Die Frage ist heute umstritten.

Werden nur die äusseren Merkmale berücksichtigt, so deswegen, weil es, vom Rechtsgut und seinem Träger aus betrachtet, nicht darauf ankommt, ob die Beeinträchtigung vorsätzlich oder fahrlässig verübt wurde. Ausserdem müssen die Beamten der Strafverfolgung, so zu Beginn einer Untersuchung, meistens nur auf Grund der äusseren Gegebenheiten wenigstens vorläufig prüfen, ob eine strafbare Handlung und welche vorliegt.

Die Gegenmeinung hält dafür, dass erst die innere Einstellung des Täters erkennen lasse, ob ein und welches strafbare Verhalten vorliege, weshalb auch Vorsatz und Fahrlässigkeit zum Tatbestand zu rechnen seien. Für den Vorsatz wurde dies in der Schweiz seit langem von O.A. GERMANN (Das Verbrechen im neuen Strafrecht, Zürich 1942) vertreten. In Deutschland gewinnt diese Auffassung an Anhängern, seitdem sie von HANS WELZEL (Das deutsche Strafrecht, 11.Aufl., Berlin 1969, § 8, S.33, § 13, S.64) als Folge der von ihm begründeten finalen Handlungslehre verfochten wurde. Sie kann aber auch unabhängig davon als personale Unrechtslehre befürwortet werden; siehe GÜNTER STRATENWERTH, Die Bedeutung der finalen Handlungslehre für das schweizerische Strafrecht, ZStrR *81* (1965) 179.

Es ist ohne weiteres einzuräumen, dass die Einreihung von Vorsatz und Fahrlässigkeit in den Tatbestand vorher bestehende systematische Schwierigkeiten behebt, so bei der Behandlung des Versuches. Andererseits entstehen neue Schwierigkeiten. Entgegen der gesetzlichen Regelung, Art. 18 Abs. 2 und 3, werden Vorsatz und Fahrlässigkeit aus der Schuld in den Tatbestand verwiesen oder müssen in der Schuldlehre nochmals berücksichtigt werden; aus der Tatbestandsmässigkeit als Beeinträchtigung des Rechtsgutes, wie es dem Schutzzweck des Strafrechts entspricht, wird eine Pflichtwidrigkeit, und die Tatbestandsmässigkeit droht zur Normwidrigkeit zu werden.

Ich ziehe es vor, nur die objektiven Tatbestandsmerkmale zum Tatbestand zu rechnen, aus den für diese Regelung sprechenden, bereits genannten

Gründen und weil dies die vom Gesetz befolgte Systematik ist. Eine solche Beschränkung auf die äusseren Tatbestandsmerkmale ist auch deswegen zulässig, weil es sich um eine erste Vorprüfung der Strafbarkeit und nicht um ein abschliessendes Urteil darüber handelt. Erst die Prüfung der weiteren Merkmale des allgemeinen Verbrechensbegriffes zeigt, ob und welches strafbare Verhalten wirklich vorliegt.

Ein Beispiel eines tatbestandsmässigen Verhaltens dieser Art gibt Johannes Immergrün, der am 17.7.1971 in einem Wirtshaus in Bern den Regenmantel eines anderen Gastes behändigt. Auf diese Weise erfüllte er den objektiven Tatbestand des Diebstahls, Art. 137 Zif. 1, weil er eine fremde bewegliche Sache wegnahm.

### 3. Besonderheiten der Tatbestandsmässigkeit der Unterlassungsdelikte

#### a) Die besondere Tatsituation

Verbote gelten in der Regel dauernd, Gebote nur in bestimmten Situationen. Unterlassungsdelikte können deshalb nur begangen werden, wenn für einen Rechtsgenossen eine Lage besteht, in welcher ihn das Gebot, in bestimmter Weise zu handeln, trifft, so in bezug auf StrGB Art. 128 oder SVG Art. 92 die Unfallsituation.

Bei den *echten Unterlassungsdelikten*, z.B. Art. 128 oder 217, umschreibt das Gesetz die Lage, in welcher zu handeln ist, sowie die Art des gebotenen Handelns. Bei den *unechten Unterlassungsdelikten* bestimmten nach früherer Lehre Gesetz, Vertrag oder Schaffen einer Gefahr die Garantenstellung als Pflicht zum Handeln. Diese Begründung der Garantenpflicht führt zu einer untragbaren Ausdehnung der Strafbarkeit, insbesondere wenn jede gesetzliche oder gar vertragliche Pflicht unbesehen als Grundlage einer Garantenstellung genügen soll. Heute wird, Armin Kaufmann (op. cit. S. 233) folgend, die Garantenstellung angenommen entweder, wenn der Täter auf Grund einer besonderen Rechtsbeziehung *verpflichtet* ist, das Rechtsgut vor allen oder bestimmten Gefahren zu *schützen,* oder wenn er eine *Gefahr schuf und deshalb gehalten* ist dafür zu sorgen, dass die Gefahr zu keinen Verletzungen fremder Rechtsgüter führt. Die Pflicht, ein Rechtsgut zu schützen, begründet hinsichtlich Leben und Gesundheit unmündiger ehelicher Kinder ZGB Art. 275 Abs. 2 für die Eltern und in derselben Weise ZGB Art. 324 für die Mutter ihrem unmündigen ausserehelichen Kinde gegenüber. Eine vertragliche Pflicht zum Schutz von Leben und Gesundheit mit Begründung einer Garantenstellung trifft den Arzt oder die Krankenschwester, welche die Behandlung und Pflege eines Patienten tatsächlich übernommen haben. Eine Pflicht zum Schutz von Leib und Leben infolge einer Gefahrensituation ist für den erfahrenen Berggänger begründet, der einen ungeübten Begleiter auf eine schwierige Tour mitnimmt.

### b) Die Fähigkeit, das Gebot zu erfüllen

Wer ein Begehungsdelikt ausführt, zeigt bereits dadurch, dass er tatbestandsmässig handeln konnte. Wegen eines Unterlassungsdeliktes kann nur der bestraft werden, der fähig war, das Gebot zu erfüllen, und wenn dadurch der verpönte Erfolg abgewendet worden wäre. (Umkehrprinzip nach ARMIN KAUFMANN op. cit. S. 87.)

### c) Das Ausbleiben der gebotenen Handlung

Dies versteht sich von selbst, wird aber ausdrücklich verlangt.

## II. DER AUFBAU DER GESETZLICHEN TATBESTÄNDE

### 1. *Einfache Tatbestände*

Sie beschreiben die Beeinträchtigung eines einzigen Rechtsgutes durch ein bestimmtes Verhalten, Art. 111, 137 Zif. 1.

### 2. *Zusammengesetzte Tatbestände*

*a) Verbindung mehrerer Arten strafbaren Verhaltens* liegt vor, wenn Verletzung und Gefährdung desselben Rechtsgutes in einem Straftatbestand vereinigt sind, Art. 134 Zif. 1, 181.

*b) Verbindung der Beeinträchtigung mehrerer Rechtsgüter* ist gegeben, wenn sich eine Straftat gegen mehrere Rechtsgüter richtet, z. B. Raub und Erpressung gegen Freiheit und Vermögen, Art. 139 Zif. 1, 156 Zif. 1 Abs. 1.

Beide Verbindungen können sich in demselben gesetzlichen Tatbestande finden, so in Art. 238 Zif. 1.

*c) Verbindung mehrerer Schuldformen* besteht, wenn die vorsätzliche Tat eine ungewollte Wirkung herbeiführte, Art. 119 Zif. 3 Abs. 3; dazu § 14 IV hienach.

## III. DIE VERWANDTSCHAFT DER TATBESTÄNDE

In der Regel sind die einzelnen gesetzlichen Tatbestände als *eigenständige* Delikte völlig unabhängig voneinander. Ausnahmsweise sind einige als verwandte Tatbestände von einander abhängig. Es wird in diesem Fall unterschieden:

### 1. Der Grundtatbestand

als der gesetzliche Tatbestand, der in allen ihm verwandten Tatbeständen, dic sich als seine Abwandlungen erweisen, erscheint, z.B. Art. 111 für die übrigen vorsätzlichen Tötungen, Art. 112–114, 116.

### 2. Abgewandelte Tatbestände

sind die auf dem Grundtatbestand aufgebauten, nämlich:

a) *Qualifizierte Tatbestände*, die mit schärferer Strafe als der Grundtatbestand bedroht sind, Art. 112, oder die Bestrafung erleichtern, so Art. 123 Zif. 1 Abs. 2, der Bestrafung von Amtes wegen vorsieht, während der in Abs. 1 umschriebene Grundtatbestand einen Strafantrag verlangt.

b) *Privilegierte Tatbestände*, die mit gelinderer Strafe als der Grundtatbestand bedroht sind, Art. 114, 116, oder die Strafbarkeit sonst erschweren, Art. 137 Zif. 3, der im Gegensatz zu dem von Amtes wegen zu verfolgenden Grundtatbestand der Zif. 1 einen Strafantrag voraussetzt.

Die *systematischen Folgen* solcher Verwandtschaft der Tatbestände sind:

aa) Zwischen dem Grundtatbestand und den abgewandelten Tatbeständen unter sich besteht *unechte Gesetzeskonkurrenz* (§ 9 V 3 c bb hievor);

bb) für die *Teilnahme* gilt StrGB Art. 26, RStrS *1947* 30 (§ 25 IV 2 hienach).

### IV. DIE LEHRE VON DEN NEGATIVEN TATBESTANDSMERKMALEN

Einige Autoren vertreten die Ansicht, das Fehlen rechtfertigender Umstände sei als negatives Tatbestandsmerkmal anzusehen; dazu im einzelnen § 17 I 6 hienach.

### V. FEHLEN DER TATBESTANDSMÄSSIGKEIT

Fehlt schon die Tatbestandsmässigkeit, so entfällt die Strafbarkeit.

## 2. KAPITEL: DIE RECHTSWIDRIGKEIT

### § 11 BEGRIFF UND VORAUSSETZUNGEN DER RECHTSWIDRIGKEIT IM STRAFRECHT

Der Begriff «Rechtswidrigkeit» bedeutet verschiedenes. Seine drei wichtigsten Bedeutungen sind: Formelle und materielle Rechtswidrigkeit,

Rechtswidrigkeit als Element fahrlässigen Verhaltens. Die *formelle* und die *materielle Rechtswidrigkeit* beziehen sich auf die Rechtswidrigkeit als *Merkmal* des *allgemeinen Verbrechensbegriffes*, dazu I und II hienach. Die Rechtswidrigkeit in diesem Sinne besteht in der *Beeinträchtigung der geschützten Rechtsgüter*. Als rechtswidrig wird ausserdem in ganz anderer Weise das fahrlässige Verhalten, dazu § 14 III hienach, bezeichnet, insofern es die ungewollte Beeinträchtigung geschützter Rechtsgüter dadurch herbeiführt, dass rechtlich vorgeschriebene Sorgfaltspflichten, z.B. die Verkehrsregeln gemäss SVG Art. 26 bis 57, missachtet wurden. Die Rechtswidrigkeit bezieht sich dann auf die *Sorgfaltspflicht*, deren Verletzung als Schuldform, § 14 III hienach, behandelt wird.

## I. DIE FORMELLE RECHTSWIDRIGKEIT

### *1. Der Begriff*

Das tatbestandsmässige Verhalten beeinträchtigt stets ein geschütztes Rechtsgut. Die Beeinträchtigung dieser Rechtsgüter ist durch die rechtlichen Normen untersagt und deshalb rechtswidrig. Infolgedessen ist *tatbestandsmässiges Verhalten notwendigerweise – formell – rechtswidrig*, wenn nicht besondere Gründe die Beeinträchtigung der sonst geschützten Rechtsgüter ausnahmsweise erlauben. Deswegen wird gesagt, tatbestandsmässiges Verhalten indiziere die Rechtswidrigkeit bloss; denn das endgültige Urteil über die Rechtswidrigkeit hängt davon ab, ob eine solche Ausnahme vorliegt oder nicht. Es ist in der Regel verboten, mithin rechtswidrig und gem. Art. 122 und 123 sogar strafbar, einem andern eine Körperverletzung beizubringen. Werde ich jedoch von jemandem tätlich angegriffen, so verleiht mir Art. 33 Abs. 1 das Recht, dem Angreifer als Notwehr die zur Abwehr des Angriffes erforderliche Verletzung beizubringen, ohne dass eine Strafe wegen Körperverletzung eintritt.

Die Rechtswidrigkeit ist ein besonderes Merkmal des allgemeinen Verbrechensbegriffes, weil sie durch besondere Gründe, die nicht mit dem Fehlen der Tatbestandsmässigkeit zusammenfallen, ausgeschlossen werden kann.

Die formelle Rechtswidrigkeit kann nur bestehen oder fehlen; sie kann nicht gesteigert werden.

### *2. Die Voraussetzungen formeller Rechtswidrigkeit*

Des Legalitätsprinzipes wegen muss die Rechtswidrigkeit im Strafrecht in bestimmten Tatbeständen ausgesprochen sein. Des Grundsatzes der Zurückhaltung mit Strafdrohungen wegen sind nur die besonders gefährlichen und häufigsten Formen rechtswidrigen Verhaltens mit Strafe bedroht. Dabei zeigt sich, dass der strafrechtliche Schutz der einzelnen Rechtsgüter sehr verschieden ist.

Hochwertige Rechtsgüter, wie Leib und Leben, sind gegen jede Beeinträchtigung, mithin gegen jede Verletzung, aber auch gegen Gefährdung geschützt, siehe z.B. Art. 127–129. Die Beeinträchtigung anderer Rechtsgüter wird nicht so umfassend bestraft. Zwar ist jede Entziehung fremder beweglicher Sachen strafbar, Art. 137 und 143, doch die Verletzung anderer Vermögenswerte ist nur strafbar, wenn sie durch ein besonderes Mittel, wie Gewalt oder List, Ausnützen einer Notlage, bewirkt wurde. Es lässt sich sagen, hinsichtlich der wichtigsten Rechtsgüter begründet die Verletzung an sich, der *Verletzungsunwert* – meist missverständlich als Erfolgsunwert bezeichnet – die Rechtswidrigkeit, hinsichtlich weniger wichtiger Rechtsgüter begründet erst die durch eine besonders verpönte Handlungsweise herbeigeführte Verletzung, also erst die *Verbindung* von *Verletzungs-* und *Handlungsunwert* die Rechtswidrigkeit; dazu G. STRATENWERTH, Handlungs- und Erfolgsunwert im Strafrecht, ZStrR 79 (1963) 223.

Worin liegt der die Rechtswidrigkeit begründende Unwert: in den objektiven oder in den subjektiven Tatbestandsmerkmalen? Die ältere Lehre berücksichtigte nur die objektiven Merkmale. Eine vom Zivilrechtler H.A. FISCHER 1911 begründete, von den Strafrechtlern AUGUST HEGLER, EDMUND MEZGER und RUDOLF SIEVERTS aufgenommene Lehre erklärt, dass auch die subjektiven Tatbestandsmerkmale heranzuziehen seien; sei doch etwa der Diebstahl, Art. 137 Ziff. 1, erst rechtswidrig, wenn die erforderlichen subjektiven Momente, wie die Zueignungs- und die Bereicherungsabsicht, vorliegen. Diese heute wohl herrschende Lehre der *subjektiven Unrechtselemente* übersieht, dass solche Absichten zwar Voraussetzungen der Strafbarkeit sind, doch damit nicht gesagt ist, dass sie zur Rechtswidrigkeit zählen. Wer mit der Auffassung, das Strafrecht sei Rechtsgüterschutz, strafbares Verhalten deshalb Beeinträchtigung von Rechtsgütern, Ernst macht, kann die Rechtswidrigkeit nur in den Merkmalen erblicken, welche diese Beeinträchtigung bewirken, nämlich in den objektiven Merkmalen. Für diese Ansicht spricht auch die Regelung der Notwehr, welche die Abwehr eines unrechtmässigen Angriffes erlaubt, ohne dass auf die Einstellung des Angreifenden abgestellt wird, Art. 33 Abs. 1 am Anfang. Der Gegenmeinung entspricht eher, in der strafbaren Handlung nicht Beeinträchtigung eines Rechtsgutes, sondern die Verletzung einer Pflicht zu sehen, was, folgerichtig zu Ende gedacht, zu einer allgemeinen personalen Unrechtslehre führt.

## II. DIE MATERIELLE RECHTSWIDRIGKEIT

Von *materieller Rechtswidrigkeit* wird in verschiedenem Sinne gesprochen. Einmal wird damit gemeint, dass das tatbestandsmässige Verhalten nicht ohne weiteres rechtswidrig ist, sondern nur dann, wenn keine die Rechtswidrigkeit ausschliessenden Rechtfertigungsgründe vorliegen. Materielle Rechtswidrigkeit heisst dann, es liege die formelle Rechtswidrigkeit vor, ohne dass im gegebenen Fall Rechtfertigungsgründe bestehen würden. Dafür einen besonderen Begriff einzuführen, ist unnötig. Er besagt nichts anderes, als dass nicht die Tatbestandsmässigkeit allein die Rechtswidrigkeit begründet, sondern erst die Prüfung, ob sich nicht im *Ganzen der Rechtsordnung* ein Satz finden lässt, der ausnahmsweise das sonst rechtswidrige Verhalten als erlaubt erklärt.

Eine andere Bedeutung besitzt materielle Rechtswidrigkeit in den Rechtsordnungen, welche die gesetzlichen Rechtfertigungsgründe so eng umschreiben, dass sie durch übergesetzliche Rechtfertigungsgründe erweitert werden mussten. Dies trifft zu für das deutsche Strafrecht, dessen Regel über den Notstand nur die Rettung des eigenen Lebens oder des eines Angehörigen aus einer Gefahr erlaubte, aber dem Arzt nicht gestattete, die Gefahr für das Leben einer Schwangeren durch Tötung der Leibesfrucht abzuwenden. Um einen Arzt, welcher einen solchen Eingriff ausgeführt hatte, nicht wegen Abtreibung verurteilen zu müssen, griff das Reichsgericht 1927 auf eine übergesetzliche Rechtfertigung zurück; RGStr *61* 242. Der übergesetzliche Rechtfertigungsgrund wurde auf verschiedene Weise begründet; das Reichsgericht stellte auf das Prinzip der Güterabwägung ab, andere, so schon früh v. Liszt, erklärten das gesellschaftsschädliche Verhalten als materiell rechtswidrig, H.E. Mayer das kulturwidrige, W. Sauer das staatsschädliche Verhalten. Die verschiedenen Umschreibungen zeigen die Unbestimmtheit dieses Begriffes der Rechtswidrigkeit, dessen Anerkennung die Gefahr begründet, dass politische und andere Zeitströmungen auf Berücksichtigung Anspruch erheben. Es ist bezeichnend, dass dieser Begriff in der deutschen Lehre und Rechtsprechung entwickelt wurde, in einem Lande, welches unter einem 1871 geschaffenen Strafrecht lebte, nachdem es mehrmals seine politischen Verhältnisse grundlegend gewandelt hatte.

Im Schweizer Strafrecht ist es nicht erforderlich, den Begriff der materiellen Rechtswidrigkeit in diesem zweiten Sinne zu berufen, weil die gesetzlichen Rechtfertigungsgründe (siehe § 17 II hienach) derart weit umschrieben sind, dass deren übergesetzliche Korrektur nicht erforderlich ist.

Dies führt zum Ergebnis: Weil das tatbestandsmässige Verhalten im allgemeinen formell rechtswidrig ist, bedeutet das allgemeine Verbrechensmerkmal der Rechtswidrigkeit soviel wie «nicht gerechtfertigt».

### III. DER BEGRIFF DES UNRECHTS

Die Bedeutung des Begriffes Unrecht ist unklar, seine Verwendung vielgestaltig. Gelegentlich steht er einfach für Rechtswidrigkeit, so in Art. 10 und 11.

Sonst meint Unrecht vor allem die Bedeutung und Schwere der Beeinträchtigung eines Rechtsgutes und ist ein Steigerungsbegriff. Die neuere deutsche Lehre versteht darunter als personales Unrecht das vom Willen getragene formell rechtswidrige Verhalten.

## § 12 DER BEGRIFF DER SCHULD, SEINE VORAUSSETZUNGEN UND SEINE BEDEUTUNG IM MODERNEN STRAFRECHT

### I. DER BEGRIFF DER SCHULD

Die *Schuld* ist die *innere Beziehung* des Täters zu seinem eigenen tatbestandsmässigen und rechtswidrigen Verhalten. Sie ist die wichtigste allgemeine Voraussetzung der Strafbarkeit und der eigentliche Träger des gegen einen Rechtsbrecher gerichteten Vorwurfes.

Wegen seines Verhaltens kann gegen einen Menschen ein Vorwurf nur dann erhoben und der Betreffende für sein Verhalten verantwortlich gemacht werden, wenn er *erkennen konnte,* dass sein Verhalten oder dessen Folgen tatbestandsmässig und rechtswidrig sein werden, und wenn er das Verhalten oder dessen Folgen hätte *vermeiden können.* Für das, was nicht erkannt und nicht vorausgesehen, mithin vom Täter nicht vermieden werden konnte und von ihm aus gesehen rein zufällig eintrat, braucht er nicht einzustehen.

Wer weiss, oder für möglich hält, dass er durch sein Handeln oder Unterlassen tatbestandsmässig-rechtswidriges Verhalten verwirklicht, und wer dies will, handelt *vorsätzlich.* Wer ein tatbestandsmässig-rechtswidriges Verhalten verwirklicht, ohne es zu wollen, aber dies hätte erkennen können, handelt *fahrlässig.* In beiden Fällen besteht die *Schuld* darin, dass der Täter tatbestandsmässig-rechtswidriges Verhalten verwirklicht, obschon er es hätte *vermeiden können.*

Aus dieser Umschreibung der Schuld folgt, dass an ihr zweierlei unterschieden werden kann, ein *psychologischer* und ein *normativer* Teil.

Zur Schuld gehört einmal ein rein *seelisches Verhalten* als ihr *psychologischer Teil*. In dieser Hinsicht wird unter dem Gesichtspunkt der Schuld das Verhalten des Täters daraufhin geprüft, was der Täter *eigentlich wollte*. Der Wille des Menschen kann sich ebensogut auf rechtlich erhebliches wie auf rechtlich unerhebliches Verhalten richten. In ähnlicher Weise bedeutet unwillentlich oder unachtsam vorerst einen rein seelischen Sachverhalt und führt zur Prüfung, worauf sich die *Aufmerksamkeit* des Täters tatsächlich gerichtet hatte.

In ihrem *normativen Teil* sagt die Schuld etwas aus über die *Stellungnahme des Täters* zur *rechtlichen Bedeutung* seines Verhaltens. Rechtswidriges Verhalten ist nur dann schuldhaft, wenn der Täter erkannte oder hätte erkennen können, dass er gegen das Recht verstiess, und wenn es ihm möglich gewesen wäre, den *Verstoss* gegen die Rechtsordnung zu *vermeiden*. Dem Täter wird sein Verhalten als schuldhaft vorgeworfen, weil er es nicht unterliess, obschon er dessen Rechtswidrigkeit wenigstens hätte erkennen können.

Die Verbindung seelischer und normativer Momente zu einem Begriff kennzeichnet den heute geltenden Schuldbegriff, welcher als normativer bezeichnet wird. Die ältere Lehre ging von einem rein *psychologischen Schuldbegriff* aus, welcher die Schuld nur als die seelische Beziehung des Täters zu seiner Tat verstand und die Vorwerfbarkeit nicht berührte. Der Übergang zur *normativen Schuldlehre* wurde eingeleitet durch eine Kritik des psychologischen Schuldbegriffes duch Gustav Radbruch und die ausdrückliche Einführung des normativen Schuldbegriffes durch Reinhart Frank 1907.

*Schuld* ist mithin die Verwirklichung tatbestandsmässig-rechtswidrigen Verhaltens, wenn der Täter es als rechtswidrig erkennt oder hätte erkennen können und wenn er in der Lage gewesen war, sich rechtsgetreu zu verhalten.

Nach herrschender Auffassung bezieht sich die Schuld immer nur auf einen einzelnen strafrechtlichen Tatbestand, z. B. die Wegnahme einer fremden Sache als Diebstahl, und ist *Einzeltatschuld*. Dieser Ansicht steht gegenüber die Lehre der *Lebensführungsschuld*, welche dem Täter vorwirft, dass seine ganze Lebensweise ihn nach und nach zu dem Menschen werden liess, der jetzt einer Straftat fähig ist, eine Auffassung, welche auf Aristoteles' Nikomachische Ethik, 3. Buch, Kap. 7 1114 a, zurückgeht. Dem Recht geht jede Möglichkeit ab, die Grundlagen für ein solches Gesamturteil über einen Menschen zu beschaffen, und es fehlen ihm die Massstäbe zu dieser Beurteilung.

## II. DIE VORAUSSETZUNG RECHTLICHER SCHULD

Der Vorwurf, welcher mit der Schuld erhoben wird, setzt voraus, dass der Täter die Rechtmässigkeit oder Rechtswidrigkeit seines Verhaltens hätte beurteilen und dass er anders hätte handeln können, als er es wirklich tat. Der Schuldvorwurf bezieht sich auf die fehlerhafte Willensbildung.

Dass ein erwachsener Mensch weiss, welches Verhalten rechtlich geboten ist und wann er seine eigenen Absichten und Strebungen zurückstellen soll, darf als Regel angenommen werden. Sollte jemand diese Einsicht bestreiten, so wird sich die Ernsthaftigkeit der Bestreitung erweisen, wenn er gefragt wird, wie er sich verhalten würde, wenn er in derselben Situation auf der anderen Seite stehen würde und nicht der Täter, sondern das Tatopfer wäre. Nur wenn nicht alltäglich begegnende rechtliche Normen des Verwaltungsrechtes in Frage stehen, mag zuweilen nicht ohne weiteres feststehen, dass der Täter wusste, was rechtlich geboten ist. Doch kann in diesen Fällen der Vorwurf darin bestehen, dass er es versäumte, sich diese Kenntnisse zu verschaffen, weshalb Bestrafung wegen fahrlässiger Begehung möglich ist.

Die rechtlichen Vorschriften sind hingegen einer heute nicht so seltenen Art von Tätern, den *Überzeugungstätern*, bekannt. Sie erkennen die jeweils geltende Rechtsordnung oder einzelne ihrer Normen nicht an und kämpfen für eine neue Ordnung. Sie bestreiten den sozialethischen Wert des geltenden Rechts oder einzelner seiner Regeln, doch es ist ihnen klar bewusst, dass ihr Verhalten dieses Recht verletzt.

Besteht der durch die Schuld ausgesprochene Vorwurf darin, dem Täter zur Last zu legen, dass er das rechtlich gebotene Verhalten verfehlte, so kann dieser Vorwurf nur erhoben werden, wenn vorausgesetzt wird, dass der Täter sich überhaupt zu rechtsgetreuem Verhalten hätte bestimmen können. Dies bedeutet, dass dem Menschen die Realmöglichkeit der Freiheit zugesprochen wird als die Fähigkeit, sich seinen eigenen Strebungen und Antrieben entgegenzusetzen und sich zur Beachtung der rechtlichen Normen zu bestimmen. Nur unter dieser *Voraussetzung* kann der Mensch Träger von Verantwortung sein; ein wissenschaftlicher Beweis der Bestimmungsfreiheit ist sowenig möglich wie für ihr Gegenteil.

Ob das Strafrecht in dieser Weise zum Problem der so verstandenen Willensfreiheit Stellung zu nehmen habe, ist umstritten. Die überwiegende Mehrheit der Autoren spricht sich heute dagegen aus. Wie Franz von Liszt formulierte, lässt man es mit der normalen Bestimmbarkeit durch normale Motive genügen. Wenn diese Bestimmbarkeit jedoch als Geflecht mechanisch-kausal wirkender Kräfte angesehen wird, so entfällt die Möglichkeit einer Bestrafung, und der Rechtsbrecher ist ein Kranker oder ein Unglücklicher, dem nur mit Massnahmen der Fürsorge, Obhut, Pflege oder der Sicherung begegnet werden kann; an die Stelle eines Vorwurfes hat das Bedauern zu treten.

Das Strafrecht, wie übrigens jedes auf Verantwortung des Menschen beruhende Recht, kommt deshalb um eine Stellungnahme zur Frage der Freiheit des Menschen nicht herum.

Der Schuldvorwurf setzt ausserdem voraus, dass ein Mensch bestimmte Eigenschaften aufweist, welche es ihm erlauben, die Gebote des Rechtes überhaupt zu erkennen und zu befolgen. Er muss schuldfähig oder, wie es meist heisst, zurechnungsfähig sein.

### III. DIE BEDEUTUNG DER SCHULD IM MODERNEN STRAFRECHT

Die geschichtliche Entwicklung des Strafrechtes lässt erkennen, dass die Sanktionen ursprünglich daran geknüpft wurden, dass jemand durch sein Verhalten die Rechte anderer geschädigt hatte. Die Beeinträchtigung fremder Rechte, der sogenannte Erfolg, begründete die Strafe, weshalb von *Erfolgsstrafrecht* gesprochen wird.

Mit der Zeit trat als weitere Voraussetzung der Bestrafung neben die Beeinträchtigung fremder Rechte immer mehr die Art und Weise, wie die Rechtsverletzung zustande gekommen war, die Schuld. Heute gilt in den Strafgesetzen ausgesprochen oder unausgesprochen neben dem Grundsatz «Keine Strafe ohne Gesetz» der Grundsatz *«Keine Strafe ohne Schuld»*. Strafe ist nur dann begründet, wenn der Verstoss gegen die rechtlichen Normen auf die verfehlte Willensbildung des Täters zurückging. Deshalb wird vom modernen Strafrecht als von einem *Schuldstrafrecht* gesprochen.

Heute besteht eher die Gefahr, diesen Aspekt zu stark zu betonen und zu übersehen, dass es keine Schuld schlechthin, sondern nur Schuld an einem bestimmten rechtswidrigen Verhalten geben kann. Auch darf an die grundsätzliche Schwierigkeit erinnert werden: Wie kann, zumal in den Formen des Strafprozesses, das innere Verhalten eines Menschen festgestellt werden? Endlich sei angemerkt, dass die Betonung der Schuld als Voraussetzung der Strafe nicht dazu führen darf, eine ethisch missbilligte Gesinnung als Grund zu Strafe genügen zu lassen, sondern das Strafrecht hat sich auf den Schutz deutlich greifbarer Rechtsgüter vor Verletzung oder Gefährdung zu beschränken.

Der Grundsatz «Keine Strafe ohne Schuld» gilt im Strafgesetzbuch beinahe durchgehend. Abweichungen werden als Ausnahmen empfunden; so das Pressestrafrecht, Art. 27 Zif. 2–4, ferner Art. 263 Abs. 2, 307 Abs. 3, ausserdem die fahrlässigen Erfolgsdelikte, wie fahrlässige Tötung oder Körperverletzung, weil der Eintritt des Erfolges oder sein Umfang oft rein zufällig ist.

Insbesondere schliesst das Gesetz auch für die geringsten Straftaten, die nur mit Haft oder Busse bedrohten Übertretungen, aus, dass sie ohne Nachweis einer Schuld bestraft werden können, StrGB Art. 18 Abs. 1, 333 Abs. 3. Damit erteilt das Gesetz der Lehre der *sogenannten Formaldelikte* – der strict-liability des angelsächsischen Rechtes –, wonach die Verwirklichung des äusseren Tatbestandes zur Bestrafung genügt, eine entschiedene Absage. Mit dem Grundsatz «Keine Strafe ohne Schuld» ist unvereinbar, die Schuld zu vermuten oder dem Angeschuldigten den Entlastungsbeweis zuzuschieben, es treffe ihn kein Verschulden.

Ausdruck des Schuldstrafrechts sind ferner folgende Regelungen des schweizerischen Strafrechts: Die allgemeine Bestimmung über die Strafzumessung, Art. 63, fordert eine Bestrafung nach dem Verschulden. Zahlreiche gesetzliche Tatbestände begnügen sich nicht damit, eine formell rechtswidrige Tat und eine darauf gerichtete Schuld zu fordern, sondern sie kennen als besondere, die Strafbarkeit begrenzende Schuldmerkmale weitere subjektive Voraussetzungen der Strafbarkeit. So fordern zahlreiche Vermögensdelikte die Absicht der unrechtmässigen Bereicherung als subjektives Merkmal, StrGB Art. 137 Zif. 1, 140 Zif. 1 Abs. 1, 148 Abs. 1. Ausserdem geschieht die Abgrenzung, ob bereits ein strafbarer Versuch vorliegt, massgeblich nach inneren, nicht nach äusseren Merkmalen, Art. 21, § 23 I hienach. Ähnliches gilt für die Unterscheidung der einzelnen Formen der Mitwirkung mehrerer an einer Straftat, § 25 II 8, III 7 hienach.

### IV. DIE BESTIMMUNGEN DES STRAFGESETZBUCHES ÜBER DIE SCHULD

Folgende, die Schuld betreffende Regeln finden sich im Strafgesetzbuch:
1. Art. 10 und 12 über die Schuldfähigkeit;
2. Art. 18 und 333 Abs. 3 über die Schuldformen;
3. über die Schuldausschliessungsgründe, ohne eine abschliessende Aufzählung zu beabsichtigen;
   obligatorische Schuldausschliessungsgründe: Art. 10, 19, 33 Zif. 2 Satz 2, 213 Abs. 3;
   fakultative Schuldausschliessungsgründe: Art. 20, 23 Abs. 2, 138 Abs. 2, 173 Zif. 2 und 3, 177 Abs. 2, 214 Abs. 2, 305 Abs. 2;
4. über die Schuldmilderungsgründe Art. 11, Art. 64 (soweit er Bedrängnis, Drohung, Abhängigkeit, Versuchung, Provokation, nach der 2. Teilrevision auch jugendliches Alter, betrifft).

## § 13 DIE SCHULDFÄHIGKEIT ALS VORAUSSETZUNG DER SCHULD

### I. DAS PROBLEM

Wenn die Schuld als Voraussetzung der Strafe den Vorwurf bedeutet, dass jemand die rechtlichen Gebote missachtete, obschon er ihnen hätte folgen können, so ist die Fähigkeit, die rechtlichen Normen zu beachten, eine Bedingung strafrechtlicher Verantwortung. Wer strafrechtlich zur Verantwortung gezogen werden soll, muss mithin die Fähigkeit besitzen zu erkennen, was sich als Folge seines Verhaltens verwirklichen wird und welche rechtliche Bedeutung dem Verhalten und seinen Folgen zukommt. Diese Fähigkeit ist die Schuldfähigkeit.

### II. DIE MERKMALE DER SCHULDFÄHIGKEIT

#### 1. *Die Altersgrenze*

Die Fähigkeit, sich nach den rechtlichen Normen zu richten, setzt voraus, dass ein Mensch alt genug ist, diese Regeln zu kennen. Das kleine Kind kennt diese Normen nicht. Ein guter Teil der Erziehung besteht darin, gerade die das Zusammenleben in einer Gemeinschaft bestimmenden Vorschriften kennenzulernen, ebenso wie die generalpräventive Wirkung des Strafrechts vor allem in der Erreichung dieser Erziehung liegt. Ausserdem vermag das im Augenblick befangene Kind den rechtlichen Geboten nicht oder noch nicht in zuverlässiger Weise zu folgen, ganz abgesehen davon, dass ihm das Verständnis für die wirkliche Bedeutung der Dinge und Tätigkeiten und ihre Wirkung und damit die Kenntnis der tatsächlichen Voraussetzungen rechtlicher Normen und ihrer Beachtung noch abgeht. Deshalb ist ein Kind bis zum vollendeten 7. Altersjahr von strafrechtlichen Sanktionen völlig ausgenommen, Art. 82 Abs. 1. Bis zum vollendeten 18. Altersjahr untersteht der junge Mensch einer besonderen strafrechtlichen Ordnung, dem vorwiegend erzieherisch und fürsorgerisch gedachten *Jugendstrafrecht*, Art. 82–99. Mit 18 Jahren tritt *Strafmündigkeit* ein, doch sieht Art. 64 für den 18, aber nicht 20 Jahre alten Täter im Übergangsalter eine besondere Strafmilderung vor.

Zu betonen ist, dass die Strafmündigkeit mit 18 Jahren eintritt und das Gesetz annimmt, von diesem Alter an kenne der junge Mensch im allgemeinen die rechtlichen Regeln sowie die von ihnen betroffene Lebenswirklichkeit und könne sich deshalb nach den Rechtsnormen richten. *Strafmündigkeit* ist das erste Merkmal der vollen Schuldfähigkeit.

## 2. Die Zurechnungsfähigkeit

### a) Der Begriff

Die strafrechtliche Verantwortung fordert ausser der Strafmündigkeit eine bestimmte Beschaffenheit des Menschen, die *Zurechnungsfähigkeit*. Das Strafgesetzbuch umschreibt sie nicht ausdrücklich, doch kann sie aus der Vorschrift über die Zurechnungsunfähigkeit erschlossen werden.

Art. 10 erklärt als zurechnungsunfähig, wer nicht fähig ist, das Unrecht seiner Tat einzusehen oder nach dieser Einsicht zu handeln. *Zurechnungsfähig* ist demnach, wer fähig ist, das Unrecht seiner Tat einzusehen und sich nach dieser Einsicht zu richten. *Unrecht* bedeutet hier *formelle Rechtswidrigkeit*, nicht etwa Strafbarkeit.

### b) Die Elemente der Zurechnungsfähigkeit

Die Zurechnungsfähigkeit umfasst zwei Elemente: ein *intellektuelles des Wissens* oder Erkennens und ein *voluntatives des Willens*. Die Verbindung der beiden gleich wichtigen Momente entspricht der anthropologischen Wirklichkeit des vom Willen beherrschbaren Verhaltens. Wer etwas will, vergewissert sich zuerst über die Lage und darüber, ob die eigenen Kräfte, Fähigkeiten und zur Verfügung stehenden Mittel erlauben, das Handlungsziel zu erreichen. Dies ist das intellektuelle Moment. Dann wird versucht, das Handlungsziel zu erreichen, dies ist das voluntative Moment. Beide Momente müssen so ausgebildet sein, dass sie rechtlich richtiges Verhalten ermöglichen. Die Zurechnungsfähigkeit entfällt, wenn auch nur eines von ihnen fehlt.

Aus dem allgemeinen Begriff des Verhaltens als willkürliches, der Beherrschung durch den Willen unterstehendes Verhalten folgt, dass das strafrechtlich erhebliche Verhalten stets ein Akt des bewusst handelnden oder unterlassenden Menschen ist. Deshalb gehört zur Zurechnungsfähigkeit als weitere Voraussetzung *Bewusstsein*, welches vielleicht umschrieben werden kann als die Fähigkeit, sich selber deutlich von der Aussenwelt wie von den eigenen inneren Strebungen getrennt zu erleben. Es schliesst das Selbstbewusstsein und das bewusste Erleben der Aussenwelt ein.

#### aa) Zum Wissensmoment

Die durch die Zurechnungsfähigkeit geforderte Kenntnis- oder Einsichtsfähigkeit verlangt mehr als nur das Bewusstsein und die Fähigkeit, die tatsächliche Lage zu erkennen. Um das *Unrecht* der Tat zu bemerken, muss der Mensch in der Lage sein, die möglichen Folgen seines Verhaltens zu erfassen, was Einsicht in die Kausalbeziehungen voraussetzt. Überdies soll er die Unterordnung seines Verhaltens unter die rechtlichen Gebote einzusehen vermögen. Er muss deshalb nicht nur erkennen können, welche Wirkungen sein Verhalten tatsächlich hervorruft, sondern ausserdem, wie dies vom Recht beurteilt wird. Indessen wird keine rechtlich genaue Subsumtion verlangt. Es genügt, wenn ihm zum Bewusstsein kommt, dass sein Verhalten dem Recht widerspricht.

Zurechnungsfähigkeit setzt mithin eine solche Reife voraus, dass der Täter die Möglichkeit dieser Einsicht besitzt.

### bb) Zum Willensmoment

Gefordert wird ausserdem, dass der Täter *fähig* ist, sich auf Grund der Einsicht in die rechtliche Bedeutung seines Tuns oder Unterlassens zu rechtsgetreuem Verhalten *zu bestimmen.*

Dies bedeutet jedoch nicht, dass ausschliesslich Willenshandlungen im strengen psychologischen Sinne strafrechtlich erheblich sind. Der strafrechtliche Vorwurf ist nicht nur dem gegenüber begründet, der Willensmacht ausübte, der nach einer Phase des Hin- und Hergerissenwerdens zwischen verschiedenen Möglichkeiten durch einen Willensruck sich ganz bewusst ein bestimmtes Handlungsziel setzt. Sondern der Vorwurf ist ebenso begründet, wenn sich gar keine entgegenstellenden Motive und Überlegungen bemerkbar machten und der Täter rasch zur Tat entschlossen gewesen war oder wenn er sich in sog. limitativem Wollen einfach seinen aufschiessenden Affekten oder Strebungen überliess. Es genügt, wenn der Täter die *Fähigkeit* besitzt, sich nach der Einsicht in das Unrecht der Tat zu richten. Es wird einzig vorausgesetzt, dass das Verhalten willensmässiger Beherrschung überhaupt zugänglich gewesen war. Es ist nicht erforderlich, dass der regulierende Wille ins Spiel kam, oder gar, dass der Täter vorerst über sein Verhalten reflektierte. Die Einzelheiten über die Beschaffenheit des rechtlich erheblichen Willens sind im Zusammenhang mit den Schuldformen zu erörtern, § 14 hienach.

Die hier vertretene Auffassung führt dazu, dass die Ansicht abgelehnt wird, der Mensch stehe unter der unwiderstehlichen und zum Teil ihm gar nicht bekannten Herrschaft unbewusster Motive und Strebungen; bei allem Verständnis für die Forschungen von Sigmund Freud und neueren tiefenpsychologischen Schulen ist daran festzuhalten, dass der mit Bewusstsein begabte Mensch die Möglichkeit der Freiheit besitzt und dass das Recht sich an den bewusst handelnden und damit der Verantwortung fähigen Menschen halten muss. Sollten die Mächte des Unbewussten das Verhalten eines Menschen unwiderstehlich zu einer Straftat bestimmen, so liegt ein krankhafter

Zustand vor, welcher strafrechtliche Verantwortlichkeit ausschliesst; wie die Erfahrung zeigt eine Seltenheit.

Angemerkt sei, dass verschiedene moderne Psychologen, insbesondere die Schule von Philipp Lersch (Aufbau der Person, 7. Aufl., München 1956, S. 74), sich die menschliche Seele als eine Verbindung mehrerer dynamischer Systeme vorstellen. Sie nehmen ein oberstes, bewusst entscheidendes und steuerndes System über dem Bereich der möglicherweise bewussten Affektivität und der völlig unbewusst ablaufenden Lebensvorgänge an. Mit einer solchen psychologischen Auffassung ist die Möglichkeit rechtlicher Verantwortung ohne weiteres vereinbar.

Als Fähigkeit zu normgerechter Regelung des Verhaltens gehört eine genügende charakterliche Entwicklung und Reife zur Zurechnungsfähigkeit.

Hervorgehoben sei noch, dass das Gesetz richtigerweise nur von der *Fähigkeit* richtiger Einsicht und Selbstbestimmung spricht. Zu prüfen ist deshalb nicht, ob im einzelnen Fall die richtige Einsicht vorhanden oder gar in concreto die Bestimmbarkeit gegeben war, sondern ob der Täter überhaupt diese Fähigkeit besass.

### c) Die Relativität der Zurechnungsfähigkeit

Die Zurechnungsfähigkeit steht nicht für die ganze Dauer eines Menschenlebens fest, sie *ändert sich mit der Zeit,* beispielsweise kann sie durch Alterserscheinungen beeinträchtigt werden. Ferner gibt es keine Zurechnungsfähigkeit schlechthin, sondern nur die Zurechnungsfähigkeit *für eine bestimmte Tat*. Ein Schwachsinniger kann voll zurechnungsfähig sein für einen einfachen Diebstahl, doch zurechnungsunfähig für die Mitwirkung an einem komplizierten Betrug, dessen Zusammenhänge er nicht zu überblicken und durchschauen vermag.

### d) Der massgebende Zeitpunkt

Die Zurechnungsfähigkeit muss *im Zeitpunkt der Tat* bestanden haben. Entfällt sie später, so hindert dies vielleicht die Durchführung des Prozesses oder die Strafvollstreckung, schliesst aber die Strafbarkeit nicht aus.

Die Regel, dass die Zurechnungsfähigkeit zur Zeit der Tat bestehen muss, besitzt eine Ausnahme: der Täter bleibt verantwortlich, wenn er sich *absichtlich* in den Zustand der Zurechnungsunfähigkeit versetzte, um dann die bereits geplante Tat auszuführen, Art. 12. Dieses Verhalten wird *actio libera in causa* genannt. Das Gesetz lässt die Verantwortlichkeit nur bestehen, wenn der Täter die Zurechnungsunfähigkeit willentlich herbeiführte. In Übereinstimmung mit der einmütigen Doktrin erklärten BGE *68* (1942) IV 20 und *85*

(1959) IV 1, dass, wer sich fahrlässig in den Zustand der Zurechnungsunfähigkeit versetzte, für eine voraussehbare, fahrlässig begangene Straftat verantwortlich bleibt. Dieselben Regeln gelten für die Minderung der Zurechnungsfähigkeit, welche ebenfalls wirkungslos ist, wenn sie auf diese Weise herbeigeführt worden war, so wenn sich der Täter Mut antrank.

e) Der Beweis der Zurechnungsfähigkeit

Als Normalzustand darf *Zurechnungsfähigkeit vermutet* werden. Nur wenn über sie Zweifel herrschen, gebietet Art. 13, den Geisteszustand zu untersuchen. BGE *98* (1972) IV 157, E. 1, legte die Vorschrift so aus, dass die Untersuchung vorzusehen ist, wenn «ernsthafter Anlass zu Zweifeln an der Zurechnungsfähigkeit des Angeschuldigten besteht». Die Begutachtung soll ausserdem angeordnet werden, wenn zum Entscheid über eine sichernde Massnahme Erhebungen über den körperlichen oder geistigen Zustand des Täters nötig sind; siehe Art. 42 Zif. 1 Abs. 2, 43 Zif. 1 Abs. 3, 44 Zif. 1 Abs. 2, 100 Abs. 2.

Die Begutachtung erfolgt stets durch einen Arzt, wenn möglich durch einen Psychiater; BGE *75* (1949) IV 148, *81* (1955) IV 7, *84* (1958) IV 137. Zweifel an der Zurechnungsfähigkeit zu hegen und eine Begutachtung anzuordnen zwingt den Richter nicht, im Urteil eine Minderung der Zurechnungsfähigkeit anzunehmen; BGE *96* (1970) IV 97.

## § 14 DIE FORMEN DER SCHULD

### I. ALLGEMEINES

Herkömmlicherweise werden zwei Schuldarten oder -formen unterschieden: *Vorsatz* und *Fahrlässigkeit,* ebenso StrGB Art. 18. Die Schuldformen unterscheiden sich *qualitativ*, werden indessen vom Gesetz auch quantitativ anders behandelt. Von den Übertretungen und wenigen andern Ausnahmen, siehe Art. 225 Abs. 1, abgesehen, gilt die Fahrlässigkeit in der Regel als gelindere Schuldform und zieht geringere Strafe nach sich als die vorsätzlich herbeigeführte gleichartige Rechtsverletzung.

Die beiden Schuldformen unterscheiden sich nach der Art, wie das in der Erörterung der Zurechnungsfähigkeit berührte Wissens- und das Willensmoment, § 13 II 2 b hievor, gegeben sind, nämlich darnach, ob sich das Wissen und der Wille des Täters ausdrücklich auf das rechtswidrige Verhalten richteten oder nicht.

Die hier vertretene Lehre der Schuldformen ist Gemeingut des kontinentalen Rechts, zurückgehend auf die römischrechtlich-oberitalienische Tradition. Die Regelung des angelsächsischen Rechtes weicht davon ab und kennt

Schuldformen, welche zwischen Vorsatz und Fahrlässigkeit stehen, wie die Rücksichtslosigkeit (recklessness). Auch im kontinentalen Recht wurde versucht, neue Schuldformen einzuführen, so neben der Fahrlässigkeit die Leichtfertigkeit zu nennen oder Vorsatz und Fahrlässigkeit durch die dritte Schuldform des riskanten Verhaltens zu ergänzen. Die weitgefasste Umschreibung der herkömmlichen Schuldformen und die hohe Bedeutung der Gefährdungsdelikte im Schweizer Strafgesetzbuch erlauben von diesen Neuerungen abzusehen; die Leichtfertigkeit ist eine Spielart der Fahrlässigkeit, und das riskante Verhalten ist die auf eine Gefährdung gerichtete Schuld.

Das Strafgesetzbuch fordert in der Regel zur Bestrafung Vorsatz. Für die im Strafgesetzbuch vorgesehenen Straftaten, gem. Art. 102 auch die Übertretungen, bestimmt Art. 18 Abs. 1 ausdrücklich, dass die fahrlässige Begehung nur strafbar ist, wenn dies eigens vorgesehen ist. Für die im Nebenstrafrecht des Bundes umschriebenen Übertretungen kehrt Art. 333 Abs. 3 diese Regel um. Übertretung meint hier im technischen Sinn einzig die mit Haft oder Busse bedrohten Straftaten, Art. 101.

## II. DER VORSATZ

Literatur:

O. A. GERMANN, Vorsatzprobleme dargestellt auf Grund kritischer Analyse der neueren Judikatur des Schweizerischen Bundesgerichtes, ZStrR 77 (1961) 345.

### *1. Die Theorien über den Vorsatz*

Lange Zeit wurde, der *Vorstellungstheorie* folgend, als zu vorsätzlichem Handeln genügend angesehen, wenn der Täter sich vor oder während seines Handelns vorstellte, sein Verhalten entspreche einem gesetzlichen Tatbestand. Inzwischen ist diese Theorie abgelöst worden durch die *Willenstheorie*; der Täter muss, um vorsätzlich zu handeln, die Tat nicht nur erkannt, sondern auch gewollt haben. Wollen setzt als bewusstes Handeln Wissen stets voraus. Die Wissenstheorie wurde der Sache nach in jüngster Zeit wieder aufgenommen von EBERHARD SCHMIDHÄUSER (Vorsatzbegriff und Begriffsjurisprudenz im Strafrecht, Tübingen 1968; Strafrecht Allg. Teil, Tübingen 1970, S. 304 ff.), der Vorsatz und Fahrlässigkeit als gewolltes Verhalten erklärt und das Kennzeichen der Vorsätzlichkeit darin sieht, dass der Täter im Bewusstsein der Rechtswidrigkeit seines Verhaltens vorgeht.

### *2. Der Begriff des Vorsatzes*

Nach Art. 18 Abs. 2 handelt vorsätzlich, *wer die Tat mit Wissen und Willen* ausführt. Weil auch das Ausführen der Tat vom Willen begleitet werden muss, kann der Vorsatz mit WELZEL als *Verwirklichungswille* bezeichnet werden, der vom blossen Entschluss zur Tat zu unterscheiden ist; RStrS *1943* 281. Dass die Tat lange zum voraus geplant und überlegt worden war, ist nicht erforderlich. Es ist nicht einmal nötig, dass der Täter über sein Verhalten nachdachte, sondern vorsätzlich im Rechtssinne handelt auch der, welcher sich von seinen Strebungen oder Affekten hinreissen lässt, vorausgesetzt, dass er noch mit bewusstem Handeln ein Ziel zu erreichen sucht, sogenanntes limitatives Wollen.

### *3. Der Gegenstand und Inhalt des Vorsatzes*

#### a) Der Gegenstand des Vorsatzes: Die Tatbestandsmerkmale

Auf was muss sich der Vorsatz beziehen? Weil Schuld die innere Beziehung des Täters zu seinem tatbestandsmässig-rechtswidrigen Verhalten ist, muss der vorsätzlich Handelnde *bewusst* die *einzelnen Merkmale* verwirklichen, welche das Gesetz zu dem in Frage stehenden *objektiven Tatbestand* zählt. Gefordert ist in der Regel *aktuelles* Bewusstsein der in Frage stehenden Tatbestandsmerkmale. Um einen Diebstahl zu begehen, muss der Täter sich bewusst sein, eine fremde bewegliche Sache wegzunehmen.

In der Regel gehört zum Vorsatz die Kenntnis der Tatbestandsmerkmale *und* deren vom Willen getragene Verwirklichung, indem der Täter sie eigenhändig ausführt oder deren Ausführung bewirkt. Indessen gibt es einzelne äussere Tatbestandsmerkmale, welche unabhängig vom Willen des Täters bestehen. In bezug auf sie genügt es, wenn der Täter sie kennt; so z. B. dass die weggenommene Sache fremd ist.

Ausserdem muss der vorsätzlich Handelnde ungeschriebene Voraussetzungen der Strafbarkeit wollen, so bei Erfolgsdelikten den Kausalzusammenhang. Die Voraussicht des Kausalablaufes muss sich nicht bis auf alle Einzelheiten erstrecken; geringfügige Abweichungen des tatsächlichen Verlaufes von dem vorgestellten Plan heben den Vorsatz nicht auf; andererseits muss sich jedermann die jedem beliebigen Dritten voraussehbaren Folgen seines Verhaltens als gewollt zurechnen lassen, überdies was er seiner besonderen Kenntnisse wegen voraussehen konnte. Dasselbe gilt für die zur Erreichung des Handlungszieles notwendigen Mittel und die unvermeidlichen Nebenerfolge.

Insofern es sich um Tatbestandsmerkmale handelt, welche bereits gegeben sind und von denen der Täter nur Kenntnis zu nehmen hat, ist es ausnahmsweise nicht erforderlich, dass er sie ausdrücklich in sein Bewusstsein aufnimmt. Wer die Hand nach einer fremden Sache ausstreckt, muss nicht bewusste und genaue Überlegungen über die sachenrechtliche Zugehörigkeit der Beute anstellen; der Beamte, welcher sich bestechen lässt, muss sich nicht ausdrücklich seiner Beamteneigenschaft bewusst sein, wenn er das Schmiergeld annimmt; es genügt hier das sogenannte *Mitbewusstsein*, die Möglichkeit, die entsprechende Vorstellung jederzeit ins Bewusstsein zu rufen (PLATZGUMMER).

Ob der auf die Verwirklichung eines objektiven Tatbestandsmerkmales gerichtete Vorsatz bestand oder nicht, ist in der Regel leicht zu ermitteln, besonders wenn es sich um deskriptive Tatbestandsmerkmale, wie Sache, töten, Mensch, handelt. Schwierigkeiten entstehen, wenn der Tatbestand normative oder wertende Merkmale enthält. Wird die übermässige Störung der Nachtruhe bestraft, wie laut darf dann jemand brüllen oder singen, bevor er sich der vorsätzlichen Widerhandlung gegen dieses Verbot schuldig macht? EDMUND MEZGER folgend, kann hier eine Parallelwertung in der Laiensphäre als genügend angesehen werden. Der Täter kennt die Bedeutung der durch die normativen Merkmale umschriebenen Verhaltensweisen, wenn er sein Verhalten auf Grund einer an der gesetzlichen Bewertung ausgerichteten Einschätzung unter Berücksichtigung seiner Auffassungen und seiner Umgebung als unzulässig betrachten muss, siehe BGE 99 (1973) IV 57. Hilfreich ist bei der Beurteilung der Parallelwertung das argumentum ad personam: Wie würde sich der Täter verhalten, würde er den Lärm nicht verursachen, sondern erdulden müssen?

Wenn abgewandelte Tatbestände so gefasst sind, dass der Grund der Qualifizierung oder Privilegierung zum echten Tatbestandsmerkmal wurde, so muss sich der Vorsatz auch darauf beziehen, wenn der abgewandelte Tatbestand vorliegen soll, siehe z. B. Art. 140 Zif. 2.

### b) Der Inhalt des Vorsatzes: Das Bewusstsein der Rechtswidrigkeit

Es scheint eigentlich sich von selber zu verstehen, dass der Vorsatz das Bewusstsein der Rechtswidrigkeit in sich schliesst. Denn wenn schuldhaft handelt, wer gegen eine rechtliche Verhaltensnorm verstösst, obschon er deren Bedeutung kannte, der Vorsatz als Schuldform jedoch wissentliches und willentliches Handeln bedeutet, so ist der Schluss unabweisbar, dass der Vorsatz sich auf die Rechtswidrigkeit des verpönten tatbestandsmässigen Verhaltens beziehen muss. Dieser Schluss wird erhärtet, wenn zur Schuld ausserdem gehört, dass der Täter in der Lage gewesen war, sich rechtsgetreu zu verhalten und das rechtswidrige Verhalten zu vermeiden. Denn dies ist nur möglich, wenn der Täter erkennt, dass eine rechtliche Norm in einer bestimmten Situation Anspruch auf Beachtung erhebt, weshalb die vorsätzliche Begehung der Straftat notwendigerweise das Bewusstsein der Rechtswidrigkeit einschliesst. Überdies dürfte es für die laienmässige Betrachtung geradezu der Kern des strafrechtlichen Schuldvorwurfes sein, dass jemand bewusst etwas tat oder unterliess, dessen Bedeutung als strafrechtswidrig er erkannte.

Dies war auch die Ansicht der Rechtsprechung des Bundesgerichtes zum alten Bundesstrafrecht von 1853, dessen Art. 11 allerdings von einem rechtswidrigen Vorsatze sprach. Das Bewusstsein der Rechtswidrigkeit besteht, wenn der Täter handelte mit dem Gefühl, unrecht zu tun, ohne dass er genau wissen musste, gegen welche einzelne Rechtsnorm er verstiess; BGE *60* (1934) I 418, *62* (1936) I 51, *68* (1942) IV 29. Fehlte es, so entfiel der Vorsatz.

Für diese Ansicht spricht ausserdem, dass der Mensch üblicherweise, wenn er sich anschickt etwas zu tun, ohne weiteres die ethische und rechtliche Bedeutung seines Verhaltens in Rechnung stellt.

Die Lehre, welche das Bewusstsein der Rechtswidrigkeit als Merkmal des Vorsatzes ansieht, wird als *Vorsatztheorie* bezeichnet.

Mit dem Inkrafttreten des Strafgesetzbuches änderte sich die Rechtsprechung des Bundesgerichtes zu dieser Frage grundlegend, weil StrGB Art. 20 eine besondere Vorschrift über die Wirkung des sogenannten Rechtsirrtums kennt. Daraus leitet das Bundesgericht in ständiger, wenngleich nicht unangefochtener Rechtsprechung ab, dass nun das Bewusstsein der Rechtswidrigkeit nicht zum Vorsatz gehöre und dass die Frage, welche Bedeutung diesem Bewusstsein zukomme, sich ausschliesslich nach Art. 20 richte; so BGE *70* (1944) IV 98, *75* (1949) IV 29, 43, *82* (1956) IV 16, *90* (1964) IV 48. Damit wird der Vorsatz zu etwas rein Psychologischem, einfach zu dem auf die Verwirklichung irgendeines Verhaltens gerichteten Willen, ohne die rechtliche Bedeutung des Verhaltens zu berücksichtigen. Zu einer ähnlichen Auffassung kommt die *Schuldtheorie* des deutschen Rechts, welche das Bewusstsein der Rechtswidrigkeit als besonderes Schuldmerkmal ansieht. Ein wichtiges Argument der Anhänger der Schuldtheorie dürfte die Befürchtung sein, die Vorsatztheorie führe dazu, dass der Beschuldigte mit Leichtigkeit einen den Vorsatz ausschliessenden Irrtum über das Bewusstsein der Rechtswidrigkeit geltend machen oder dass ihm das aktuelle Bewusstsein der Rechtswidrigkeit seines Verhaltens, insbesondere bei Affekttaten, nicht nachgewiesen werden könnte. Die Einwände schlagen nicht durch: Einen derartigen Irrtum geltend zu machen ist nicht so einfach; genaue Untersuchungen von verurteilten Affekttätern liessen erkennen, dass ihnen das Bewusstsein der Rechtswidrigkeit ihres Verhaltens keineswegs völlig abging, sondern dass häufig nur im Prozess behauptet wird, dieses Bewusstsein habe gefehlt. Die Ausführung der Tat wie das ihr unmittelbar folgende Verhalten der Täter, auch der Affekttäter, sprechen ebenfalls dafür, dass das Bewusstsein der Rechtswidrigkeit keineswegs fehlte.

Die Vorsatztheorie verdient den Vorzug nicht zuletzt deswegen, weil die Umschreibung der Zurechnungsfähigkeit gerade auf die Einsicht in das Unrecht der Tat abstellt. Art. 20 ist als Sonderregel über das Fehlen des Bewusstseins der Rechtswidrigkeit anzusehen.

### c) Vom Vorsatz nicht erfasste Merkmale

Der Vorsatz muss sich zwar auf die Rechtswidrigkeit, doch in der Regel nicht auf die *Strafbarkeit* des in Frage stehenden Verhaltens beziehen. Nur wenn es sich um Widerhandlungen auf etwas abgelegenen Rechtsgebieten handelt, wird selbst das leise Gefühl, unrecht zu tun, erst bestehen, wenn der Betreffende die Strafbarkeit seines Verhaltens genau kennt.

Der Vorsatz muss sich nicht auf die Beschaffenheit des Täters als verantwortliches Subjekt, auf die *Schuldfähigkeit,* beziehen.

Ebensowenig muss der Vorsatz die *objektiven Bedingungen der Strafbarkeit* umfassen, wie den Strafantrag, Art. 28, oder die Konkurseröffnung, Art. 163.

Der Vorsatz braucht nicht zu berühren die neben ihn tretenden, zur Schuld im weiten Sinne gehörenden *besonderen Schuldmerkmale,* wie die Absichten, Art. 137 Ziff. 1, oder das Handeln aus gemeiner Gesinnung, Art. 145 Abs. 2.

Endlich bezieht sich der Vorsatz nicht auf die einzig für die *Strafzumessung,* doch nicht für die einfache oder abgewandelte Strafbegründung bedeutsamen Tatsachen, Art. 307 Abs. 3.

### *4. Die Arten des Vorsatzes*

### a) Einfacher oder direkter Vorsatz

*Einfacher* oder *direkter Vorsatz* liegt vor, wenn sich der Wille des Täters ausdrücklich und deutlich bewusst auf das strafbare Verhalten richtet. Dies ist der Regelfall. Unerheblich ist, ob die Begehung der Tat ausdrücklich gewollt, also beabsichtigt wird, oder ob sie nur notwendiges Mittel, um das vom Täter angestrebte Ziel zu erreichen, oder ob sie unvermeidbare Folge seines deliktischen Handelns ist, BGE *98* (1972) IV 66. Es genügt, diesem Urteil zufolge, wenn die Straftat als ein derartiges Mittel oder eine solche Folge vom Täter gebilligt wird.

### b) Absichtliches Handeln

Der Begriff der Absicht besitzt mehrere Bedeutungen.

Einmal wird sie als *besondere Art des Vorsatzes* angesehen. Der Mensch sucht häufig eine Reihe von verschiedenen Handlungszielen, welche in der

Folge von Mitteln zu entfernteren Zwecken aneinandergereiht sind, zu erreichen. Dies gilt auch für Straftaten, welche meistens zur Verwirklichung anderer Ziele des Täters dienen, BGE *98* (1972) IV 66; der Täter stiehlt, um sich bestimmte Ausgaben leisten zu können. Ausnahmsweise kann das strafbare Verhalten selber letztes Handlungsziel und damit zugleich entscheidender Beweggrund des Handelns sein. Die Tat wird dann um ihrer selbst willen ausgeführt, wie dies für die Sexualdelikte, einzelne Formen von Tötungsdelikten – Tötung aus Eifersucht oder aus Hass – oder zum Zwecke nur der Schädigung ausgeführter Delikte, wie eine Sachbeschädigung, zutrifft. Im Grunde liegt nur eine Spielart des einfachen Vorsatzes vor, welche in der Regel schwerere Schuld begründet.

Das Strafgesetzbuch spricht häufig von Absicht mit einer ganz anderen Bedeutung, wenn es etwa für mehrere Vermögensdelikte die Absicht unrechtmässiger Bereicherung fordert, Art. 137 Zif. 1, siehe § 9 VI 3 hievor. Damit wird hingewiesen auf die Kette von Mitteln und Zwecksetzungen, in welchen die menschlichen Handlungen in der Regel stehen. Die *Absicht* richtet sich in diesem Fall auf ein *weiteres, zukünftiges* Handlungsziel, wie eben die aus der Diebesbeute durch Tausch oder Veräusserung zu erzielende Bereicherung. Zur Vollendung des Tatbestandes des Diebstahls genügt es, die Bereicherungsabsicht zu hegen, verwirklicht werden muss sie nicht. In diesem Sinn bezeichnet das Bundesgericht die Absicht als besonderen Vorsatz, der sich auf zukünftiges Verhalten richtet, z.B. BGE *74* (1948) IV 45. Die gesetzgebungspolitische Bedeutung der so verstandenen Absicht kann grundverschieden sein. In Art. 137 Zif. 1 dient sie der Einschränkung der Strafbarkeit; die Wegnahme einer fremden Sache ist nur dann Diebstahl, wenn sie erfolgte in der Absicht, sich unrechtmässig zu bereichern. In Art. 240 ermöglicht sie, die Strafbarkeit vorzuverlegen; nicht erst das In-Umlauf-Setzen falschen Geldes ist strafbar, sondern schon das in dieser Absicht ausgeführte Fälschen von Geld. In einzelnen Fällen kann mit der Absicht eine innere Einstellung gemeint sein, die unbedingten Verwirklichungswillen fordert, ausnahmsweise bedeutet sie einfach Beweggrund.

### c) Dolus eventualis

#### aa) Der Sachverhalt

Wie ist zu entscheiden, wenn ein der vorsätzlichen Brandstiftung Beschuldigter, über die Entstehung des Brandes befragt, erklärt, er habe am Abend vor dem Brand einen Ofen ausgeräumt und die noch glühende Asche in einem hölzernen Behälter im Hause aufbewahrt; er habe sich gedacht, verglimme die Asche, sei es gut, doch setze sie den Behälter in Brand und breite das Feuer sich aus, so sei ihm dies auch recht gewesen, weil er dann die dringend benötigte Versicherungssumme erhalten hätte?

Dieser Sachverhalt zeichnet sich dadurch aus, dass vorerst *Ungewissheit* darüber besteht, ob der rechtlich verpönte Erfolg eintrete oder nicht, und dass der Täter nichts vorkehrt, um die Unsicherheit zu beheben, sondern darüber hinweggeht. Ist der dann tatsächlich eingetretene Erfolg vorsätzlich herbeigeführt worden?

### bb) Der Begriff

*Dolus eventualis* liegt vor, wenn der Täter die Möglichkeit strafbaren Verhaltens voraussieht und deren Verwirklichung in Kauf nimmt, sollte sie eintreten.

### cc) Theorien des dolus eventualis

Nach einer älteren Lehre ist dolus eventualis gegeben je nachdem, ob der Täter die strafbare Variante für wahrscheinlich hielt oder nicht. Diese *Wahrscheinlichkeitstheorie* entspricht der Vorstellungstheorie des Vorsatzes und berücksichtigt nur das Wissensmoment des Vorsatzes.

Die neuere Lehre, die *Einwilligungstheorie,* zieht das Willensmoment ebenfalls heran und hält dolus eventualis nur dann für gegeben, wenn der Täter das strafbare Verhalten, dessen Eintreten er sich als möglich vorstellt, hinnimmt, was besagt, dass er darin einwilligt. Diese Ansicht ist vorzuziehen. Abzulehnen ist jedoch die gelegentlich auftretende Form dieser Auffassung, welche erklärt, der Angeschuldigte müsse die Entwicklung des Geschehens zu einem strafbaren billigen; dies ist gerade das Eigentümliche des eventualvorsätzlich Handelnden, dass er nicht selten das strafbare Verhalten hinnimmt, jedoch ohne es eigentlich zu billigen.

### dd) Analyse des Sachverhaltes

Untersucht man die Situationen, in denen Eventualdolus in Frage steht, so zeigt sich, dass die *Ungewissheit sich einzig auf das Wissensmoment* des Vorsatzes bezieht. Der Wille zur Tat muss jedoch für den Fall, dass sie eintritt, so fest und unbedingt sein, wie wenn gewöhnlicher Vorsatz vorliegt, BGE *98* (1972) IV 66.

### ee) Der dolus eventualis im Strafgesetzbuch und in der schweizerischen Rechtsprechung

Das Strafgesetzbuch nennt den Eventualvorsatz nicht ausdrücklich, Doktrin und Rechtsprechung sind sich einig, dass der Begriff des Vorsatzes in

Art. 18 Abs. 2 diese Vorsatzart einschliesst: BGE *69* (1943) IV 80 und seither ständige Praxis.

Ursprünglich hielt das Bundesgericht den Eventualvorsatz für gegeben, wenn der einzelne gesetzliche Tatbestand ihn nicht geradezu ausschloss und der Täter die Verwirklichung der objektiven Tatbestandsmerkmale ernsthaft als möglich ansah und sie im Falle des Eintretens auch wollte. BGE *69* (1943) IV 80, *74* (1948) IV 83, *79* (1953) IV 34. Später wurde ergänzt, der Täter habe mit dem möglicherweise strafbaren Verhalten einverstanden zu gelten, wenn es sich ihm als so wahrscheinlich aufdrängte, dass sein Verhalten nur als Billigung dieser Entwicklung angesehen werden könne, BGE *80* (1954) IV 191, auch *86* (1960) IV 11, was auf eine Verbindung von Wahrscheinlichkeits- und Einwilligungstheorie hinausläuft. Später sprach das Bundesgericht davon, es genüge, wenn sich der Täter innerlich mit dem Eintreten des strafbaren Verhaltens abfinde, BGE *81* (1955) IV 202. BGE *86* (1960) IV 17 und *92* (1966) IV 68 hingegen lassen das Sich-Abfinden mit oder das Inkaufnehmen von strafbarem Verhalten nicht mehr genügen, sondern verlangen wiederum ein «consentement», also Einwilligung oder Billigung, ähnlich BGE *86* (1960) IV 11. BGE *96* (1970) IV 99 erklärt, der Kassationshof habe dem Billigen der Tat nie einen anderen Sinn als dem des Sich-Abfindens beigelegt, doch grenze nur die Billigung den Eventualvorsatz deutlich von der bewussten Fahrlässigkeit, siehe III 3a hienach, ab. Die in BGE *81* (1955) IV 202 verwendete Formel des «Sich-Abfindens» oder des «Hinnehmens» verdient den Vorzug.

Weil das Bundesgericht die Absicht richtigerweise als besondere Art des Vorsatzes ansieht, ist eine Eventualabsicht möglich, z.B. BGE *69* (1943) IV 80, *72* (1946) IV 125, *74* (1948) 47, *76* (1950) IV 245, *80* (1954) IV 121.

Ausnahmsweise schliessen Besonderheiten eines gesetzlichen Tatbestandes den Eventualvorsatz aus; so wenn, wie durch Art. 129, eine wissentliche Gefährdung vorausgesetzt wird, BGE *94* (1968) IV 60; siehe V 1 hienach.

ff) Zum Beweis des Eventualvorsatzes

Dienlich ist noch immer die I. FRANKsche Formel: Um zu entscheiden, ob der Täter mit Eventualvorsatz oder nur bewusst fahrlässig handelte, ist zu prüfen, ob der Täter wohl gleich gehandelt hätte, wenn er vorausgesehen hätte, dass sein Verhalten sicher rechtswidrig sein werde. Als Kriterium kann herangezogen werden, ob die rechtswidrige Variante des Geschehens den Täter selber oder ihm Nahestehende betroffen hätte, welche Überlegung besonders für die Beurteilung von Verkehrsdelikten hilfreich ist.

Oder anders ausgedrückt mit der II. FRANKschen Formel: Dem Täter ist nachzuweisen, dass er sich sagte, mag es so oder anders verlaufen, ich verhalte mich auf jeden Fall in der vorgenommenen Art. Dann ist Eventualvorsatz gegeben. Gerade dies trifft auf das Beispiel in aa hievor zu.

### d) Der bedingte Vorsatz

Häufig wird der Eventualvorsatz als bedingter Vorsatz bezeichnet, was aber nicht zutreffend ist. Der Eventualvorsatz kann durch bedingtes Eintreten des strafbaren Verhaltens gekennzeichnet angesehen werden; der für diese Variante des Sachverhaltes gehegte Vorsatz ist jedoch unbedingt und fest entschlossen.

*Bedingter Vorsatz* liegt vor, wenn der Täter die Verwirklichung seines Vorsatzes davon abhängig macht, ob ein besonderer Umstand eintritt oder nicht. So derjenige, der sich an einem Kind vergreifen will, jedoch zum vorneherein entschlossen ist, dass er das Kind in Ruhe lassen wird, wenn es sich wehrt oder zu weinen anfängt. Oder klassisch SCHILLERS Tell nach dem Apfelschuss:
«Mit diesem zweiten Pfeil durchschoss ich – Euch,
Wenn ich mein liebes Kind getroffen hätte,
Und Eurer, wahrlich, hätt' ich nicht gefehlt.»

### e) Andere Vorsatzarten

Literatur und gelegentlich auch die Rechtsprechung erwähnen noch einige andere Arten des Vorsatzes, welche hier nur kurz vorgestellt werden.

#### aa) Dolus alternativus

Er liegt vor, wenn der Täter mehrere Delikte für möglich hält und damit einverstanden ist, die eine oder die andere Tat auszuführen, je nachdem wie sich die Sachlage entwickelt. Er steht dem Eventualdolus nahe, unterscheidet sich aber von ihm, dass bei jenem die Ungewissheit besteht, ob strafbares oder strafloses Verhalten eintreten werde, während es hier um die Wahl zwischen zwei strafbaren Verhaltensweisen geht.

Dolus alternativus besitzt, wer dem Opfer entgegentritt mit der Aufforderung «Geld oder Blut» und der vorerst sich das Geld geben lassen, also Erpressung, Art. 156, begehen will, der jedoch bereit ist, die Sache durch Raub, Art. 139, an sich zu nehmen, wenn das Opfer nicht willfährig ist, der also einen auf Erpressung oder Raub gerichteten Vorsatz hegt.

#### bb) Dolus indeterminatus

Damit wird ein so unbestimmtes Wollen bezeichnet, dass je nach dem Ausgang der Dinge strafrechtliche Verantwortlichkeit wegen vorsätzlicher Herbeiführung irgendeines Erfolges begründet ist. Ein solcher dolus indeterminatus widerspricht dem heute geltenden Vorsatzbegriff, welcher Kenntnis des möglichen rechtswidrigen Verhaltens fordert.

### cc) Dolus generalis

Er gleicht dem dolus indeterminatus und besagt, dass vorsätzlich handelt, wer im allgemeinen das Ergebnis seines Verhaltens gewollt hat. In dieser Form ist der dolus generalis mit dem modernen Vorsatzbegriff unvereinbar.

Er könnte nur angenommen werden, wenn der verpönte Erfolg auf mehrere Arten herbeigeführt werden kann und der Täter sich auf keine bestimmte Weise der Begehung festgelegt hatte: Der Täter will das Opfer durch einen Schlag töten und nachher die Leiche ins Wasser werfen, das Opfer wird durch den Schlag nur bewusstlos gemacht und ertrinkt. Indes ist der Rückgriff auf den dolus generalis selbst hier nicht nötig, es handelt sich um eine unerhebliche Abweichung vom vorausgesetzten Kausalverlaufe, § 14 II 3 a Abs. 3 hievor, weshalb ohne weiteres vorsätzliche Tötung bejaht werden kann und nicht etwa versuchte vorsätzliche und fahrlässige Tötung in Idealkonkurrenz anzunehmen ist.

### dd) Dolus subsequens

In aller Regel liegt der Vorsatz unmittelbar *vor* oder *während* der *Verwirklichung* der objektiven Tatbestandsmerkmale vor. Ausnahmsweise kann das tatbestandsmässige Verhalten verwirklicht werden, ohne dass es vom Vorsatz begleitet wird. Dies trifft zu, wenn jemand eine fremde Sache wegnimmt, welche er irrtümlicherweise für seine eigene hält. Erkennt er nachträglich seinen Irrtum und billigt er den Besitz der erlangten Sache, so handelt er hinsichtlich der Wegnahme mit dolus subsequens, der nach heutiger Auffassung zur Bestrafung nicht genügt. Das geschilderte Verhalten wird durch den nachträglich gefassten Vorsatz, die Sache zu behalten, nicht zum Diebstahl. Damit ist nicht gesagt, dass das Behalten der Sache vom Augenblick an, in welchem deren Fremdheit entdeckt wird, nicht ein anderes Delikt sein kann, z. B. Unterschlagung, Art. 141, oder Sachentziehung, Art. 143.

### ee) Dolus superveniens

Auch in diesem Fall beginnt der Täter, den gesetzlichen Tatbestand einer strafbaren Handlung zu verwirklichen, ohne den erforderlichen Vorsatz zu hegen, bemerkt jedoch die Rechtswidrigkeit seines Tuns, bevor das tatbestandsmässige Verhalten abgeschlossen ist, und setzt dieses Verhalten dennoch fort. Von diesem Augenblick an begeht er eine vorsätzliche Tat. Ein solcher dolus superveniens ist möglich bei der Hehlerei und einigen anderen Delikten, welche mit dem Aufbewahren oder Verbergen bestimmter Gegenstände ein während längerer Zeit dauerndes Verhalten unter Strafe stellen, Art. 144, 155, 226, 236, 244.

### ff) Dolus praeterintentionalis

Er soll vorliegen, wenn der tatsächlich eingetretene Erfolg schwerer ist als der vom Täter gewollte. Dies ist der Fall, wenn jemand einem anderen eine Körperverletzung beibringt, welche ungewollt zum Tode des Opfers führt.

Diese Vorsatzform ist mit dem Vorsatzbegriff des Strafgesetzbuches unvereinbar. Im Schweizer Strafgesetz wie in anderen modernen Rechten ist die Zurechnung des durch vorsätzliches Verhalten hervorgerufenen, doch ungewollten schweren Erfolges zum Vorsatz ersetzt durch eine besondere Schuldform, siehe IV hienach. Gegen den dolus praeterintentionalis sprechen ausser Art. 18 Abs. 2 die Art. 19 und 124.

### gg) Versari in re illicita

Aus dem kanonischen Recht stammt der Satz: Versanti in re illicita imputantur omnia quae sequuntur ex delicto. Diese Form strafrechtlicher Verantwortung für alle Folgen eines vorsätzlich begonnenen Verhaltens ist eine aufs Äusserste erweiterte Form des nun völlig unbestimmt gewordenen dolus generalis. Im kontinentalen Recht ist dieser Satz unanwendbar, er besitzt noch einige Bedeutung im angelsächsischen Rechtskreis. Das versari in re illicita ist als Schuldform überholt. Nur ein Anklang findet sich noch in Art. 263.

Dem versari in re illicita verwandt ist der dolus indirectus des gemeinen Strafrechts, welcher angenommen wurde, wenn ein Verhalten eine Tendenz zum verpönten Erfolg besass. Er ist ebenfalls überholt.

### hh) Verletzungs- und Gefährdungsvorsatz

Diese Unterscheidung ist bedeutsam. Sie bezieht sich auf die Art der vorgenommenen strafbaren Handlung, ob sie ein Verletzungs- oder ein Gefährdungsdelikt ist, sie berührt aber den Vorsatz als solchen in keiner Weise. Der Gefährdungsvorsatz muss alle Merkmale des gewöhnlichen Vorsatzes aufweisen; auch er kann hinsichtlich einer konkreten Gefährdung als dolus eventualis auftreten.

## III. DIE FAHRLÄSSIGKEIT

Literatur:

HANS WALDER, Probleme bei Fahrlässigkeitsdelikten, ZBJV *104* (1968) 161.
MAGDALENA RUTZ, Der objektive Tatbestand der Fahrlässigkeit, ZStrR *89* (1973) 358.

## 1. Die Bedeutung der Fahrlässigkeit im modernen Strafrecht

Ein Kennzeichen des modernen Strafrechts besteht darin, dass es in zunehmendem Masse nicht nur die vorsätzliche Verwirklichung der Tatbestände, sondern auch deren fahrlässige Begehung bestraft.

Ursprünglich wurde einzig die fahrlässige Verletzung hochwertiger Rechtsgüter, wie Leib und Leben, unter Strafe gestellt. Die zahlreichen Gefährdungen von Menschen und Sachen durch die technische Welt unserer Zeit führten zu einer erheblichen Ausdehnung der Fahrlässigkeitstaten, welche auch als fahrlässige Gefährdungsdelikte immer häufiger wurden. Weil die Gefährdungen sich stets verstärkten und selbst leichtestes menschliches Versagen zu schwersten Schädigungen führen kann, wurden die Strafen für Fahrlässigkeitstaten immer schwerer; siehe StrGB Art. 222, 223 Zif. 2, 225, 227–239 je Zif. oder Abs. 2, BG über die friedliche Verwendung der Atomenergie und den Strahlenschutz vom 23. 12. 1959, AS *1960* 541, SR 732.0, Art. 29 Abs. 2, 30 Abs 2, 31 Abs 3.

Zur Vermehrung der fahrlässigen Taten trug ausserdem bei, dass der Sozialstaat unserer Zeit viele verwaltungstechnische Regelungen fordert, deren auch nur fahrlässige Missachtung bestraft werden muss, um das Funktionieren des Sozialstaates überhaupt zu ermöglichen, und nicht den straflos ausgehen zu lassen, der es versäumte, sich Kenntnis der in Frage stehenden Vorschriften zu verschaffen und dessen Bewusstsein der Rechtswidrigkeit zweifelhaft ist.

## 2. Der Begriff der Fahrlässigkeit

Fahrlässig handelt, wer eine ihm *persönlich obliegende Sorgfaltspflicht verletzt* und die dadurch herbeigeführte Verwirklichung eines Straftatbestandes *voraussehen* und *vermeiden* kann. Art. 18 Abs. 3 sagt etwas ausführlicher dasselbe, indem er anstatt von Verletzung einer Sorgfaltspflicht von pflichtwidriger Unvorsichtigkeit spricht. Fahrlässig handelt mithin, wer sich in einer gegebenen Lage nicht so verhält, wie es ein besonnener Mensch gleicher Fähigkeiten getan hätte.

Das Schwergewicht des in der Fahrlässigkeit liegenden Vorwurfes ruht auf der fehlenden oder ungenügenden Sorgfalt, der pflichtwidrigen Unvorsichtigkeit in der Sprache des Gesetzes. Die *Voraussehbarkeit* hingegen begründet den Vorwurf nicht, sondern *beschränkt* ihn und will ihn ausschliessen, wenn ausgefallene Möglichkeiten sich verwirklichen. Die Voraussehbarkeit folgt aus dem Begriff des schuldhaften Verhaltens, welches dem Urheber vorgeworfen wird, weil er es hätte vermeiden können. Vermochte er die Folgen seines Verhaltens nicht vorauszusehen, konnte er sie nicht vermeiden.

Worin unterscheiden sich Vorsatz und Fahrlässigkeit? Schuldhaftes Verhalten weist ein Moment des Wissens und des Wollens auf. Handeln mit Wissen und Wollen ist vorsätzliches Verhalten. Deshalb kann die Eigenart der Fahrlässigkeit nur darin bestehen, dass das eine oder andere psychologische Schuldmoment fehlt. Kennzeichnend für die Fahrlässigkeit ist, dass der Täter das *strafbare Verhalten nicht will*. Er mag etwas anderes, rechtlich Erlaubtes oder rechtlich Unerhebliches wollen; dass er auf diese Weise eine strafbare Verhaltensweise verwirklicht, dies will er gerade nicht. An die Stelle des Verwirklichungswillens tritt das Hindernkönnen, die Vermeidbarkeit. Bei einer Form der Fahrlässigkeit, der unbewussten Fahrlässigkeit, 3 b hienach, fehlt selbst die Kenntnis der Möglichkeit, den Tatbestand einer strafbaren Handlung zu verwirklichen; in diesem Fall genügt das Wissenkönnen oder die Erkennbarkeit.

Ausserdem tritt deutlicher als beim Vorsatz bei der Fahrlässigkeit das normative Moment hervor und scheint bei einzelnen ihrer Formen sogar vorzuherrschen. Während ein rein psychologischer Vorsatzbegriff ohne weiteres denkbar ist, weil jemand sich ein normativ neutrales Verhalten vornehmen kann, setzt Fahrlässigkeit stets voraus, dass irgendeine Norm beachtet werden sollte, sei es auch keine andere als die, welche der Handelnde sich selber setzte. Das rein Seelische an der Fahrlässigkeit liegt in der tatsächlich bewiesenen Aufmerksamkeit und deren Richtung.

### 3. Die Arten der Fahrlässigkeit

Fahrlässiges Verhalten erscheint als *bewusste* und *unbewusste* Fahrlässigkeit.

#### a) Die bewusste Fahrlässigkeit

*Bewusst* fahrlässig handelt, wer erkennt, dass sein Verhalten sich möglicherweise zu einem tatbestandsmässigen und rechtswidrigen entwickeln könnte, doch darauf vertraut, diese Entwicklung werde nicht eintreten, weil er diese Möglichkeit gar nicht will. Dies meint StrGB Art. 18 Abs. 3, wenn er erklärt, der Täter habe aus pflichtwidriger Unvorsichtigkeit auf die Folgen seines Verhaltens keine Rücksicht genommen.

Die bewusste Fahrlässigkeit wird auch als luxuria bezeichnet. Sie gilt in der Regel als die schwerere Art. Das *seelische Moment* ist hier deutlich; der Handelnde ist sich der Folgen seines Verhaltens bewusst und bedenkt sie, er kennt die Gefährlichkeit seines Tuns. Insofern liegt wie beim dolus eventualis das Wissensmoment vor. Doch im Gegensatz dazu will der Täter diese Möglichkeit nicht. Nach der I. Frankschen Formel, § 12 II 3 c ff hievor, beurteilt, würde sich zeigen, dass er sein Handeln nicht weitergeführt hätte, hätte er sicher gewusst, dass sich die rechtswidrige und strafbare Möglichkeit verwirklichen werde. Ihm ist vorzuwerfen, dass er die Gefährlichkeit seines Verhaltens erkannte und es dennoch unterliess, der Gefahr zu begegnen, sondern auf gut Glück darauf vertraute, sie werde sich nicht verwirklichen. Das seelische Moment besteht im Erkennen der Gefahr, das *normative* in der in dieser Lage bestehenden Forderung, alles Zumutbare zu tun, damit die strafbare Beeinträchtigung fremder Rechtsgüter ausbleibt.

### b) Die unbewusste Fahrlässigkeit

*Unbewusst* fahrlässig handelt, wer nicht einmal bemerkt, dass sein Verhalten möglicherweise zu einem tatbestandsmässigen und rechtswidrigen führen könnte, obschon er dies bei genügender Aufmerksamkeit erkennen könnte, und der infolgedessen der drohenden Gefahr eines solchen Verhaltens nicht entgegenwirkt. Art. 18 Abs. 3 meint dies, wenn er davon spricht, dass der Täter aus pflichtwidriger Unvorsichtigkeit die Folgen seines Verhaltens nicht bedachte.

In dieser gemeinhin als leichter angesehenen Form der Fahrlässigkeit tritt das normative Moment noch stärker hervor. Das *seelische Moment* fehlt scheinbar völlig. Der Täter hat eben nicht überlegt und gehandelt, wie es der Situation entsprochen hätte. Dieses Nicht-daran-Denken und Nicht-Tun tritt in der Wirklichkeit stets auf in der Form, dass der Täter den Kopf bei anderen Dingen hatte und etwas Anderes als das Gebotene tat. Dies ist auch ein seelischer Sachverhalt. Und nicht selten wird der Beschuldigte zu seiner Verteidigung gerade darauf verweisen, was er wirklich dachte und tat. Zur Schuld wird dieses Verhalten erst, wenn das *normative Moment* dazutritt und verlangt, dass der Täter in der betreffenden Lage etwas hätte bemerken und dementsprechend anders hätte handeln sollen. Indessen ist umstritten, ob die unbewusste Fahrlässigkeit nicht ausschliesslich aus dem normativen Moment der Schuld besteht.

In neuerer Zeit trat ARTHUR KAUFMANN (Das Schuldprinzip. Eine strafrechtlich-rechtsphilosophische Untersuchung, Heidelberg 1961, S. 162), der angelsächsischen Auffassung entsprechend, dafür ein, die unbewusste Fahrlässigkeit straflos zu lassen. Demgegenüber ist darauf hinzuweisen, dass die unbewusste Fahrlässigkeit keineswegs stets nur eine leichte Fahrlässigkeit darstellt, deren Strafbarkeit entfallen könnte. Zu denken ist an Rechtsgebiete, die ganz genau umschriebene Gebote, sich in bestimmten Situationen aufmerksam zu verhalten, vorschreiben, wie z. B. das Recht des Strassenverkehrs oder die Vorschriften über den Umgang mit gefährlichen Stoffen.

## 4. Die geforderte Sorgfalt

Worin besteht die *pflichtwidrige Unvorsichtigkeit* oder mangelnde Sorgfalt?

Handelt es sich um ein *fahrlässiges Verletzungsdelikt,* wie fahrlässige Tötung oder Körperverletzung, so liegt die Verletzung der Sorgfalt darin, ein Verhalten auszuführen, welches die Möglichkeit der Verletzung erhöht, ohne zugleich zu hindern, dass sich die Gefahr verwirklicht. Die Missachtung der Sorgfalt besteht in diesem Fall in einer *Gefährdung des Rechtsgutes.*

Stehen *Gefährdungsdelikte* in Frage, so gebietet die zu beachtende Sorgfalt, so umsichtig zu handeln, dass selbst die Möglichkeit der Verletzung des Rechtsgutes ausgeschlossen bleibt.

Die Unterlassung derartiger Sorgfalt ist die in Art. 18 Abs. 3 genannte pflichtwidrige Unvorsichtigkeit.

Wann kann der Vorwurf pflichtwidrig unvorsichtigen Verhaltens erhoben werden? Die eine Auffassung, vor allem von WELZEL und mit ihm der nun wohl herrschenden Ansicht in Deutschland vertreten, erhebt diesen Vorwurf, wenn der Täter eine *allgemeine Sorgfaltspflicht* missachtete, nämlich die im Verkehr erforderliche Sorgfalt, wie sie durch BGB § 276 geboten wird, ausser acht liess. Es wird ein Verhalten zum Massstab genommen, wie es ein einsichtiger und besonnener Mensch in der Lage des Täters gezeigt haben würde (WELZEL op. cit. S. 132), ähnlich BGE *90* (1964) IV 10, der von der objektiven – gemeint wohl allgemeinen – Beurteilung spricht. Doch dieser Massstab ist nur scheinbar allgemein: In Wirklichkeit muss die im Hinblick auf die gegebene konkrete Lage und die Fähigkeiten des Täters gebotene Sorgfalt zum Ausgangspunkt genommen werden.

Wie aus Art. 18 Abs. 3 Satz 2 hervorgeht, wählte das Schweizer Recht einen anderen Massstab. Demnach handelt pflichtwidrig, wer die Vorsicht nicht beachtet, zu der er nach den Umständen und *seinen* persönlichen Verhältnissen verpflichtet ist, BGE *88* (1962) IV 103, E. 2 b, *99* (1973) IV 131, E. 2 a, welche Urteile allerdings davon sprechen, dass die Beachtung der Vorsicht zumutbar gewesen sein muss. Hier ist der Massstab der *Sorgfalt individualisiert* und verfeinert. Er kann dazu führen, dass die Anforderungen erhöht werden, wenn der Täter über besondere Kenntnisse, Erfahrungen oder Fertigkeiten verfügt, BGE *97* (1971) IV 172, E. 3.

Zu den *Umständen* zählen insbesondere die Besonderheiten der jeweiligen Lage, welche fremde Rechtsgüter gefährden. Wer zu Fuss geht, ist zu geringerer Vorsicht verpflichtet als der Führer eines Fahrzeugs; wer mit gefährlichen Stoffen umgeht, ist zu besonderer Vorsicht gehalten. Derartige Umstände liegen ferner in den Anordnungen eines dazu Befugten, wie der Vorgesetzte oder

Dienstherr. Gelegentlich legen die Umstände nahe, sich über die Tat- oder Rechtslage zu erkundigen, so wenn man sich in einem Lebensgebiet bewegt, welches einem nicht vertraut ist. Eine abschliessende Aufzählung aller derartigen Umstände ist ausgeschlossen, es muss mit Hinweisen sein Bewenden haben.

Nur zuweilen wird für einzelne Lebensgebiete durch allgemeine Regeln ausdrücklich festgelegt, welche Sorgfalt zu beachten ist. Solche *Sorgfaltspflichten* enthalten beispielsweise die Verkehrsregeln im Strassenverkehr. Allerdings ist damit nicht gesagt, dass eine Fahrlässigkeit nur dann vorliegt, wenn eine Verkehrsregel missachtet wurde; BGE *78* (1952) IV 75, *85* (1959) IV 48. Doch wurde gegen eine solche ausdrückliche Sorgfaltspflicht verstossen und infolgedessen ein anderer verletzt, dann bildet die Missachtung der Verkehrsregel die pflichtwidrige Unvorsichtigkeit und damit die Fahrlässigkeit in bezug auf die Körperverletzung. Blieb es bei der Übertretung der Verkehrsregel, ohne dass jemand verletzt wurde, so ist eine Bestrafung wegen eines Gefährdungsdeliktes möglich; denn die zu einem fahrlässigen Verletzungsdelikt führende Fahrlässigkeit ist stets eine Handlung, welche das geschützte Rechtsgut gefährdet und als Gefährdungsdelikt selbständig unter Strafe gestellt werden kann.

Zu den Regeln über Sorgfaltspflichten gehören ferner allgemeine *Rechtsgrundsätze*, welche für gefährliches Handeln gelten, insbesondere die Regel, dass, wer einen Gefahrenzustand schafft, alles Zumutbare, BGE *90* (1964) IV 11, tun muss, um die Auswirkung der Gefahr in einer Rechtsverletzung zu verhüten, sei es durch Aufstellen von Hinweisen, Errichten von Abschrankungen, Mitteilungen, Aushändigen von Schutzvorrichtungen; BGE *45* (1919) II 647, *57* (1931) II 167, *60* (1934) II 40, *66* (1940) II 117, *71* (1945) II 113, *79* (1953) II 69, *90* (1964) IV 250.

Regeln über Sorgfaltspflichten wurden ausserdem für einzelne *Berufe* entwickelt. So insbesondere für das ärztliche Handeln, welche Grundsätze durch einen Gutachter zu ermitteln sind. Für zahlreiche technische Berufe bestehen Verordnungen der Schweizerischen Unfallversicherungsanstalt über die zur Unfallverhütung erforderlichen Vorkehren.

Gelegentlich wird die Verletzung der Sorgfaltspflicht als Rechtswidrigkeit bezeichnet; siehe zu den verschiedenen Bedeutungen dieses Begriffes Ingress zu § 11 hievor.

Unter den *persönlichen Verhältnissen* sind die Eigenschaften und Tätigkeiten des Beschuldigten zu verstehen. Auch hier können einzig erläuternde Hinweise gegeben werden. Von Bedeutung sind Intelligenz und Ausbildung des Täters, ferner sein Beruf. Je höhere Anforderungen die Ausübung eines Berufes stellt, um so eher muss der solchen Ansprüchen nicht genügende Berufsangehörige sich als Fahrlässigkeit anrechnen lassen, dass er überhaupt den Beruf ausübt, anders allerdings und mit Recht BGE *99* (1973) IV 63, wenn dem ungenügend Ausgebildeten eine seine Fähigkeiten übersteigende Aufgabe übertragen wird. Und insbesondere handelt fahrlässig, wer eine besondere Fertigkeit voraussetzende Tätigkeit ausübt, ohne die Fertigkeit zu besitzen.

Zu den persönlichen Verhältnissen gehören ferner rechtlich besonders hervorgehobene *Beziehungen,* welche *Pflichten* der *Fürsorge* oder *Obhut* für *fremde Rechtsgüter* begründen. Die bei der Behandlung der unechten Unterlassungsdelikte erörterten Garantenstellungen, siehe § 10 I 3 a hievor, begründen eine Sorgfaltspflicht, deren ungewollte Verletzung als pflichtwidrige Unvorsichtigkeit zu Strafe führen kann. Die Krankenschwester, welche abends den Schwerkranken allein lässt und ausgeht, macht sich der fahrlässigen Tötung schuldig, wenn der Kranke in ihrer Abwesenheit mangels Hilfe stirbt.

Angemerkt sei noch, dass die *Missachtung der Sorgfaltspflicht* häufig *vorsätzlich* begangen wird, ohne dass der Täter die dadurch bewirkte Verletzung fremder Rechtsgüter wollte; das Verletzungsdelikt ist dann fahrlässig verübt worden; siehe das Beispiel der Krankenschwester, welche sich ganz bewusst vom Kranken entfernte, doch dessen Tod nicht wollte, ferner die überaus häufigen vorsätzlichen Verletzungen der im Strassenverkehr geltenden Sorgfaltspflichten, z.B. das Verbot, an unübersichtlichen Stellen zu überholen, ohne dass der fehlbare Lenker andere Strassenbenützer oder gar sich selber verletzen wollte.

### 5. Die Voraussehbarkeit

Obschon es das Strafgesetzbuch nicht ausdrücklich sagt, gehört zur Fahrlässigkeit, dass der Täter voraussehen konnte, sein Verhalten werde sich zu einem tatbestandsmässig-rechtswidrigen entwickeln. Denn nur die voraussehbaren Folgen des Verhaltens können bedacht und einzig darauf kann Rücksicht genommen werden. Immerhin bedeutet dies nicht, wie BGE *79* (1953) IV 170, *99* (1973) IV 132, betonen, dass der Täter den genauen Ablauf der Geschehnisse voraussehen konnte, sondern es genügt, wenn der Täter die Möglichkeit eines verpönten Erfolges «als Folge seines pflichtwidrigen Verhaltens nach den Umständen und seinen persönlichen Verhältnissen voraussehen konnte», BGE *79* (1953) IV 170/1. Andererseits heisst voraussehbar nicht, dass ein Ereignis überhaupt möglich sei, sondern es muss sich die Möglichkeit strafbaren Verhaltens als nicht ganz ausgefallen oder sehr entfernt erweisen. Liessen sich die verpönten Folgen des Verhaltens nicht voraussehen, so war es ausgeschlossen, sie zu vermeiden. Deshalb entfällt der Vorwurf der Fahrlässigkeit ebenfalls, wenn die Verletzung des Rechtsgutes selbst dann eingetreten wäre, wenn der Täter alle Sorgfalt beobachtet hätte. Im Gesetz findet sich ein Hinweis auf diesen Zusammenhang in der Formel, dass «die Tat darauf zurückzuführen» ist, «dass der Täter die Folge seines Verhaltens aus pflichtwidriger Unvorsichtigkeit nicht bedacht oder darauf nicht Rücksicht genommen hat...». Ob stets Fahrlässigkeit anzunehmen ist, wenn ungewiss ist, ob das sorgfältige Verhalten die Verletzung des Rechtsgutes ausgeschlossen hätte, doch das Verhalten des Täters die Möglichkeit der Verletzung und damit das Risiko erhöht hatte, wie HANS WALDER, op. cit. 174f., annimmt, erscheint fraglich und kaum vereinbar mit dem Grundsatz, dass Zweifel, ob eine strafbare Handlung bewiesen ist, zugunsten des Beschuldigten zu lösen sind. Die Strafe trifft den Beschuldigten im Grunde genommen nicht für die fahrlässige Herbeiführung des verpönten Erfolges, sondern für die Missachtung der Sorgfaltspflicht. Deswegen zu bestrafen ist jedoch nur zulässig, wenn die Verletzung solcher Pflichten ausdrücklich als Gefährdungsdelikt unter Strafe gestellt wurde, wie dies beispielsweise für SVG Art. 90 zutrifft.

### 6. Der Gegenstand der Fahrlässigkeit

Die Fahrlässigkeit muss sich auf alle Merkmale des strafbaren Verhaltens richten, welche bei einer vorsätzlichen Tat vom Vorsatz erfasst werden müssen, siehe II 3 a und b hiervor, inbegriffen die Rechtswidrigkeit des Verhaltens, die zu erkennen dem Täter mindestens möglich gewesen sein muss.

### 7. Das Verhältnis mehrerer fahrlässiger Täter zueinander

Weil das schuldhafte Setzen jeder Ursache, selbst nur einer Teilursache, eines verpönten Erfolges strafrechtliche Verantwortlichkeit begründet, ist jeder, welcher im Zusammenwirken mit einem anderen fahrlässig einen Erfolg verursachte, *Nebentäter* und als solcher strafbar.

Im Gegensatz zum Zivilrecht gibt es *keinen Ausgleich von Schuld und Gegenschuld* zwischen Täter und Opfer. Eine scheinbare Ausnahme besteht im Strassenverkehr. Benahm sich ein Strassenbenützer so aussergewöhnlich, dass sein vorschriftswidriges Verhalten gar nicht vorausgesehen werden konnte, entfällt die Verantwortlichkeit eines anderen Verkehrsteilnehmers, dem es unmöglich war, diesem Verhalten zu begegnen, ohne eine Rechtsverletzung zu begehen. Das Bundesgericht hält in diesen Fällen meistens dafür, es fehle der adäquate Kausalzusammenhang, so z.B. BGE *86* (1960) IV 155. Richtigerweise gebricht es mangels Voraussehbarkeit und Vermeidbarkeit des strafbaren Verhaltens an Fahrlässigkeit.

### IV. DIE VERBINDUNG VON VORSATZ UND FAHRLÄSSIGKEIT

Literatur:

Martin Schubarth, Das Problem der erfolgsqualifizierten Delikte, ZStrW *85* (1973) 754.

Gelegentlich bewirkt vorsätzliches Handeln einen weiteren und ebenfalls strafrechtlich verpönten Erfolg, welchen der Täter jedoch gar nicht herbeiführen wollte. Das sind die Fälle, in denen Verantwortung für vorsätzliches Herbeiführen dieses Erfolges auf Grund eines dolus indirectus, des dolus praeterintentionalis oder des versari in re illicita behauptet wurde. In Wirklichkeit liegt, wie Feuerbach erkannte, eine Verbindung von Vorsatz und einem der Fahrlässigkeit nahestehenden Verhalten vor, welches Feuerbach (op. cit. § 60, S. 65) als culpa dolo determinata bezeichnete. Beispiele dafür bieten Art. 119 Zif. 3 Abs. 3, 122 Zif. 2, 123 Zif. 3, 127 Zif. 2, 129 Abs. 3, 134 Zif. 1 Abs. 3, 135 Zif. 1 Abs. 3, 139 Zif. 2 Abs. 2, 195 Abs. 3. Das Gesetz weist auf die Fahrlässigkeit hin, indem es verlangt, dass der Täter den weiteren, ungewollten Erfolg wenigstens hätte voraussehen können. Eine stärkere Annäherung an die Fahrlässigkeit verbietet sich, weil sonst angenommen werden müsste, es werde dem Täter die unsorgfältige Durchführung der vorsätzlichen Tat, deren Folgen er zuwenig bedachte, als pflichtwidrige Unvorsichtigkeit vorgeworfen! Diese Delikte bilden eine Sonderart des zusammengesetzten Deliktes, § 10 II 2 hievor. De lege ferenda ist zu erwägen, ob auf sie nicht verzichtet und die Regel über die Idealkonkurrenz, Art. 68, auf das Zusammentreffen der vorsätzlichen und der fahrlässigen Tat angewendet werden sollte, welche Lösung vom AE bevorzugt wurde.

### V. BESONDERE SCHULDFORMEN

#### *1. Die Wissensschuld*

Einige gesetzliche Tatbestände sprechen hinsichtlich einzelner Tatbestandsmerkmale davon, sie müssten *wissentlich* herbeigeführt werden. Es handelt sich stets um Gefährdungsdelikte, Art. 129 Abs. 1, 221 Abs. 2, 223 Zif. 1 Abs. 1, 229 Abs. 1, 230 Zif. 1 Abs. 3, 237 Zif. 1 Abs. 1, 238 Abs. 1.

Weil nur eines der Vorsatzelemente erwähnt wird, schloss die frühere Bundesgerichtspraxis, HAFTER folgend, auf eine besondere Schuldart, die Wissensschuld, für welche das Wissen genüge; BGE *73* (1947) IV 229, *85* (1959) IV 132. Sie würde die bewusste Fahrlässigkeit einschliessen.

BGE *94* (1968) IV 60 ging von dieser Rechtsprechung ab und erklärte zutreffend, in diesen Fällen liege keine besondere Schuldform vor, sondern es werde einfach der *Eventualvorsatz ausgeschlossen,* so schon BJM *1956* 35.

Ist die betreffende Tat auch bei fahrlässiger Begehung strafbar, so muss das Wissen in Voraussehbarkeit umgewandelt werden.

## 2. Wissen – oder Annehmen-Müssen

Zuweilen spricht ein gesetzlicher Tatbestand davon, der Täter müsse ein Merkmal annehmen oder von ihm wissen; Art. 144 Abs. 1, 226 Abs. 1 und 2. Damit ist *nicht* die *Fahrlässigkeit* gemeint, sondern der *Eventualdolus,* BGE *69* (1943) IV 68.

### VI. DIE EINHEITLICHKEIT DES SCHULDBEGRIFFES

Der hier erörterte Begriff der *Schuld* ist *allgemeine Voraussetzung der Strafbarkeit.* Stimmt er überein mit dem *allgemeinen Massstab der Strafzumessung,* welcher nach Art. 63 das *Verschulden* ist? Dass Schuld als Strafbegründung und als Mass der Strafzumessung übereinstimmen, wird im allgemeinen bejaht. Indessen ist darauf hinzuweisen, dass der Begriff des Verschuldens als Mass der Strafzumessung weiter reicht als die Strafe begründende Schuld. Die Schuld umfasst nur diejenigen Merkmale des Verhaltens, welche den objektiven Tatbestandsmerkmalen entsprechen, sowie allfällige weitere Schuldmerkmale, siehe § 15 hienach. Das Verschulden hingegen richtet sich ausserdem auf die Einzelheiten der zu diesem Verhalten führenden Willensbildung. Dies lässt sich an folgendem Beispiel zeigen:

Ein Kaufmann veruntreut den genau gleich hohen Betrag um damit

a) in Saus und Braus zu leben und eine ehewidrige Beziehung zu unterhalten,

b) um damit die Auslagen für eine unvorhergesehene langwierige Krankheit seiner Frau zu bestreiten.

In beiden Fällen besteht der Vorsatz der Veruntreuung, Art. 140 Zif. 1, unabhängig davon, wozu der Täter das veruntreute Geld verwenden wollte. Dies ist die Schuld als Strafbegründung. Doch das Verschulden ist im ersten Fall deutlich grösser, weil die Begründung seines strafbaren Verhaltens nach den vom Strafgesetzbuch ausgesprochenen Wertungen weniger wertvoll ist. Zum Verschulden als Mass der Strafzumessung gehört die gesamte Motivation der strafbaren Handlung, wie dies Art. 63 mit seinem ausdrücklichen Hinweis auf die Beweggründe deutlich erkennen lässt. In dieser Weise unterscheiden sich Schuld und Verschulden.

## § 15  DIE GESINNUNGS- ODER BESONDEREN SCHULDMERKMALE

Nicht wenige gesetzliche Tatbestände sind so geformt, dass sie ausser der Schuld im eigentlichen Sinne noch besondere subjektive Merkmale als eigene Voraussetzungen der Strafbarkeit verlangen. Es handelt sich um Beweggründe, Absichten oder die Einstellung des Täters. Diese Merkmale werden herkömmlicherweise als subjektive Unrechtselemente, dazu § 11 I 2, angesehen. Indessen ist in diesen Fällen schon das durch die objektiven Merkmale umschriebene Verhalten rechtswidrig. Die besonderen subjektiven Merkmale berühren nicht die Rechtswidrigkeit, sondern die Schuld. Dem Gesetzgeber steht es frei, die Strafbarkeit noch von weiteren subjektiven Merkmalen abhängen zu lassen. Doch ist zu betonen, dass mit solchen, auf die innere Einstellung sich beziehenden Merkmalen Zurückhaltung geübt werden sollte.

Die besonderen Schuldmerkmale sind in der Regel Voraussetzung erhöhter Strafe. So werden mehrere Vermögensdelikte erst zu Verbrechen, wenn sie in der Absicht unrechtmässiger Bereicherung ausgeführt werden, Art. 137 Ziff. 1. Ausnahmsweise begründet ein solches Merkmal die Strafbarkeit, wie in Art. 198, welcher die Kuppelei nur strafbar erklärt, wenn sie aus Gewinnsucht geübt wird; ferner Art. 129, der die gewissenlose Lebensgefährdung unter Strafe stellt, oder Art. 217.

Beispiele solcher besonderen Schuldmerkmale sind: besonders verwerfliche Gesinnung, Art. 112, selbstsüchtige Beweggründe, Art. 115, Gewerbsmässigkeit im Sinne der bundesgerichtlichen Umschreibung, BGE 79 (1953) IV 11, Art. 119 Ziff. 3 Abs. 2, 137 Ziff. 2, gewissenlos, Art. 129 Abs. 1, aus gemeiner Gesinnung, Art. 145 Abs. 2, aus bösem Willen, Arbeitsscheu, Liederlichkeit, Art. 217.

Ausnahmsweise wirken solche Merkmale entlastend und begründen geringere Schuld, entschuldbare Gemütsbewegung, Art. 113, Leichtsinn oder Befriedigung eines Gelüstes, Art. 138.

Zuweilen scheint ein Gesinnungsmerkmal gegeben zu sein, während ein objektives Tatbestandsmerkmal umschrieben wird, so nach BGE *86* (1960) IV 23, «in gemeiner Weise» in Art. 261 Abs. 1.

Die besonderen Schuldmerkmale müssen sich im geäusserten Verhalten des Täters niedergeschlagen haben und aus ihm erschlossen werden können. Der Vorsatz oder die Fahrlässigkeit müssen sich nicht auf sie beziehen; denn sie spielen sich wie der Vorsatz oder die Fahrlässigkeit im Bewusstsein des Täters ab.

## 4. KAPITEL

### § 16 DIE BESONDEREN BEDINGUNGEN DER STRAFBARKEIT

Literatur:
PIERLUIGI SCHAAD, Die objektiven Strafbarkeitsbedingungen im schweizerischen Strafrecht mit Berücksichtigung des deutschen und des österreichischen Rechts, Zürcher Diss., Winterthur 1964.

#### I. DIE OBJEKTIVEN STRAFBARKEITSBEDINGUNGEN

Gelegentlich finden sich in den gesetzlichen Tatbeständen besondere Voraussetzungen, welche vorliegen müssen, damit das dem Tatbestand entsprechende, tatbestandsmässige, rechtswidrige und schuldhafte Verhalten strafbar wird. Sie werden *objektive Strafbarkeitsbedingungen* genannt, weil sich die Schuld des Täters nicht auf sie beziehen muss. Sie sollten so beschaffen sein, dass sie die Rechtswidrigkeit der Tat nicht berühren und der Täter auf sie gar keinen Einfluss nehmen kann. Zuweilen weiss er überhaupt nichts von ihnen. Ihre Aufgabe ist, die *Strafbarkeit* aus den verschiedensten gesetzgeberischen Gründen zu *begrenzen*.

So soll nicht jede Verschleierung des Vermögensstandes und Verschiebung von Vermögensstücken durch einen finanziell bedrängten Schuldner strafbar sein, sondern dies soll erst der Fall sein, wenn die Konkurseröffnung oder das Ausstellen eines Verlustscheins seine Zahlungsunfähigkeit offenbar werden liess und damit für die Gläubiger die Notwendigkeit begründet wird, auf versteckte oder hinterzogene Güter des Schuldners greifen zu können, Art. 163–165. In anderen Fällen, so bei den Ehrverletzungen oder Geheimnisverletzungen, Art. 173, 174, 177, 179, 179$^{bis}$ f., führt die Rücksicht auf das Opfer dazu, die Strafverfolgung nur eintreten zu lassen, wenn der Verletzte es ausdrücklich will und Strafantrag stellt.

Die Erörterung der einzelnen objektiven Bedingungen der Strafbarkeit gehört in den Besonderen Teil, ausgenommen die des Strafantrages.

## II. DER STRAFANTRAG

Literatur:

ARTHUR GRAWEHR-BUTTY, Rechtsfragen aus dem Gebiete des Strafantrages unter besonderer Berücksichtigung des schweizerischen und italienischen Rechts, Freiburger Diss., St. Gallen 1959.

WALTER HUBER, Die allgemeinen Regeln über den Strafantrag im Schweizerischen Recht (StGB 28–31), Diss., Zürich 1967.

JÖRG REHBERG, Der Strafantrag, ZStrR *85* (1969) 247.

### *1. Der Begriff*

Strafantrag ist die *bedingungslose Willenserklärung des Verletzten*, BGE *71* (1945) IV 2, es solle für einen bestimmten Sachverhalt Strafverfolgung stattfinden; BGE *78* (1952) IV 49, *85* (1959) IV 75. BGE *97* (1971) IV 158, E. 3, verdeutlicht, dass der Antrag den bereits bekannten Täter genau bezeichnen muss. Nicht zum Antrag gehört die rechtliche Würdigung des Sachverhaltes.

### *2. Die systematische Bedeutung*

Der Strafantrag ist als objektive *Strafbarkeitsbedingung* des materiellen Rechts anzusehen. Fehlt er, liegt keine strafbare Handlung vor.

Nach Ansicht des Bundesgerichtes handelt es sich um eine Prozessvoraussetzung: BGE *73* (1947) IV 97, *81* (1955) IV 92, *98* (1972) IV 146, E. 2. Dies führt zu unbilligen Ergebnissen, so wenn der an einem relativen Antragsdelikt beteiligte Hehler bestraft werden muss, nachdem der Antrag gegenüber dem Haupttäter zurückgezogen worden war.

Dem Prozessgesetzgeber bleibt allerdings unbenommen, dem Strafantrag auch prozessuale Bedeutung zu verleihen, um eine einfachere Erledigung eines Strafverfahrens zu ermöglichen, wenn ein erforderlicher Strafantrag fehlt; z. B. bernisches StrV Art. 200 Abs. 1, 256 Abs. 2, 264.

### *3. Die Begründung des Antragserfordernisses*

Eine Straftat kann Antragsdelikt werden:

a) wegen ihrer *Geringfügigkeit*, Art. 138, 142;

b) weil sie empfindlich in die *Privatsphäre des Opfers* eingriff, welches deshalb über das Einleiten der Strafverfolgung entscheiden soll, Art. 173 ff., 186;

c) weil Täter und Opfer in *besonders naher Beziehung* stehen, weshalb der Wille des Opfers für die Einleitung der Strafverfolgung entscheidend sein soll, Art. 137 Zif. 3, 140 Zif. 3, 148 Abs. 3.

## 4. Die Arten des Antragsdeliktes

Ein *absolutes Antragsdelikt* liegt vor, wenn es in allen Fällen nur auf Antrag bestraft wird, Art. 173 f., 186; *ein relatives* Antragsdelikt liegt vor, wenn nur die *durch bestimmte Personen* begangenen Taten Antragsdelikte sind, Art. 137 Zif. 3, 140 Zif. 3, 110 Ziff. 2 und 3.

## 5. Die Legitimation zum Antrag

*Antrag zu stellen* ist der Verletzte *befugt,* Art. 28 Abs. 1. *Verletzt* ist, wer materiellrechtlicher Träger des unmittelbar angegriffenen Rechtsgutes ist, BGE *74* (1948) IV 7, *78* (1952) IV 214, *86* (1960) IV 82, *87* (1961) IV 107. Nicht antragsberechtigt ist z. B. der Mann, dessen Frau als Luder bezeichnet, doch anders, wenn sie Dirne genannt wurde, weil in diesem Fall der Verdacht mitschwingt, der Ehemann billige das Verhalten seiner Frau oder ziehe sogar Nutzen daraus, BGE *86* (1960) IV 81, *92* (1966) IV 115. Sind durch ein Antragsdelikt mehrere Personen verletzt worden, so kann, wie Art. 28 Abs. 1 deutlich sagt, jeder einzelne Verletzte, unabhängig von den übrigen Verletzten, selbständig Strafantrag stellen.

Ist der Verletzte handlungsunfähig, hat für ihn der gesetzliche Vertreter Antrag zu stellen; wenn er bevormundet ist, kann es auch die Vormundschaftsbehörde tun, Art. 28 Abs. 2. Doch wird ausdrücklich der schon 18 Jahre alte Urteilsfähige zum Stellen des Antrages berechtigt erklärt, Abs. 3. Stirbt der Verletzte, ohne Antrag gestellt oder darauf verzichtet zu haben, steht gem. Abs. 4 das Antragsrecht jedem Angehörigen im Sinne von Art. 110 Zif. 2 zu, BGE *74* (1948) IV 91, *80* (1954) IV 98, *87* (1961) IV 107.

Die Ausübung des Antragsrechtes durch einen Stellvertreter – z. B. einen Anwalt – ist zulässig, RStrS *1949* 297, *1956* 284, nach RStrS *1950* 220 sogar ohne Auftrag, nach BGE *86* (1960) IV 83, zutreffend, in der Regel nur mit ausdrücklicher Ermächtigung, siehe ferner BGE *99* (1973) IV 1 für juristische Personen als Antragsteller.

## 6. Die Antragsfrist

Art. 29 bestimmt sie auf *drei Monate* vom Tage an, an welchem dem Antragsberechtigten der Täter bekannt wurde. Der Tag, an welchem der Verletzte diese Kenntnis erhielt, ist nicht mitzuzählen; so schon BGE *73* (1947) IV 7 und wieder *97* (1971) IV 238, a. M. und abzulehnen BGE *77* (1951) IV 208, *81* (1955) IV 321. Der Begriff Monat wird durch Art. 110 Zif. 6 erläutert.

Kenntnis der Tat allein genügt nicht; doch kenne ich jemanden als Täter, so kenne ich auch seine Tat. Nach BGE *79* (1953) IV 58, *80* (1954) IV 3, 213, genügt die Kenntnis des objektiven Tatbestandes, was zu bezweifeln ist, wenn nur vorsätzliches Verhalten strafbar ist.

*Kenntnis* heisst nicht Verdacht, sondern so hoher Verdacht, dass Strafantrag gestellt werden darf, ohne dass der Antragssteller eine Bestrafung wegen falscher Anschuldigung oder Ehrverletzung befürchten muss, BGE *70* (1944) IV 150, *76* (1950) IV 6. Ob der Verletzte Beweismittel besitzt oder nicht, ist unerheblich, BGE *80* (1954) IV 3. Massgebend ist, dass er selber diese Kenntnis besitzt, dass sein Vertreter sie hatte, ist unerheblich, BGE *80* (1954) IV 213.

Die Frist ist eingehalten, wenn der Antrag *am letzten Tag* der Frist der *Schweizer Post* übergeben wird, BGE *81* (1955) IV 322, siehe auch BGE *97* (1971) I 6. Ist der letzte Tag der Frist ein Sonntag oder ein durch das kantonale Recht der zuständigen Amtsstelle anerkannter Feiertag, so endigt die Frist nach einem allgemeinen Grundsatz des Bundesrechtes, wie er in OG Art. 32 Abs. 2, BG über das Verwaltungsverfahren Art. 20 Abs. 3, und SchKG Art. 31 Abs. 3 ausgesprochen wird, am folgenden Werktage: BGE *83* (1957) IV 186. Weil durch das BG über den Fristenlauf an Samstagen vom 21.6.1963, AS *1963* 819, SR 173.3, hinsichtlich der gesetzlichen Fristen des eidgenössischen Rechts der Samstag einem anerkannten Feiertag gleichgestellt wird, erstreckt sich eine am Samstag auslaufende Antragsfrist stets bis auf den folgenden Montag.

Andererseits ist es erlaubt, den Strafantrag zu stellen, bevor der Täter bekannt ist, um eine Untersuchung gegen unbekannte Täterschaft zur Ermittlung des Urhebers zu veranlassen, BGE *80* (1954) IV 146, *92* (1966) IV 75.

### 7. Die Form des Antrages

Das *Bundesrecht* bestimmt nur den Begriff des Antrages als eine Willenserklärung, welche das Verfahren auslöst. Es *entscheidet, ob* eine *bestimmte Erklärung* als Antrag *genügt,* BGE *69* (1943) IV 198, *78* (1952) IV 49. So sagt es, dass das Wort «Antrag» nicht verwendet werden muss, sondern dass jede deutlich auf Einleiten der Strafverfolgung gerichtete Erklärung genügt, weshalb die blosse Strafanzeige ausreicht, RStrS *1959* 186.

Welche *Form* für diese Erklärung beachtet werden muss, bestimmt das kantonale Recht. Es kann eine mündliche Meldung an die Polizei zu Protokoll, BJM *1959* 21, oder sogar nur eine telephonische Mitteilung, RStrS *1958* 1, genügen lassen. Andererseits darf das kantonale Recht eine bestimmte Form verlangen, z.B. eine schriftliche Eingabe.

Der Antrag muss der zuständigen Behörde, dies ist die des Begehungsortes, gestellt werden. Ob das Verfahren von ihr geführt wird oder durch eine andere Behörde, kümmert den Verletzten nicht, RStrS *1953* 84, BJM *1958* 102. Ob ein der unzuständigen Behörde eingereichter Antrag gültig sei, ist nach BGE *86* (1960) IV 225, *87* (1961) IV 112, *98* (1972) IV 248, E. 2, Sache des kantonalen Rechts. Stehen die Behörden verschiedener Kantone in Frage, sollte das Bundesrecht über die Gültigkeit des Antrages entscheiden.

### 8. Die Unteilbarkeit des Antrages

Nach Art. 30 richtet sich der Antrag *gegen alle an der Tat Beteiligte. Beteiligte* sind der Haupttäter, die Mittäter, BGE *97* (1971) IV 4, der Anstifter und der Gehilfe, § 24 II 2 b hienach, BGE *80* (1954) IV 211, nicht der Hehler, Art. 144, BGE *81* (1955) IV 91, der fahrlässige Nebentäter, § 24 II 2 a bb hienach, BGE *81* (1955) IV 274, oder der Begünstiger, Art. 305.

Der Grundsatz der Unteilbarkeit verbietet dem Verletzten, nach seinem Belieben von verschiedenen Beteiligten bloss einzelne zur Rechenschaft zu ziehen; er darf nur entscheiden, ob überhaupt wegen einer bestimmten Tat Strafverfolgung eintreten soll oder nicht. Dies bedeutet jedoch nicht, dass er in seinem Antrag alle Beteiligten nennen muss; er darf nur nicht seinen Antrag ausdrücklich oder bewusst auf einzelne Beteiligte beschränken, BGE *97* (1971) IV 2, E. 2. Eine Beschränkung des Antrages ist ausnahmsweise zulässig, «wenn begründeter Anlass besteht, an der Beteiligung» einer Person «ernstlich zu zweifeln», zit. BGE *4*.

In entsprechender Weise untersteht der Rückzug des Antrages gem. Art. 31 Abs. 3, siehe 11 hienach, der Unteilbarkeit, BGE *80* (1954) IV 211, *97* (1971) IV 4, doch nur für dieselbe Tat, nicht in bezug auf mehrere fahrlässige Nebentäter, BGE *81* (1955) IV 274 und unter Vorbehalt von Art. 31 Abs. 4.

Der Grundsatz der Unteilbarkeit kann sich nur hinsichtlich der absoluten Antragsdelikte voll auswirken oder wenn alle Beteiligten als Angehörige oder Familiengenossen verfolgt werden; die übrigen Beteiligten werden ohnehin von Amtes wegen verfolgt.

### 9. Die Wirkung des Antrages

Erst nachdem der Antrag gestellt wurde, dürfen wegen dieser Tat von den staatlichen Behörden Verfolgungshandlungen durchgeführt werden, BGE in RStrS *1960* 7. Einzelne Strafprozessordnungen sehen für dringende Handlungen der Strafverfolgung Ausnahmen vor. Auch diese Regel kann sich nur bei den absoluten Antragsdelikten voll auswirken.

### 10. Der Verzicht auf den Antrag

Der *ausdrückliche Verzicht* auf den Antrag schliesst nach Art. 28 Abs. 5 endgültig aus, für diese Tat Antrag zu stellen.

Er ist frühestens *nach Begehung der Tat* möglich; eine vorher ausgestellte Erklärung kann nur als Einwilligung des Verletzten, § 17 III 1 a hienach, wirksam sein.

Durch das Erfordernis eines ausdrücklichen Verzichtes ist die stillschweigende Erklärung durch konkludentes Handeln in der Regel ausgeschlossen. Ist aber immer eine besondere Willenserklärung nötig? Es gibt Situationen, welche es als stossend erscheinen lassen, wenn dennoch Antrag gestellt wird. Mit GRAWEHR ist die Regel des italienischen CP Art. 124 Abs. 3 zu übernehmen, wonach ein Verhalten des Verletzten als Verzicht gilt, wenn es mit dem Willen, Strafantrag zu stellen, unvereinbar erscheint. Dies trifft z. B. zu, wenn sich Täter und Opfer nach der Tat heiraten, wofür StrGB Art. 183, 196 und 197, je Abs. 2, eine Analogie bieten.

Das Bundesgericht neigt eher der Auffassung zu, dass nur der eigens erklärte Verzicht ausdrücklich sei, weder Zuwarten mit dem Antrag noch Aussöhnung zwischen Opfer und Täter sind ihm gleichzustellen, BGE *74* (1948) IV 87, *75* (1949) IV 19, *79* (1953) IV 100, *90* (1964) IV 170.

Der Verzicht muss wie der Antrag vorbehaltlos ausgesprochen werden, BGE *74* (1948) IV 87, *79* (1953) IV 100.

### 11. Der Rückzug des Antrages

Gem. Art. 31 Abs. 1 kann der *Berechtigte*, der *Verletzte*, doch nicht seine Angehörigen, BGE *73* (1947) IV 74, *95* (1969) IV 161, nach seinem Tode, den *Antrag zurückziehen*, solange das Urteil erster Instanz noch nicht verkündet worden ist. Der zurückgezogene Antrag kann nicht erneuert werden, Abs. 2. Der Rückzug gilt gegenüber allen Beteiligten, Abs. 3, siehe Zif. 8 hievor; ein beschränkter Rückzug ist ausnahmsweise zulässig, wenn ein Mitangeschuldigter offensichtlich nicht an der Tat beteiligt ist, BGE *80* (1954) IV 213, ZBJV *101* (1965) 272, siehe auch BGE *97* (1971) IV 4.

Der Rückzug muss bedingungslos erklärt werden, BGE *79* (1953) IV 100. Doch muss er nicht ausdrücklich ausgesprochen, sondern kann nach BGE *86* (1960) IV 149 *auch durch konkludentes Handeln* erklärt werden, wenn es eindeutig für den Rückzug spricht. BGE *89* (1963) IV 58 verdeutlichte, es müsse eine *unmissverständliche Willensäusserung* sein, wofür Zuwarten mit Ausdehnen der Privatstrafklage in der Regel nicht genüge. Vorzuziehen wäre, nur den ausdrücklich erklärten Rückzug gelten zu lassen, damit eine klare prozessuale Lage geschaffen wird.

Das Urteil, dessen Verkündung den Rückzug ausschliesst, ist eine verbindliche, doch nicht notwendigerweise endgültige Entscheidung. In Abkehr von seiner früheren Rechtsprechung hat das Bundesgericht in BGE *92* (1966) IV 161 entschieden, dass ein Strafmandat oder ein Strafbefehl, welche auf blossen Einspruch des Verurteilten dahinfallen, kein Urteil im Sinne dieser Vorschrift darstellen; siehe ferner BGE *96* (1970) IV 7. Urteil ist nur ein das erstinstanzliche Verfahren abschliessendes Erkenntnis.

Die Form des Rückzuges und zur Entgegennahme zuständige Behörde richten sich nach kantonalem Recht, BGE *79* (1953) IV 100. Das Bundesrecht bestimmt nur, ob eine Erklärung als Rückzug zu gelten habe. Die Erklärung muss sich an die Behörde richten, die sich mit der Sache befasst, nicht an einen Privaten, z. B. die Gegenpartei oder deren Anwalt, RStrS *1958* 61.

Wie steht es mit dem Geltendmachen von *Willensmängeln?* BGE *79* (1953) IV 101 lehnte diese Möglichkeit rundweg ab. Doch in gewissen Fällen drängt es sich auf, den Rückzug wegen Willensmängeln anfechten zu lassen, so wenn der Beschuldigte arglistig handelte oder gar zu Drohungen griff.

Der Beschuldigte muss sich den Rückzug nicht gefallen lassen. Art. 31 Abs. 4 ermöglicht ihm Einspruch gegen den Rückzug, worauf der Rückzug für ihn nicht gilt und in Durchbrechung des Prinzipes der Unteilbarkeit der Prozess ihm gegenüber weitergeführt werden muss.

## 3. Unterabschnitt: Besondere Gründe des Ausschlusses der Strafbarkeit

### 1. KAPITEL: DER AUSSCHLUSS DER RECHTSWIDRIGKEIT UND DER SCHULD

#### § 17 DER AUSSCHLUSS DER RECHTSWIDRIGKEIT: DIE RECHTFERTIGUNGSGRÜNDE

##### I. ALLGEMEINES

Literatur:
PETER NOLL, Die Rechtfertigungsgründe im Gesetz und in der Rechtsprechung, ZStrR *80* (1964) 160.

## 1. Allgemeine Charakteristik der Rechtfertigungsgründe

Ist der objektive Tatbestand einer strafbaren Handlung verwirklicht, so ist in aller Regel zugleich die Rechtswidrigkeit gegeben. Denn Tatbestandsmässigkeit bedeutet die entsprechende und verpönte Beeinträchtigung eines geschützten Rechtsgutes durch Gefährdung oder Verletzung. Nach der Feststellung der Tatbestandsmässigkeit und damit der Rechtswidrigkeit kann meistens sogleich zur Prüfung der Schuld und damit der Strafbarkeit geschritten werden.

In gewissen besonderen Situationen genügt die durch die Tatbestandsmässigkeit indizierte Rechtswidrigkeit nicht, um ein endgültiges Urteil über die Rechtswidrigkeit des in Frage stehenden Verhaltens abzugeben, weil ausnahmsweise die üblicherweise als rechtswidrig verpönte tatbestandsmässige Verhaltensweise rechtmässig ist. Dies trifft zu, wenn die Verletzung des eigentlich geltenden Gebotes oder Verbotes durch einen besonderen *Erlaubnissatz als zulässig erklärt wird*. Ob ein solcher, die Rechtswidrigkeit beseitigender Satz gegeben ist, muss *auf Grund der gesamten Rechtsordnung* geprüft werden. Die Erlaubnissätze können sich als *gesetzliche Rechtfertigungsgründe* im Strafrecht finden, wie die Notwehr, Art. 33, oder aber in *Verbindung mit strafrechtlichen Regeln anderen Rechtsgebieten* entnommen werden, wie dies Art. 32 ermöglicht für Sätze des Zivil-, Verwaltungs- oder Prozessrechtes, oder sie können als Sätze des ungeschriebenen Rechtes als *aussergesetzliche Rechtfertigungsgründe* wirksam werden.

In diesen Fällen wird die Rechtswidrigkeit des tatbestandsmässigen Verhaltens ausgeschlossen, weil die strafrechtlich geschützte Norm im konkreten Falle eines Erlaubnissatzes wegen nicht verbindlich werden konnte.

Die besonderen Erlaubnissätze werden *Rechtfertigungsgründe* genannt. Gleichbedeutend, doch weniger schön ist die Bezeichnung als Unrechtsausschliessungsgründe. Nur eine sehr nuancierte Betrachtung kann vielleicht einen Unterschied ermitteln: Ein Unrechtsausschliessungsgrund lässt einzig die Rechtswidrigkeit entfallen, ohne sich über Zulässigkeit des in Frage stehenden Verhaltens auszusprechen. Der Rechtfertigungsgrund hingegen erklärt das betreffende Verhalten ausdrücklich als rechtmässig.

Die Rechtfertigungsgründe sind durch zweierlei gekennzeichnet: Einmal formal dadurch, dass sie eine *Ausnahme von der Regel* setzen. Die durch die Tatbestandsmässigkeit eigentlich begründete Rechtswidrigkeit ist im Einzelfall ausgeschlossen. Welches ist der Grund der Ausnahme? Dies führt zum zweiten Kennzeichen der Rechtfertigungsgründe.

Die Rechtfertigungsgründe fordern ein *Vergleichen und Gegeneinanderabwägen verschiedener Werte*. Die tatbestandsmässige Handlung ist in der Regel wertwidrig. Ausnahmsweise wird dieser Unwert aufgehoben, wenn das tatbestandsmässige Verhalten dient, einen höheren Wert als den des geschützten Rechtsgutes zu verwirklichen. Deshalb darf der Angegriffene die Rechtsgüter des Angreifers verletzen, um seine eigenen Rechtsgüter zu verteidigen; Notwehr rechtfertigt sein tatbestandsmässiges Verhalten. Oder um das elterliche Züchtigungsrecht auszuüben, dürfen die Eltern dem Kinde gelinde Beschränkungen der Freiheit zufügen oder ihm einen Klaps versetzen, also eine Tätlichkeit begehen. Das Vergleichen und Abwägen der im Spiele stehenden Werte der Beteiligten, meist unzutreffend als Güterabwägung bezeichnet, führt zu der Lösung, ob eine die formelle Rechtswidrigkeit aufhebende Rechtfertigung besteht oder nicht. Die Rücksichtnahme auf die von beiden Seiten geltend gemachten Werte führt dazu, dass der *Grundsatz der Verhältnismässigkeit* oberster Grundsatz des Rechtes der Rechtfertigungsgründe ist.

Konnte es vorerst scheinen, wie wenn die Rechtsordnung ein Inbegriff nebeneinander bestehender verbietender oder gebietender Normen sei, so zeigt die genauere Betrachtung, dass diese Auffassung zu einfach ist. In Wirklichkeit ist die Rechtsordnung ein Gefüge von Normen, von denen mehrere denselben Sachverhalt, doch mit entgegengesetzten Ansprüchen treffen können, wie die soeben genannten Beispiele zeigen. Es ist Aufgabe der Auslegung, zu ermitteln, ob und in welchem Umfange die eine oder die andere Norm zu beachten ist. Des Postulates der *Einheit der Rechtsordnung* wegen ist die Rechtswidrigkeit eines Verhaltens für die ganze Rechtsordnung einheitlich zu beantworten.

*2. Die Rechtsfolge des Vorliegens eines Rechtfertigungsgrundes*

Ist die tatbestandsmässige Handlung gerechtfertigt, so darf sie ausgeführt werden. Die missbilligende Bewertung, welche das Verhalten sonst erhält, fällt weg. Wurde trotzdem ein Strafverfahren eingeleitet, so führt es zur Aufhebung der Voruntersuchung oder zum Freispruch; ebenso ist zu entscheiden, wenn zweifelhaft bleibt, ob ein Rechtfertigungsgrund besteht.

Das gerechtfertigte Verhalten ist nicht nur straflos, sondern bleibt in der Regel ohne zivilrechtliche Sanktion, obschon es fremde Rechte verletzte. Ausnahmen werden aus Gründen der Billigkeit vorgesehen durch OR Art. 52 Abs. 2, der gebietet, für den durch eine Notstandshandlung, StrGB Art. 34, ZGB Art. 701, gestifteten Schaden Ersatz zu leisten. Ferner: Ist die Tat gerechtfertigt, so darf ihr gegenüber keine Notwehr geübt werden, weil sie kein rechtswidriger Angriff ist.

### 3. Die Arten der Rechtfertigungsgründe

Drei Arten von Rechtfertigungsgründen sind zu unterscheiden:

#### a) Die gesetzlichen Rechtfertigungsgründe

Die Regeln darüber finden sich in StrGB Art. 32–34, ausserdem in vereinzelten Bestimmungen des besonderen Teils, wie Art. 321 Zif. 2 und 3.
Die gesetzliche Regelung ist nicht abschliessend. Deshalb gibt es:

#### b) Die aussergesetzlichen Rechtfertigungsgründe

Sie *ergänzen* die gesetzlichen Rechtfertigungsgründe. Weil es sich um Rechtsfindung zugunsten des Beschuldigten handelt, schliesst das Legalitätsprinzip diese Vervollständigung des Gesetzes nicht aus.

#### c) Die übergesetzlichen Rechtfertigungsgründe

Sie *berichtigen* eine ungenügende gesetzliche Regelung der Rechtfertigungsgründe, indem sie jede Tat für erlaubt ansehen, welche einem allgemeinen Prinzip der Güterabwägung zufolge oder nach dem Grundsatz, dass zu einem erlaubten Zweck angemessene Mittel verwendet werden dürfen, als gerechtfertigt angesehen werden kann.
Der Sprachgebrauch ist ungenau; schweizerische Lehre wie Rechtsprechung verwenden die Ausdrücke ausser- und übergesetzliche Rechtfertigung wechselweise, siehe BGE *94* (1968) IV 68.

### 4. *Objektive oder subjektive Bedingtheit der Rechtfertigung?*

Es stellt sich die Frage, ob zur Rechtfertigung genügt, dass eine rechtfertigende Lage vorliegt, oder ob der Täter sie kennen und auf Grund dieser Kenntnis handeln muss.
Von der hier vertretenen Ansicht, die Tatbestandsmässigkeit bestehe in der das fremde Rechtsgut äusserlich beeinträchtigenden Handlungsweise, und nur in ihr, ausgehend, scheint es nahezuliegen, die objektive rechtfertigende Lage zum Ausschluss der Rechtswidrigkeit genügen zu lassen. Indessen bezieht sich diese Frage darauf, ob ein strafrechtlich verpönter Eingriff in fremde Rechtsgüter vorliegt. Sie ist auf Grund des äusseren Tatbestandes zu beantworten, weil schon dieses Verhalten genügt, um dem Betroffenen eine Einbusse zuzufügen.
In bezug auf die Rechtfertigung geht es nicht mehr um die dem Opfer zugefügte Schädigung, sondern um eine besondere Beurteilung des Verhaltens des

Täters. Es fragt sich, ob jemand berechtigt ist, eine sonst als Rechtsverletzung strafbare Handlung auszuführen, weil sie einem vom Täter bevorzugten höheren Wert zu dienen vermag. Deshalb ist für das Vorliegen eines Rechtfertigungsgrundes ausser der objektiv rechtfertigenden Lage erforderlich, dass sich der *Täter dieser Lage bewusst* ist und die durch sie vermittelten Befugnisse beanspruchen will, BGE 79 (1953) IV 154, E. 3.

Eine Reihe von Rechtfertigungsgründen sind überdies so beschaffen, dass sie nur eingreifen können, wenn sie bewusst ausgeübt werden, so das Handeln auf Grund gesetzlicher Erlaubnis oder Pflicht.

### 5. Die Begrenzung der gerechtfertigten Taten

Eine grosse Zahl von Straftaten ist derart, dass sie *rein tatsächlich* überhaupt nie als gerechtfertigtes Verhalten in Frage kommen kann, so einzelne Vermögensdelikte wie der Wucher oder die Warenfälschung, oder die Sexualdelikte. Durch die Rechtfertigung gedeckt werden können nur eine eher kleine Zahl von Taten, wie Körperverletzung oder gar Tötung, Wegnahme fremder Sachen, Freiheitsberaubung, Hausfriedensbruch.

### 6. Die Lehre von den negativen Tatbestandsmerkmalen

Die ausnahmsweise Rechtfertigung eines sonst tatbestandsmässig-rechtswidrigen Verhaltens führt dazu, dass zuweilen erst nach der Prüfung, ob ein Rechtfertigungsgrund vorliegt oder nicht, entschieden werden kann, ob das Verhalten wirklich rechtswidrig ist. Daraus leiten einige, REINHART FRANK folgend, neustens KARL ENGISCH (ZStrW 70 [1958] 566, bes. 596 f.), ARTHUR KAUFMANN (zuletzt JZ *1963* 504), zurückhaltender JÜRGEN BAUMANN (Strafrecht Allg. Teil, 6. Aufl., Bielefeld 1974, S. 290), ab, ein gesetzlicher Tatbestand bedeute eigentlich, wer dies oder jenes tue, ohne dass ein Rechtfertigungsgrund vorliege, werde bestraft. Das *Fehlen eines Rechtfertigungsgrundes* sei ein *negatives Tatbestandsmerkmal*.

Diese Lehre berücksichtigt zuwenig, dass eine Regel-Ausnahmesituation vorliegt und vermengt zwei verschiedene Bewertungen des zu beurteilenden Verhaltens: Nämlich ob überhaupt eine im *allgemeinen* gesetzlich *verpönte Beeinträchtigung* eines geschützten Rechtsgutes *vorliegt*, und ob diese *Beeinträchtigung*, die in der Regel als allgemeine Voraussetzung der Strafbarkeit genügt, im einzelnen Fall *ausnahmsweise* als *erlaubt* angesehen werden muss, weil die verbietende Norm durch einen Erlaubnissatz unwirksam gemacht wurde. Dass auch die Erlaubnissätze als Rechtssätze einen Tatbestand im Sinne der allgemeinen Rechtslehre als generell-abstrakte Voraussetzung der Rechtsfolge, § 10 I 1 a hievor, besitzen, bedeutet nicht, dass sie zum Tatbestand im Sinne der Tatbestandsmässigkeit als allgemeine Bedingung der Strafbarkeit, § 10 I 1 e hievor, gehören. Deshalb fordert nicht einmal die Behandlung des Irrtums über die tatsächlichen Voraussetzungen eines Rechtfertigungsgrundes, als Sachverhaltsirrtum, § 18 IV 2 b cc hienach, den Tatbestand eines Rechtfertigungsgrundes als negatives Tatbestandsmerkmal zu behandeln, wie die Anhänger dieser Lehre meinen. Überdies müsste sich der Vorsatz ebenfalls auf die negativen Tatbestandsmerkmale beziehen und ein solcher Vorsatz wird sich nie nachweisen lassen.

## II. DIE GESETZLICHEN RECHTFERTIGUNGSGRÜNDE

### 1. Allgemeines

Das Strafgesetzbuch zeichnet sich durch eine recht umfassende gesetzliche Regelung der Rechtfertigungsgründe aus, vergleicht man es mit dem Code pénal, der nur eine Notwehr gegenüber Delikten gegen Leib und Leben kennt, Art. 328/329, oder mit den wenigen Regeln über Notwehr und Notstand des deutschen Strafgesetzes, §§ 53/54. Doch verglichen mit der eingehenden Regelung des italienischen Rechts, CP Art. 50–54, nimmt sich das Schweizer Gesetz eher bescheiden aus.

Die *gesetzliche Regelung* ist *nicht abschliessend*, BGE 94 (1968) IV 68. Damit ist einmal gesagt, dass das schweizerische Recht aussergesetzliche Rechtfertigungsgründe kennt. Anderseits bedeutet der Hinweis, dass einzelne gesetzliche Rechtfertigungsgründe eher programmatischen Charakter tragen, wie Art. 32, und ergänzende freie richterliche Rechtsfindung intra legem fordern.

Die gesetzlichen Rechtfertigungsgründe zerfallen in zwei Gruppen. Art. 32 umschreibt einige Fälle, in denen besondere Rechtsstellungen erlauben, sonst strafbare Eingriffe in die Rechte anderer auszuführen; sie ermächtigen gewissermassen zum rechtlich *erlaubten Angriff* auf fremde Rechtsgüter. Art. 33 und 34 hingegen gestatten Eingriffe in fremde Rechtsgüter, wenn es gilt, sich gegen eine *Gefahr zu verteidigen*.

Oberster Grundsatz der Regelung der Rechtfertigungsgründe im schweizerischen Recht ist, wie deutlich zu erkennen ist, der Grundsatz der *Verhältnismässigkeit*. Es ist jeweils nur ein derartiger und ein so starker Eingriff in die fremden Rechtsgüter erlaubt, als unbedingt erforderlich ist, um den zulässigen Zweck zu erreichen.

Besteht an sich ein Rechtfertigungsgrund, greift der Täter jedoch stärker als erlaubt in die fremden Rechtsgüter ein, so ist er *für das Übermass strafrecht-*

*lich verantwortlich.* Der entsprechende, nur in StrGB Art. 33 Abs. 2, 34 Zif. 1 Abs. 2, Zif. 2 Satz 2, ausgesprochene Satz gilt für alle Rechtfertigungsgründe. Nimmt der Täter irrigerweise an, er sei zu dem Exzess berechtigt gewesen, ist Art. 20 anzuwenden.

### 2. Die einzelnen gesetzlichen Rechtfertigungsgründe

#### a) Gesetz, Amts- oder Berufspflicht, Art. 32

Die durch das Gesetz, eine Amts- oder Berufspflicht gebotene, und die durch das Gesetz für erlaubt oder straflos erklärte Tat ist Art. 32 zufolge kein Verbrechen oder Vergehen.

aa) Gesetzlich gebotenes oder erlaubtes Handeln

*Gesetz* meint hier nicht einzig das Strafgesetzbuch, sondern, wie in Art. 1 und 2, jede von der *zuständigen Stelle erlassene generell-abstrakte Bestimmung*. Es kommen auch ausserhalb des Strafgesetzes stehende Regeln in Frage, sogar solche des kantonalen Rechts.

*aaa) Gesetzlich gebotenes Handeln*

Heisst ein gesetzliches Gebot jemanden eine sonst strafbare Handlung auszuführen, so vermag das Gebot das Verbot ausser Kraft zu setzen. Während StrGB Art. 321 den Ärzten verbietet, die auf Grund ihrer beruflichen Tätigkeit gewonnenen Kenntnisse weiterzugeben, so tritt dieses Verbot zurück, wenn die Eidgenossenschaft eine Meldepflicht für bestimmte Krankheiten aufstellt oder das bernische Medizinalgesetz von 1865, § 5 Abs. 3, die Medizinalpersonen zur Anzeige verpflichtet, wenn sie ein Verbrechen aufdecken. Oder wer nach eidgenössischem oder kantonalem Recht zur wahrheitsgemässen Aussage als Zeuge gehalten ist, begeht keine Ehrverletzung, wenn er wahrheitsgetreu über andere Ehrrühriges bekannt gibt, BGE *80* (1954) IV 60, anders und unzutreffend BGE *98* (1972) IV 90 für ehrverletzende Aussagen in der richterlichen Begründung eines Urteils, dazu ZBJV *109* (1973) 419, Zif. 11. Ebensowenig begeht Freiheitsberaubung, wer auf Grund von bern. StrV Art. 73 Abs. 2 einem Polizisten auf dessen Aufforderung hin bei einer Festnahme hilft.

Doch darf die Rechtsanwendung nicht einfach so vorgehen, dass sie ermittelt, ob ein dem Verbot entgegenstehendes Gebot des eidgenössischen oder kantonalen Rechts besteht. Handelt es sich um einen Erlaubnissatz des kantonalen Rechts, so vermag er ein Verbot des Bundesrechts nur dann unwirksam zu machen, wenn er nicht bundesrechtswidrig ist und wenn eine Gegenüberstellung beider Sätze zum Ergebnis führt, die kantonale Regel sei so wichtig, dass ihr der Vorrang vor dem Satz des Bundesrechtes zuzuerkennen ist. Dieselbe Prüfung muss selbst dann vorgenommen werden, wenn sich Sätze des Bundesrechtes gegenüberstehen; siehe § 17 I 1, die beiden letzten Absätze, hievor.

*bbb) Gesetzlich erlaubtes Handeln*

Das strafrechtlich geschützte Verbot weicht, wenn durch das Strafgesetzbuch oder eine andere gesetzliche Vorschrift das verbotene Verhalten ausdrücklich erlaubt wird. Auch hier ist zu prüfen, ob der aufgefundene Erlaubnissatz wirklich die Bedeutung besitzt, das strafrechtliche Verbot unwirksam werden zu lassen. So ist zu beachten, dass das Eigentum nur selten als erlaubende Norm angerufen werden kann, weil es einzig die Befugnis gewährt, über eine Sache «in den Schranken der Rechtsordnung» zu verfügen, ZGB Art. 641 Abs. 1. Deswegen vermochte die Berufung auf das Eigentum nichts auszurichten gegenüber dem Vorwurf, eigenes oder gar fremdes Trinkwasser zu verunreinigen, StrGB Art. 234, BGE *78* (1952) IV 170, noch gegenüber der Anschuldigung der Störung von Betrieben, welche der Allgemeinheit dienen, Art. 239, BGE *85* (1959) IV 233.

Beispiele rechtfertigender gesetzlicher Erlaubnis sind hingegen: *Erlaubte Selbsthilfe*, siehe ZGB Art. 926, BGE *85* (1959) IV 5; OR Art. 52 Abs. 3, BGE *76* (1950) IV 234, E. 3 b bb; OR Art. 57, BGE 77 (1951) IV 194, *78* (1952) IV 83, RStrS *1956* 54; JVG Art. 23 und kantonale Jagdvorschriften, RStrS *1956* 8, *1958* 212^bis, *1959* 121, *1960* 176; *zivilrechtlicher Notstand*, ZGB Art. 701; *Ausüben prozessualer Befugnisse* wie das durch bern. StrV Art. 70 Abs. 1 und die übrigen kantonalen Strafprozessordnungen eingeräumte Anzeigerecht, weshalb eine Strafanzeige keine Ehrverletzung darstellt, selbst wenn sie nur einen begründeten Verdacht äussert, ZR *1956* Nr. 38, PKG *1953* Nr. 57, RStrS *1949* 39, oder das durch das bern. StrV Art. 73 Abs. 1 begründete Recht, den auf frischer Tat Ertappten anzuhalten, ferner zivilprozessuale Befugnisse, weshalb die zur Begründung eines Anspruches erforderlichen Behauptungen nicht als Ehrverletzungen bestraft werden können, insbesondere dann nicht, wenn die betreffende Zivilprozessordnung der Partei eine Begründungspflicht auferlegt, a. M. und nur den Entlastungsbeweis gemäss Art. 173 Ziff. 2 zulassend BGE *98* (1972) IV 88, E. 2, dazu ZBJV *109* (1973) 405, Ziff. 8.

### bb) Die Amtspflicht

Insofern eine Verletzung fremder Rechtsgüter durch *Amtspflicht* geboten ist, entfällt selbstverständlich die Rechtswidrigkeit. Deshalb stellt die Verhaftung, ausgeführt durch den zuständigen Beamten in gesetzlicher Form, keine Freiheitsberaubung dar; ebenso ist die nach sorgfältiger Abklärung in einem Polizeibericht aufgestellte ehrverletzende Äusserung straflos, BGE 76 (1950) IV 26. Das Züchtigungsrecht des beamteten Lehrers schliesst Bestrafung wegen Ehrverletzung oder Tätlichkeit aus, BGE 72 (1946) IV 176, ZR *1947* Nr. 41.

Was zur Amtspflicht gehört, findet sich in zahllosen Vorschriften des Bundes, der Kantone und der Gemeinden, es ist überdies durch Auslegung und Gewohnheitsrecht zu ergänzen, z. B. für interkantonale Rechtshilfe in kantonalen Strafsachen, BGE *85* (1959) I 103. Die Rechtfertigung reicht nur so weit, als die Amtshandlung wirklich rechtmässig ist, dazu BGE *98* (1972) IV 45, und den Grundsatz der Proportionalität nicht verletzt, RStrS *1953* 105; zum Waffengebrauch durch einen Polizisten, der eine Verhaftung ausführen will, BGE *94* (1968) IV 5, Pra *63* (1974) 221, N. 96, E. 2.

### cc) Die Berufspflicht

Art. 32 gewährt in scheinbar umfassender Weise der *Berufspflicht* rechtfertigende Wirkung. Allein damit kann nicht jedes in jedem Beruf gebotene oder gar nur übliche Handeln gemeint sein. Die Regel besitzt ganz ausgesprochen programmatischen Charakter und bedarf der genaueren Bestimmung durch die Auslegung.

Es kann sich einmal einzig um Berufe handeln, welche besonders wichtige Aufgaben erfüllen und zu deren Erreichung verbindliche Vorschriften des geschriebenen oder ungeschriebenen Rechtes oder auf wissenschaftlicher Grundlage, wie das ärztliche Berufsrecht, bestehen. Ausserdem muss es sich um Berufe handeln, welche einer Bewilligung unterstehen und deren Ausübung beaufsichtigt wird, wie dies für Ärzte, Zahnärzte, Apotheker, Fürsprecher und Notare zutrifft. Meistens sind solche Berufsleute mit der Pflicht belastet, ihre Dienste Unbemittelten unentgeltlich oder zu ermässigten Tarifen zur Verfügung zu stellen.

Der Rückgriff auf die Berufspflicht wird überaus selten zum Zuge kommen. Denn die Tätigkeit der in Frage stehenden Berufsleute, besonders der Medizinalpersonen, gründet sich in der Regel auf einen Auftrag oder Geschäftsführung ohne Auftrag, dazu II 1 a, 4 hienach, und darin liegt ihre Ermächtigung, in die Rechtsgüter des Auftraggebers einzugreifen. Die Berufung auf die Berufspflicht kann bedeutsam werden, wenn die berufliche Tätigkeit zwingt, die Rechte Dritter zu verletzen. Dies trifft zu auf den Fürsprecher, der in aussergerichtlichen Verhandlungen oder vor Gericht sich über die Gegenpartei und zuweilen andere Personen in einer Weise äussern muss, die als Ehrverletzung anzusehen wäre, diente sie nicht der Vertretung der Interessen seines Klienten. Solche Äusserungen sind durch die Berufspflicht gedeckt.

### dd) Vom Gesetz straflos erklärte Handlungen

Art. 32 nennt noch die durch das Gesetz – hier kann es sich nur um das Strafgesetz handeln – straflos erklärten Handlungen. Straflosigkeit sieht das Strafgesetzbuch aus den verschiedensten Gründen vor, doch handelt es sich dann in der Regel gerade nicht um einen Rechtfertigungsgrund. So wenn Art. 138 oder 305, je Abs. 2, dem Richter erlauben, von Strafe Umgang zu nehmen. Die straflos erklärten Handlungen in Art. 32 zu nennen ist ein ausgesprochenes *gesetzgeberisches Versehen*.

## b) Die Notwehr, Art. 33

Literatur:
HANS DUBS, Notwehr. Bemerkungen zu StrGB Art. 33 anhand von sieben Fällen, ZStrR *89* (1973) 337.

### aa) Der Begriff

*Notwehr* ist die den Umständen angemessene *Abwehr* eines unmittelbar drohenden oder bereits begonnenen, aber noch nicht beendeten rechtswidrigen *Angriffes* auf eigene oder fremde Rechtsgüter.

### bb) Die rechtliche Eigenart

Notwehr ist ein *Recht*. Wer angegriffen wird, darf sich wehren. *Recht muss Unrecht nicht weichen*, lautet die schweizerische Rechtsauffassung. Sie weicht von der des deutschen Rechts ab, dessen § 53 nur die gebotene Notwehr zulässt und den Angegriffenen auf nach den Umständen angemessene andere Abhilfe verweist, wie Ausweichen oder Flucht. Ausnahmsweise schliessen besondere Vorschriften aus, in bestimmten Situationen sich auf Notwehr zu berufen, so z. B. SVG Art. 26 Abs. 2 i. f.

### cc) Die Berechtigung zur Notwehr

Zur Notwehr ist der rechtswidrig Angegriffene selber sowie jeder andere, der Nothilfe leistet, berechtigt.

### dd) Die Voraussetzungen der Notwehr

Notwehr ist erlaubt, wenn ein Angriff ausgeführt wird oder unmittelbar droht. Gemeint ist ausschliesslich ein *menschlicher Angriff*, der auch vorliegt, wenn der Angreifer sich eines Mittels bedient, z. B. einen Hund auf das Opfer hetzt, BGE 97 (1971) IV 74, E. 2.

Welches Rechtsgut angegriffen wird, ist grundsätzlich unerheblich. Doch ist zu beachten, dass *jemand* ohne Recht angegriffen werden muss. Damit ist gesagt, dass nur die persönlichen Rechtsgüter notwehrfähig sind, also Leib, Leben, Freiheit, sexuelle Integrität, Ehre, Vermögen. Allein ein Angriff auf Rechtsgüter der Allgemeinheit kann in seinen Auswirkungen persönliche Rechtsgüter beeinträchtigen und deshalb zum Angriff im Sinne von Art. 33 werden. Dies ist der Fall, wenn jemand einen Wasserlauf verunreinigt, dem ein anderer das Trinkwasser entnimmt; die Beeinträchtigung des eigenen Trinkwassers berechtigt zur Notwehr gegen die Verunreinigung. Der Notwehr auslösende Angriff muss nicht in tatbestandsmässiger Form ausgeführt worden sein.

Mit dem «jemand» ist nicht der Staat als Träger der staatlichen Rechtsgüter gemeint, deren Schutz einzig den staatlichen Behörden zusteht, abgesehen von chaotischen Zuständen der Auflösung der Staatsgewalt, in denen jeder Bürger gewissermassen als Träger des Staates für das allgemeine Wohl sorgen muss.

Dem tatsächlich ausgeführten Angriff, welcher mindestens in die rechtlich geschützten Güter einzugreifen sucht, stellt das Gesetz den unmittelbar drohenden Angriff gleich. Auch der drohende Angriff muss an dem äusseren Verhalten erkennbar sein, BGE 93 (1967) IV 81.

Aus welchen *Gründen* der Angriff erfolgt, ist unerheblich, ebenso ob er vorsätzlich oder fahrlässig geschah und ob der Täter verantwortlich ist oder nicht. Selbst ein strafunmündiges Kind oder ein Zurechnungsunfähiger kann einen Angriff im Sinne von Art. 33 ausführen. Entscheidend ist einzig die äusserlich erkennbare Tatsache des unmittelbar drohenden oder bereits ausgeführten Angriffes. Deshalb berechtigt selbst der irrtümlich ausgeführte Angriff zur Notwehr. Immer ist es dieselbe Überlegung, die durchschlägt: Es kommt einzig und allein auf die tatsächliche Gefährdung des angegriffenen Rechtsgutes an. Ist der Angreifer ein Kind, ein Berauschter oder ein offensichtlich in einem Irrtum Befangener, so wirkt sich dies nur in dem Mass der zulässigen Abwehr aus. Sogar der vom Opfer verschuldete, rechtswidrige Angriff berechtigt zur Notwehr. Dies folgt daraus, dass Art. 64 der Provokation nur strafmildernde Wirkung beilegt. Der vom Angegriffenen verschuldete Angriff bleibt rechtswidrig. Etwas anderes gilt einzig, wenn der Angriff absichtlich hervorgerufen worden war, um dem «Angegriffenen» Gelegenheit zu verschaffen, in die Rechtsgüter des anderen einzugreifen, sog. *provozierte Notwehr*. Dann ist Notwehr nicht erlaubt.

Notwehr ist *ausgeschlossen* gegenüber einem rechtmässigen Eingriff in fremde Rechtsgüter, so z.B. gegenüber dem zur Verhaftung schreitenden Polizisten, selbst wenn die Verhaftung auf Irrtum beruht. Deswegen ist Notwehr gegen Notwehr oder eine Notstandshandlung unzulässig.

Nimmt jemand irrigerweise an, er werde angegriffen, so liegt *Putativnotwehr* vor, und der scheinbar Angegriffene befindet sich in einem Sachverhaltsirrtum, Art. 19, § 18 IV 2 b cc hienach.

### ee) Das Mass der Notwehr

Erlaubt ist nur die *angemessene Abwehr des Angriffes*. Das zulässige Mass der Abwehr hängt in erster Linie von dem *Wert des angegriffenen Rechtsgutes* und der *Art des Angriffes* ab. Wer dem Opfer nach dem Leben trachtet, dem darf der Angegriffene ans Leben gehen; wer nur leichte Körperverletzungen verübt, darf bloss mit einer etwas stärkeren Replik zurückgewiesen werden. Angriffen auf Vermögenswerte ist erst recht zurückhaltend zu begegnen; die Abwehr soll vor allem erreichen, den Besitz des Vermögensstückes zu behalten. Die Abwehr darf stärker sein, wenn Gewalt angewendet wurde, insbesondere wenn sie sich gegen eine Person richtete. Angriffe auf die sexuelle Integrität dürfen höchst entschieden abgewehrt werden.

Ausserdem sind die *weiteren Umstände* zu berücksichtigen, insbesondere die persönlichen Eigenschaften der Beteiligten. Das körperlich überlegene Opfer darf den Angreifer nicht mehr als nötig in die Finger nehmen; die offensichtliche Unterlegenheit des Angreifers, z.B. eines Kindes oder eines gutmütigen Betrunkenen, verpflichtet den Angegriffenen zu äusserster Zurückhaltung. Eine wichtige Rolle spielen Zeit und Ort des Angriffs. Der an einsamer Stelle nachts Angegriffene darf sich stärker wehren als der, welcher tags in Gegenwart anderer attackiert wird.

Ob die Notwehr angemessen gewesen war, beurteilt sich nach den Verhältnissen zur *Zeit der Tat*.

Weil die Notwehr sogar zur vorsätzlichen Verletzung der Rechtsgüter des Angreifers berechtigt, rechtfertigt sie die während der Abwehr begangene *fahrlässige* Verletzung ebenfalls, BGE 79 (1953) IV 150.

### ff) Die Grenzen der Notwehr

Keine Notwehr ist die *Vorbereitung*, einen *zukünftigen Angriff zurückzuweisen*, z.B. durch das Legen von Fussangeln oder Selbstschüssen. Solche Vorkehren, die sich gegen *jeden* sich Nähernden richten, sind unzulässig, es sei denn, es handle sich um geringfügige Eingriffe in fremde Rechtsgüter, um besonders bedrohte, hochwertige Rechtsgüter zu schützen.

Ebensowenig ist der *einem möglichen Angriff zuvorkommende eigene Angriff* Notwehr, BGE *93* (1967) IV 81. Keine Notwehr ist ferner die *Vergeltung* eines bereits beendeten Angriffes, die nur als Strafmilderungsgrund gem. Art. 64 oder ausnahmsweise als fakultativer Schuldausschliessungsgrund gem. Art. 177 Abs. 2 wirksam werden kann.

Notwehr ist *tatsächlich ausgeschlossen,* wenn eine angemessene Abwehr durch Eingriff in die Rechtsgüter des Angreifers unmöglich ist, so zum Beispiel gegenüber einer Flut von Beschimpfungen.

gg) Das Überschreiten der Notwehr

Überschritt der Angegriffene die angemessene Abwehr, ist er für diesen *Exzess* – nicht für die ganze Abwehr – *strafrechtlich verantwortlich,* Pra *63* (1973) 369 N. 123. Art. 33 Abs. 2 Satz 1 erlaubt, die Strafe nach Art. 66 zu *mildern*. Ging der Notwehrexzess auf entschuldbare Aufregung oder Bestürzung zurück, so bleibt dessen Urheber straflos, l. c. Satz 2; dies ist kein Rechtfertigungsgrund, sondern ein besonderer Schuldausschliessungsgrund. Der *Notwehrexzess ist stets rechtswidrig*, erlaubt Gegennotwehr und verpflichtet grundsätzlich zu Schadenersatz.

In der Beurteilung des Notwehrexzesses ist ebenfalls von der *Tatsituation* und den Eigenschaften der Beteiligten auszugehen. Jedes Schulmeistern, wie wenn es sich um einen Vorgang in der ruhigen und sachlichen Atmosphäre des Gerichtssaales handeln würde, ist zu vermeiden.

hh) Die Abgrenzung der Notwehr von anderen Rechtsbehelfen

Weil die Notwehr ein Recht des Angegriffenen ist, darf sie ausgeübt werden, unbekümmert darum, ob sich der Angegriffene durch Flucht oder Herbeirufen von Hilfe des Angriffes erwehren könnte; BGE *79* (1953) IV 152. Andererseits schliesst Flucht nicht aus, sich auf Notwehr zu berufen, wenn die Notwehr dienen soll, den Rückzug zu decken, BGE *86* (1960) IV 1.

Auf Notwehr kann sich der Angegriffene *nur gegenüber* dem *Angreifer* berufen. Wer angegriffen ist, befindet sich jedoch stets in Gefahr, weshalb er auf Grund der Bestimmung über den Notstand in die Rechtsgüter Dritter eingreifen darf, BGE *75* (1949) IV 51.

c) Der Notstand, Art. 34

aa) Der Begriff

Notstandshandlung ist der sonst strafbare *Eingriff* in *fremde Rechtsgüter*, um eigene oder fremde *Rechtsgüter* aus einer *unmittelbaren, nicht anders abwendbaren, unverschuldeten Gefahr* zu erretten.

### bb) Die Rechtsnatur des Notstandes

Die rechtliche Eigenart des Notstandes ist umstritten. Er kann als Rechtfertigungs- oder Schuldausschliessungsgrund angesehen werden, oder es wird in einzelnen Fällen ein Rechtfertigungs-, in anderen ein Schuldausschliessungsgrund angenommen.

Die Besonderheit des Notstandes liegt darin, dass die Gefahrenlage den Eingriff in die Rechtsgüter *völlig Unbeteiligter* erlaubt. Solche Eingriffe als rechtmässig anzusehen fällt nicht leicht, besonders wenn extreme Beispiele herangezogen werden, wie das seit der Antike erörterte der zwei Schiffbrüchigen, die sich an dieselbe Planke, welche nur einen zu tragen vermag, klammern.

Indessen lässt die im schweizerischen Recht getroffene Lösung, wie die herrschende Meinung annimmt, wohl nur die Deutung zu, dass der Notstand ein Rechtfertigungsgrund ist. Er steht ohne besondere Kennzeichnung unter dem Untertitel der Zif. 8 «Rechtmässige Handlungen», welcher sich vor Art. 32 findet. Dass das Gesetz in Art. 34 nur von einer straflosen Tat spricht und nicht, wie in Art. 33, von der Berechtigung zur Tat, vermag dagegen nicht aufzukommen, weil der Sprachgebrauch des Gesetzes nicht einheitlich durchgebildet ist. Der Gesetzgeber räumte in der Ausnahmesituation der unmittelbaren Gefahr das Recht ein, in fremde Rechtsgüter einzugreifen. Weil der Eingriff rechtmässig ist, war es nötig, die Verpflichtung zu Schadenersatz ausdrücklich zu begründen, OR Art. 52 Abs. 2.

Immerhin führt die Besonderheit dieses Rechtfertigungsgrundes dazu, dass die Notwendigkeit verhältnismässigen Eingreifens besonders betont wird. Ausserdem ist der Notstand *subsidiär:* das gefährdete Gut muss preisgegeben werden, wenn es dem Berechtigten zuzumuten ist.

Andere Ansichten zählen den Notstand zu den Schuldausschliessungsgründen; denn es entfalle nicht die Rechtswidrigkeit des Handelns, sondern nur die Vorwerfbarkeit der Rechtsverletzung, weil die Beachtung des Rechts in der Gefahr nicht zumutbar sei. Noch andere, so der Kommentar THORMANN/VON OVERBECK (zu Art. 34 Nr. 3, S. 144) und die neue deutsche Regelung (§§ 34 und 35 in der Fassung des 2. StrRG), lassen Notstand als Rechtfertigung einzig für Eingriffe in untergeordnete fremde Rechtsgüter gelten und behandeln ihn in den übrigen Fällen als Schuldausschliessungsgrund.

### cc) Die Berechtigung zur Nottat

Auf Notstand kann sich berufen der, dessen eigene Rechtsgüter gefährdet sind, wie auch der, welcher fremde Rechtsgüter in Gefahr sieht und der *Notstandshilfe* leistet.

### dd) Die Voraussetzungen des Notstandes

Notstand setzt eine nicht anders abwendbare, unmittelbare Gefahr für ein Rechtsgut voraus. Die Bezeichnung der Gefahr als unmittelbare deutet auf deren Dringlichkeit hin und besagt, dass die Verletzung des Rechtsgutes höchstwahrscheinlich sein muss.

Die Gefahr kann, muss aber nicht auf menschliches Verhalten zurückgehen. Sie kann auch in der Naturgewalt, dem Angriff eines Tieres, BGE 97 (1971) IV 73, oder im Versagen technischer Anlagen liegen.

Handeln im Notstand ist nur zulässig, wenn die Gefahr nicht auf andere Weise abgewendet werden kann. Der Notstand ist anderen Abhilfen gegenüber *subsidiär*. Selbst eine nicht allzu schwere oder gefährliche unmittelbare Bekämpfung der Gefahr muss im Rahmen des Zumutbaren vor dem Eingriff in die Güter Dritter versucht werden. Ebenso geht der *zumutbare Verzicht* auf das gefährdete Rechtsgut der Nottat vor.

Ausserdem ist die Nottat nur zulässig, wenn die Gefahr *nicht verschuldet* wurde. Diese Regel ist zu starr; sie versagt, wenn eine Gefahr für hochwertige Rechtsgüter durch ein leichtes Verschulden herbeigeführt worden ist und mit geringfügigen Eingriffen in bedeutend weniger wertvolle Güter behoben werden kann. Abhilfe verschafft in solchen Fällen, mit THORMANN/VON OVERBECK (op. cit. in Art. 34 N. 14, S. 146), ROBERT VON HIPPEL folgend, ein Verschulden nur anzunehmen, wenn der Betroffene nicht bloss die Gefahr, sondern auch die Notwendigkeit, in die Rechtsgüter Dritter einzugreifen, voraussehen konnte.

Einem Dritten wird durch Art. 34 Zif. 2 zu helfen erlaubt, unabhängig davon, ob die Gefahr durch den Berechtigten verschuldet worden war oder nicht, weil der Dritte dies kaum beurteilen kann. Anders ist zu entscheiden, wenn der Nothelfer erkennen konnte, dass der Berechtigte die Gefahr verschuldet hatte.

Durch eine Nottat kann, wie bei der Notwehr, b dd hievor, einzig ein unmittelbar oder mittelbar gefährdetes persönliches Rechtsgut gerettet werden, BGE 94 (1968) IV 70, E. 2, spricht das Gesetz in Art. 34 Zif. 1 Abs. 1 doch davon, dass jemand «sein Gut» aus einer Gefahr errettet.

Notstand wird nur zugestanden, wenn die *Preisgabe* des gefährdeten Gutes *nicht zumutbar* ist, welche Bedingung auch für den Nothelfer gilt. Ob dies zutrifft, entscheidet sich nach der Art des Rechtsgutes, der Nähe und Grösse der Gefahr einerseits, der Art des zu opfernden fremden Rechtsgutes andererseits. Zumutbar ist der Verzicht auf Sachgüter, es sei denn, es handle sich um besonders wertvolle, zu deren Rettung bedeutend geringere fremde Vermögensstücke dienen könnten.

Die Berufung auf Notstand ist den Angehörigen der Berufe *erschwert*, welche sich pflichtgemäss erhöhter Gefahr auszusetzen haben, wie Soldaten, Polizisten, Feuerwehrleute, Bergführer, und die sich dieser Pflichterfüllung nicht entziehen können, indem sie Notstand geltend machen.

### ee) Das Mass der Nottat

Die Nottat untersteht in besonders *strenger Weise* dem Gebot der *Verhältnismässigkeit*. Um eigene Güter, deren Preisgabe nicht zumutbar ist, zu retten, dürfen fremde Rechtsgüter nur herangezogen werden, wenn sie der Art nach oder im Einzelfall bedeutend weniger wertvoll sind als die des Gefährdeten. Sind die Güter gleichen Wertes, so ist nicht einzusehen, weshalb ein anderer den Schaden erleiden soll. Ebenso ist es ausgeschlossen, dass ein Arzt als Notstandshilfe in die Gesundheit eines Menschen ohne dessen Einwilligung eingreift, um die Gesundheit eines anderen zu retten. Dies auch und nicht zuletzt deswegen, weil sonst das Vertrauen in den Arzt und seine Rolle als Helfer des von ihm angerufenen Patienten erschüttert würde.

Überdies darf der Eingriff nur so weit gehen, als es zur Rettung der eigenen Güter unbedingt erforderlich ist. In diesem Zusammenhange ist daran zu erinnern, dass die Möglichkeit, die eigenen unmittelbar gefährdeten Rechtsgüter durch Eingriffe in fremde Rechtsgüter zu retten, ohne dass die Gefahr anders abgewendet werden kann, *tatsächlich begrenzt* ist. Es wird sich meistens um die Rettung von Leben, Gesundheit oder von Vermögenswerten durch Beanspruchung fremden Vermögens handeln. Ausnahmsweise wird Leben gegen keimendes Leben stehen, so wenn der Arzt wegen einer unmittelbaren Lebensgefahr für die Schwangere die Schwangerschaft unterbricht, welches Vorgehen nicht durch Art. 120 Ziff. 1 gedeckt ist, sondern durch Ziff. 2 als Notstandshilfe gemäss Art. 34 Ziff. 2 vorbehalten wird. BGE *98* (1972) IV 10, E. 3, erwägt die Möglichkeit, eine für das Leben eines Helfers gefährliche Handlung anzuordnen, um einen Dritten aus Lebensgefahr zu retten; Notstand zum Schutz eines Persönlichkeitsrechtes bejahte SJZ 1974 86 N. 15.

### ff) Die Grenzen des Notstandes

Was im vorausgehenden an verschiedenen Stellen ausgeführt wurde, lässt sich folgendermassen zusammenfassen:

Berufung auf *Notstand* ist *ausgeschlossen*, wenn

die Gefahr auf andere Weise abgewendet werden kann;

die Gefahr durch den Berechtigten selbst verschuldet worden war, insofern Notstandshilfe geleistet wird, nur wenn der Helfer dies erkennen konnte;

dem Berechtigten die Preisgabe des gefährdeten Gutes zuzumuten ist, insofern Notstandshilfe geleistet wird, nur wenn der Helfer dies erkennen konnte; jemand verpflichtet ist, die Gefahr zu bestehen.

### gg) Das Überschreiten des Notstandes

#### aaa) Durch den Berechtigten

Der Berechtigte begeht nach Art. 34 Zif. 1 Abs. 2 *Notstandsexzess*, wenn zwar seine eigenen Rechtsgüter unmittelbar gefährdet sind, doch er die Gefahr selber verschuldet hat oder ihm zugemutet werden kann, die gefährdeten Rechtsgüter preiszugeben. Sind schon solche Gegebenheiten, bei denen eigentlich einzelne Voraussetzungen des Notstandes fehlen, nur als Notstandsexzess gem. Art. 66 milder zu bestrafen, so muss, a fortiori, dasselbe gelten, wenn der Eingriff in die fremden Rechte zu stark gewesen war. Wenn sich der Gefährdete in der Einschätzung des Wertes der in Frage stehenden Güter geirrt hatte, führt Art. 19, § 18 IV 2 b cc hienach, sogar zum Freispruch.

#### bbb) Durch den Nothelfer

Nach Art. 34 Zif. 2 kommt dem Nothelfer Strafmilderung zu, welcher eine Nothilfe ausführt, obschon er erkennen konnte, dass dem Berechtigten die Preisgabe des gefährdeten Gutes zuzumuten gewesen wäre. Auch ihm gegenüber ist dieselbe Strafmilderung zu gewähren, wenn seine Rettungstat die Proportionalität verletzte. Irrte er sich in der Einschätzung der betroffenen Güter, verhilft ihm Art. 19 ebenfalls zum Freispruch.

Zu beiden Fällen ist anzumerken, dass das Urteil, ob die Preisgabe des gefährdeten Gutes zumutbar gewesen war oder nicht, die Tatsituation, insbesondere die meist bestehende Aufregung und die knappe zur Verfügung stehende Zeit, zu berücksichtigen hat.

### III. DIE AUSSERGESETZLICHEN RECHTFERTIGUNGSGRÜNDE

Zu diesen im Gesetz nicht geregelten, die gesetzliche Ordnung ergänzenden Rechtfertigungsgründen gehören:

#### 1. Die Einwilligung des Verletzten

##### a) Die wirkliche Einwilligung

Der Ursprung der Lehre von der strafrechtlich erheblichen Einwilligung des Verletzten geht auf das römische Recht zurück, welches in D 47 10 1 5 die

Regel aufstellte: «quia nulla iniuria est, quae in volentem fiat», welche in der Kurzform «volenti non fit iniuria» überliefert wurde.

Die Einwilligung des Verletzten kann nur insoweit von Bedeutung sein, als eine Rechtsordnung dem Rechtsgenossen die *Verfügung über einzelne Rechtsgüter* gewährt. Besteht eine solche Verfügungsbefugnis, so ermöglicht sie, sonst strafrechtlich verpönte Eingriffe in das betreffende Rechtsgut zu erlauben.

Deshalb kann die Einwilligung des Verletzten nur in bezug auf die Rechtsgüter in Frage kommen, welche als *persönliche* dem einzelnen zustehen. Hingegen kann er nicht auf die der Allgemeinheit oder dem Staat zustehenden Rechtsgüter verzichten; möglich ist höchstens, auf die Ausübung der Benützungsbefugnisse öffentlicher Sachen zu verzichten, wie die Ausübung des Vortrittsrechtes.

Allein selbst die *Verfügung* über die persönlichen Rechtsgüter ist *eingeschränkt*, weil auf einzelne Rechtsgüter nicht rechtswirksam verzichtet werden kann. Dies trifft in erster Linie zu auf das Leben. Denn Art. 114 bestraft selbst die Tötung auf Verlangen und Art. 131 Ziff. 1 Abs. 2 den vereinbarten Zweikampf auf Leben und Tod. Für die anderen Rechtsgüter ist darauf abzustellen, ob sie, ZGB Art. 27 entsprechend, zu den unveräusserlichen Teilen der rechtlich geschützten Persönlichkeit gehören oder nicht. Das Strafrecht erleichtert diese Abgrenzung, indem einzelne leichtere Angriffe auf die körperliche Unversehrtheit als einfache Körperverletzungen nur auf *Antrag* verfolgt werden, Art. 123 Ziff. 1 Abs. 1. Hängt die Strafverfolgung vom Willen des Verletzten ab, so kann angenommen werden, dass er in derartige Eingriffe in seine körperliche Integrität rechtswirksam einwilligen kann, unbekümmert darum, welches das Motiv der Einwilligung oder der Tat ist. Liegt ein besonders hochstehender oder wichtiger Grund vor, können schwerere Eingriffe durch Einwilligung gerechtfertigt werden, so wenn ein solcher Eingriff zur Erhaltung des Lebens oder der Heilung des Betroffenen, aber auch wenn er zu Organtransplantationen erforderlich ist. Den Willen, ein Opfer zu bringen, rechtlich zu berücksichtigen, entspricht Art. 34, der ebenfalls den Opfergedanken verwirklicht.

Eine Übersicht über die Möglichkeit wirksamen Verzichts auf die einzelnen Rechtsgüter ergibt: Das Leben ist unverzichtbar. Eingriffe in die Gesundheit sind in der Regel nur durch Einwilligung gerechtfertigt, wenn es sich um einfache Körperverletzungen handelt; schwerere Eingriffe werden einzig dann durch Einwilligung rechtmässig, wenn besondere Gründe im Sinne des Opfergedankens vorliegen oder der Eingriff der Rettung des Einwilligenden selber dienen soll. Eingriffe in Vermögenswerte können immer durch Einwilligung gedeckt werden, selbst wenn die Tat ein Offizialdelikt wäre. Verzichtet werden kann auf strafrechtlichen Schutz der Ehre und der Geheimsphäre. Eingriffe in die Freiheit können nur in geringem Masse durch Einwilligung gerechtfertigt werden. Eingriffe in die sexuelle Integrität können nicht durch Einwilligung rechtmässig werden, wenn das Opfer solcher Taten als nicht voll verantwortlich und deswegen des Schutzes bedürftig angesehen wird, siehe z.B. Art. 189-191.

Voraussetzung wirksamer Einwilligung ist, dass der Verletzte sie aus freiem Willen im Zustande der *Urteilsfähigkeit* abgibt. Ausserdem muss die Einwilligung in der Regel *ausdrücklich* erklärt werden, endlich muss sie *vor der Tat* geäussert worden sein.

Sobald der Berechtigte in die Tat einwilligte, entfällt der strafrechtliche Schutz. Erfuhr der Täter davon nichts, macht er sich des untauglichen Versuches, Art. 23, siehe § 23 III hienach, der in Frage stehenden strafbaren Handlung schuldig. Dieser Sachverhalt liegt z.B. vor, wenn mit präpariertem Geld eine Diebesfalle gestellt und gewünscht wird, der Täter behändige das Geld.

### b) Die Abgrenzung von anderen Rechtsformen

Eine Reihe rechtlicher Erscheinungen scheinen Fälle der Einwilligung des Verletzten zu sein, sind aber in Wirklichkeit etwas anderes.

#### aa) Das Fehlen der Einwilligung als Tatbestandsmerkmal; das Einverständnis

Nicht wenige Straftaten bestehen darin, dass eine Handlung ausgeführt wird, ohne dass der Verletzte sie wollte, wie dies auf alle Spielarten der Nötigung, Art. 181, 156, 187, 188, zutrifft. Sobald das Opfer der Handlung aus freiem Willen zustimmte, liegt nicht Einwilligung des Verletzten vor, sondern es entfällt infolge Einverständnisses das tatbestandsmässige Handeln.

#### bb) Das Mitwirken des Verletzten als Tatbestandsmerkmal

Recht häufig setzen gesetzliche Tatbestände voraus, dass der Täter und das Opfer gemeinsam handeln. Dies gilt für die Tötung auf Verlangen, Art. 114, den Betrug, Art. 148, und den Wucher, Art. 157. Die Mitwirkung des Opfers ist keine Einwilligung in die Tat, sondern nichts anderes als und gerade die Verwirklichung des tatbestandsmässigen Handelns.

### 2. *Die Selbstverletzung*

Weil dieses Verhalten sonst kaum behandelt werden kann, wird es, systematisch nicht ganz zutreffend, hier miterörtert.

Die Verletzung der Rechtsgüter durch deren Inhaber ist beinahe ausnahmslos straflos, schon deswegen, weil dieses Verhalten durch die gesetzlichen Tatbestände gar nicht getroffen wird. Anders steht es nur dann, wenn die Verletzung eigener Rechtsgüter zugleich fremde Rechtsgüter verletzt oder wenigstens gefährdet, wie dies für die gemeingefährlichen Delikte, z.B. Brandstiftung, Art. 221, zutrifft, BGE *78* (1952) IV 170, *85* (1959) IV 233. Eine Selbstverletzung stellt hingegen ausnahmsweise MilStrGB Art. 95 unter Strafe.

### *3. Das Handeln mit mutmasslicher Einwilligung des Verletzten*

Wie verhält es sich, wenn der Verletzte der strafbaren Handlung nicht zustimmte, der Täter jedoch annahm, der Verletzte hätte es getan, hätte er den Sachverhalt gekannt? Es liegt nahe, in einer auf Treu und Glauben beruhenden und den Rechtsmissbrauch verpönenden Rechtsordnung, ZGB Art. 2 Abs. 2, 3 Abs. 1, in diesem Fall ebenfalls einen Rechtfertigungsgrund anzunehmen, vorausgesetzt, dass nach objektiver Wertung das Verhalten des Täters den Vorzug verdient. Eine solche Erweiterung der Rechtfertigungsgründe würde die Straflosigkeit dessen ermöglichen, der aus leichtem Verschulden hochwertige eigene Rechtsgüter in unmittelbare Gefahr brachte und sich nach dem Wortlaut von Art. 34 Zif. 1 Abs. 1 nicht auf Notstand berufen kann. Allein eine sichere Abgrenzungen erlaubende, tragfähige rechtliche Grundlage für einen solchen aussergesetzlichen Rechtfertigungsgrund fehlt. Seine praktische Bedeutung ist gering, wenn er nur Straflosigkeit der Handlungen, welche vom Täter in seinem eigenen Interesse ausgeführt wurden, bewirken soll. Von diesem Rechtfertigungsgrund ist abzusehen. In Grenzfällen wird der Beschuldigte einen Sachverhaltsirrtum gemäss Art. 19 geltend machen können, dass er nämlich habe annehmen dürfen, der Berechtigte habe in die Tat eingewilligt.

### *4. Die Geschäftsführung ohne Auftrag*

Eine strafbare Tat ist gerechtfertigt, wenn sie *im Interesse desjenigen, dessen Rechtsgüter* beeinträchtigt werden, doch ohne dessen vorherige Zustimmung ausgeführt wird. Dieser Sachverhalt wird durch OR Art. 419f. als Geschäftsführung ohne Auftrag behandelt. Art. 422 verpflichtet den Geschäftsherrn, den Geschäftsführer von den eingegangenen Verpflichtungen zu befreien und ihm die Auslagen zu ersetzen, wenn die Geschäftsführung im Interesse des Geschäftsherrn geboten gewesen war. Man kann sich fragen, ob nicht bereits die zivilrechtliche Regelung der echten Geschäftsführung ohne Auftrag dieses Vorgehen zum rechtlich Erlaubten macht, weshalb es gemäss StrGB Art. 32 gerechtfertigt ist. Auf alle Fälle ist ein entsprechender aussergesetzlicher Rechtfertigungsgrund anzuerkennen. Dies um so eher, als in nicht wenigen Fällen eine Analogie zum Notstand zu ziehen ist, so wenn jemand in das Nachbarhaus eindringt, um einen Brand zu löschen oder eine geborstene Wasserleitung abzustellen. Darf ich, um meine Rechtsgüter aus einer Gefahr zu retten, in die Güter eines Dritten eingreifen, so sicherlich ebenfalls in die Rechtsgüter des Gefährdeten selber, ohne wegen Hausfriedensbruches, Art. 186, oder Sachbeschädigung, Art. 145, bestraft zu werden. Nimmt der Täter irrigerweise an, er handle im Interesse des Verletzten, so befindet er sich in einem Sachverhaltsirrtum und Art. 19 ist anzuwenden; dazu § 19 IV 2 hienach.

### 5. Die Wahrung berechtigter Interessen

Vor der Revision vom 5. 10. 1950 war die Wahrung berechtigter Interessen ein wichtiger Rechtfertigungsgrund im Ehrverletzungsrecht. Seit der Revision hält das Bundesgericht dafür, der Entlastungsbeweis auf Grund des ergänzten Art. 173 Zif. 2 und 3 genüge: BGE *80* (1954) IV 112, *82* (1956) IV 11, *85* (1959) IV 182. GERMANN (Schweizerisches Strafgesetzbuch, Taschenausgabe, 9. Aufl., Zürich 1972, S. 296) kritisierte die neue Rechtsprechung und wünscht die Berufung auf berechtigte Interessen wieder zurück. Die neue Bestimmung bietet zwar genügend Gelegenheit, in allen Fällen berechtigter Interessen den Urheber ehrverletzender Äusserungen vor Strafe zu beschützen, sie besitzt jedoch den Nachteil, dass sie dem Beschuldigten eine Beweislast aufbürdet. Deshalb verdient die Ansicht von GERMANN den Vorzug. Der Entlastungsbeweis bleibt von Bedeutung, wenn keine berechtigten Interessen geltend gemacht wurden.

Hingegen liess der Kassationshof in einem Sonderfall die Berufung auf berechtigte Interessen zu, nämlich gegenüber der unter Strafdrohung erlassenen Verfügung eines Beamten der Zwangsvollstreckung, in einem bestimmten Zeitpunkt zu seiner Verfügung zu stehen, Art. 323 Zif. 1, BGE *82* (1956) IV 18. Damit ist der Wahrung berechtigter Interessen im allgemeinen die zutreffende Stellung und begrenzte Wirksamkeit eingeräumt. Sie kann angerufen werden, wenn strafrechtlich geschützte Normen, welche an sich zulässige Tätigkeiten hemmen, sich im Einzelfall als zu starre Begrenzung erweisen. So wenn untergeordnete verwaltungsrechtliche oder prozessuale Gebote hindern, besonders wichtigen anderen Aufgaben nachzugehen, ohne dass geradezu ein Notstand vorliegt. Ausnahmsweise kann die Wahrung berechtigter

Interessen, wie Noll op. cit. S. 188 f., hervorhob, schöpferische Kräfte gegenüber rechtlichen Verboten zur Entfaltung gelangen lassen; so wenn es sich darum handelt, ob künstlerische Werke als unzüchtige Veröffentlichungen anzusehen sind.

### 6. Die Einwilligung in eine besondere Gefahrensituation

Wie steht es mit der Rechtswidrigkeit einer Verletzung, welche der Teilnehmer an einem *sportlichen Wettkampf* erleidet? Von Einwilligung des Verletzten kann hier nicht gesprochen werden. Denn der Teilnehmer an solchen Wettkämpfen rechnet wohl mit der Möglichkeit einer Verletzung, doch nimmt er sie nicht, nach der Art eines Eventualvorsatzes, in Kauf. Wer – die I. Franksche Formel entsprechend abgewandelt – sicher wüsste, dass er während des Wettkampfes verletzt würde, dürfte darauf verzichten, den Kampf aufzunehmen, vielleicht ausgenommen Berufssportler.

Deshalb ist ein besonderer Rechtfertigungsgrund anzunehmen: die *Übernahme eines erhöhten Risikos*, so wohl auch BGE 75 (1949) IV 10. Deshalb ist die während des Wettkampfes zugefügte Verletzung gerechtfertigt, allerdings nur unter der Voraussetzung, dass die Verletzung erfolgte, *obschon* die *Spielregeln beachtet* wurden. Wurden die Spielregeln verletzt, so liegt eine strafbare Körperverletzung vor, je nachdem vorsätzlich oder fahrlässig begangen. Die Übernahme des Risikos setzt die Fähigkeit, es zu erkennen, voraus.

Diese Regel erleidet eine Ausnahme für die Wettkampfarten, welche mit einer so hohen Wahrscheinlichkeit der Körperverletzung verbunden sind, dass die Aufnahme des Kampfes nur als Einwilligung in die Verletzung selber gedeutet werden kann, wie dies für Boxen und Catch-as-catch-can zutrifft. Deswegen sollten derartige Wettkämpfe verboten werden; siehe über Todesfälle beim Boxen, J. Graven Revue int. de Criminologie *16* (1962) 81.

Die besondere Rechtfertigung gilt *nur* für die sportlichen *Wettkämpfe, nicht* für den *Einzelsport*. Für ihn gilt, dass der ihn Ausübende gegenüber Dritten zur genau gleichen Rücksicht verpflichtet ist wie sonst im Leben, BGE *75* (1949) IV 9, *80* (1954) IV 50, *88* (1962) IV 3, RStrS *1952* 180, für Eisläufer, Skipistenrowdies, Wasserskiläufer, Ruderer.

Ebensowenig ist Rechtfertigung durch Einwilligung in eine besondere Gefahrensituation anzunehmen, wenn sich jemand in eine andere, ihm bekannte, durch einen Menschen geschaffene Gefahr begibt, so wenn jemand in einem von einem Angetrunkenen gelenkten Motorfahrzeug mitfährt. Denn hier tritt die Verletzung oder gar die Tötung des Opfers nur deswegen ein, weil der Täter die ihn allein treffenden Gebote oder Verbote missachtete; der Gefahrensituation im Sport ist eigentümlich, dass sich Schädiger wie Opfer denselben Regeln unterstellen und dass eine Schädigung eintritt, obschon diese Regeln befolgt worden waren. Wird eine andere, dem Verletzten bekannte Gefahrensituation als rechtfertigend anerkannt, so wird übersehen, dass grundsätzlich jeder Tatbeitrag, selbst wenn er nur eine Mitursache setzte, strafrechtliche Verantwortung begründet.

### 7. Das Züchtigungsrecht von Drittpersonen

BGE *89* (1963) IV 71 räumte dem Hauswart eines Häuserblocks ein Züchtigungsrecht gegenüber einem das Haus beschmutzenden Kinde ein. Die rechtliche Grundlage dieses Rechtfertigungsgrundes geht aus dem Urteil nicht klar hervor. Sollte damit Dritten unter gewissen Voraussetzungen ein Recht, fremde Kinder zu züchtigen, eingeräumt werden, so ist dieser Rechtfertigungsgrund entschieden abzulehnen, ebenso RStrS *1954* 194, *1960* 116; eingehende Kritik des Urteils in ZBJV *101* (1965) 19, Zif. 1.

### 8. Die Sozialadäquanz

Sozialadäquat sind an sich tatbestandsmässige Handlungen, welche sich völlig innerhalb des Rahmens der geschichtlich gewordenen sozialethischen Ordnung des Gemeinschaftslebens abspielen und deshalb von ihr als gewohnheitsrechtlich erlaubt gelten. Einige Vertreter der Lehre der Sozialadäquanz halten sie sogar für einen Ausschluss der Tatbestandsmässigkeit, so WELZEL (op. cit. § 10 IV, S. 55). Ein Beispiel dafür sei die Freiheitsberaubung durch die öffentlichen Verkehrsmittel auf der Fahrt zwischen zwei Stationen oder die zulässigen Gefährdungen durch die technische Welt.

Dieser besondere Rechtfertigungsgrund erscheint unnötig. Die angeblich nur dadurch gerechtfertigten Handlungen erweisen sich entweder als durch die Einwilligung des Verletzten erlaubt, was für die soeben genannte Freiheitsberaubung zutrifft, oder sie sind gem. Art. 32 deswegen rechtmässig, weil die Gefährdung durch Einrichtungen oder Tätigkeiten bewirkt wird, welche behördlich bewilligt wurden, obschon sie unvermeidlicherweise diese Gefährdung bewirken und als erlaubtes Risiko gelten müssen. Das Problem liegt vielmehr darin zu ermitteln, welche Gefahr und damit die aus ihr sich entwickelnde Verletzung als unvermeidbar hingenommen werden muss. Ausserdem droht mit der Annahme der Sozialadäquanz die Gefahr der normativen Kraft des Faktischen: Was allgemein üblich ist, gilt als erlaubt, ohne dass die Frage gestellt wird, ob das Verhalten zulässig ist.

## 9. Das Gewohnheitsrecht

Ohne das Legalitätsprinzip zu verletzen, dürfen Rechtfertigungsgründe auch auf Gewohnheitsrecht gestützt werden. Weil die meisten Straftatbestände solche des Bundesrechtes sind, müsste das ihnen entgegenstehende Gewohnheitsrecht ebenfalls *bundesrechtlich* sein, was selten zutrifft.

Deshalb konnte der in einer Bündner Talschaft geübte Brauch des «Grabens» – das Herausholen eines Burschen, der aus einem Nachbardorf stammt, aus dem Hause, in dem er zur Nachtzeit ein Mädchen besucht (freundliche Mitteilung von Peter Liver) – eine Verurteilung wegen Hausfriedensbruches nicht abwenden, RStrS *1943* 297. Doch ist gewohnheitsrechtlich gerechtfertigt und eine Verurteilung wegen Nachtlärms auf Grund kantonalen Rechts ausgeschlossen, wenn ein Basler am Morgen des Fastnachtmontags um 4 Uhr trommelt oder die Pfeife bläst. Hingegen vermag der kantonale Fastnachtsbrauch eine Ehrverletzung ihrer Strafbarkeit nicht zu entkleiden; es müsste schon ein besonderer bundesrechtlicher Rechtfertigungsgrund der satirischen Form herangezogen werden, so Noll, BJM *1959* 3, dagegen, leider, BGE *85* (1959) IV 185.

### IV. DIE ÜBERGESETZLICHEN RECHTFERTIGUNGSGRGRÜNDE

Das schweizerische Recht der gesetzlichen und aussergesetzlichen Rechtfertigungsgründe geht sehr ins einzelne, überdies sind die gesetzlichen Rechtfertigungsgründe, besonders mit der Möglichkeit der Notwehr- und Nothilfe, ausserordentlich weit gefasst. Deshalb erscheint es nicht angezeigt, dieses System der Rechtfertigung noch durch einen allgemeinen, diese Ordnung korrigierenden übergesetzlichen Rechtfertigungsgrund zu erweitern.

Ein übergesetzlicher Rechtfertigungsgrund muss in den Rechtsordnungen angerufen werden, welche die gesetzlichen Rechtfertigungsgründe eng umschreiben. Dies trifft für das französische Recht zu, welchem eine Bestimmung über den Notstand überhaupt fehlt, oder wenn, wie im deutschen Recht, Notstand nur für das Leben des Gefährdeten oder seiner Angehörigen gewährt wird. Wenn jedoch jedes persönliche Rechtsgut durch den Berechtigten selber oder einen Dritten aus einer unmittelbaren Gefahr durch Opferung weniger wertvoller Rechtsgüter Dritter errettet werden kann, so besteht kein Anlass, einen übergesetzlichen Rechtfertigungsgrund, beruhend auf dem Güterabwägungsprinzip schlechthin, zu berufen. Die Einführung eines solchen übergesetzlichen Rechtfertigungsgrundes würde alle festen Grenzen der Strafbarkeit auflösen. Bedauerlicherweise spielt BGE *94* (1968) IV 70 mit dem Gedanken eines übergesetzlichen Rechtfertigungsgrundes, möglicherweise infolge einer ungenauen Terminologie, die nicht zwischen ausser- und übergesetzlichen Rechtfertigungsgründen unterscheidet; siehe dazu ZBJV *105* (1969) 387, Zif. 5.

## § 18 DER AUSSCHLUSS UND DIE MILDERUNG DER SCHULD

### I. EINLEITENDE BEMERKUNGEN

Nach der normativen Schuldlehre besteht die strafrechtliche Schuld darin, dass jemand tatbestandsmässig-rechtswidriges Verhalten verwirklichte, obschon er es als rechtswidrig erkannte oder hätte erkennen können und in der Lage gewesen wäre, sich rechtsgetreu zu verhalten. Daraus folgt, dass die strafrechtliche Schuld, die Vorwerfbarkeit des Verhaltens, entfällt, wenn der Täter nicht fähig gewesen war zu dieser Einsicht oder ihr nicht zu folgen vermochte. Aus welchem Grunde er dies nicht konnte, spielt grundsätzlich keine Rolle. Irrtum, Fieberwahn, hochgradige Geistesschwäche, können in derselben Weise wirken.

Deshalb wäre es möglich, alle Schuldausschliessungsgründe einheitlich zu regeln und einzig zu bestimmen, die Schuld fehle, wenn der tatbestandsmässig-rechtswidrig Handelnde die Einsichts- und Bestimmungsfähigkeit nicht besass. Die Strafgesetze kennen keine solche allgemeine Bestimmung. In der geschichtlichen Entwicklung bildete sich eine Mehrzahl von Schuldausschliessungsgründen mit besonderer Regelung ihrer Folgen aus. Dies ist sachlich gerechtfertigt. Denn die einzelnen Schuldausschliessungsgründe gehen auf verschiedene Mängel des Motivationsprozesses zurück; es kann, wie bei der Zurechnungsunfähigkeit, die Einsichts- oder Bestimmungsfähigkeit als solche fehlen, oder es können diese Fähigkeiten vorhanden, ihre richtige Ausübung im konkreten Fall jedoch ausgeschlossen sein, wie dies im Falle des Irrtums oder des unwiderstehlichen Zwangs zutrifft. Dazu kommt, dass das Eintreten einzelner Schuldausschliessungsgründe dem Täter zur Last gelegt werden kann, weswegen er aus diesem Grunde verantwortlich bleibt, wenngleich seine Schuld geringer ist. So schliesst der Sachverhaltsirrtum nach Art. 19 Bestrafung wegen vorsätzlicher, doch nicht wegen fahrlässiger Begehung der Tat aus. Ausserdem sehen einzelne Gesetze vor, dass bestimmte Verhaltensweisen weder Ausschluss noch Minderung der Zurechnungsfähigkeit bewirken, wie es der italienische Codice penale Art. 90 und 92 für Gefühlszustände, Leidenschaften und wissentlich herbeigeführte Trunkenheit anordnet.

Die Schuldausschliessungsgründe wirken sich zugunsten des Beschuldigten aus, weshalb deren gesetzliche Regelung ohne Verletzung von Art. 1 durch aussergesetzliche Schuldausschliessungsgründe ergänzt werden kann.

## II. DIE ZURECHNUNGSUNFÄHIGKEIT, ART. 10

Literatur:
H. BINDER, Die Geisteskrankheit im Recht, Zürich 1952.
J. WYRSCH, Gerichtliche Psychiatrie, 2. Aufl., Bern 1955.
ALBRECHT LANGELÜDDEKE, Gerichtliche Psychiatrie, 3. Aufl., Berlin 1971.
H. GÖPPINGER/H. WITTER (Herausgeber), Handbuch der forensischen Psychiatrie, Bände I und II, Berlin/Heidelberg/New York 1972.

### 1. *Vorbemerkungen*

Wer annimmt, vor den Schranken des Strafrichters häufig Geisteskranke anzutreffen, irrt sich gewaltig. Die anderslautenden Angaben in der älteren Literatur rühren daher, dass damals die psychiatrische Betreuung der Bevölkerung ausserordentlich dürftig war, weshalb nicht selten erst eine strafbare Handlung als *Initialdelikt* verriet, dass jemand geisteskrank war. Weil psychiatrische Begutachtungen nicht so häufig waren wie heute, kam es auch eher vor, dass Geisteskranke verurteilt und in Strafanstalten eingewiesen wurden.

Häufiger stehen vor dem Strafrichter Menschen, die nicht im medizinischen Sinn geisteskrank sind, welche jedoch auffallende Eigentümlichkeiten des Charakters aufweisen, ob auf Grund angeborener Anlage oder lebensgeschichtlich erklärbarer Fehlbildungen oder des Zusammenwirkens beider Faktoren, ist noch ungeklärt. Insbesondere die stets Rückfälligen, die chronischen Zustandsverbrecher, sind, wenigstens in Ländern mit geordneten sozialen Verhältnissen und mit einer staatlichen Tradition, wie dies in gewöhnlichen Zeiten auf Europa zutreffen dürfte, beinahe ausnahmslos in mehr oder weniger hohem Masse in der erwähnten Weise seelisch abnorm. Sie leiden an deutlichen Charaktermängeln, sind haltlos, willenslos, antriebsschwach, verstimmbar, gemütlos, ohne dass beim einzelnen Rückfälligen immer nur ein einziger solcher Defekt festzustellen ist. Auf derartige Charakterverbildungen, die als *Psychopathie* oder Charakterneurose bezeichnet zu werden pflegen, einzuwirken, ist ausserordentlich schwierig und bedarf eines ganz aussergewöhnlich intensiven therapeutischen Einsatzes und fürsorgerischer Betreuung, die sich meist auf die Umgebung des Straffälligen erstrecken muss.

## 2. Die Methoden zur Bestimmung der Zurechnungsunfähigkeit

### a) Die biologische Methode

Sie verneint die Zurechnungsfähigkeit, sobald ein *bestimmter Grad* oder *eine bestimmte Art seelischer Erkrankung medizinisch gegeben ist*. So wenigstens noch der Wortlaut des französischen CP art. 64:

> «Il n'y a ni crime ni délit, lorsque le prévenu était en état de démence au temps de l'action…»

Ähnliche Regeln finden sich in neueren und zum Teil modernen Strafgesetzen, wie denen der nordischen Länder. So schliesst Kap. III Art. 2 Abs. 1 des Strafgesetzes Schwedens von 1962, in Kraft seit dem 1.1.1965, Strafe aus:

> «en cas d'infraction commise sous l'influence d'un état d'aliénation mentale ou d'imbécillité, ou de toute autre anomalie mentale de nature si grave qu'elle doive être assimiliée à l'aliénation…» (zit. nach Code pénal suédois, traduit par Michel Lambert, Stockholm 1965).

Ähnlich lautet § 16 des dänischen Strafgesetzes von 1930.

### b) Die psychologische Methode

Sie stellt einzig darauf ab, dass dem Täter die *Fähigkeit der Einsicht in das Unrecht* oder *nach dieser Einsicht zu handeln, abging*.

### c) Die gemischte Methode

Nach ihr ist Zurechnungsunfähigkeit gegeben, wenn ein bestimmter abnormer seelischer Zustand vorliegt, welcher sich so auswirkt, dass er die Fähigkeit der Einsicht in das Unrecht der Tat oder die Fähigkeit, dieser Einsicht zu folgen, ausschliesst.

Diese Methode ist, zwar nicht unangefochten, die herrschende. Ihr gegenüber wird von medizinischer Seite eingewendet, dass es wissenschaftlich wohl möglich sei, den aussergewöhnlichen Seelenzustand festzustellen, doch nicht, ob er die Einsichts- und Bestimmungsfähigkeit beeinträchtige, so vor allem Kurt Schneider, Die Beurteilung der Zurechnungsfähigkeit, 3. Aufl., Stuttgart 1956. Demgegenüber ist darauf hinzuweisen, dass auch diese Fähigkeiten seelische Eigenschaften, die sich auf Grund eingehender Beobachtung einer Persönlichkeit und ihres Lebenslaufes feststellen lassen, sind. Schneider erlag dem Missverständnis anzunehmen, es müsse im konkreten Fall ermittelt werden, ob diese Fähigkeiten vorhanden waren und ausgeübt wurden.

Deshalb folgen wie StrGB Art. 10 auch neueste Strafgesetze oder Entwürfe der gemischten Methode, so § 20 des deutschen Strafgesetzes in der Fassung des 2. StrRG, insbesondere aber der amerikanische Model Penal Code von 1962, sect. 4.01 Abs. 1.

## 3. Die Voraussetzungen der Zurechnungsunfähigkeit

### a) Die biologischen Voraussetzungen

Art. 10 nennt:

#### aa) Die Geisteskrankheit

Damit sind nicht nur die Geisteskrankheiten im strengen medizinischen Sinne (prozesshafte Geisteskrankheiten wie Schizophrenie und manisch-depressives Irresein, organische Geisteskrankheiten wie Epilepsie, senile Demenz, Vergiftungen) gemeint, sondern, wie BINDER zeigte, auch andere *seelische Auffälligkeiten,* welche in ihren *sozialen Auswirkungen einer Geisteskrankheit gleichkommen,* wie schwere Formen der bereits erwähnten charakterlichen Anomalien, die sog. Psychopathien, die im Gegensatz zum zeitlich sich ändernden Ablauf einer Krankheit dauernde Zustände sind, dazu BGE *98* (1972) IV 153.

Andererseits ist, wiederum BINDER folgend, nicht die feinste, mit den modernen diagnostischen Mitteln feststellbare Äusserung einer echten Geisteskrankheit schon eine Geisteskrankheit im Sinne des Strafrechts, wenn die Krankheit keine Folgen für das Zusammenleben mit anderen Menschen äussert.

Kurz gesagt: *Geisteskrankheit* bedeutet ein Verhalten, das von jedermann als «verrückt» angesehen wird.

Welche Zustände im einzelnen dazu gehören und welche Krankheitsbilder sie zeigen, lehrt die Vorlesung über die gerichtliche Psychiatrie.

#### bb) Der Schwachsinn

Er tritt in drei Graden auf:

Idiotie: Bildungsunfähigkeit;

Imbezillität: es kann allerhöchstens die Stufe des Erst- bis Zweitklässlers erreicht werden mit der Fähigkeit, zu lesen und zu schreiben;

Debilität: ein Zustand, welcher gestattet, allerhöchstens das Pensum der 6. Primarklasse zu erreichen.

Zur Zurechnungsunfähigkeit führen meistens nur Idiotie und Imbezillität.

#### cc) Die schwere Störung des Bewusstseins

Sie besteht darin, dass das wache, kontrollierende Ich ausgelöscht ist, wie es im Schlaf oder im hohen Fieber vorkommt, aber auch die Folge der Einnahme von berauschenden oder betäubenden Stoffen, von Schädelverletzungen oder einer Narkose sein kann. Ausnahmsweise vermag ein besonders schwerer Affekt einer leicht erregbaren Person eine schwere Störung des Bewusstseins hervorzurufen; siehe dazu Hans Walder, Der Affekt und seine Bedeutung im schweizerischen Strafrecht, ZStrR *81* (1965) 24.

Es ist zu beachten, dass eine *schwere* Störung des Bewusstseins verlangt wird; ein leichter Rausch genügt nicht; siehe BGE *91* (1965) IV 68, E. 2.

### b) Die psychologischen Voraussetzungen

Infolge der geschilderten biologischen Zustände muss dem Täter zur Zeit der Tat und in bezug auf die vorgeworfene Tat die Fähigkeit der Einsicht in das Unrecht der Tat oder der Bestimmung nach dieser Einsicht oder beides abgehen.

Für einen Normalen fällt es schwer einzusehen, dass nicht nur der Wegfall der Einsicht, des intellektuellen Momentes, sondern auch der Bestimmungsfähigkeit, des voluntativen Momentes, genügt, um die Zurechnungsfähigkeit auszuschliessen, selbst wenn die Intelligenz in keiner Weise beeinträchtigt ist. Intellektuelle Klarheit bedeutet noch keineswegs seelische Gesundheit. Wer mit allem Scharfsinn und strengster Logik von stärksten Affekten getragene überwertige Ideen verfolgt, kann ebensogut geisteskrank und zurechnungsunfähig sein wie der, welcher infolge Schwachsinns unfähig ist zu erkennen, welche Folgen und rechtliche Bedeutung sein Verhalten hat.

### 4. Die Relativität der Zurechnungsunfähigkeit

Die Zurechnungsunfähigkeit muss in bezug auf *eine bestimmte Tat* vorliegen. Ein paranoider Querulant kann zurechnungsunfähig sein für alle Ehrverletzungen, welche er mit den Ausdrücken «Rechtsbeuger», «Menschenvernichter» den ihn beurteilenden Richtern austeilt, und zugleich voll zurechnungsfähig für einen mit seinem Wahnsystem in keiner Weise zusammenhängenden Diebstahl.

Nur erinnert sei an die Relativität der Zurechnungsfähigkeit in der *Zeit*, § 12 II c 2 hievor.

### 5. Die Ermittlung der Zurechnungsunfähigkeit

Literatur:
A. Harder, Was erwartet der Psychiater vom Juristen?, SJZ *1973* 373.

Art. 13 Abs. 1 gebietet Untersuchung des Beschuldigten, wenn die Behörden der Strafverfolgung an dessen Zurechnungsfähigkeit zweifeln, siehe BGE *98* (1972) IV 157, E. 1, dazu § 13 II 2 e hievor, sowie wenn die Anordnung einer sichernden Massnahme Erhebungen über dessen körperlichen oder seelischen Zustand voraussetzen. Mit der Untersuchung sind stets Ärzte, wenn möglich Psychiater, als Sachverständige zu betrauen.

Die bundesgerichtliche Rechtsprechung scheint den Sachverständigen darauf zu beschränken, den biologisch-psychologischen Tatbestand zu erläutern, ohne eine Schlussfolgerung auf die Zurechnungsfähigkeit zu ziehen, BGE *75* (1949) IV 148, *81* (1955) IV 7, *84* (1958) IV 137. Indessen erhalten die Ausführungen des Arztes, welche meistens Fachausdrücke nicht vermeiden können, ihre volle Bedeutung für den Richter erst, wenn sie sich auch über die Zurechnungsfähigkeit selber aussprechen. Diese Aussage ist für den Richter nicht bindend, sie unterliegt der Beweiswürdigung durch ihn, ganz abgesehen davon, dass der Begriff der Zurechnungsfähigkeit ein Rechtsbegriff ist und es dem Richter zusteht, diesen Begriff richtig anzuwenden. Aber einen Hinweis auf die Anwendung dieses Begriffes im Einzelfall sollte der Sachverständige geben.

Das Gutachten hat sich ferner gemäss Abs. 2 darüber zu äussern, ob eine Massnahme i. S. von Art. 42–44 angezeigt ist. Weshalb Art. 100^bis in dieser Liste fehlt, ist unerfindlich und dürfte ein gesetzgeberisches Versehen sein.

### 6. Die Wirkungen der Zurechnungsunfähigkeit

Der Zurechnungsunfähige ist *schuldunfähig*. Er *darf nicht bestraft* werden und ist von der gegen ihn erhobenen Anschuldigung *freizusprechen*, wenn nicht bereits die Voruntersuchung aufgehoben wurde. Bestehen *Zweifel* an der Zurechnungsfähigkeit, darf ebenfalls *nicht bestraft* werden. Möglich sind hingegen die gerade auf ihn gemünzten sichernden Massnahmen, wie sie Art. 43 und 44 vorsehen, Art. 10 Satz 2.

*Unerheblich* ist, ob die Zurechnungsunfähigkeit *verschuldet* wurde oder nicht, abgesehen vom Fall der actio libera in causa, § 13 II 2 d hievor. Selbstverschuldete Zurechnungsunfähigkeit kann hingegen zur Bestrafung auf Grund von Art. 263 führen, BGE *93* (1967) IV 42.

### III. DIE MINDERUNG DER ZURECHNUNGSFÄHIGKEIT, ART. 11

#### 1. Zum Begriff

Bestimmte Zustände können die Einsichtsfähigkeit und die Fähigkeit zur Selbstbestimmung deutlich beeinträchtigen, ohne dass Zurechnungsunfähigkeit vorliegt. Das Gesetz spricht in diesem Fall von *verminderter Zurechnungsfähigkeit*.

Die Bezeichnung ist irreführend. Ob die Zurechnungsfähigkeit gegeben ist, lässt sich nur mit Ja oder Nein beantworten. Graduierbar ist die Antwort nicht. Der *gemindert Zurechnungsfähige* ist *grundsätzlich zurechnungsfähig* und deswegen strafrechtlich *verantwortlich*. Hingegen kann der Grad seiner Schuld geringer sein als die eines Normalen, welcher unter denselben Umständen die Tat begangen hätte. Es handelt sich in Wirklichkeit um einen *allgemeinen Schuldmilderungsgrund*.

### 2. Die Voraussetzungen

#### a) Die biologischen Voraussetzungen

Art. 11 nennt:

##### aa) Die Beeinträchtigung der geistigen Gesundheit

Darunter fallen alle seelischen Erkrankungen oder Zustände, wie leichte Formen echter Geisteskrankheiten, Neurosen, Psychopathien, ferner vorübergehende Veränderungen wie Schockzustände.

##### bb) Die Beeinträchtigung des Bewusstseins

Gemeint sind alle Einflüsse, welche die Weite und Klarheit des Bewusstseins beeinträchtigen können, wie leichtere fieberhafte Erkrankungen, Affekte, leichtere Berauschung.

##### cc) Die mangelhafte geistige Entwicklung

Damit sind leichtere Formen des Schwachsinns gemeint; in Frage kommen dürfte meistens Debilität. BGE *98* (1972) IV 132, E. 11a, verneinte sie für eine heftige und aussergewöhnlich lange Pubertätskrise.

#### b) Die psychologischen Voraussetzungen

Die in den biologischen Voraussetzungen genannten Zustände müssen sich so auswirken, dass zur Zeit der Tat und für eine bestimmte Tat die Fähigkeit des Täters, das Unrecht der Tat einzusehen, oder gemäss der Einsicht zu handeln, herabgesetzt war.

### 3. *Relativität, Ermittlung und Wirkungen der geminderten Zurechnungsfähigkeit*

Für Relativität und Ermittlung der geminderten Zurechnungsfähigkeit siehe II 3 und 4 hievor.

Wird die Zurechnungsfähigkeit als gemindert angesehen, so *kann* der Richter die *Strafe* gem. Art. 66 nach freiem Ermessen *mildern*. Ursprünglich war einfach Strafmilderung geboten gewesen. Die durch die zweite Teilrevision eingeführte Änderung dürfte kaum etwas anderes bedeuten als die Legalisierung der bundesgerichtlichen Rechtsprechung BGE *71* (1945) IV 69/70, *81* (1955) IV 46. Diese Urteile liessen es genügen, wenn der Richter eine gelindere Strafe aussprach, als sie den voll Schuldfähigen getroffen hätte, doch ohne eine mildere Strafart anzuwenden. Die geminderte Zurechnungsfähigkeit überhaupt nicht, nicht einmal als Straf*minderung*, zu berücksichtigen, würde jedoch gegen das Schuldprinzip verstossen. Möglich sind wiederum sichernde Massnahmen, und zwar gemäss Art. 11 Satz 2 die nach Art. 42–44 und 100$^{bis}$. Die Aufzählung zeigt, dass geminderte Zurechnungsfähigkeit die Anordnung aller dieser Massnahmen nicht hindert. Das Verschulden an der Minderung der Zurechnungsfähigkeit spielt, den Fall der actio libera in causa, § 13 II 2 d hievor, ausgenommen, keine Rolle.

### IV. DER IRRTUM

#### *1. Allgemeines*

Der Irrende macht sich von der Wirklichkeit eine bestimmte, doch ihr *nicht entsprechende Vorstellung*. Ist dies strafrechtlich von Bedeutung? Liegt die strafrechtliche Schuld darin, dass jemand sich in bestimmter Weise verhielt, obschon er sein Verhalten als rechtswidriges und deswegen nicht gesolltes erkannte oder hätte erkennen können, so folgt daraus, dass ein Irrtum über irgendeinen Aspekt dieses Verhaltens die Schuld berühren, sie mindern oder sogar ausschliessen kann. Denn sieht jemand einen Sachverhalt irrigerweise so an, dass die auf diesen eigentlich anwendbare Rechtsnorm gar nicht ins Spiel zu kommen scheint, so besteht für ihn kein Grund, sich an die Norm zu halten. Dies gilt zum Beispiel für den, der irrtümlicherweise eine fremde Sache für seine eigene ansieht und sie an sich nimmt. Ebensowenig kann der Betreffende sich verpflichtet fühlen, die in Frage stehende Norm zu beachten, wenn er aus irgendeinem Grunde annimmt, sie treffe ihn gar nicht, etwa weil er eine entsprechende Auskunft des zuständigen Beamten erhalten hatte.

Immer wird zu prüfen sein, ob der Irrtum nicht vielleicht verschuldet gewesen war und diese Schuld, als Fahrlässigkeit, ausnahmsweise als Vorsatz, Bestrafung begründen kann.

So betrachtet müsste jeder Irrtum, welche Seite des rechtswidrigen Verhaltens er auch treffe, beachtlich sein und dieselben Rechtsfolgen nach sich ziehen.

Die gesetzlichen Regelungen lassen eine derartige Folgerichtigkeit vermissen. Sie pflegen zu unterscheiden: Bezieht sich der Irrtum auf den Sachverhalt, welcher die Merkmale des gesetzlichen Tatbestandes verwirklicht, so wird von *Sachverhalts-* oder *Tatirrtum* gesprochen. Bezieht sich der Irrtum auf die Rechtswidrigkeit des Verhaltens, wird von *Verbotsirrtum*, oder in irreführender und unrichtiger Weise von Rechtsirrtum gesprochen. Die Unterscheidung geht darauf zurück, dass die herkömmliche Lehre am römischen Satz «error iuris nocet» festhielt und diesen Irrtum für unbeachtlich ansah, obschon sich der Satz nur auf einige ausgewählte zivilrechtliche Verhältnisse bezog, wie schon vor Jahrzehnten Karl Binding festgestellt hatte. Moderne Rechte und die neuere Doktrin nähern beide Formen des Irrtums einander an. Immerhin lässt sich für eine verschiedene Behandlung der beiden Irrtumsarten anführen, dass derjenige, welcher sich im Sachverhaltsirrtum befindet, glaubt, strafrechtlich unerhebliches Verhalten zu verwirklichen. Wer in einem Verbotsirrtum befangen ist, der weiss, dass sein Verhalten in der Regel rechtswidrig und sogar strafbar ist, hält sich aber im einzelnen Fall aus bestimmten Gründen unzutreffenderweise für berechtigt, das sonst Strafbare zu tun. Deshalb lässt es sich vertreten, ihn nicht völlig straflos zu lassen, wenn ihn an dem Irrtum auch nur die geringste Schuld trifft.

Das Strafgesetzbuch unterscheidet ebenfalls beide Irrtumsarten und regelt in Art. 19 die irrige Vorstellung über den Sachverhalt und in Art. 20 mit dem unrichtigen Marginale «Rechtsirrtum» den Verbotsirrtum.

Wie steht es mit der Bedeutung des *Nichtwissens?* Nichtwissen ist kein Irrtum, weil dann jede Vorstellung über einen bestimmten Sachverhalt fehlt, während der Irrtum in einer unzutreffenden Vorstellung besteht. Das Nichtwissen ist rechtlich wie der Irrtum zu behandeln. Denn wer einen strafrechtlich erheblichen Umstand nicht kennt, kann durch ein mit ihm zusammenhängendes rechtliches Gebot ebensowenig bestimmt werden, wie wenn er den Umstand eines Irrtums wegen verkennt. Wer auf der Jagd in einer bestimmten Richtung schiesst, ohne zu wissen, dass sich dort ein Mensch befindet, ist dem gleichzustellen, welcher auf einen Menschen in einem entfernten Gebüsch zielt, weil er ihn in der Dämmerung mit einem Tier verwechselte.

*2. Der Irrtum über den Sachverhalt, Art. 19*

Literatur:
Schultz, Zur bundesgerichtlichen Rechtsprechung über den Sachverhaltsirrtum, StrGB Art. 19, ZStrR 77 (1961) 74.

a) Die irrige Vorstellung

Der Sachverhaltsirrtum besteht nach dem deutschen Text in der irrigen Vorstellung über den Sachverhalt, während die romanischen Texte von «appréciation erronée des faits», «supposizione erronea delle circostanze di fatto» sprechen. Den romanischen Texten gebührt der Vorrang, lassen sie doch leichter folgende drei Spielarten unrichtiger Wiedergabe der Wirklichkeit als Tatirrtum gelten: die Vorstellung im eigentlichen Sinne, welche das Abbild eines vergangenen Sachverhaltes aus dem Gedächtnis heraufholt, das aktuelle Wahrnehmungsbild (Jägerbeispiel) und endlich das blosse Nichtwissen.

b) Der Gegenstand des Irrtums

Um als Schuldausschliessungsgrund wirksam zu sein, muss sich der Tatirrtum auf die *Tatsachen* beziehen, welche die *Merkmale des in Frage stehenden gesetzlichen Tatbestandes* verwirklichen, die von der Schuld umfasst sein müssen, § 14 II 3 a und c hievor. Dies ist mit dem Ausdruck «Sachverhalt», «faits», «circostanze di fatto», gemeint. Sachverhalt ist der Inbegriff der tatsächlichen Ereignisse, der zeitlich, örtlich, sachlich und persönlich bestimmten Lebensvorgänge, welche als Voraussetzungen der Strafbarkeit sowie erhöhter oder verminderter Strafbarkeit in Frage kommen. Es lassen sich vier Fallgruppen unterscheiden:

aa) Irrtum über die Lebensvorgänge und Umstände

welche der *Verwirklichung eines objektiven gesetzlichen Tatbestandsmerkmales entsprechen*. Ein Jäger hält auf weite Entfernung einen im Gebüsch sich bewegenden Menschen für ein jagdbares Tier. Jemand glaubt, eine Sache, die er behändigt, sei verloren, weshalb er meint, sie zu finden, und sie nicht stiehlt, wenn er sie behändigt; BGE 71 (1945) IV 90, 185. Sieht er die Sache für herrenlos an, so begeht er nicht einmal eine Fundunterschlagung, Art. 141, BGE 85 (1959) IV 192. Zu diesen Lebensvorgängen gehören auch die Tatbestandsmerkmale, welche durch ein anderes Rechtsgebiet umschrieben werden, beispielsweise die Fremdheit der Sache durch das Sachenrecht, die Eigenschaft einer Münze, gesetzlichen Kurs zu haben, durch die Münzgesetzgebung, so richtig BGE 82 (1956) IV 202, 85 (1959) IV 192, E. 2, unrichtig BGE 72 (1946) IV 155. Einem Irrtum dieser Art unterliegt ferner, wer nicht erkennt, dass die Voraussetzungen einer ihn treffenden Garantstellung, die zu einer Bestrafung wegen eines unechten Unterlassungsdeliktes führen kann, siehe § 9 IV 3 hievor, bestehen.

bb) Irrtum bei Absichtsdelikten

Diebstahl, Art. 137 Ziff. 1, ist die Wegnahme einer fremden beweglichen Sache in der Absicht, sich unrechtmässig zu bereichern. Keinen Diebstahl, höchstens Sachentziehung, Art. 143, begeht, wer irrigerweise meint, einen

Anspruch auf die Sache zu besitzen, so dass die Bereicherung nicht unrechtmässig wäre, BGE *98* (1972) IV 21, E. 2.

### cc) Irrtum über das Vorliegen der tatsächlichen Voraussetzungen eines Rechtfertigungsgrundes

Wer irrigerweise annimmt, er werde von einem anderen angegriffen, glaubt, eine Notwehr erlaubende Situation liege vor. Hier wird von Putativnotwehr gesprochen. Die irrtümliche Annahme einer unmittelbaren Gefahr führt zum Putativnotstand, BGE *75* (1949) IV 52. Ein gleichartiger Irrtum kann über die Einwilligung des Verletzten vorliegen.

Diesen Irrtum als Sachverhaltsirrtum zu behandeln ist in der deutschen Lehre nicht unbestritten; die Anhänger der strengen Schuldtheorie, siehe § 14 II 3 b hievor, betrachten ihn als Verbotsirrtum, so z.B. WELZEL. Ein während der Beratungen der 2. Teilrevision des Strafgesetzbuches von der Expertenkommission ausgearbeiteter neuer Art. 19 in der Fassung der Redaktionskommission vom 8.4.1959 zählt diesen Irrtum eindeutig zu den Irrtümern über den Sachverhalt, ebenso BGE *93* (1967) IV 83.

### dd) Irrtum über strafmindernde oder straferhöhende Merkmale

Sachverhaltsirrtum liegt ferner vor, wenn der Irrtum sich auf die tatsächlichen Voraussetzungen von Tatbestandsmerkmalen, welche die Strafe erhöhen, mildern oder gar ausschliessen, bezieht, BGE *75* (1949) IV 70.

### c) Erheblichkeit des Irrtums

Nur eine der vier hievor umschriebenen Irrtumsarten kann als Sachverhaltsirrtum strafrechtlich bedeutsam werden. Unbeachtlich sind Irrtümer, welche sich auf Tatsachen beziehen, die nicht Inhalt von Vorsatz oder Fahrlässigkeit sein müssen, wie z.B. die Schuldfähigkeit des Täters oder die objektiven Strafbarkeitsbedingungen.

Unerheblich ist ferner der Irrtum über das Opfer. Wer glaubt Fritz zu bestehlen, aber Jakobs Eigentum wegnimmt, ist gleichwohl ein Dieb. Denn das Eigentum jeder beliebigen Person ist vor Wegnahme geschützt. Unerheblich ist ausserdem ein Irrtum im Motiv.

### d) Richtung des Irrtums

Art. 19 berücksichtigt nur den Irrtum *zugunsten* des Täters. Der Irrtum *zuungunsten* des Täters ist nicht als Fall des Irrtums geregelt, sondern im Zusammenhang mit dem Versuch in Art. 23 als *untauglicher Versuch,* der die typische Form des Sachverhaltsirrtums zuungunsten des Täters darstellt, § 23 III hienach.

### e) Die Wirkung des Sachverhaltsirrtums

Der erhebliche, zugunsten des Täters wirkende Sachverhaltsirrtum *schliesst den sonst in Frage stehenden Vorsatz oder die in Frage stehende Absicht aus*. Es entfällt das psychologische Moment des sonst möglichen Vorsatzes oder der Absicht. Doch Vorsatz und Absicht fehlen nur, soweit der Irrtum reicht. Richtet sich der irrige Vorsatz ebenfalls auf eine strafbare, jedoch geringfügigere Handlung, so ist wegen dieser Straftat zu bestrafen. Wer eine Sache behält, die er für verloren ansieht, ist nicht wegen Diebstahls, wohl aber wegen Fundunterschlagung, Art. 141, zu bestrafen; BGE *71* (1945) IV 90, 185. Führt der vorgestellte Sachverhalt zur Strafmilderung oder Strafbefreiung, so ist Strafmilderung oder Strafbefreiung zu gewähren, BGE *75* (1949) IV 70. Dem Schuldprinzip folgend, wird der Täter *nach* dem von ihm *vorgestellten günstigeren Sachverhalt* beurteilt.

Dies führt nicht stets zu völliger Straflosigkeit, einmal in dem bereits genannten Fall, wenn die irrige Vorstellung auch auf die Verwirklichung einer zwar gelinderen vorsätzlichen Tat gerichtet ist, ferner wenn der Irrtum auf pflichtwidriger Unvorsichtigkeit beruhte und die fahrlässige Begehung der Tat ebenfalls strafbar ist; so steht im Jägerbeispiel Bestrafung wegen fahrlässiger Tötung oder Körperverletzung in Frage.

### 3. Der sog. Rechtsirrtum, recte Verbotsirrtum

#### a) Der Begriff

Verbotsirrtum oder Irrtum über die Rechtswidrigkeit des Verhaltens liegt vor, wenn der Täter *unrichtigerweise annahm*, er sei *zu der rechtswidrigen Tat berechtigt*.

Während der Sachverhaltsirrtum sich auf einzelne Merkmale des Tatbestandes richtet, so bezieht sich der Verbotsirrtum auf die *Rechtswidrigkeit* der *ganzen Tat*.

Verbotsirrtum ist *nicht Irrtum* über die *Strafbarkeit*, sondern Irrtum darüber, welches Verhalten geboten oder verboten ist. Dies bedeutet jedoch nicht, dass der Beschuldigte die rechtlichen Vorschriften genau kannte, aber falsch verstand. Verbotsirrtum ist vielmehr schon und nur möglich, wenn das Bewusstsein der Rechtswidrigkeit, § 14 II 3 b hievor, fehlte, BGE *69* (1943) IV 180, *70* (1944) IV 100, *72* (1946) IV 155, *92* (1966) IV 74. Weil das Bewusstsein der Rechtswidrigkeit besitzt, wer mit dem Gefühl, unrecht zu tun, handelt, schliesst in der Regel schon dieses Gefühl die Möglichkeit eines Verbotsirrtums aus, selbst wenn der Beschuldigte die geltenden Gebote und Verbote nicht genau kannte. Ausnahmsweise, wenn abgelegene Rechtsgebiete in Frage stehen, vermag einzig genaue und richtige Kenntnis des Rechts einen Verbotsirrtum zu hindern, BGE *98* (1972) IV 303, E. 4 a.

Der Ausdruck «Rechtsirrtum» ist abzulehnen, weil er zur Ansicht verleiten kann, Tat- und Rechtsfrage seien hier wie sonst zu unterscheiden und jeder Irrtum über ein rechtlich geprägtes Tatbestandsmerkmal – wie fremde Sache – sei ein Rechts- und nicht, wie BGE *82* (1956) IV 202 zutreffend entschied, ein Sachverhaltsirrtum, siehe 2 b aa hievor.

Der Verbotsirrtum ist insofern *subsidiär*, als er erst zu prüfen ist, wenn feststeht, dass kein Sachverhaltsirrtum gegeben ist.

b) Die wichtigsten Arten des Verbotsirrtums

Ohne eine abschliessende Aufzählung anzustreben, lassen sich folgende wichtigste Fallgruppen nennen:

aa) Die Unkenntnis der strafrechtlich geschützten Norm

Dieser seltene Verbotsirrtum kann im Nebenstrafrecht vorkommen, BGE *70* (1944) IV 100; auf dem Gebiet des Strafgesetzbuches kann er für nicht allzu wichtige Tatbestände höchstens für einen mit unseren Lebensverhältnissen in keiner Weise vertrauten Fremden in Frage stehen.

bb) Der Irrtum über die durch einen Rechtfertigungsgrund verliehene Befugnis

Dieser Irrtum kommt in Frage, wenn ein Rechtfertigungsgrund besteht, der Betroffene jedoch über die in diesem Fall ihm zustehenden Befugnisse irrt. So wenn der Angegriffene glaubt, nicht nur die angemessene, sondern jede Abwehr sei gestattet.

cc) Die unrichtige Aufklärung über die Rechtslage

Im Verbotsirrtum befindet sich, wer glaubt, rechtsgetreu zu handeln, weil er von der zuständigen Stelle unrichtig belehrt worden war, BGE *79* (1953) IV 41; dasselbe gilt für den, welcher von der Anschuldigung derselben Straftat früher freigesprochen war, weil sein Verhalten als straflos erachtet wurde, BGE *91* (1965) IV 164, E. 7, oder wenn die Polizei ein strafbares Verhalten, z.B. Parkieren an verbotener Stelle, jahrelang duldete, BGE *91* (1965) IV 204. Die unrichtige Auskunft eines Rechtsanwaltes begründet jedoch nicht ohne weiteres einen Rechtsirrtum des Klienten; siehe BGE *92* (1966) IV 73, E. 2, sondern nur, wenn es sich um eine besonders schwierige Rechtsfrage handelt, z.B. ob eine Werbung eine lotterieähnliche Veranstaltung sei, BGE *98* (1972) IV 303, E. 4 a.

### c) Die Voraussetzungen

Mit der Aufnahme des «Rechtsirrtums» wollte der Gesetzgeber mit der hergebrachten Lehre, dieser Irrtum sei unbeachtlich, brechen. Um den Übergang zu der neuen Rechtsauffassung zu verdeutlichen und die Berufung auf den Verbotsirrtum zu erleichtern, nahmen erst die eidgenössischen Räte die Voraussetzung auf, der Irrtum liege vor, wenn «zureichende Gründe» für dessen Annahme bestanden hatten. In Wirklichkeit wurde durch diese Formulierung die Berufung auf den Verbotsirrtum erschwert.

*Zureichende Gründe* liegen vor, wenn der Täter nach den Umständen, nämlich nach der Situation und seinen persönlichen Verhältnissen, ernsthaften Anlass hatte, sein Verhalten als rechtmässig anzusehen oder sich um die Rechtmässigkeit seines Vorgehens nicht zu kümmern.

Das Bundesgericht schraubt die Ansprüche an den Verbotsirrtum bedeutend höher. Es verneint zwar in BGE *74* (1948) IV 152 mit Recht, dass damit im prozessualen Sinn glaubhaft oder beweiskräftig gemeint ist. Sondern es geht um die Begründung des Irrtums. Doch das Gericht nimmt zureichende Gründe nur an, «wenn dem Täter aus seinem Rechtsirrtum kein Vorwurf gemacht werden kann, weil er auf Tatsachen beruht, durch die sich auch ein gewissenhafter Mensch hätte in die Irre führen lassen», l.c., und seither ständige Rechtsprechung, zuletzt BGE *98* (1972) IV 303, E. 4 a, Pra *63* (1973) 367 N. 122. Es wird mithin als zureichend einzig der Grund angesehen, welcher *jede* Schuld am Irrtum ausschliesst und der damit eine Straflosigkeit fordert.

Die Prüfung der zureichenden Gründe hat darauf zu achten, dass nicht jeder Zweifel an der Rechtmässigkeit des Verhaltens als Indiz für das Bewusstsein der Rechtswidrigkeit angesehen wird. Denn sonst würde der Umsichtige und Pflichtbewusste und gar der Kenner des Rechts benachteiligt. Das Bewusstsein der Rechtswidrigkeit ist als Teil des Vorsatzes – nach anderer Lehre selbständig – eine subjektive Voraussetzung der Strafbarkeit, weshalb jeder Zweifel, ob es besteht, zugunsten des Beschuldigten zu lösen ist.

Andererseits steht fest, dass das Bewusstsein der Rechtswidrigkeit den Rechtsirrtum ausschliesst, siehe dazu im einzelnen a Abs. 3 hievor.

### d) Die Erheblichkeit des Irrtums

Der Irrtum muss sich auf die Rechtswidrigkeit des gesamten Verhaltens beziehen, nicht auf die rechtliche Bedeutung des Sachverhaltes, der einzelne oder alle Tatbestandsmerkmale verwirklicht. Unzucht mit einem Lehrling, Art. 192, kann eine im Betriebe dem Lehrling vorgesetzte Person begehen, wenn sie dem Lehrling übergeordnet ist, ohne dass sie zu wissen braucht, dass diese Überordnung das Tatopfer zu seinem Lehrling werden lässt, BGE *78* (1952) IV 41. Ein solcher Irrtum über die rechtliche Bedeutung des Sachverhalts ist kein Verbots-, sondern ein unerheblicher Subsumtionsirrtum.

### e) Die Richtung des Irrtums

Verbotsirrtum i. S. von Art. 20 ist einzig der *zugunsten* des Täters wirkende Irrtum.

Nimmt jemand irrigerweise an, sein Verhalten sei rechtswidrig und strafbar, so begeht er ein *Wahndelikt,* auch *Putativdelikt* genannt, und bleibt *straflos.*

### f) Die Wirkung des Verbotsirrtums

Nach der in der schweizerischen Doktrin ursprünglich vorherrschenden Ansicht gehört das Bewusstsein der Rechtswidrigkeit zum Vorsatz, weswegen ein Verbotsirrtum den Vorsatz ausschliesst. Es bleibt nur die Möglichkeit der Bestrafung wegen fahrlässiger Begehung, wenn sie überhaupt strafbar und der Irrtum auf pflichtwidrige Unvorsichtigkeit in der Form der *Rechtsfahrlässigkeit* zurückzuführen ist.

Das geltende Recht ermächtigt demgegenüber den Richter, von Strafe Umgang zu nehmen oder die Strafe nach freiem Ermessen zu mildern. Die Regel sollte so ausgelegt werden, dass der *unverschuldete Verbotsirrtum* ausnahmslos zum *Umgangnehmen von Strafe* und damit zum *Freispruch* führt und dass die *Strafmilderung* für den *verschuldeten Verbotsirrtum* vorbehalten bleibt, mit der Seltsamkeit, dass der fahrlässig Handelnde der Strafdrohung vorsätzlicher Begehung unterstellt wird.

Die bereits erwähnte bundesgerichtliche Praxis über den Begriff des zureichenden Grundes, c hievor, führt dazu, dass einzig der unverschuldete Verbotsirrtum überhaupt wirksam werden kann, der, nach der Ansicht des Bundesgerichtes selber, so schon BGE *70* (1944) IV 100, E. 7, und neuestens *91* (1965) IV 166, dem Grundsatz «keine Strafe ohne Schuld» entsprechend, zur Straffreiheit führen soll. Die gesetzlich vorgesehene Möglichkeit, wegen verschuldeten Verbotsirrtums milder zu bestrafen, wird auf diese Weise ausser Kraft gesetzt.

Unter diesen Umständen erstaunt es nicht, dass das Bundesgericht den Verbotsirrtum kaum je einmal bejaht. Zu dieser Zurückhaltung trägt bei, dass es häufig mit Nichtigkeitsbeschwerden behelligt wird, in denen als Letztes noch Verbotsirrtum geltend gemacht wird nach dem Rezept m. p.!

Art. 20 in der Fassung der Redaktionskommission der Expertenkommission vom 8.4.1959 will, der Vorsatztheorie entsprechend, den Verbotsirrtum Bestrafung wegen vorsätzlicher Begehung ausschliessen lassen und nur, soweit überhaupt möglich, Bestrafung wegen fahrlässiger Begehung gestatten. Leider ist diese Regel nicht in die Revision aufgenommen worden. Sollte sich gegen die vorgeschlagene Bestimmung entschiedener Widerstand der Anhänger der Schuldtheorie regen, so könnte man sich mit einer Vorschrift abfinden, welche für den Fall des verschuldeten Verbotsirrtums zwingend eine erhebliche Strafmilderung vorsieht.

### 4. Die aberratio ictus

Die *aberratio ictus* wird häufig mit dem Irrtum verwechselt und kann kaum anders als im Zusammenhang mit der Irrtumslehre behandelt werden. Sie liegt vor, wenn der Täter mit dem von ihm gewollten tatbestandsmässigen Verhalten den Erfolg nicht bei dem ins Auge gefassten, sondern bei einem anderen Handlungsobjekt erreicht oder einen ganz anderen Erfolg erzielt. Dies trifft beispielsweise zu, wenn der Täter das nahe einem anderen stehende, vorgesehene Opfer einer Tötung mit seinem Schuss verfehlt und die andere, ihm völlig gleichgültige Person trifft und tötet. Es liegt kein Irrtum vor, sondern die *Tat* wurde in einer vom Plan des Täters *abweichenden* und von da aus gesehen *unzureichenden Weise ausgeführt*.

Nach herkömmlicher Auffassung ist wegen vollendeten Versuchs der beabsichtigten Tat in Idealkonkurrenz mit fahrlässiger Begehung des zufällig verwirklichten Tatbestandes, wenn diese strafbar ist, zu bestrafen. Recht häufig wird nur die vollendete beabsichtigte Tat gegenüber dem tatsächlich getroffenen Opfer angenommen werden können, wenn dieser Erfolg so nahe lag, dass der Täter ihn sich als eventualvorsätzlich herbeigeführt zurechnen lassen muss.

### V. DER ZWANG

Auch der Zwang hat als Schuldausschliessungsgrund zu gelten.

Zahlreiche Gesetze regeln diese Frage ausdrücklich. So der französische CP, der in art. 64 auch sagt:

«Il n'y a ni crime ni délit, lorsque le prévenu ... a été contraint par une force à laquelle il n'a pu résister.»

Das österreichische Strafgesetz von 1852 sprach in § 2 lit. g von «unwiderstehlichem Zwang», das deutsche Strafgesetzbuch von 1871 nennt in § 52 Abs. 1 «unwiderstehliche Gewalt oder ... Drohung, welche mit einer gegenwärtigen, nicht anders abwendbaren Gefahr für Leib und Leben seiner oder eines Angehörigen verbunden war», und der italienische Codice penale handelt in art. 46 al. 1 vom Angeschuldigten «costretto, mediante violenza fisica alla quale non poteva resistere o communque sottrarsi».

Obschon eine gesetzliche Regel fehlt, ist die schweizerische Doktrin darin einig, dass ein unter dem Einfluss unwiderstehlicher Gewalt ausgeführtes Verhalten nicht zur Schuld zugerechnet werden kann. Streitig ist, was als unwiderstehliche Gewalt zu gelten hat. Ausser Zweifel steht nur, dass die jeden Widerstand ausschliessende *vis absoluta*, wie die körperliche Überwältigung, z.B. das Führen der Hand zur Unterschrift, unwiderstehliche Gewalt darstellt. Umstritten ist die Wirkung der *nötigenden Gewalt*, der *vis compulsiva*, welche mit gelinder Gewaltanwendung beginnt und eine Steigerung in Aussicht stellt. Die herrschende Ansicht nimmt an, dass Handeln unter dem Einfluss der vis compulsiva nur zur Strafmilderung nach Art. 65 führen könne, weil Art. 64 unter den Gründen dieser Strafmilderung ausdrücklich die schwere Drohung aufführt. Abgesehen davon, dass die vis compulsiva über die Drohung hinausgeht, bereits ein Übel zufügt und es nicht nur in Aussicht stellt, ist darauf hinzuweisen, dass je nach der Eigenart des Bedrängten, seinem Alter, Geschlecht, Gesundheitszustand, seiner Widerstandsfähigkeit, auch eine vis compulsiva unwiderstehlich wirken kann und dann zur Straffreiheit mangels Schuld führen muss. Überdies begründet die vis compulsiva in manchen Fällen einen Notstand und damit sogar als Rechtfertigungsgrund Straflosigkeit. Demgegenüber sich auf den Satz «coactus voluit, sed voluit» zu berufen, widerspricht dem Schuldprinzip. Die erwähnten ausländischen Vorschriften werden ebenso ausgelegt, wie es hier empfohlen wird. Dem eigentlichen Zwang ist die gewöhnliche schwere, unwiderstehliche Drohung gleichzustellen. Die Verantwortung für die strafbare Handlung trifft dann einzig denjenigen, der Zwang übte oder drohte.

### VI. DER ÜBERGESETZLICHE SCHULDAUSSCHLIESSUNGSGRUND

Dem allgemeinen übergesetzlichen Rechtfertigungsgrund der Güterabwägung entsprechend tritt die deutsche Lehre für einen allgemeinen übergesetzlichen Schuldausschliessungsgrund der *Unzumutbarkeit* ein. Der Rückgriff auf ihn war auch eine Folge der engen Umschreibung des Notstandes im deutschen Strafrecht, welcher eine andere Strafbefreiung in ganz aussergewöhnlichen Fällen wünschbar werden liess. Derartige ausserordentliche Sachverhalte waren in der Nachkriegszeit zu beurteilen, beispielsweise wenn es sich um Ärzte in Irrenanstalten handelte, welche den Weisungen Hitlers, Geisteskranke zu töten, gegenüber einigen Patienten nachgekommen waren, um das Leben anderer zu retten.

Weil die Regelung der Rechtfertigungsgründe wie der Schuldausschliessungsgründe durch das schweizerische Strafrecht ausserordentlich weite Möglichkeiten der Strafbefreiung eröffnet, ist von dem übergesetzlichen Schuldausschliessungsgrund der Unzumutbarkeit abzusehen.

## 2. KAPITEL:
### DER AUSSCHLUSS DER STRAFBARKEIT TATBESTANDSMÄSSIGEN, RECHTSWIDRIGEN UND SCHULDHAFTEN VERHALTENS

### §19 ALLGEMEINES

Ist ein Verhalten tatbestandsmässig, rechtswidrig, schuldhaft und mit Strafe bedroht, so sollte es scheinen, wie wenn eine Bestrafung stets eintreten müsste, weil alle Merkmale des allgemeinen Verbrechensbegriffes verwirklicht sind. Dennoch ist zuweilen im einzelnen Fall keine Bestrafung möglich, weil ein besonderer Grund der Strafbefreiung vorliegt.

Die Lehre der *Strafbefreiungsgründe* ist systematisch und terminologisch eine Crux des Strafrechts. Dies rührt daher, dass solche Strafbefreiungen aus den verschiedensten Gründen gewährt und ganz uneinheitlich bezeichnet werden. So spricht das Strafgesetzbuch von: «straflos erklären», «von Strafe Umgang nehmen», «straflos bleiben». Die Schwierigkeiten werden dadurch vermehrt, dass ausser den im allgemeinen Teil geregelten sich über den ganzen besonderen Teil zerstreut weitere Strafbefreiungen finden; siehe z. B. Art. 138 Abs. 2, 177 Abs. 2 und 3, 304 Abs. 2, 305 Abs. 2; ausserdem muss zwischen in jedem Fall wirkenden *obligatorischen* und nur die Möglichkeit einer Strafbefreiung eröffnenden *fakultativen* unterschieden werden. Dazu kommt, dass jeder Strafrechtler, der etwas auf sich hält, eine besondere Systematik zu suchen scheint!

Die hier vorgelegte Systematik will nichts Anderes als etwas Ordnung schaffen und zu einer raschen Übersicht verhelfen; deshalb sind wichtig die zur Unterscheidung verwendeten Gesichtspunkte, nicht die Terminologie. Der massgebende Gesichtspunkt der Einteilung ist ein *prozessualer*. Die Einteilung richtet sich darnach, ob der in Frage stehende Strafbefreiungsgrund *nur vor* der Beurteilung oder ob er *auch nach dem Urteil* eintreten kann.

Alle Strafbefreiungsgründe, welche *vor der Beurteilung* eingetreten sein müssen, werden *Strafhinderungsgründe* bezeichnet, weil sie eine Bestrafung ausschliessen. Die Strafbefreiungsgründe, welche *nach* dem *Urteil* eintreten können, heissen *Strafaufhebungsgründe*, weil sie eine bereits durch Urteil ausgesprochene Bestrafung unwirksam zu machen vermögen.

Die *Strafhinderungsgründe* zerfallen in die *Schuldausschliessungsgründe im weiteren Sinne*, welche sich *vor oder während* der *Tat* abspielen müssen, und die *Strafausschliessungsgründe*, welche *nach der Tat*, doch *vor dem Urteil* eintreten müssen.

Dies führt zu folgender Übersicht:

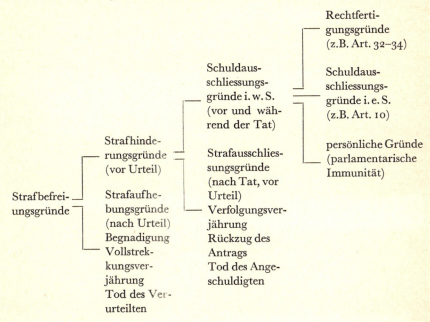

Der Grundriss behandelt nur die allgemeinen Strafbefreiungsgründe, nicht die des besonderen Teils. Die Strafhinderungsgründe wurden bereits dargestellt, ausgenommen die Verfolgungsverjährung und der Tod des Angeschuldigten. Es werden im weiteren nur einzelne weitere Strafaufhebungs- und -ausschliessungsgründe, etwas eingehender die Verjährung und die Begnadigung, behandelt.

## § 20 DIE ALLGEMEINEN STRAFAUFHEBUNGS- UND STRAFAUSSCHLIESSUNGSGRÜNDE

### I. DIE VERJÄHRUNG, ART. 70-75

#### 1. *Die Bedeutung des Zeitablaufes im Strafrecht*

Die Strafe soll die Rechtsordnung nachträglich gegenüber der vom Täter ausgeführten Rechtsverletzung bewähren und, soweit nötig und möglich, den Täter so beeinflussen, dass er sich in Zukunft rechtsgetreu verhält. Verstrich zwischen Tat und Urteil geraume Zeit, so steht nicht mehr derselbe Mensch vor Gericht wie derjenige, welcher die Tat verübte; er konnte inzwischen von selber zu rechtsgetreuem Leben zurückgefunden oder seine Lebensweise sonst verändert haben. Je später eine Sanktion ausgesprochen wird, um so schwächer wird ihre Fähigkeit, die Macht des Rechtes darzustellen. Selbst wenn die Strafe als vergeltende Zufügung eines Übels verstanden wird, kann nicht übersehen werden, dass das Vergeltungsbedürfnis mit der Zeit abnimmt. Endlich ist zu berücksichtigen, dass, je weiter die Tat zurückliegt, um so schwieriger in der Regel deren Beweis wird. Aus allen diesen Gründen muss die Strafverfolgung und die Vollstreckung nach einer gewissen Zeit durch die Verjährung als ausgeschlossen gelten. Es zeigt sich, dass alle die Gründe, welche herangezogen werden, um die Strafe zu rechtfertigen oder ihren Sinn zu bestimmen – Bewährung der Rechtsordnung, Verhütung von Straftaten, Resozialisierung, Vergeltung –, mit der Zeit an Kraft verlieren, weshalb schliesslich Straflosigkeit eintreten soll.

Das Strafrecht berücksichtigt den Zeitablauf seit der Tat in doppelter Weise: als *Verfolgungsverjährung* schliesst er die *Verurteilung*, als *Vollstreckungsverjährung* den *Vollzug* bereits ausgesprochener Strafen aus. Ausserdem ist der Zeitablauf *Strafmilderung* gem. Art. 64 zweitletzter Absatz, allerdings erst wenn der Eintritt der Verfolgungsverjährung nahe bevorsteht, BGE *73* (1947) IV 159, und nicht, wenn die besonderen, aussergewöhnlich kurzen Verjährungsfristen, gem. Art. 118 Abs. 2, 119 Zif. 1 Abs. 2, 178, 213 Abs. 4, 302 Abs. 4, in Frage kommen, BGE *89* (1963) IV 4.

Obschon die Verjährung als Verfolgungsverjährung und Strafhinderungsgrund vor dem Urteil, doch als Vollstreckungsverjährung und Strafaufhebungsgrund nach dem Urteil wirken kann, wird sie im folgenden einheitlich behandelt, unabhängig davon, dass verschiedene Strafbefreiungsgründe vorliegen.

## 2. Die Verfolgungsverjährung, Art. 70–72

### a) Die Verjährungsfristen

Art. 70 richtet die Dauer der Verjährungsfrist nach der *Höhe der* auf die in Frage stehende Tat *angedrohten Strafe:*

zwanzig Jahre, wenn lebenslängliches Zuchthaus angedroht ist,

zehn Jahre, wenn Zuchthaus angedroht ist,

fünf Jahre, wenn eine andere Strafe angedroht ist.

Sonderregeln über die Dauer der Verfolgungsverjährung enthalten die in Zif. 1 Abs. 2 hievor i.f. angeführten Bestimmungen sowie Art. 109 für die Übertretungen, ferner VStrR Art. 11.

Mit der Strafdrohung ist stets die durch die in Frage stehende Bestimmung im allgemeinen angedrohte Strafe gemeint. Sind ganz allgemein verschieden schwere Strafarten angedroht, so ist die schwerere massgebend, unabhängig davon, ob im betreffenden Fall das Verhängen der schwereren Strafart in Frage steht. Wird, wie in Art. 137 Zif. 1, auf Diebstahl Zuchthaus bis zu fünf Jahren oder Gefängnis angedroht, so ist die Straftat stets ein mit Zuchthaus bedrohtes Verbrechen. Nur im einzelnen Fall mögliche Strafschärfungen oder -milderungen bleiben ausser Betracht. Dasselbe hat zu gelten, wenn Strafschärfungen einzig für schwere Fälle vorgesehen sind, z.B. in Art. 273; a.M. BGE vom 31.1.1963, ZR *1964* 25, N. 16; BGE *92* (1966) IV 123 erklärte die allgemein angedrohte Strafe ebenfalls für massgebend, wenn Jugendstrafrecht anzuwenden ist.

Werden durch eine Gesetzesänderung die Verjährungsfristen berührt, so gilt gem. Art. 2 Abs. 2 und 337 Abs. 1 das mildere Recht zur Zeit der Beurteilung, und die bereits abgelaufene Zeit wird angerechnet, so ausdrücklich Art. 337 Abs. 2.

### b) Der Beginn der Verjährung

Gem. Art. 71 Abs. 2 beginnt die Verfolgungsverjährung an dem Tage, an welchem der Täter die *Tat ausführt.* Ausführen ist hier wiederum als Fachausdruck zu verstehen und meint einzig das vom Täter selber verwirklichte Verhalten, nicht den möglicherweise zum gesetzlichen Tatbestand gehörenden Erfolg. Die Verfolgung eines Unterlassungsdeliktes beginnt zu verjähren an dem Tage, an welchem oder bis zu welchem der Täter hätte handeln sollen; ZBJV 87 (1951) 130, RStrS *1957* 9, ZR *1967* 303, N. 145. Die gesetzliche Regelung, die auf die Zeit der Ausführung abstellt, führt dazu, dass gelegentlich die Verfolgung eines Erfolgsdeliktes verjährt ist, bevor der Erfolg eintrat, beispielsweise wenn die fahrlässige Ausführung eines Werkes erst nach längerer Zeit zu einem Einsturz führt, was für Art. 228 Zif. 2 oder 229

Abs. 2 zutreffen kann. Diese Folgerung kann nur abgewiesen werden, wenn erklärt wird, eine Tat, die noch nicht strafbar sei, könne nicht verjähren. Sie scheint jedoch mit der gesetzlichen Regelung und den Überlegungen, welche die Verjährung begründen, kaum vereinbar.

Handelt der Täter zu verschiedenen Zeiten, beginnt die Verjährung mit dem Tage, an welchem die letzte tatbestandsmässige Tätigkeit ausgeführt wird. Dauert das strafbare Verhalten an, z.B. Art. 182, so setzt die Verjährung mit dem Tage ein, an welchem es aufhört.

Trotz der ausdrücklichen gesetzlichen Vorschrift ist der Tag, mit dem die Verjährung beginnt, nicht mitzuzählen: BGE 97 (1971) IV 238, anders noch 77 (1951) IV 208.

### c) Das Ruhen der Verjährung

Die Verfolgungsverjährung ruht während der Verbüssung einer Freiheitsstrafe im Auslande, Art. 72 Zif. 1. Der Vollzug einer sichernden Massnahme sollte dem Strafvollzug gleichgestellt werden; denn der Täter ist in diesem Fall in derselben Weise wie durch den Strafvollzug dem Zugriff des schweizerischen Strafrechts entzogen, weil eine Auslieferung nicht gewährt wird, solange der Aufenthaltsstaat eine Sanktion vollstreckt. Weil es sich um die Beschränkung eines Strafhinderungsgrundes handelt, könnte nur das Gesetz den sichernden Massnahmen diese Wirkung beilegen, wie Art. 75 Zif. 1 es für die Vollstreckungsverjährung ausdrücklich getan hat.

Garantiegesetz Art. 4 letzter Absatz lässt die Verfolgungsverjährung ruhen während des Verfahrens über die Erteilung der Immunität.

Ausserdem ruht die Verfolgungsverjährung, wenn ein kantonales verurteilendes Urteil durch den Kassationshof des Bundesgerichts auf Nichtigkeitsbeschwerde gemäss BStrP Art. 268 hin aufgehoben wurde, während der Zeit zwischen der kantonalen Verurteilung und dem Urteil des Bundesgerichts, BGE 72 (1946) IV 107, 73 (1947) IV 14. BGE 96 (1970) IV 51 führt zur Frage, ob die Verfolgungsverjährung nicht auch während der Behandlung eines kantonalen Rechtsmittels ruht, wenn es sich um ein ausserordentliches kassatorisches Rechtsmittel ohne Suspensiveffekt handelt. Ein Freispruch durch die letzte kantonale Instanz hemmt hingegen das Weiterlaufen der Verfolgungsverjährung nicht, BGE 78 (1952) IV 128, 85 (1959) IV 172, 97 (1971) IV 157.

Nach neuerer Rechtsprechung des Bundesgerichtes ruht die Verfolgungsverjährung immer dann, wenn eine ausdrückliche Vorschrift ausschliesst, den Strafprozess weiterzuführen, z.B. BStrP Art. 299 Abs. 2, 305 Abs. 1, MilStrGB Art. 222 Abs. 3; siehe BGE 88 (1962) IV 93, 90 (1964) IV 63. Diese Beschränkung eines gesetzlich begründeten Strafhinderungsgrundes durch Rechtsfindung praeter legem ist mit dem Legalitätsprinzip kaum zu vereinbaren. VStrR Art. 11 Abs. 3 sieht für den Geltungsbereich dieses Gesetzes ausdrücklich vor, dass die Verfolgungsverjährung während eines Verfahrens über die Pflicht, eine Abgabe zu leisten, ruht.

Das Ruhen der Verjährung hat die Folge, dass diese Zeit auf die Dauer der Verjährungsfrist *nicht angerechnet* wird.

### d) Die Unterbrechung der Verjährung

Die Verjährung läuft nicht unaufhörlich weiter, sondern ihre Wirkung kann durch bestimmte Prozesshandlungen ungeschehen gemacht werden. Art. 72 Ziff. 2 sieht dies für *jede Untersuchungshandlung*, welche sich gegen den Täter richtet, vor. Die Untersuchungshandlung kann von der Untersuchungsbehörde oder dem urteilenden Gerichte ausgehen; das Gesetz gibt eine Reihe von Beispielen. Tauglich sind nur die Untersuchungshandlungen, welche nach aussen in Erscheinung treten, so das Beiziehen anderer Akten, doch nicht schon die Lektüre von Akten; BGE 73 (1947) IV 258 auf Grund von ZG Art. 83 Abs. 3, 90 (1964) IV 63. BGE 96 (1970) IV 53, E. 2 i.f., hebt hervor, die Verjährung könne nur unterbrochen werden, wenn sie überhaupt noch läuft.

Die *Unterbrechung* bewirkt, dass die durch Art. 70 gesetzte *Frist neu* zu *laufen* beginnt.

Die Verjährung kann nicht beliebig oft unterbrochen werden. Sie tritt auf alle Fälle ein, wenn die durch Art. 70 gesetzte ordentliche Verjährungsfrist um die Hälfte, bei Ehrverletzungen und Übertretungen um ihre ganze Dauer überschritten ist. Die endgültig die Bestrafung ausschliessende Verjährung wird *absolute Verjährung* genannt, Art. 72 Ziff. 2 Abs. 2.

### e) Die rechtliche Natur der Verjährung

Weil die Verjährung die Bestrafung ausschliesst, ist sie ein Institut des *materiellen Strafrechts*, a. M. BGE 76 (1950) IV 127. Es ist jedoch zulässig, dem Eintritt der Verjährung zugleich prozessuale Wirkung zu verleihen, so dass er das Verfahren aus formellen Gründen dahinfallen lässt, so z. B. bern. StrV Art. 5.

## 3. Die Vollstreckungsverjährung, Art. 73–75

### a) Die Verjährungsfristen

Die Verjährungsfristen werden durch Art. 73 Ziff. 1 umschrieben. Sie sind bedeutend länger als die der Verfolgungsverjährung, weil die Beweiserschwerung keine Rolle mehr spielt.

Mit der Hauptstrafe verjährt zugleich die Vollstreckung der in demselben Urteil verhängten Nebenstrafe, wozu aber gemäss BGE *86* (1960) IV 231 die Busse nie zählt, selbst wenn sie zusammen mit einer Freiheitsstrafe, Art. 50, ausgesprochen worden war.

### b) Der Beginn der Vollstreckungsverjährung

Die Vollstreckungsverjährung beginnt gemäss Art. 74 mit dem Tag, an dem das *Urteil rechtlich vollstreckbar* wird. Mit rechtlicher Vollstreckbarkeit soll gesagt werden, dass eine rechtliche Grundlage zum Vollzug des Urteils vorliegt, ohne dass es möglich sein muss, das Urteil tatsächlich zu vollstrecken, was z. B. gegenüber einem flüchtigen Verurteilten ausgeschlossen ist. Die Vollstreckbarkeit setzt deshalb eine Verurteilung des Beschuldigten im Strafpunkt voraus, BGE *97* (1971) IV 153. Die Verfolgungsverjährung nimmt dann ihr Ende, weil nach ständiger Rechtsprechung beide Arten der Verjährung nicht zugleich laufen können, BGE *72* (1946) IV 107, *73* (1947) IV 14, *85* (1959) IV 169, *91* (1965) IV 145. Die Vollstreckbarkeit tritt mit dem Urteil einer kantonalen Instanz nach den Regeln des kantonalen Prozessrechts ein. Die Nichtigkeitsbeschwerde an den Kassationshof des Bundesgerichts berührt die rechtliche Vollstreckbarkeit nicht, welche vielmehr durch BStrP Art. 272 letzter Absatz vorausgesetzt wird. Schloss das Verfahren mit einer Einstellung der Strafverfolgung oder einem Freispruch, so läuft die Verfolgungsverjährung weiter, BGE *97* (1971) IV 153.

War die Strafe bedingt vollziehbar erklärt worden oder der Vollzug einer Massnahme vorausgegangen, beginnt die Vollstreckungsverjährung erst mit dem Tage an zu laufen, an welchem der Vollzug der Strafe angeordnet wird, Art. 74.

Der Tag des Beginns der Frist ist, entgegen dem Wortlaut von Art. 74 nicht mitzuzählen, siehe BGE *97* (1971) IV 238.

### c) Das Ruhen der Vollstreckungsverjährung

Die Vollstreckungsverjährung ruht gemäss Art. 75 Zif. 1 während des ununterbrochenen Vollzuges dieser oder einer anderen Freiheitsstrafe oder sichernden Massnahme, die unmittelbar vorausgehend vollzogen wird, während der Probezeit bei bedingter Entlassung, ferner wenn der Nichtigkeitsbeschwerde an das Bundesgericht gemäss BStrP Art. 272 letzter Absatz aufschiebende Wirkung zuerkannt wurde, BGE *73* (1947) IV 14.

### d) Die Unterbrechung der Vollstreckungsverjährung

Jede auf den Vollzug der Strafe gerichtete Handlung der zuständigen Behörde und der Vollzug der Strafe unterbricht gemäss Art. 75 Zif. 2 Abs. 1 die

Vollstreckungsverjährung. Wiederum ist eine äusserlich in Erscheinung tretende Handlung gefordert, wie Ausschreiben zur Verhaftung oder Erlass einer Aufforderung, sich zum Vollzug einzufinden.

Die Unterbrechung lässt die Frist nach Art. 73 Zif. 1 wieder neu laufen, doch tritt gemäss Art. 75 Zif. 2 Abs. 2 nach Überschreiten der ordentlichen Verjährungsfrist um die Hälfte *absolute Verjährung* der Vollstreckung ein.

## II. ANDERE ALLGEMEINE STRAFBEFREIUNGSGRÜNDE

### *1. Der Tod des Angeschuldigten oder des Verurteilten*

Der *Tod* des Angeschuldigten oder des Verurteilten *beendet* als Strafausschliessungsgrund die *Strafverfolgung* oder als Strafaufhebungsgrund den *Strafvollzug*, weil sich die kriminalrechtlichen Sanktionen nur gegen den Urheber der strafbaren Handlung *persönlich* richten sollen, so ausdrücklich für die Busse Art. 48 Zif. 3. Das Fiskalstrafverfahren missachtet den *Grundsatz der Persönlichkeit* der Strafe zuweilen, beispielsweise ZG Art. 100 Abs. 5, VStrR Anhang, Zif. 7 und 9, beseitigte diese Regeln.

### *2. Die Begnadigung*

#### a) Begriff

*Begnadigung* ist *Aufhebung* oder *Milderung* der *rechtskräftigen* strafrechtlichen *Verurteilung* durch eine besondere, dafür zuständige Behörde.

#### b) Die Zuständigkeit

Art. 394 erklärt in den Fällen, in denen die Bundesassisen, das Bundesstrafgericht oder eine Verwaltungsbehörde des Bundes urteilten, die Bundesversammlung zuständig, siehe BV Art. 85 Zif. 7, und wenn eine kantonale Behörde entschieden hatte, die Begnadigungsbehörde des Kantons. Die Kantone haben diese Befugnis den kantonalen Parlamenten übertragen; ausnahmsweise wird die Kantonsregierung oder sogar eine Direktion befugt erklärt, Bussen geringer Höhe gnadenweise zu erlassen, z.B. bern. Staatsverfassung Art. 26 Zif. 17, Strafverfahren Art. 382 Abs. 2 und 3, Zürcher Strafprozessordnung § 491, dazu BGE 95 (1969) I 544, E. 3.

#### c) Die Legitimation zum Begnadigungsgesuch

Art. 395 Abs. 1 berechtigt zum Einreichen eines Begnadigungsgesuches den Verurteilten, seinen gesetzlichen Vertreter und, mit Einwilligung des Verurteilten, dessen Verteidiger oder Ehegatten. Ausnahmsweise können bei politischen Delikten oder damit zusammenhängenden Straftaten gemäss Abs. 2 der Bundesrat oder die Kantonsregierung das Begnadigungsverfahren einleiten.

### d) Die Begnadigungsgründe

Das Gesetz sagt darüber nichts. Dennoch muss auch ein Begnadigungsgesuch begründet werden, weil die Begnadigung des modernen Rechts keine von einem absoluten Herrscher gewährte Huld, sondern ein Rechtsinstitut ist. Sie soll Abhilfe schaffen, wenn sich die Verurteilung im Einzelfall als besonders drückende, unerträgliche Härte erweisen würde. Es müssen immer aussergewöhnliche Umstände des einzelnen Verurteilten vorliegen, welche diesen ausnahmsweisen Eingriff in die Zuständigkeit des Richters rechtfertigen. Eine umfassende Formel zu geben ist ausgeschlossen. Als Beispiele seien genannt: die unumgängliche Verurteilung zu einer Mindeststrafe, die sich im konkreten Fall als ganz unbillig erweist; ein Versehen der Behörde, der es entging, rechtzeitig eine Strafe zu vollstrecken, und die dies erst versucht in einem Augenblick, in welchem der Täter völlig resozialisiert ist.

Die Begnadigung ist eine Milderung der Strenge des Rechts durch die Billigkeit, wenn die aussergewöhnlichen Umstände des Einzelfalles eine solche Rücksichtnahme gebieterisch aufdrängen. Ein Anspruch auf Begnadigung besteht nicht; immerhin wird eine grundlos in Abweichung von einer langjährigen kantonalen Praxis ausgesprochene Ablehnung einer Begnadigung vor BV Art. 4 kaum zu bestehen vermögen. BGE *95* (1969) I 543, E. 1, liess die Frage offen.

### e) Die Wiederholung des Gesuches

Sie ist nicht ausgeschlossen, doch sieht Art. 395 Abs. 3 vor, dass die Begnadigungsbehörde die Erneuerung des abgewiesenen Gesuches für eine bestimmte Frist ausschliessen kann. Sie setzt voraus, dass neue Begnadigungsgründe eingetreten sind.

### f) Die Wirkungen der Begnadigung

Durch die Begnadigung können die rechtskräftig auferlegten Strafen ganz oder teilweise erlassen oder in mildere Strafen umgewandelt werden. Der Umfang der Begnadigung ist durch den Gnadenerlass zu bestimmen. Zulässig ist es, die Strafe in eine bedingt vollziehbare umzuwandeln, BGE *80* (1954) IV 11. Die Begnadigungsbehörde muss sich jedoch an die gesetzlichen Rahmen der einzelnen Strafarten und die Regeln über den bedingten Vollzug halten. Sie darf deshalb nicht eine Strafe von 14 Monaten Zuchthaus in acht Monate

Zuchthaus verwandeln, sondern müsste acht Monate Gefängnis anordnen; ebensowenig dürfte sie für eine 18 Monate übersteigende Strafe den bedingten Vollzug gewähren.

Die Begnadigung kann sich nach eindeutigem Wortlaut des Gesetzes nur auf Strafen, doch nicht auf Massnahmen beziehen. Deshalb ist – entgegen der Ansicht des Bundesrates, siehe SJZ *1970* 16, und einzelner Kantone – die Begnadigung hinsichtlich der Urteilsveröffentlichung gemäss Art. 61, damit auch gemäss SVG Art. 102 Zif. 2, ausgeschlossen, weil diese Sanktion nach der klaren Systematik des Gesetzes eine Massnahme darstellt.

Die Begnadigung berührt nicht den Bestand des Urteils, sondern nur dessen Vollzug, BGE *80* (1954) IV 11.

### 3. Die Amnestie

Amnestie ist ein *allgemeiner Erlass*, welcher für eine *bestimmte Art* von *Straftaten* die *Bestrafung ausschliesst*. Das gemeinsame Kriterium kann ein tatsächliches sein – alle bei einem Aufruhr verübten Taten – oder ein rechtliches – alle Diebstähle, alle Entwendungen, Art. 137, 138 – oder eine Mischung von beiden – alle Entwendungen aus Warenhäusern. Hier geht es nicht um die Korrektur eines einzelnen als unerträglich empfundenen Urteils, sondern um die Strafloserklärung bestimmter Straftaten, weshalb schon die Durchführung von Strafverfahren gehindert wird. Insofern es sich nur um das *Niederschlagen* oder Nichtanheben einer *Strafverfolgung* handelt, wird auch von *Abolition* gesprochen.

*Amnestie* ist *Abolition und Begnadigung* für eine *Gruppe strafbarer Handlungen*. Sie auszusprechen steht gem. BV Art. 85 Zif. 7 einzig der Bundesversammlung zu.

Im Gegensatz zu der im Einzelfall aus kriminalpolitischen Erwägungen gewährten Begnadigung ist die Amnestie in der Regel politisch begründet; in der Schweiz ist sie zum Glück äusserst selten.

### 4. Die Rehabilitation, Art. 77–81

Das Strafgesetzbuch sieht in den Art. 77–79 vor, dass die Wirkung der Nebenstrafen der Amtsunfähigkeit, des Entzuges der elterlichen oder vormundschaftlichen Gewalt und des Berufsverbotes durch den Richter aufgehoben werden können, wenn der Verurteilte sich zwei Jahre nach der Strafverbüssung gut hielt, den gestifteten Schaden nach Möglichkeit ersetzte und kein weiterer Missbrauch des entzogenen Rechtes zu befürchten ist.

Die *Rehabilitation* gleicht der Begnadigung. Sie ist *Wiederverleihung strafweise entzogener Rechte* und *Fähigkeiten* und verwirklicht den Gedanken der *Belohnung*.

Ausserdem ermöglicht Art. 80 die *Löschung* eines *Eintrages im Strafregister*, mithin die Tilgung einer sichernden Massnahme, nach einer bestimmten Frist von Amtes wegen, Zif. 1, oder schon früher, wenn das Verhalten des Verurteilten es rechtfertigt, der Schaden, soweit zumutbar, ersetzt, die Busse bezahlt, abverdient oder erlassen wurde und die Nebenstrafen vollzogen sind, Zif. 2.

## 4. Unterabschnitt

### § 21 ANDERE SYSTEME DER ALLGEMEINEN VERBRECHENSLEHRE

Der Grundriss folgt in den Grundzügen dem System, welches von ERNST BELING (1866–1932) begründet wurde. Die Systematisierung der rechtlichen Erscheinungen verfolgt mehrere Zwecke: sie will Übersicht verschaffen, die Zusammenhänge der einzelnen Rechtseinrichtungen zeigen und durch den systematischen Zusammenhang die Bedeutung der einzelnen Institute voll entwickeln, endlich durch möglichst genaue Begriffsbildung die allgemeinen Voraussetzungen der Strafbarkeit herausarbeiten und damit dem Grundsatz der Legalität dienen. Doch ist nicht zu übersehen, dass es verschiedene Möglichkeiten des folgerichtigen systematischen Aufbaues der allgemeinen Verbrechenslehre gibt und dass kein System zu völliger Geschlossenheit zu gelangen vermag.

Die hier gegebene Darstellung versuchte die Grundlagen zur Behandlung der allgemeinen Verbrechenslehre zu vermitteln, indem sie von der Aufgabe des Strafrechts als Rechtsgüterschutz ausgeht. Es folgt eine Skizze des Aufbaues anderer Systeme, welche ebensogut befolgt werden können, wenn sie folgerichtig durchgeführt werden und wenn man sich der ihnen eigentümlichen Nachteile bewusst ist.

#### I. DAS TAT-TÄTER-SYSTEM

Ein auf der Unterscheidung zwischen Tat und Täter aufgebautes System wurde von HERMANN KANTOROWICZ, Tat und Schuld, Zürich und Leipzig 1933, entwickelt.

Als Tat bezeichnet er den Inbegriff der objektiven Tatbestandsmerkmale, die nicht durch Rechtfertigungsgründe gedeckte tatbestandsmässige Handlung. Täter ist, wer die Tat schuldhaft verwirklicht, ohne dass persönliche Strafhinderungsgründe vorliegen.

Ähnliche systematische Gedanken verfolgten FERDINAND KADEČKA und GUSTAV RADBRUCH.

Bringt dieses System gute Übersicht in die Elemente des allgemeinen Verbrechensbegriffes, so droht es, die Einheit der strafbaren Handlung, welche Momente des äusseren und des inneren Tatbestandes verbindet, zuwenig zu betonen. Die Unterscheidung von Tat und Täter könnte hingegen in einer ganz anderen Hinsicht zu höchst begrüssenswerten Folgen führen, dann nämlich, wenn sie dient, das Unwerturteil auf die Tat zu beschränken und den Täter davon zu entlasten.

## II. DIE LEHRE DER SUBJEKTIVEN UNRECHTSELEMENTE

Literatur:

O. A. GERMANN, Das Verbrechen im neuen Strafrecht, Zürich 1942.

GÜNTER STRATENWERTH, Die Bedeutung der finalen Handlungslehre für das schweizerische Strafrecht, ZStrR *81* (1965) 179.

Die Lehre von den subjektiven Unrechtselementen, siehe § 11 I 2 hievor, begründet die Rechtswidrigkeit in einzelnen Fällen nicht nur durch die äusseren Tatbestandsmerkmale, sondern auch durch innere Merkmale. Sie ist in Deutschland allgemein anerkannt. In der Schweiz wurde sie insbesondere von O. A. GERMANN übernommen. GERMANN hält, seiner subjektiven Verbrechensauffassung entsprechend, sogar den Vorsatz für ein subjektives Merkmal der Rechtswidrigkeit, weil nur diese Annahme die Rechtswidrigkeit des Versuches zu begründen vermöge. Damit ist aber der Rahmen der Lehre der subjektiven Unrechtselemente im herkömmlichen Sinne gesprengt und die Brücke geschlagen zu einer allgemeinen Lehre des personalen Unrechts, welche die Rechtswidrigkeit stets und wesentlich durch innere Momente begründet ansieht, wie es in Deutschland von der finalen Handlungslehre und den von ihr beeinflussten Systemen vertreten wird.

## III. DIE FINALE HANDLUNGSLEHRE UND IHRE NACHFOLGER

### *1. Die finale Handlungslehre*

Literatur:

HANS WELZEL, Das deutsche Strafrecht, 11. Auflage Berlin 1969.

–, Das neue Bild des Strafrechtssystems, 4. Auflage, Göttingen 1961.

Die finale Handlungslehre wurde begründet durch den zuletzt in Bonn wirkenden Hans Welzel. Vorbereitend dafür waren die Überlegungen von Hellmuth von Weber, der darauf hinwies, dass einzelne der von den gesetzlichen Tatbeständen zur Beschreibung des täterischen Verhaltens verwendeten Tätigkeitswörter derart seien, dass man sie nur dann richtig verstehen könne, wenn die Willensrichtung des Täters berücksichtigt werde, z. B. wenn es heisst zur Unzucht verleiten.

Welzel geht davon aus, dass die Art und Weise menschlichen Handelns dem Recht vorgegeben sei und dass sich das Recht deswegen darnach zu richten habe. Der Mensch handle aber so, dass er sich zuerst ein Handlungsziel vornehme, darauf sein zukünftiges, dem Erreichen dieses Zieles dienendes Verhalten bestimme und es dann verwirkliche. Zur Handlung als einem finalen Vorgang gehöre deshalb notwendigerweise die innere Ausrichtung des Handelnden auf das Ziel seines Tuns. Erst die Verbindung der inneren und der äusseren Tatseite könne als rechtswidrig bewertet werden. Daraus zog Welzel die Folge, dass der Vorsatz schon als Moment der Tatbestandsmässigkeit berücksichtigt werden müsse.

Der herkömmlichen Ansicht warf Welzel vor, dass sie die strafbare Handlung nur als äusserliche Verursachung auffasse, weshalb der entsprechende Handlungsbegriff im Gegensatz zu dem von Welzel vertretenen *finalen Handlungsbegriff* als *kausaler Handlungsbegriff* bezeichnet wurde. Diese Kritik ist insofern zutreffend, als die ursprüngliche Form der klassischen Handlungslehre, wie sie von v. Liszt und Beling vertreten worden war, das rechtlich erhebliche Handeln als die durch Innervation bewirkte Muskelbewegung ansah und dafürhielt, die im Tatbestand ausgesprochene Umschreibung des strafbaren Verhaltens sei wertfrei. Dass das menschliche Verhalten sich nicht derart auf einen biologischen Vorgang reduzieren lässt, räumen die späteren Vertreter der klassischen Handlungslehre ohne weiteres ein, ebenso dass die Kennzeichnung bestimmter Arten menschlichen Verhaltens durch die gesetzlichen Tatbestände nicht wertfrei ist, sondern, im Gegenteil, gerade dazu dient, dieses Verhalten als rechtswidrig und damit als einen Unwert zu erklären.

Welzel sieht einen weiteren Mangel der klassischen Lehre darin, dass sie von einer Handlung spricht, welche das Verhalten als gewollt oder wenigstens willkürlich beherrschbar ansieht, doch den Inhalt des Willens erst unter dem Gesichtspunkt der Schuld berücksichtigt.

Die Lehre von der finalen Handlung vermochte sich als Grundlage der strafrechtlichen Dogmatik nicht durchzusetzen. Denn das, übrigens schon von Aristoteles, siehe Nikomachische Ethik, 3. Buch, 5. Kap. 1112 b 4 ff., gesehene Modell dieses Verhaltens ist die bewusst geplante, geradezu absichtliche Handlung. Es steht ausser Zweifel, dass nicht nur solches Verhalten Grundlage strafrechtlicher Verantwortlichkeit abzugeben hat. Insbesondere ist es nicht geglückt, die Fahrlässigkeit als Spielart finalen Handelns nachzuweisen, trotz aller Bemühungen WELZELS und seiner Schüler, sie als potentielle Finalität zu verstehen oder die «Art der Ausführung der finalen Handlung», WELZEL, Das deutsche Strafrecht, 11. Aufl., § 18, Einleitung 4, S. 130, in den Vordergrund zu rücken. Endlich ist, per definitionem, ausgeschlossen, die Unterlassung als eine finale Handlung zu begreifen.

Die Schwierigkeiten der finalen Handlungslehre, das Problem der Fahrlässigkeit und der Unterlassung zu bewältigen, führten dazu, dass je eine besondere Systematik für das vorsätzliche Begehungsdelikt, das fahrlässige Begehungsdelikt und das Unterlassungsdelikt errichtet wurde.

Anhänger der finalen Handlungslehre sind ausser WELZEL RICHARD BUSCH (Bonn), REINHART MAURACH (München), ARMIN KAUFMANN (Bonn), in der Schweiz GÜNTER STRATENWERTH (Basel).

## 2. Die personale Unrechtslehre

Literatur:
ERNST JOACHIM LAMPE, Das personale Unrecht, Berlin 1967.

Die von WELZEL aus der finalen Handlungslehre abgeleitete systematische Folgerung, Vorsatz und Fahrlässigkeit seien zur Tatbestandsmässigkeit zu ziehen und nicht erst als Schuldmerkmal zu behandeln, fand weitgehend Anerkennung. Diesen Aufbau der Verbrechenslehre vertreten beispielsweise WILHELM GALLAS (Heidelberg), siehe seine noch immer grundlegende Abhandlung: Zum gegenwärtigen Stand der Lehre vom Verbrechen, ZStrW 67 (1955) 1, HANS-HEINRICH JESCHECK (Freiburg i. Br.), CLAUS ROXIN (München), ERNST-JOACHIM LAMPE (Bielefeld), in der Schweiz PETER NOLL und JÖRG REHBERG (Zürich).

Die Vertreter dieser Lehre pflegen ebenfalls eine besondere Systematik für das vorsätzliche Begehungsdelikt, das fahrlässige Begehungsdelikt und das Unterlassungsdelikt vorzusehen.

Der Nachteil auch dieser Systematik liegt darin, dass sie den Schutz der Rechtsgüter als Aufgabe des Strafrechts und damit die Eigenart der Straftat als Beeinträchtigung eines geschützten Rechtsgutes durch Verletzung oder Gefährdung zurücktreten lässt gegenüber der Kennzeichnung der Straftat als Norm- oder Pflichtverletzung. Es gibt jedoch keine Pflicht schlechthin, sondern nur die Verpflichtung zu einem bestimmt umschriebenen Verhalten, welches als Pflichtmaterie bezeichnet und in Bezug auf das Strafrecht durch die Anforderungen des Rechtsgüterschutzes bestimmt wird, so schon ZStrR 78 (1962) 13. Denn der Inhalt der strafrechtlich geschützten sozialethischen Pflichten besteht darin. dass sie gebieten, die Beeinträchtigung einzelner Rechtsgüter zu unterlassen. Die Beziehung auf bestimmte Rechtsgüter ist das Massgebende und zwar umso mehr, als einzig die tatbestandsmässige Verletzung oder Gefährdung eines Rechtsgutes strafbar sein kann. Dazu kommt, dass eine der personalen Unrechtslehre folgende Systematik nicht zu vereinbaren ist mit dem vom Schweizer Gesetz befolgten System, welches Vorsatz und Fahrlässigkeit ausdrücklich als Schuldformen ansieht, es sei denn, es würden, wie GERMANN und ROXIN es vorschlagen, Vorsatz und Fahrlässigkeit sowohl als Merkmale des Tatbestandes wie der Schuld angesehen. Allein dies führt sofort zur Frage, weshalb denn zwischen diesen beiden allgemeinen Voraussetzungen der Strafbarkeit überhaupt zu unterscheiden ist, wenn sie wesentliche Merkmale gemeinsam besitzen. Werden Vorsatz und Fahrlässigkeit aber nicht in dieser Weise als Merkmal des Tatbestandes wie der Schuld aufgefasst, so beschränkt sich die Schuld darauf, dass der Täter das rechtswidrige Verhalten hätte vermeiden können, was unter dem Gesichtspunkt der Zurechnungsfähigkeit zu prüfen ist, und dass er mit aktuellem oder möglichem Bewusstsein der Rechtswidrigkeit handelte. Die Schuld würde zu einer blossen, dem Recht feindlichen Gesinnung. Ausser Betracht bliebe unter dem Gesichtspunkt der Schuld jedoch, in welcher Weise der Täter die rechtswidrige Tat herbeiführte. Hält man mit WELZEL, op. cit. § 18 I 1 a, S. 132, die Sorgfalt, welche der fahrlässig Handelnde ausser acht liess, für das Verhalten, welches «ein einsichtiger und besonnener Mensch in der Lage des Täters» an den Tag gelegt hätte, so hält es des Rückgriffes auf das Verhalten eines besonnenen Menschens wegen schwer, hierin eine Beschreibung der Rechtswidrigkeit und nicht ein Schuldmerkmal zu erkennen.

Für einzelne Fragen, welche jedoch eher Randprobleme bedeuten, ermöglicht die personale Unrechtslehre, wie die finale Handlungslehre, systematisch bessere oder einfachere Lösungen, so in bezug auf die Strafbarkeit des Versuches, die Voraussetzungen zum Ergreifen von Sanktionen gegenüber dem schuldlosen Täter oder die limitierte Akzessorietät der Teilnahme, § 25 I 1 c, IV 2 hienach, siehe den II hievor i.f. erwähnten Aufsatz von STRATENWERTH. Diese Vorteile wiegen jedoch m.E. die genannten Nachteile, insbesondere die Hintanstellung der Bedeutung des geschützten Rechtsgutes und die Verengerung des Schuldbegriffes, nicht auf.

Neustens versucht EBERHARD SCHMIDHÄUSER (Hamburg) die beiden Positionen der klassischen und der neueren Lehre zu überwinden, indem er stets willentliches als bewusstes Handeln für die Voraussetzung der Strafbarkeit erachtet und erklärt, der Vorsatz sei nicht dadurch gekennzeichnet, dass willentlich, sondern dadurch, dass mit dem Bewusstsein der Rechtswidrigkeit gehandelt wird. Demgegenüber ist zu betonen, dass, wie der Eventualvorsatz zeigt, zum Vorsatz willentliches Handeln gehört, wenn nicht die bewusste Fahrlässigkeit als vorsätzliches Verhalten gelten soll. Nicht willentliches, sondern durch den Willen beherrschbares Verhalten ist Voraussetzung der Strafbarkeit.

## 5. Unterabschnitt: Die besonderen Erscheinungsformen des Verbrechens: Versuch, Mitwirkung mehrerer, Pressestrafrecht

### VORBEMERKUNGEN

Das Strafrecht verleiht besonders wichtigen Rechtsgütern dadurch erhöhten Schutz, dass es die Verletzung der Verhaltensregeln, welche diese Rechtsgüter sichern, mit besonderen Sanktionen belegt. Die strafrechtlich gesicherten Verhaltensregeln richten sich an den einzelnen Rechtsgenossen. Der typische Fall der Verletzung einer strafrechtlich gesicherten Verhaltensnorm besteht darin, dass ein einzelner Rechtsgenosse das strafbare Verhalten verwirklicht. Von diesem Regelfall geht der Gesetzgeber wie der Systematiker aus, dass nämlich ein einzelner Mensch sämtliche objektiven und subjektiven Tatbestandsmerkmale selber verwirklicht. Das von einem einzigen Täter selber verübte und zu Ende geführte vorsätzliche Begehungsdelikt ist die Modellvorstellung der strafbaren Handlung.

Allein es kann vorkommen, dass der Täter aus irgendeinem Grunde mit der Ausführung des Deliktes beginnt, jedoch nicht dazu kommt, alle vom gesetzlichen Tatbestand geforderten objektiven Merkmale zu verwirklichen und damit die Tat zu vollenden. Von einem derartigen nur begonnenen Delikt handelt die Lehre vom *Versuch*, Art. 21–23.

Ausserdem geschieht es, dass mehrere Personen zusammenwirken, um ein und dieselbe Straftat auszuführen. Ihr Verhalten beurteilt die *Teilnahmelehre*, deren gesetzliche Regeln die Art. 24–26 enthalten.

Endlich führt die verfassungsmässig garantierte *Pressefreiheit*, BV Art. 55, zu einer Sonderregelung der *Pressedelikte*, Art. 27.

## § 22 BEGRIFF, ARTEN UND DIE BEGRÜNDUNG DER STRAFBARKEIT DES VERSUCHES

Literatur:

O.A. GERMANN, Über den Grund der Strafbarkeit des Versuches, Zürich 1914.

–, Die Rechtsprechung über den Versuch nach schweizerischem Strafgesetzbuch, ZStrR *60* (1946) 1.

MAX WAIBLINGER, Die Abgrenzung des strafbaren Versuches von der straflosen Vorbereitungshandlung, ZStrR *72* (1958) 121.

–, Subjektivismus und Objektivismus in der neueren Lehre und Rechtsprechung vom Versuch, ZStrW *69* (1957) 189.

–, Schweizerische Juristische Kartothek, Versuch I, II, Nrn. 1199, 1200, Genf 1958.

### I. DER BEGRIFF DES VERSUCHES

*1. Die Problemstellung*

Das von einem Täter beabsichtigte strafbare Verhalten kann in der Verwirklichung irgendwo steckenbleiben. Wenn sich der Täter vornahm, nachts in einem an einer abgelegenen Strasse stehenden Hause einen Diebstahl auszuführen, soll er bestraft werden, wenn er

a) nichts tut, als tagsüber wiederholt am Hause vorbeizugehen und die Örtlichkeiten auszukundschaften,

b) sich ausserdem Einbrecherwerkzeug anschafft,

c) sich zudem nachts dem Hause nähert, doch wider Erwarten Passanten trifft,

d) sich nachts auf menschenleerer Strasse dem Hause nähert, das Haus mit einem Nachschlüssel öffnet, in ein Zimmer eindringt und, bevor er etwas behändigen kann, flieht, weil er Schritte im Hause hört und sich entdeckt glaubt,

e) wie unter d, doch er entfernt sich erst, nachdem er die Hand bereits nach einem bestimmten Gegenstand ausgestreckt gehabt hatte?

Die Reihenfolge immer deutlicher auf ein bestimmtes rechtswidriges Verhalten ausgerichteter Tätigkeiten, die aber nie zur Verwirklichung aller Merkmale des Diebstahls, Art. 137 Zif. 1, der Wegnahme fremder Sachen, führen, zeigt das Problem. Der auf die Verwirklichung einer strafbaren Handlung gerichtete *Wille* wird *sichtbar;* soll das Eintreten *äusserer* Umstände, welche die Vollendung ausschliessen, die Strafbarkeit hindern? Doch andererseits: Wann soll die straflose Vorbereitung strafbarer Handlung in den strafbaren Versuch übergehen? Dies sind die hauptsächlichen Probleme des Versuches.

In der Lehre des Versuches geht es deshalb um eine *doppelte Grenzziehung:* Einmal zum noch straflosen Vorbereiten und dann zu der eindeutig strafbaren vollendeten Tat.

## 2. Der Begriff des Versuches

*Versuch* ist die schon strafbare, äusserlich kundgegebene Verwirklichung des eindeutig auf die Begehung einer bestimmten strafbaren Handlung gerichteten Willens, welche nicht zur Erfüllung aller objektiven Tatbestandsmerkmale der in Frage stehenden Straftat führt.

Der Versuch erfasst das *zwischen der straflosen Vorbereitung* und *der Vollendung* des Deliktes liegende, aus einem besonderen Grunde ebenfalls strafbare Verhalten.

Ob ein strafbarer Versuch vorliegt, muss stets mit Hinsicht auf eine ganz bestimmte strafbare Handlung, z.B. eine vorsätzliche Tötung, Art. 111, oder einen Diebstahl, Art. 137 Zif. 1, beurteilt werden.

*Vollendet* ist ein Delikt, wenn der Täter alle gesetzlich geforderten objektiven und subjektiven Tatbestandsmerkmale verwirklichte. Gemeint sind nur die echten Tatbestandsmerkmale, weil auch die Bestrafung wegen Versuches die objektiven Strafbarkeitsbedingungen voraussetzt.

*Weshalb* die Vollendung unterblieb, ist für den Begriff des Versuches bedeutungslos, doch nicht für dessen Bestrafung.

Die Rechtswidrigkeit des Versuches liegt darin, dass das Gesetz durch einen besonderen Tatbestand das versuchte Verhalten als rechtswidrig und strafbar erklärte, während im Zivilrecht der Versuch folgenlos bleibt. Weil erst eine besondere Regel die Strafbarkeit des Versuches begründet, ist der Versuch ein *Strafausdehnungsgrund.*

### II. DIE ARTEN DES VERSUCHES

Folgende Arten des Versuches werden unterschieden:

## 1. Der unvollendete Versuch, Art. 21

Er liegt vor, wenn der Täter in einer dem Gesetz genügenden Weise seinen auf eine Straftat gerichteten Willen bekundete, doch nicht alle objektiven Tatbestandsmerkmale verwirklichte, welche er selber ausführen muss.

### 2. Der vollendete Versuch, Art. 22

Der Versuch ist vollendet, wenn der Täter alle die objektiven Tatbestandsmerkmale verwirklichte, welche er dem gesetzlichen Tatbestand entsprechend selber ausführen muss, ohne dass der tatbestandsmässige Erfolg eingetreten ist.

### 3. Der untaugliche Versuch, Art. 23

Er ist gegeben, wenn der Täter die Tat an einem Objekt oder mit einem Mittel auszuführen beabsichtigte, an oder mit dem die Tat nicht begangen werden kann.

## III. DIE BEGRÜNDUNG DER STRAFBARKEIT DES VERSUCHES

### 1. Allgemeines

Ob ein Täter das beabsichtigte strafbare Verhalten verwirklichen kann, hängt oft von Zufälligkeiten ab. Es widerspricht dem Postulat, dass die *Strafwürdigkeit* auf *gerechte* Weise zu begrenzen sei, den Zufall herrschen zu lassen. Die Straflosigkeit wäre besonders dann stossend, wenn die Verwirklichung der Straftat nur knapp vor der Vollendung gehindert worden wäre. Dazu kommt, dass durch das deutlich auf die Verwirklichung eines Straftatbestandes gerichtete Verhalten eine *Gefährdung der geschützten Rechtsgüter* durch den Täter sichtbar wurde. Sie bildet den eigentlichen Grund der Strafbarkeit des Versuches.

Wie muss die Gefährdung beschaffen sein, um zur Bestrafung wegen eines versuchten Deliktes zu führen und zu genügen? Bis auf die Bambergensis, Art. 204, und die Carolina, Art. 178, lassen sich die beiden möglichen Begründungen zurückverfolgen: eine *subjektive Versuchslehre*, welche den auf die Begehung der Straftat gerichteten *Willen* berücksichtigt, und eine *objektive Versuchslehre*, welche darauf abstellt, dass das kundgegebene Verhalten bereits das geschützte Rechtsgut äusserlich greifbar gefährdet. Beide Lehren führen zu verschiedenen Lösungen, wo die Grenze zwischen strafloser Vorbereitung und dem Beginn strafbaren Versuches durchgeht.

Indessen ist heute eine Annäherung beider Standpunkte bemerkbar, weil nicht jede Äusserung der innerlichen Einstellung Strafbarkeit zu begründen vermag, sondern nur eine solche, welche eindeutig erkennen lässt, dass der Wille auf strafbares Verhalten gerichtet ist.

### 2. Die objektiven Versuchstheorien

#### a) Die objektive Gefährdungstheorie

Die auf PAUL JOHANN ANSELM V. FEUERBACH (1775-1833) zurückgehende objektive Gefährdungstheorie hält strafbaren Versuch nur dann für gegeben, wenn das Verhalten des Täters das anzugreifende Rechtsgut äusserlich gefährdete.

#### b) Die formell-objektive oder Tatbestandstheorie

Sie lässt ein Verhalten erst dann als Versuch strafbar werden, wenn der Täter mit der Verwirklichung eines äusseren Tatbestandsmerkmals begonnen hatte. Sie wurde in der Schweiz im Kommentar THORMANN/ V. OVERBECK, Vorbem. vor Art. 21/2 N. 6, vertreten.

#### c) Die materiell-objektive oder erweiterte Tatbestandstheorie von REINHARD FRANK

REINHARD FRANK (1860-1934) lehrte: «Ein Anfang der Ausführung ist in allen Tätigkeitsakten zu finden, die vermöge ihrer notwendigen Zusammengehörigkeit mit der Tatbestandshandlung für die natürliche Auffassung als deren Bestandteile erscheinen» (Das Strafgesetzbuch für das deutsche Reich, 18. Aufl., 1931, ad § 43 II 2 b, S. 87).

Hier wird die objektive Versuchstheorie verlassen; denn ob eine Tätigkeit mit der Ausführung einer strafbaren Handlung notwendigerweise zusammenhängt, lässt sich nur beurteilen, wenn die innere Einstellung des Täters bekannt ist. Mit einer Hand auszuholen bedeutet nicht stets, dass der Betreffende zuschlagen will, er kann auch jemandem winken.

### 3. Die subjektiven Versuchstheorien

In neuerer Zeit wurde eine subjektive Theorie, zuerst durch den Reichsgerichtsrat F. v. BURI, dann durch das Reichsgericht selbst, vertreten. Diese Anschauung dürfte auch die französische Rechtsprechung beherrschen, welche strafbaren Versuch annimmt, wenn der Täter Handlungen ausführte, die nach seinem Dafürhalten die Vollendung des Deliktes zur raschen und unmittelbaren Folge haben sollte.

Vorerst wurde nur die Äusserung des auf das strafrechtlich verpönte Verhalten gerichteten Willens gefordert; später wurde ausserdem eine bestimmte Festigkeit des Willens, die Tatentschlossenheit, so Bockelmann, oder die Unzweideutigkeit der Richtung des Willens auf rechtsbrecherisches Verhalten, ital. CP art. 56 al. 1, verlangt. Die moderne Versuchslehre setzt beides voraus.

Eine Variante der subjektiven Theorie ist die auf v. Bar zurückgehende Eindruckstheorie, welche den geäusserten, auf die Tatbegehung zielenden Willen zur Begründung der Strafe genügen lässt, wenn dieses Verhalten das Vertrauen auf die Geltung der Rechtsordnung erschüttert.

In der Schweiz waren es vorerst Ernst Delaquis, später besonders O.A. Germann, welche die subjektive Versuchstheorie vertraten. Sie ist seit BGE 71 (1945) IV 211 in der Rechtsprechung unangefochten herrschend.

### 4. Stellungnahme zu den Versuchstheorien

Beide Spielarten der Begründung der Strafbarkeit des Versuches gehen so vor, wie wenn es sich um ein *Gefährdungsdelikt* handeln würde. Gleich wie besonders wertvolle Rechtsgüter nicht einzig gegen die Verletzung geschützt, sondern bereits vor der Gefährdung, der Möglichkeit einer Verletzung durch bestimmte Handlungsweisen bewahrt werden, sollen sie durch die Bestimmung über den strafbaren Versuch vor der Möglichkeit der Verletzung durch bestimmte Personen gesichert werden. Entscheidend ist, ob das Verhalten des Täters im allgemeinen für das angegriffene Rechtsgut gefährlich erscheint. Deshalb kommt es nicht darauf an, ob der Täter sein Vorgehen in der vorgesehenen Weise vollenden konnte; ZR *1947* Nr. 92, AGVE *1949* N. 22, unrichtig RStrS *1955* 153. Der *strafrechtliche Schutz* wird auf diese Weise *vorverlegt*. Die beiden Versuchslehren weichen nur darin voneinander ab, wie weit die Grenze der Strafbarkeit hinausgeschoben werden soll.

Die objektiven Versuchslehren rücken die Grenze der Strafbarkeit nur um ein weniges vor. Weil sie stets eine äussere Gefährdung des Rechtsgutes voraussetzen, schliessen sie die Bestrafung des untauglichen Versuches aus, der dadurch gekennzeichnet ist, dass eine tatsächliche Gefährdung nie bestand.

Die subjektiven Versuchslehren erweitern die Grenzen der Strafbarkeit bedeutend. Sie erlauben, die Umstände des Einzelfalles zu berücksichtigen, insbesondere der Persönlichkeit des Täters, weshalb sie zu verfeinerten und gerechteren Lösungen gelangen. Allerdings stellen sie dem Richter die schwere Aufgabe, die Strafbarkeit im einzelnen Fall zu begrenzen. Andererseits begegnen die in der neueren Entwicklung dieser Lehre erarbeiteten Kriterien der Strafbarkeit – die Eindeutigkeit des Willens, die Tatentschlossenheit – der dieser Lehre innewohnenden Gefahr, zu zuweit erstreckter Strafbarkeit, gar zu einem Gesinnungsstrafrecht zu führen. Neuere Gesetze versuchen die Gefahr zu bannen, indem sie, AE § 24 folgend, die Strafbarkeit wegen Versuchs erst beginnen lassen, wenn der Täter nach seinem Tatplan unmittelbar zur Verwirklichung der Tat ansetzt, so, allerdings etwas unklar deutsches Strafgesetz § 22 in der Fassung des 2. StrRG, § 15 des österreichischen Strafgesetzbuches vom 23.1.1974.

Kennt ein Strafgesetz, wie das schweizerische, die *Strafbarkeit* des *untauglichen Versuches*, so spricht dies notwendigerweise für eine *subjektive Versuchslehre*, weil die objektiven Versuchslehren die Strafbarkeit dieses Verhaltens gar nicht begründen könnten.

### IV. DIE NOTWENDIGEN MERKMALE DES STRAFBAREN VERSUCHES

Was kann beim strafbaren Versuch fehlen? Die objektiven, die subjektiven echten Tatbestandsmerkmale? Die objektiven Strafbarkeitsbedingungen?

*Ausbleiben* können einzig ganz oder zum Teil *objektive echte Tatbestandsmerkmale*. Stets müssen sämtliche subjektiven Tatbestandsmerkmale und die objektiven Strafbarkeitsbedingungen vorliegen.

Wieviel an objektiven Tatbestandsmerkmalen verwirklicht wurde, ist für die Unterscheidung zwischen unvollendetem und vollendetem Versuch von Bedeutung.

Hinsichtlich der Schuldform muss stets *Vorsatz* gegeben sein. Nur wenn ein entsprechender Vorsatz gefasst worden war, liegt die den Versuch kennzeichnende eindeutige Gefährdung der geschützten Rechtsgüter vor. In bezug auf die fahrlässigen Delikte lässt sich der strafrechtliche Schutz nur auf die Weise vorverschieben, dass fahrlässig begehbare konkrete und sogar abstrakte Gefährdungsdelikte eingeführt werden, was das Strafgesetzbuch und das Nebenstrafrecht (SVG Art. 90!) in hohem Masse taten.

Ausser dem Vorsatz sind die weiteren, von einem bestimmten gesetzlichen Tatbestande geforderten Schuld- oder Gesinnungsmerkmale zur Strafbarkeit des Versuches erforderlich. Werden die Absicht unrechtmässiger Bereicherung, Gewinnsucht, Böswilligkeit gefordert, so muss der Täter diese Verhaltensweisen ebenfalls verwirklicht haben, wenn er wegen Versuches bestraft werden soll.

Dasselbe gilt für die objektiven Strafbarkeitsbedingungen, wie z.B. den Strafantrag, die ebenfalls vorliegen müssen.

Hinsichtlich der Rechtfertigungs- und Schuldausschliessungsgründe wie für die Strafhinderungsgründe gelten für das versuchte Delikt dieselben Regeln wie für das vollendete.

## § 23 DIE REGELUNG DES VERSUCHES IM SCHWEIZERISCHEN STRAFGESETZBUCH

### I. DER UNVOLLENDETE VERSUCH, ART. 21

*1. Der Begriff*

*Unvollendeter Versuch* liegt gem. StrGB Art. 21 Abs. 1 vor, wenn der Täter mit der Ausführung eines Verbrechens oder Vergehens begonnen hat, doch die strafbare Tätigkeit nicht zu Ende führt.

Damit ist die *allgemeine Strafbarkeit* des *Versuches* für *Verbrechen* und *Vergehen* ausgesprochen, während andere Strafgesetze, so das deutsche und das französische, deutsches StrGB § 43 Abs. 2, franz. CP art. 2 und 3, das versuchte Vergehen nur bestrafen, wenn es im einzelnen Fall ausdrücklich angeordnet worden ist.

*2. Die Abgrenzung des unvollendeten Versuches von der straflosen Vorbereitungshandlung*

Eine Grenze steht, wenigstens für Rechtsstaaten, seit dem klassischen römischen Recht mit dem Satz des Ulpian, D 48 19 18: Cogitationis poenam nemo patitur, fest; zu deutsch: Fürs Denken kann niemand henken.

Was aber gilt, wenn sich das Denken äusserte? War Wilhelm Tell wegen versuchter vorsätzlicher Tötung strafbar, hätten ihn Gesslers Häscher überrascht, wie er den Monolog in der Hohlen Gasse sprach?

StrGB Art. 21 Abs. 1 antwortet mit einer auf den französischen Code pénal art. 2 – «commencement d'exécution» – zurückgehenden Formel, der Täter müsse «mit der Ausführung eines Verbrechens oder Vergehens begonnen» haben. Wie SCHWANDER betont, verweist diese Umschreibung vorerst auf die formell-objektive Versuchstheorie. Allein die Tatsache, dass das schweizerische Recht in Art. 23 den untauglichen Versuch strafbar erklärt, spricht entscheidend dafür, dass es sich der subjektiven Theorie anschloss.

Die Rechtsprechung des *Bundesgerichtes* stellte sich nach dem Inkrafttreten des Strafgesetzbuches, den Ansichten von GERMANN folgend, entschieden auf den Boden der *subjektiven Versuchslehre*. Es übernahm die von GERMANN geprägte Umschreibung, strafbarer Versuch beginne «mit jener Tätigkeit, die nach dem Plane des Täters den letzten, entscheidenden Schritt ins Verbrechen bildet, von dem in der Regel nicht mehr zurückgetreten wird, es sei denn wegen äusserer Umstände, die die Weiterverfolgung der Absicht erschweren oder verunmöglichen», so BGE *80* (1954) IV 178, eine Rechtsprechung, welche sich von BGE *71* (1945) IV 211 an unverändert hielt.

Doch sind die vom Bundesgericht etwas allgemein umschriebenen Voraussetzungen der Strafbarkeit des Versuches noch zu ergänzen. Die Schwelle der straflosen Vorbereitungshandlung ist überschritten, wenn folgende Voraussetzungen zusammentreffen:

a) Die Tatentschlossenheit

PAUL BOCKELMANN sprach davon, dass sich der Entschluss des Täters in der Tatkrise bewährt haben müsse, um Strafbarkeit wegen Versuches zu erlauben. Allein nicht alle Taten werden so geplant und überlegt ausgeführt, dass sich die Situation der Tatkrise von der Ausführung deutlich trennen lässt. Häufig geht der Täter unvermittelt zur strafbaren Handlung über. Zur Bestimmung der Tatentschlossenheit ist die von WAIBLINGER geprägte Formel des äusserlich, zeitlich oder räumlich tatnahen Handelns (Jurist. Kartothek 1200 I 7, S. 7) vorzuziehen. Sie entspricht der von HANS WALDER (Kriminalistik *1955* 313) gegebenen Umschreibung, der Tatentschluss müsse in gefährlich enger Beziehung zur Tatsituation stehen. Deshalb genügt der nur in Worten geäusserte Entschluss, eine bestimmte Straftat zu begehen, zur Strafbarkeit nicht, BGE *80* (1954) IV 70; hier steht nur Anordnung der Friedensbürgschaft, Art. 57, in Frage.

Mit GERMANN und WAIBLINGER, nun auch BGE *83* (1957) IV 145, ist das Verhalten des Täters daraufhin, ob die Tatentschlossenheit vorlag, nach *seiner Persönlichkeit* und den *Tatumständen* zu beurteilen. Dafür ist weder massgebend, wie BGE *83* (1957) IV 145, *87* (1961) IV 155, erklärten, ob der Täter den nach seiner Vorstellung entscheidenden Schritt ausführte, noch ist dies nach der allgemeinen Lebenserfahrung oder einem verallgemeinerten Bild der Täterpersönlichkeit, so BGE *74* (1948) IV 132, *80* (1954) IV 124, 180, zu entscheiden. Der Richter hat von der wirklichen Persönlichkeit des Täters auszugehen und sie daraufhin zu beurteilen, ob sie als tatentschlossen anzusehen ist oder nicht. Mit BGE *99* (1973) IV 153, der sich allerdings auf BGE *87* (1961) IV 155 stützt, doch von ihm abweicht und zu BGE *71* (1945) IV 211, E. 4, zurückkehrt, kann von «dem Plan, den sich der Täter gemacht hat», ausgegangen werden, um zu entscheiden, ob der Täter den entscheidenden Schritt ausführte. Die Tatentschlossenheit wird nicht berührt, wenn der Täter mit bedingtem Vorsatz handelte. Wer die Tat begann, um weiterzufahren, wenn die Bedingung nicht eintrat, z.B. das Opfer sich nicht in auffallender Weise wehrte, der handelte mit voller Tatentschlossenheit im Sinne der Versuchslehre.

b) Die Äusserung der Tatentschlossenheit

Die derart umschriebene Tatentschlossenheit muss durch äussere Handlungen bekundet worden sein.

c) Die Eindeutigkeit der Äusserung der Tatentschlossenheit

Dem Vorbild des italienischen Codice penale art. 56 al. 1 folgend, muss der geäusserte Wille eindeutig auf die Begehung einer bestimmten Straftat gerichtet erscheinen. Gerade dieses Merkmal wird die Unterscheidung zwischen strafloser Vorbereitung und strafbarem Versuch erleichtern. Der Erwerb eines zur Ausführung eines Deliktes bestimmten Gegenstandes, der ebensogut in anderer Weise verwendet werden kann, ist deshalb noch kein strafbarer Versuch.

Die subjektive Versuchslehre öffnete den Weg zu einer stark *individualisierten Rechtsprechung*, welche entscheidend auf die Täterpersönlichkeit abstellte. Für einen willensstarken Rückfälligen kann ein äusserlich unscheinbares Verhalten schon als strafbarer Versuch angesehen werden, zwar nicht das Auftauchen am Tatort zum Auskundschaften, wohl aber, wenn er sich mit den Tatwerkzeugen dem Tatort nähert, doch weit davon entfernt verhaftet wird. Für einen Erstdelinquenten wird erst in räumlicher Nähe zum Tatort die Grenze der Strafbarkeit überschritten sein. Die unter allen Umständen zur Abtreibung entschlossene ausserehelich Schwangere, welche den Eingriff durch einen dazu bereiten Arzt sogleich hätte ausführen lassen wollen und bezahlen könnte, ist mit BGE *87* (1961) IV 155, entgegen BGE *74* (1948) IV 143, des Versuches der Abtreibung schuldig zu sprechen.

Wenn sich Gesetz und Rechtsprechung auf die subjektive Theorie festlegen, müssen sie *alle Versuchsfälle* nach ihr beurteilen. Deswegen kann BGE *80* (1954) IV 178 nicht zugestimmt werden, welcher entschied, Versuch liege immer vor, wenn der Täter mit der Verwirklichung objektiver Tatbestandsmerkmale begonnen habe. Damit greift das Gericht für eine bestimmte Fallgruppe auf die formell-objektive Versuchslehre mit ihren allgemeinen Kriterien der Strafbarkeit zurück, anstatt auf die Besonderheiten des Einzelfalles abzustellen, ebenso auch WAIBLINGER ZBJV *92* (1956) 204. Einzelne strafbare Handlungen sind so geartet, dass die beginnende Verwirklichung eines objektiven Tatbestandsmerkmales eben noch nichts über die endgültige Tatentschlossenheit aussagt. So kann der unwahr aussagende Zeuge beim ersten Zweifel an seinen Aussagen zur Wahrheit zurückkehren; der Betrüger zieht sich nach einigen wenigen ersten Lügen vom Opfer zurück, welches sich als wenig bemittelt zu erkennen gab; der Homosexuelle lässt auf die erste leiseste Ablehnung seiner Zumutungen hin von dem minderjährigen Opfer ab, weshalb zweifelhaft ist, ob er es im Sinne von Art. 194 Abs. 1 zu verführen entschlossen gewesen war. Die Beispiele zeigen, dass die subjektive Versuchslehre zwar im allgemeinen die Grenzen strafbaren Verhaltens weiter zieht als die anderen Versuchstheorien, zuweilen jedoch zu einer Begrenzung der Strafbarkeit führen kann.

In einzelnen Fällen werden Vorbereitungshandlungen zu besonders schweren Straftaten durch eigene Strafbestimmungen unter Strafe gestellt, z. B. Art. 247; oder der Straftatbestand ist so weit gefasst, dass er Versuch und Vorbereitung einschliesst, z. B. Art. 265.

### 3. Das Zu-Ende-Führen der strafbaren Tätigkeit

Der Beginn der Ausführung kennzeichnet den Anfang des als Versuch strafbaren Verhaltens. Das Zu-Ende-Führen der strafbaren Tätigkeit lässt erkennen, bis wann noch Bestrafung wegen unvollendeten Versuches möglich ist.

*Strafbare Tätigkeit* meint dasselbe wie *Ausführen* in Art. 7, das unmittelbare Verhalten des Täters selber, sein Tun oder Unterlassen. Die Tat ist nicht zu Ende geführt, wenn sie in einer einzigen Handlung besteht und deren Durchführung verhindert wird, so wenn der Täter einen Schuss nicht abfeuern kann, weil ihm die Waffe aus der Hand geschlagen wird. Besonders wichtig wird das Beendigen der strafbaren Tätigkeit, wenn der Täter ein Tatbestandsmerkmal durch mehrere Handlungen zu verwirklichen beabsichtigte, beispielsweise wenn er durch wiederholtes Beibringen von Gift töten wollte. Es bleibt beim unvollendeten Versuch, wenn es dem Täter nicht gelingt, die nach seinem Dafürhalten zur Tötung erforderliche Gesamtdosis zu verabreichen.

### 4. Die Strafe des Versuches

Art. 21 Abs. 1 sieht für den unvollendeten Versuch eine *fakultative Strafmilderung* nach *Art. 65* vor. Je stärker die Tatentschlossenheit, je vollständiger die Verwirklichung der Ausführung, um so höher ist die angemessene Strafe, besonders wenn nur ein ausgefallener Zufall die Vollendung verhindert hatte.

Diese gesetzliche Regelung kritisierte STRATENWERTH, Die fakultative Strafmilderung beim Versuch, Basler Festgabe zum Schweizerischen Juristentag 1963, S. 247; weil die tatbestandsmässige Beeinträchtigung des geschützten Rechtsgutes ausblieb, sei eine obligatorische Strafmilderung angezeigt. Damit wird aber eine der Grundlagen der subjektiven Versuchstheorie, nämlich eine dem Verschulden des Täters entsprechende Bestrafung zu ermöglichen, preisgegeben.

### 5. *Der Rücktritt vom Versuch*

Zum Versuch gehört, vor der Vollendung steckenzubleiben. Doch müssen äussere Umstände die Vollendung gehindert haben; BGE *74* (1948) IV 133, *75* (1949) IV 178, *87* (1961) IV 155. Es sind Umstände, mit denen der Täter nicht rechnet, wie das Ausbleiben des Opfers, die Überraschung durch Dritte, unerwarteter Widerstand des Opfers oder des aufzubrechenden Behältnisses.

Wenn der Täter aus eigenem Entschluss sein Vorhaben aufgibt, so tritt er vom Versuch zurück. Art. 21 Abs. 2 meint dies mit den Worten, der Täter führe «aus eigenem Antriebe die strafbare Tätigkeit nicht zu Ende». Dann ist der Richter ermächtigt, von *Strafe Umgang* zu nehmen. Weil eigentlich ein als Versuch strafbares Verhalten vorliegt, ist die Straflosigkeit ein *fakultativer Strafausschliessungsgrund*. Umstritten ist, ob der Richter auch nur die Strafe mildern kann, was abzulehnen ist; hätte der Gesetzgeber diese Möglichkeit gewollt, hätte er es gesagt; siehe aber BGE *95* (1969) IV 24, E. 1.

Rücktritt vom Versuch hängt nicht von den Motiven des Täters ab. Auch der des Wartens am Tatort müde Räuber tritt vom Versuch zurück. Welche *Gründe* den Täter zum Rücktritt bewogen, wird *entscheidend* für die Gewährung der *Straffreiheit*. Nur Rücktritt aus achtenswerten Motiven, welche den durch das Strafgesetz ausgesprochenen Wertungen genügen, rechtfertigt Straffreiheit.

Ob der Rücktritt aus *eigenem Antrieb* erfolgte oder nicht, ist dann nicht leicht zu entscheiden, wenn es sich um die wirkliche oder eingebildete Gefahr der Entdeckung handelt. Eigener Antrieb ist auszuschliessen, wenn die Hemmung durch äussere Umstände so stark ist, dass eine andere Entscheidung des Täters ausgeschlossen erscheint. Andererseits heisst Rücktritt nicht, dass jede fremde Einwirkung, wie das Einholen von Rat, ausgeschlossen ist (umstritten).

Der Rücktritt vom Versuch schliesst volle Strafbarkeit nicht aus für bereits vollendete Straftaten, z.B. für eine bereits ausgeführte Urkundenfälschung, Art. 251, die einen nicht zu Ende geführten Betrug, Art. 148, unterstützen sollte.

## II. VOLLENDETER VERSUCH, ART. 22

### 1. Der Begriff

Der Versuch ist *vollendet,* wenn der Täter die dem gesetzlichen Tatbestand entsprechende Ausführungshandlung verwirklichte, jedoch der zum Tatbestand gehörende *Erfolg ausblieb.* Das durch Täuschungen irregeführte Opfer händigt dem Betrüger das Geld nicht aus, weil es den Betrag für eine unvorhergesehene Ausgabe selber benötigt. Wie das französische Marginale, «délit manqué» zeigt, zählt das fehlgeschlagene Delikt zum vollendeten Versuch. Es liegt vor, wenn der Täter handelte, doch der Erfolg ausblieb und nicht mehr eintreten kann, z. B. weil der Schuss fehlging.

Mit anderen Worten: *vollendeter Versuch* liegt vor, wenn der *Täter alles getan* hatte, was *er* nach seinem *Tatplan zur Herbeiführung des Erfolges tun konnte,* doch dieser ausblieb. Deshalb ist vollendeter Versuch nur bei Erfolgsdelikten möglich; RStrS *1956* 3, BGE *91* (1965) IV 233, ZR *1967* 89 N. 41, unrichtig BJM *1968* 295, der von vollendetem Versuch eines schlichten Tätigkeitsdeliktes spricht.

### 2. Die Strafe

Art. 22 Abs. 1 sieht *fakultative Strafmilderung* nach Art. 65 vor.

### 3. Tätige Reue

Rücktritt vom vollendeten Versuch ist unmöglich, weil das ausführende Verhalten des Täters abgeschlossen sein muss. Hingegen kann der Täter von sich aus dazu beitragen, dass der Erfolg nicht eintritt, oder den Eintritt des Erfolges hindern. Dieses Verhalten heisst *tätige Reue.* Sie fordert jedoch nicht, dass der Täter aus Reue handelt, es genügt der eigene Antrieb. Er fehlt, wenn dem Täter das dem Erfolg entgegenwirkende Verhalten von aussen aufgedrängt wird, so wenn er den Eintritt des Erfolges verhindern muss, um sich selber aus der durch die Ausführung der Tat geschaffenen Gefahr zu retten oder der Entdeckung zu entziehen. Aus welchem Grunde er sonst handelte, wird entscheidend dafür sein, ob ihm Strafmilderung gewährt wird.

Beim fehlgeschlagenen Delikt ist tätige Reue ausgeschlossen.

## 1. Der Begriff

*Untauglicher Versuch* liegt vor, wenn das *Mittel,* womit, oder das *Objekt,* woran jemand eine strafbare Handlung auszuführen unternimmt, derart sind, dass die *Tat* mit einem solchen Mittel oder an einem solchen Gegenstand *überhaupt nicht ausgeführt* werden kann.

Im Grunde genommen ist der untaugliche Versuch kein Versuch, sondern der einzige Fall strafbaren Irrtums über den Sachverhalt zuungunsten des Täters; siehe § 18 IV 3 d hievor. Irrt der Täter hingegen zu seinen Ungunsten über die Rechtswidrigkeit oder gar Strafbarkeit seines Verhaltens, so begeht er ein strafloses Putativ- oder Wahndelikt.

## 2. Das untaugliche Mittel und Objekt

*Untaugliche Mittel* sind nicht nur die zur Ausführung der Straftat dienenden oder verwendeten *äusseren Hilfen,* BGE *78* (1952) IV 145, *87* (1961) IV 18, sondern es fällt darunter auch die *Begehung* auf eine Weise, welche den gewünschten, strafrechtlich verpönten Sachverhalt gar nicht herbeiführen kann. So zählen irrige Vorstellungen über den Kausalverlauf dazu.

*Objekt* meint das *Handlungsobjekt,* den angegriffenen Menschen oder Vermögenswert. Auch das fehlende gilt als untaugliches Objekt, BGE *70* (1944) IV 152, *74* (1948) IV 65, *76* (1950) IV 153.

Der Versuch ist als untauglicher selbst dann strafbar, wenn sowohl das verwendete Mittel wie das angegriffene Objekt untauglich waren, BGE *83* (1957) IV 133.

Ausgenommen sind jedoch die Fälle, in denen die Begehung der Tat ausgeschlossen ist, weil dem Täter die vom gesetzlichen Tatbestand als Sonderdelikt geforderte Eigenschaft abgeht. Wer irrigerweise annimmt, Beamter zu sein, und ein Amtsdelikt begeht, bleibt straflos, ebenso derjenige, welcher vor der Polizei unwahr aussagt und meint, falsches Zeugnis abgelegt zu haben. Es liegt Mangel am Subjekt oder *untaugliches Subjekt* vor. Dies verkannte BGE *94* (1968) IV 1, der zwar die Straflosigkeit des untauglichen Subjektes bejahte, doch übersah, dass ein solches zu beurteilen war; dazu ZBJV *105* (1969) 382, Zif. 3.

## 3. Der Grad der Untauglichkeit

Das Gesetz verlangt, dass der Tatbestand mit dem verwendeten Mittel oder an dem angegriffenen Objekt *überhaupt* nicht vollendet werden kann. Das

Bundesgericht legt diesen Begriff als absolute Untauglichkeit aus, BGE *78* (1952) IV 145. Daraus wurde geschlossen, dass das Einflössen einer zum Töten ungenügenden Menge Gift kein untauglicher Versuch ist, wenn derselbe Stoff, in ausreichender Menge dargereicht, den angestrebten Erfolg herbeiführen würde. Doch in einer genügend grossen Menge eingenommen, wirkt jeder Stoff tödlich: Dosis facit venenum (Paracelsus).

Die Schwierigkeiten zu bestimmen, wann ein Verhalten absolut untauglich ist, sind auf diese Weise kaum zu überwinden. Denn alles hängt davon ab, wie weit die Abstraktion getrieben werden soll, um die Untauglichkeit zu beweisen, und in welchem Masse die Umstände des konkreten Falles berücksichtigt werden. Die ungeladene Pistole, ein Schulbeispiel des untauglichen Mittels, ist nur dann untauglich, wenn als Massstab der Beurteilung der Begriff «Schusswaffe» genommen wird. Gilt hingegen «Waffe» oder «Instrument» als massgebender Begriff, so ist die ungeladene Pistole taugliches Mittel, weil sie als Schlagwaffe verwendet werden kann.

Eine klare Abgrenzung, wann relativ und wann absolut untauglicher Versuch vorliegt, ist nur möglich, wenn mit GERMANN und WAIBLINGER subjektive Kriterien verwendet werden. Danach sind folgende Fälle des untauglichen Versuches zu unterscheiden:

### a) Der unvollendbare Versuch

Der Versuch ist untauglich, wenn es *begrifflich unmöglich* ist, ihn *zu vollenden*. Dies trifft zu, wenn eine vermeintlich Schwangere Abtreibungshandlungen, Art. 118, vornimmt, wenn jemand Unzucht mit Kindern, Art. 191, an einem Opfer, das er irrigerweise für noch nicht 16 Jahre alt hält, ausführt, oder wenn jemand eine Sache veruntreuen will, an welcher der vertraglich vereinbarte Eigentumsvorbehalt nicht gemäss ZGB Art. 715 Abs. 1 in dem dafür vorgesehenen Register eingetragen worden war, BGE *90* (1964) IV 194.

### b) Der Wegfall des Motives

Untauglich ist der Versuch, wenn mit der Aufdeckung des Irrtums das Motiv zur Begehung der Tat entfällt. Dafür können neben einem Lehrbuchbeispiel, dem Schuss auf die Leiche des Todfeindes, genannt werden der Griff in die leere Tasche, das Aufknacken eines leeren Kassenschrankes oder das Behändigen eines als Diebesfalle ausgesetzten Gegenstandes als Beispiele untauglicher Versuche des Diebstahls dieser Art.

### c) Die Beschränkung auf ein Objekt oder Mittel

Der Versuch ist untauglich, wenn sich der Täter auf die Begehung durch ein vermeintlich taugliches Mittel oder auf ein scheinbar taugliches Objekt beschränkt hatte, ohne an einen Angriff mit anderen Mitteln oder auf ein anderes Objekt zu denken. Dazu gehört der in BGE *78* (1952) IV 145 beurteilte Fall, vorausgesetzt, dass der Täter nichts anderes als das Beibringen der im konkreten Fall unwirksamen Menge Gift beabsichtigt hatte.

### *4. Die Strafe*

Art. 23 Abs. 1 sieht die Strafe des vom Täter vorgestellten gesetzlichen Tatbestandes vor, gestattet jedoch *Strafmilderung* nach *freiem Ermessen,* Art. 66.

### *5. Beginn und Stufen des untauglichen Versuches, Rücktritt und tätige Reue*

Ob schon strafbarer untauglicher Versuch oder noch straflose Vorbereitungshandlungen vorliegen, muss analog der Regel für den tauglichen Versuch entschieden werden, siehe II 2 hievor. Ob unvollendeter oder vollendeter untauglicher Versuch vorliegt, ist danach zu beurteilen, ob der Täter ein Erfolgsdelikt beabsichtigte und nach seinem Plan alles getan zu haben glaubte, was zur Herbeiführung des Erfolges erforderlich gewesen wäre. In derselben Weise sind die Regeln von Art. 21 und 22 je Abs. 2 über Rücktritt und tätige Reue entsprechend anzuwenden. So liegt tätige Reue bei vollendetem untauglichem Versuch vor, wenn der Täter das vermeintlich vergiftete Opfer veranlasst, zum Arzt zu gehen.

Kurz: in allen diesen Fragen muss folgerichtig von der irrigen Vorstellung des Täters, welcher das Gesetz in Art. 23 strafbegründende Wirkung beilegte, ausgegangen werden.

### *6. Handeln aus Unverstand*

Handelte der Täter aus Unverstand, so kann der Richter gem. Art. 23 Abs. 2 *von Strafe Umgang* nehmen. Es liegt ein besonderer *Schuldausschliessungsgrund* i. e. S. vor. Die Regel ist für die besonders dummen und deswegen ungefährlichen Täter bestimmt, welche wegen ihrer beschränkten Einsicht immer wieder nur untaugliche Objekte angreifen oder sich untauglicher Mittel bedienen, aber nicht darauf verfallen, wirksame Mittel anzuwenden, wenn die zuerst gebrauchten erfolglos geblieben waren. Gedacht wird vor allem an die Einwirkung durch abergläubische Praktiken. BGE *70* (1944) IV 50 verneinte Handeln aus Unverstand für die durch Senfbäder versuchte Abtreibung, weil einige Ärzte die Bäder für wirksam hielten.

## IV. SONDERREGELUNG FÜR DIE ÜBERTRETUNGEN

Art. 104 Abs. 1 erklärt den Versuch einer Übertretung nur in den vom Gesetz ausdrücklich bestimmten Fällen als strafbar, so z.B. Art. 149 Abs. 2.

## V. DER MANGEL AN TATBESTAND

Solange die Lehre des untauglichen Versuches noch ungewiss und angefeindet war, wurde gelegentlich die Straflosigkeit infolge Mangels an Tatbestand behauptet und erklärt, ein Versuch könne nur strafbar sein, wenn die Tat hätte vollendet werden können. Wenn jedoch bestimmte Tatbestandsmerkmale überhaupt fehlten und deswegen eine Vollendung ausgeschlossen gewesen war, sei wegen Mangels an Tatbestand freizusprechen.

Wird der untaugliche Versuch strafbar erklärt, so schliesst er in seinem Bereich Straflosigkeit mangels Tatbestandes aus. Wer meint, sich an einem Kinde zu vergreifen und ein mehr als 16 Jahre altes Opfer wählt, Art. 191, begeht untauglichen Versuch der Unzucht mit Kindern. Dasselbe gilt für die Frau, welche sich irrtümlich für schwanger hält und eine Abtreibungshandlung ausführt, Art. 118. In beiden Fällen ist die Vollendung der konkret begangenen Tat unmöglich und gleichwohl Strafbarkeit gegeben. Einzuräumen ist, dass mit der Bestrafung des untauglichen Versuches die Strafbarkeit ausserordentlich weit ausgedehnt wird, doch hält es überaus schwer, eine andere Begrenzung zu finden als die, für einzelne Delikte die Bestrafung wegen untauglichen Versuches überhaupt auszuschliessen.

Der Lehre vom Mangel am Tatbestand bleibt höchstens ein bescheidener Rest: die Fälle des untauglichen Subjektes. Doch es ist vorzuziehen, den nur Verwirrung stiftenden Begriff des Mangels am Tatbestande überhaupt fallenzulassen und in diesem Sonderfall ausdrücklich vom fehlenden Subjekt oder untauglichen Subjekt zu sprechen. Dann weiss jeder, was gemeint ist.

## 2. KAPITEL: DIE MITWIRKUNG MEHRERER AN EINER STRAFTAT

### § 24 ALLGEMEINES

#### I. DIE PROBLEMSTELLUNG

Die strafrechtlichen Tatbestände verleihen besonders wichtigen rechtlichen Verhaltensregeln besonderen Schutz gegen Verletzung. Die Verhaltensregeln richten sich an den einzelnen Rechtsgenossen, weswegen die strafrechtlich erhebliche Rechtsverletzung in aller Regel durch das Tun oder Unterlassen eines einzelnen Rechtsgenossen verwirklicht wird. Wenn die strafrechtlichen Tatbestände fast ausnahmslos beginnen mit dem Wort «Wer...», so ist damit der einzelne Rechtsgenosse als Täter gemeint.

Die Wirklichkeit des Lebens hält sich nicht an die Systematik, welche rechtlicher Regelung entspricht. Es kommt eben einfach vor, dass mehrere zusammen einen Einbruch begehen, eine ehrverletzende Schrift veröffentlichen oder einen Staatsstreich verüben. Wie soll nun das Strafrecht hier vorgehen? Soll es sagen, mit dem «Wer» sei nur der einzelne Täter gemeint, weshalb mehrere Täter mangels Strafbarkeit frei ausgehen? Sollen alle Beteiligten in gleicher Weise bestraft werden? Wie verhält es sich, wenn jemand ohne sein Wissen benützt wird, um eine Straftat auszuführen? Alle diese Probleme sind in der Lehre von der Mitwirkung mehrerer an einer Straftat zu behandeln.

Einige Probleme erweisen sich als Fragen der Auslegung des Täterbegriffes, andere als Fragen der Mitwirkung im eigentlichen Sinne. Allgemeine gesetzliche Regeln finden sich nur über die Teilnahme i.e.S., Art. 24–26, Einzelfragen regeln Art. 172 und 326; alle anderen Fragen sind durch Rechtsprechung und Doktrin zu beantworten.

#### II. ÜBERSICHT ÜBER DIE ARTEN DER MITWIRKUNG UND DEREN GESETZLICHE REGELUNG

Literatur:
CLAUS ROXIN, Täterschaft und Tatherrschaft, 2. Aufl., Hamburg 1967.

Auszugehen ist von der Bestimmung des Täterbegriffes, weil sich an ihn die Formen der Mitwirkung und Teilnahme anschliessen. Allerdings ist es möglich, alle diese Probleme in den Rahmen der Lehre von der Täterschaft zu zwingen, wenn nämlich alle an der Tat Beteiligten als Täter oder

Urheber angesehen werden. Eine derartige Regelung folgt dem *extensiven Täterbegriff*, wie er sich z.B. im italienischen Strafgesetz, CP art. 110, oder in § 12 des österreichischen Strafgesetzbuches vom 23.1.1974 wie im früheren Recht findet und wie er besonders von DIETHELM KIENAPFEL vertreten wird. Täter ist darnach jeder, der irgendwie zur Verwirklichung des gesetzlichen Tatbestandes beiträgt. Die Art der Mitwirkung an der Tat kann dann einzig in der Strafzumessung berücksichtigt werden.

Vorzuziehen ist der *restriktive Täterbegriff*, welcher nur bestimmte Formen der Mitwirkung an der Tat als Täterschaft ansieht und die anderen Arten der Beteiligung durch besondere Regeln über die *Teilnahme* als *Strafausdehnungsgrund* als strafbar erklärt. Dies ist die in den Gesetzgebungen und Lehre überwiegend herrschende, auch vom Strafgesetzbuch anerkannte Auffassung. Sie führt allerdings zu dem nicht ganz einfachen Problem des Verhältnisses der Teilnahme zur Haupttat, der Akzessorietät der Teilnahme, siehe § 25 I 1 hienach. Doch wie zum Beispiel § 15 Abs. 2 des neuen österreichischen Gesetzbuches zeigt, kann eine Regelung, welche vom extensiven Täterbegriff ausgeht, dieses Problem nicht ganz beiseite schieben.

### 1. Der Täter

Wer Täter ist, sagt das Gesetz nicht. Als Täter soll der gelten, welchen die *volle Verantwortlichkeit* für eine Straftat treffen soll, weil er über *deren Begehung zu entscheiden* hatte. In aller Regel ist es derjenige, welcher durch sein eigenes, selbständiges und ausschliessliches Tun oder Unterlassen und, soweit nötig, durch seine Beschaffenheit, alle vom in Frage stehenden gesetzlichen Tatbestand geforderten Merkmale selber verwirklicht. Anders gesagt: Täter ist, wem die *Tatherrschaft* zusteht und die weiteren geforderten *Tatbestandsmerkmale persönlicher Art*, z.B. der Konkursbetreibung unterstehender Schuldner zu sein, Art. 163 Zif. 1, zukommen.

ROXIN folgend können drei Hauptspielarten der Tatherrschaft unterschieden werden:

Die Regelform der Täterschaft kraft *Handlungsherrschaft*, wie sie der vorsätzlich frei Handelnde innehat;

die Täterschaft kraft *Willensherrschaft*, wie sie ausgeübt werden kann durch Nötigung, durch Ausnützen eines Irrtums oder eines Zurechnungsunfähigen oder kraft organisatorischer Machtapparate, wie die verbrecherischen Organisationen der Nationalsozialisten;

die *funktionelle Tatherrschaft*, wie sie besteht, wenn mehrere zur gemeinsamen Begehung einer Straftat als Mittäter zusammenwirken.

Umstritten ist, ob sich die Täterschaft aller Delikte durch die Lehre von der Tatherrschaft erklären lässt, oder ob, wie insbesondere ROXIN annimmt, für bestimmte Deliktsgruppen die Täterschaft auf andere Weise bestimmt werden muss. Dies führt zu Fragen der Möglichkeit der Mittäterschaft von oder der mittelbaren Täterschaft durch jedermann bei den Sonderdelikten und den eigenhändigen Delikten. Das Problem ist im Zusammenhang mit der Mittäterschaft und der mittelbaren Täterschaft näher zu erörtern. Hier sei nur gesagt, dass ROXIN dafürhält, Täter eines Sonderdeliktes, von ihm als Pflichtdelikt bezeichnet, könne einzig derjenige sein, welchen die mit der Sondereigenschaft, z.B. als Beamter, Art. 312–317, bezeichnete besondere Verpflichtung treffe. In derselben Weise sind die Unterlassungsdelikte und die fahrlässigen Taten nach ROXIN Pflichtdelikte. Demgegenüber könnte bemerkt werden, dass die Rückführung des Strafrechtes auf die Aufgabe, Rechtsgüter zu schützen, von der Notwendigkeit, Pflichtdelikte einzuführen, enthebt. Als weitere Sondergruppe bezeichnet ROXIN die eigenhändigen Delikte, wie z.B. Art. 203, § 9 VI 5 hievor.

Gesetzliche Regeln über Probleme der Täterschaft finden sich im Strafgesetzbuch kaum. Art. 26 streift die Frage, indem er Mittäterschaft als möglich voraussetzt, wie übrigens auch Art. 349 Abs. 2. Etwas eingehender sind die Vorschriften der Art. 172 und 326, die bestimmen, welche natürliche Person verantwortlich ist für Straftaten, welche im *Geschäftsbetriebe juristischer Personen* oder von *Handelsgesellschaften* begangen wurden. Eine Regel war erforderlich, weil die in Frage stehenden Taten *Sonderdelikte*, § 9 VI 4 hievor, sind und nur von einem Schuldner begangen werden können. Ist der Schuldner eine juristische Person, so kommt ihr die das Sonderdelikt begründende Eigenschaft zu, während der natürlichen Person, welche die strafbare Handlung, wie z.B. betrügerischen Konkurs, Art. 163 Zif. 1, ausführte, die Sondereigenschaft abgeht, weshalb sie ohne die Regeln der Art. 172 und 326 straflos zu bleiben scheint. Die erwähnten Bestimmungen sind zwar zur Begründung der Strafbarkeit dienlich, doch unglücklich gefasst. Um sie wirksam werden zu lassen, mussten sie durch BGE *78* (1952) IV 28 stark erweitert und den in Art. 172 ausdrücklich genannten Personen die tatsächlich die Gesellschaft Leitenden gleichgestellt werden. BGE *97* (1971) IV 203, E. 1, hob hervor, dass Art. 172 und 326 nur die Anwendung des allgemeinen Grundsatzes sichern wollen, dass für eine juristische Person deren Organe strafrechtlich verantwortlich sind.

Vorzuziehen sind die im Nebenstrafrecht des Bundes häufigen Regeln, welche in diesen und anderen Fällen der Vertretung die natürliche Person als strafbar erklären, welche für den Vertretenen handelte oder hätte handeln sollen, z.B. BG über die Verrechnungssteuer vom 13. 10. 1965, AS *1966* 371,

SR 642.21, Art. 66 Abs. 2, BG über die Investitionsgarantie vom 20. 3. 1970, AS *1970* 1133, SR 977, Art. 25 Abs. 4, VStrR Art. 6 Abs. 1 und 3. Die Vorarbeiten zur zweiten Teilrevision des Strafgesetzes, Art. 26^bis in der Fassung der Redaktionskommission der Expertenkommission vom 8.4.1959, sahen vor, diesen Grundsatz ins Strafgesetzbuch zu übernehmen und den Vertreter als Täter verantwortlich zu bezeichnen, wenn er wusste, dass dem Vertretenen die Sondereigenschaft zukam, immerhin mit der Möglichkeit einer fakultativen Strafmilderung gemäss Art. 65. Dass diese Vorschrift nicht in den bundesrätlichen Entwurf aufgenommen wurde, ist ausserordentlich zu bedauern.

### 2. Die Arten der Mitwirkung mehrerer

#### a) Die tatsächliche Mitwirkung

##### aa) Die mittelbare Täterschaft

Jemand kann seinen Tatplan so geschickt entwerfen, dass er wesentliche Teile der Verwirklichung der äusseren Tatbestandsmerkmale oder sogar deren ganze Ausführung anderen Personen überlässt, ohne dass diese sich der wirklichen Bedeutung ihres Handelns bewusst sind. Die *Verwendung eines andern Menschen* zur ungewollten Ausführung einer strafbaren Handlung ist die *mittelbare Täterschaft.* Beispiele dafür sind: Ein Reisender ruft aus dem gerade abfahrenden Zug jemandem zu, er möge ihm den auf dem Bahnsteig stehengelassenen Koffer in den Zug hineinreichen, was der Befragte tut, doch der Koffer gehört dem Reisenden gar nicht, es liegt Diebstahl in mittelbarer Täterschaft vor; der Täter stellt dem Opfer einen vergifteten Trank hin, welchen das Opfer selber zu sich nimmt und sich dadurch tötet; hier wird eine vorsätzliche Tötung durch mittelbare Täterschaft begangen. Der mittelbare Täter kann die Ausführung aller oder nur einiger objektiver Tatbestandsmerkmale dem uneingeweihten Dritten überlassen.

Lehre und Rechtsprechung stimmen überein, dass der mittelbare Täter genau so gut *strafbar* ist, wie derjenige, welcher selber die Tatbestandsmerkmale ausführt, BGE *71* (1945) IV 136, 77 (1951) IV 91, *88* (1962) IV 25.

Der *mittelbare Täter* wird auch als *Hintermann* bezeichnet, der von ihm zur Ausführung der Tat missbrauchte Dritte heisst Vordermann, Werkzeug oder, und dies ist vorzuziehen, *Tatmittler.*

Der *mittelbare Täter* muss sämtliche *subjektiven Merkmale* verwirklichen, die zu dem in Frage stehenden gesetzlichen Tatbestand gehören, also stets den entsprechenden Vorsatz hegen, ferner allfällige weitere Schuldmerkmale, wie Absichten oder Gesinnungen. Nur die Ausführung der objektiven Merkmale kann dem Tatmittler überlassen werden. Weil planmässiges Handeln vorausgesetzt wird, ist die Begehung fahrlässiger Delikte in mittelbarer Täterschaft ausgeschlossen.

Der *Tatmittler* kann sein: Eine Person, welche sich in einem Irrtum über die wirkliche Bedeutung ihres Verhaltens befindet, was sogar auf das Opfer zutreffen kann, wie das genannte Beispiel der Vergiftung zeigt;

eine strafrechtlich nicht verantwortliche Person, so ein Kind unter sieben Jahren, ein Zurechnungsunfähiger;

eine Person, welche zur Tat gezwungen wird.

Der Tatmittler bleibt *nicht stets straflos*, nämlich dann nicht, wenn ihm Fahrlässigkeit vorgeworfen werden kann, weil er hätte bemerken sollen, dass er sich in einem Irrtum befindet und die in Frage stehende Tat auch bei fahrlässiger Begehung strafbar ist. Dann ist der Tatmittler fahrlässiger Nebentäter zusammen mit dem vorsätzlich handelnden mittelbaren Täter, BGE 71 (1945) IV 136.

Hingegen kann nicht jemand, welcher schuldhaft vorsätzlich handelt, Tatmittler sein, wie dies die deutsche Lehre für den Tatmittler bejaht, welcher vorsätzlich an der Tat mitwirkt, welchem jedoch ein vom gesetzlichen Tatbestand gefordertes besonderes Schuldmerkmal abgeht und der *doloses Werkzeug* genannt wird. Dieses Problem ist für das Strafgesetzbuch von ganz untergeordneter Bedeutung, weil die beinahe ausschliesslich als Beispiel angeführten Vermögensdelikte im schweizerischen Recht nicht einzig durch die Absicht, dem Täter einen unrechtmässigen Vorteil zuzuhalten, gekennzeichnet sind, sondern die Absicht, den Vorteil einem anderen zukommen zu lassen, genügen lassen, Art. 137 Zif. 1. Ist ausnahmsweise ein Schuldmerkmal strafbegründend, so in Art. 198 die Gewinnsucht, ist der vorsätzlich Mitwirkende, der es nicht verwirklicht, Gehilfe; die Strafbarkeit des den Gehilfen beanspruchenden Täters, welchem das Schuldmerkmal zukommt, steht ausser Frage. Die Lehre vom dolosen Werkzeug, übrigens eine contradictio in adiecto, braucht vom schweizerischen Strafrecht nicht übernommen zu werden.

Umstritten ist, ob mittelbare Täterschaft bei allen Straftaten möglich ist. Was die *Sonderdelikte* betrifft, so ist zweifelsfrei, dass der die Sondereigenschaft besitzende Täter die Ausführung objektiver Tatbestandsmerkmale einem Dritten überlassen kann, der die Bedeutung des Verhaltens nicht erkennt oder schuldunfähig ist. Verneint wird jedoch in der Regel die Strafbarkeit des umgekehrten Vorgehens, wenn ein Dritter einen irrenden oder schuldunfähigen Träger der Sondereigenschaft benützt, um ein Sonderdelikt zu begehen,

BGE 71 (1945) IV 136. Weil die Sonderdelikte nicht nur bestimmte Verpflichtungen, sondern stets auch Rechtsgüter schützen, sollte ein solches Vorgehen nicht straflos bleiben. Der in Zif. 1 hievor am Ende erwähnte Vorentwurf der Expertenkommission vom 8.4.1959 sah in Art. 26 Abs. 2 in diesem Fall Strafbarkeit ausdrücklich vor und gewährte fakultative Strafmilderung gemäss Art. 65, wenn das Verschulden des Täters geringer erschien, weil ihm die Sondereigenschaft abging. Auch diese Regel hätte einem revidierten Gesetz gut angestanden.

Unsicher ist ferner die Strafbarkeit mittelbarer Täterschaft bei den sogenannten *eigenhändigen Delikten*. Wird diese Deliktsgruppe überhaupt anerkannt, z.B. Art. 191, 203, so ist per definitionem die Begehung durch mittelbare Täterschaft ausgeschlossen, weil das eigenhändige Delikt sich gerade dadurch auszeichnet, dass es nur durch unmittelbares Handeln des Täters verübt werden kann. Einem Schuldstrafrecht entspricht, auch in diesen Fällen die Verletzung des Rechtsgutes durch einen mittelbaren Täter zu bestrafen, was dazu führt, dass die Kategorie der eigenhändigen Delikte, über deren Begrenzung endlos gestritten wird, bedeutungslos wird.

### bb) Fahrlässige Nebentäterschaft

Nur tatsächlich, nicht willentlich wirken diejenigen zusammen, welche durch ihre verschiedenartigen Fahrlässigkeiten gemeinsam einen strafrechtlich verpönten Erfolg herbeiführen. Hauptbeispiel dafür geben die Verkehrsunfälle ab; ein Fahrer fährt zu rasch und unter Schneiden einer Linkskurve von rechts her in eine Kreuzung ein, während zu gleicher Zeit von links ein unaufmerksamer Fahrer kommt, welcher es versäumte, den Vortritt zu gewähren. Der Zusammenstoss der Fahrzeuge führt zum Tod oder zur Verletzung von Mitfahrern. Beide Lenker sind selbständig für die fahrlässige Tötung oder Körperverletzung verantwortlich.

## b) Das bewusste Zusammenwirken

### aa) Das gleichartige bewusste Zusammenwirken mehrerer: Die Mittäterschaft

Wirken mehrere bewusst und in gleicher Verantwortung an einer strafbaren Handlung mit, so liegt *Mittäterschaft* vor. BGE 96 (1970) IV 169, E. I 7, bezeichnet, etwas vereinfacht, die Mittäterschaft als bewusstes und gewolltes Zusammenwirken. Die theoretische Grundlage ist umstritten. Die *objektive Theorie* verlangt, dass jeder Mittäter wenigstens an der Ausführung eines objektiven Tatbestandsmerkmales selber teilnimmt. Die *subjektive Theorie* sieht von einer solchen äusserlichen und oft zufälligen Unterscheidung ab. Sie hält das in der Tat geäusserte Verschulden für massgebend. Als Kriterien werden die Mitwirkung bei der Vorbereitung, Planung der Tat, der Entschlussfassung, Ausführung sowie der Ausnützung der Tat herangezogen, BGE 77 (1951) IV 91. Gerade der raffinierte Delinquent kann sich bewusst im Hintergrund halten, am Tatort gar nicht erscheinen und sich auf die umsichtige Planung und den Gewinn eines erheblichen Teils der Beute beschränken. Die schweizerische Rechtsprechung folgt auch hier der subjektiven Lehre.

Die subjektive Lehre macht Ernst mit der Tatsache, dass die Mittäterschaft durch das *Zusammenwirken* mehrerer gekennzeichnet ist, was eine Arbeitsteilung und damit eine gemeinsame strafrechtliche Verantwortlichkeit ermöglicht. Überdies erhöht das bewusste Zusammenwirken mehrerer an einer Straftat stets die Gefährlichkeit der Rechtsbrecher. Deshalb ist zu fragen, ob die Begehung der Mittäterschaft nicht ein allgemeiner Grund der Strafschärfung sein und nicht nur bei einigen Delikten, Art. 137, 139, je Ziff. 2, berücksichtigt werden sollte, siehe z. B. österreichisches Strafgesetzbuch vom 23. 1. 1974, §33 Ziff. 4 für den, der an einer von mehreren begangenen Tat führend beteiligt gewesen war. Übrigens wäre der objektiven Theorie gegenüber einzuwenden, wenn zur Mittäterschaft und damit zur vollen Verantwortung für die ganze Tat die Mitwirkung an der Verwirklichung eines einzigen objektiven Tatbestandsmerkmales genügt, weshalb kann dieses fragmentarische Erfüllen des gesetzlichen Tatbestandes als Täterschaft für die ganze Tat gelten? Auch hier wird der eigentliche Grund der Zurechnung im bewussten Zusammenwirken gesehen: Wer sich bewusst in eine solche Gemeinschaft begibt, muss sich das ihm bekannte oder voraussehbare strafrechtswidrige Verhalten der anderen Mitwirkenden als eigenes zurechnen lassen.

Zusammenfassend lässt sich mit BGE 77 (1951) IV 91 sagen, Mittäter ist «nicht bloss, wer an der Ausführung, sondern auch, wer bloss am Entschluss, aus dem die strafbare Handlung hervorgeht, so intensiv teilnimmt, dass er als Hauptbeteiligter dasteht». Damit wird nicht einfach auf den animus auctoris abgestellt, d. h. darauf, dass der betreffende Tatbeteiligte bewusst als Mittäter an dem Delikt mitwirken will, sondern es wird geprüft, ob ein Beteiligter über die Tat zu bestimmen hat, und *mit den anderen* die *Tatherrschaft* besitzt. Deshalb ist gemäss BGE *96* (1970) IV 169, E. I 7, Mittäter auch der Vorgesetzte, der von einer strafbaren Handlung Kenntnis erhält und sie nicht verhindert, obschon ihm dies möglich gewesen wäre; in diesem Fall wird Mittäterschaft als unechtes Unterlassungsdelikt, §§ 9 IV 2, 10 I 3a hievor, begangen.

Die Mitwirkung des Mittäters muss nicht unmittelbar kausal zum verpönten Erfolg sein, wie es BGE *88* (1962) IV 54, E. 5 a, zu fordern scheint. So ist es nicht nötig, dass die von dem einen Mittäter beschaffte Waffe vom anderen zur Ausführung des gemeinsam beschlossenen und vorbereiteten Mordes verwendet wird. Die Mittäterschaft wird durch eine von der so verstandenen Kausalität unabhängigen Bewertung der einzelnen Tatbeiträge und des Zusammenwirkens der Beteiligten ermittelt, um abzuklären, ob jeder Mitwirkende als Hauptbeteiligter anzusehen ist. Ebensowenig ist erforderlich, dass jeder Mittäter bereit gewesen sein muss, die Tat eigenhändig auszuführen, a. M. BGE *69* (1943) IV 97, an welchem Urteil *88* (1962) IV 54/5 wenigstens insoweit festhält, als Taten in Frage stehen, an denen so viele Täter mitwirken, dass gar nicht alle an der Ausführung der Tathandlungen teilnehmen können. Von Kausalität könnte allerhöchstens in der Weise gesprochen werden, dass der nicht unmittelbar an der Ausführung beteiligte Mitwirkende auf Mittäter, welche die Tat ausführen, in der Weise einwirkt, wie es bei psychischer Gehilfenschaft zutrifft, indem er den oder die anderen Mittäter in ihrem Entschluss zur Tat bestärkt, sie berät, ihnen Arbeit abnimmt und ihnen auf diese Weise die Durchführung der gemeinsam beschlossenen Tat erleichtert; dazu ZBJV *100* (1964) 67, Zif. 5.

Gleich wie der mittelbare Täter muss jeder Mittäter *alle* zu dem in Frage stehenden gesetzlichen Tatbestande erforderlichen *subjektiven Merkmale* selber verwirklichen; einzig die Ausführung objektiver Tatbestandsmerkmale kann er ganz oder zum Teil den anderen Mittätern überlassen.

Jeder Mittäter untersteht der *vollen Täterstrafe*. Die auszufällende Strafe bemisst sich unter Berücksichtigung von Art. 26 nach seinem Verschulden, Art. 63.

Mittäterschaft ist ein *Strafausdehnungsgrund,* der in Art. 26 und insbesondere Art. 349 Abs. 2 wenigstens erwähnt wird.

Umstritten ist die Möglichkeit der Mittäterschaft bei *Sonderdelikten.* Sie wird von der herrschenden Meinung für den Mitwirkenden ohne Sondereigenschaft, den extraneus, verneint. Doch scheint es richtiger, denjenigen, welcher sich ganz bewusst einen mit der Sondereigenschaft begabten Täter aussuchte, um mit ihm die Sondertat zu begehen, wegen Mittäterschaft an dem Sonderdelikt zu bestrafen. Noch besser wäre es, wie im genannten Vorentwurf vom 8. 4. 1959, Art. 26 Abs. 2, vorgesehen war, die Strafbarkeit ausdrücklich zu begründen und fakultative Strafmilderung einzuräumen. Sonst bleibt nichts anderes übrig, als einen in dieser Weise an einem Sonderdelikt Mitwirkenden von Gesetzes wegen stets nur als Gehilfen anzusehen, so BINDING folgend SCHWANDER und SJZ *1956* 111, N. 53. BGE *86* (1960) IV 46 liess die Frage offen.

Mittäterschaft an *eigenhändigen Delikten* ist ausgeschlossen, wenn diese Kategorie aufrechterhalten wird, es sei denn, alle Mitwirkenden würden selber den gesamten objektiven Tatbestand verwirklichen und sich dazu gegenseitig unterstützen. Wird die Sonderstellung der eigenhändigen Delikte aufgegeben, so wird Mittäterschaft dabei möglich.

Mittäterschaft ist in der Schweiz eher selten. Der Schweizer ist selbst als Rechtsbrecher ein Individualist und Eigenbrötler. Ganz anders sind die Verhältnisse in den USA, wo Bandenbildung eine alltägliche Erscheinung darstellt.

bb) Das ungleichartige bewusste Zusammenwirken mehrerer:
Die Teilnahme

Das *ungleichartige Zusammenwirken* mehrerer ist die *Teilnahme im eigentlichen Sinne*. Zwei Formen sind zu unterscheiden: die *Anstiftung*, welche *Veranlassung*, und die *Gehilfenschaft*, welche *Unterstützung* einer *fremden strafbaren Handlung* darstellt, Art. 24 und 25.

Andere Teilnahmeformen kennt das Strafgesetzbuch nicht. Die dem gemeinen Strafrecht und noch einzelnen kantonalen Strafrechten bekannte Teilnahme nach der Tat, die Begünstigung als Personenbegünstigung und Sachbegünstigung oder Hehlerei, sind jetzt selbständige Delikte des besonderen Teils. Die Personenbegünstigung ist als Begünstigung, Art. 305, ein Delikt gegen die Rechtspflege, die Sachbegünstigung als Hehlerei, Art. 144, ein Vermögensdelikt.

Im Nebenstrafrecht finden sich nach dem Vorbild von UWG Art. 14 weitere Formen ungleichartiger Mitwirkung an fremder Straftat. Derselben Strafdrohung wie der Haupttäter wird unterworfen, wer als Vorgesetzter, Arbeitgeber, Auftraggeber oder Vertreter die von seinem Untergebenen, Arbeitnehmer, Beauftragten oder Vertreter ausgeführte Straftat, von der er Kenntnis hat oder erhält, nicht hinderte noch deren Wirkungen aufzuheben suchte, BB über die offizielle Qualitätskontrolle in der schweizerischen Uhrenindustrie vom 18.3.1971, AS *1971* 1897, SR 934, 11, Art. 21 Abs. 2, BG über die Fischerei vom 14.12.1973, BBl *1973* II 1337, Art. 44 Abs. 2, selbst die fahrlässige Begehung bestrafend, SVG Art. 100 Zif. 2 Abs. 1, VStrR Art. 6 Abs. 2. BGE *96* (1970) IV 169, E. I 7, nahm an, dass der Vorgesetzte, der eine ihm nützliche strafbare Handlung bewusst duldete, der Mittäterschaft, begangen durch unechte Unterlassung, § 10 I 3 a hievor, schuldig sei. Für diese Art der Mitwirkung an fremder Straftat stellen sich dieselben Probleme der Akzessorietät wie für die eigentliche Teilnahme, siehe § 25 I 1, IV 2 hienach. Man kann sich fragen, ob eine den nebenstrafrechtlichen Regeln entsprechende Vorschrift dem allgemeinen Teil des Strafgesetzbuches eingefügt werden sollte, damit sie dann, durch Vermittlung von Art. 333 Abs. 1, für das gesamte Nebenstrafrecht gilt.

cc) Das straflose bewusste Zusammenwirken mehrerer, die notwendige Teilnahme

Nicht wenige Straftaten können nur so begangen werden, dass mehrere Personen zusammenwirken. Erklärt das Gesetz alle Beteiligten als in gleicher Weise strafbar, wie die Teilnehmer an einem Zweikampf, Art. 131, so liegt keine Besonderheit vor. Gelegentlich bedroht das Gesetz jedoch nur einen an der Tat Beteiligten mit Strafe und lässt den anderen absichtlich straflos. Dann wird von *notwendiger Teilnahme* gesprochen. Sie tritt in zwei Formen auf.

Einmal findet sie sich bei den *Konvergenzdelikten,* bei denen beide Beteiligte in der Verfolgung desselben Zweckes zusammenwirken, wie bei der Bevorzugung eines Gläubigers, Art. 167, welche Bestimmung nur den Schuldner strafbar erklärt. Der Gläubiger darf nicht bestraft werden, wenn er nichts anderes tut, als die vom gesetzlichen Tatbestand vorausgesetzten Handlungen auszuführen, beispielsweise die unzulässige Zahlung entgegenzunehmen. Er wird strafbar, wenn er darüber hinausgeht, so wenn er zur Tat anstiftet, BGE *74* (1948) IV 48, 75 (1949) IV 112.

Ausserdem besteht notwendige Teilnahme bei den *Begegnungsdelikten,* welche sich dadurch auszeichnen, dass das Opfer am Zustandekommen der strafbaren Handlung mitwirken muss, wie beim Betrug, Art. 148, Wucher, Art. 157, bei Unzucht mit Kindern, Art. 191. Das Opfer, dies versteht sich, bleibt straflos, und zwar in jedem Fall, selbst wenn es die Initiative zum verpönten Verhalten ergriffen hatte.

## § 25 DIE TEILNAHME, ART. 24–26

### I. ALLGEMEINES

#### *1. Die Akzessorietät der Teilnahme*

Wer *Anstifter* ist, *veranlasst,* wer *Gehilfe* ist, *unterstützt* eine fremde Straftat, welche *Haupttat* genannt wird. Die Teilnahmehandlungen stehen in einer bestimmten Beziehung zur Haupttat. Die Beziehung wird *Akzessorietät der Teilnahme* genannt und besitzt folgende drei Bedeutungen:

### a) Die logische Akzessorietät

Sie bedeutet die *unausweichliche begriffliche Abhängigkeit* der Teilnahmehandlung von der Haupttat, weil Teilnahme ein Beziehungsbegriff ist. Deshalb muss sich die Teilnahmehandlung nach ihrer Bedeutung und dem Willensinhalt des Vorsatzes notwendig auf die fremde Haupttat beziehen.

### b) Die Akzessorietät der Strafdrohung

Sie besagt, dass die Strafe der Haupttat auch für die Teilnahme gilt. Während die logische Akzessorietät der Teilnahme notwendig ist, kann der Gesetzgeber die Teilnahmehandlungen einer besonderen Strafdrohung unterstellen. Üblich ist dies nicht. Auch StrGB Art. 24 und 25 befolgen die Akzessorietät der Strafdrohung.

### c) Die tatsächliche Akzessorietät

Die tatsächliche Akzessorietät bezieht sich auf die Frage, *ob die Haupttat tatsächlich ausgeführt* worden sein muss, um die Strafbarkeit der Teilnahme zu begründen. Es könnte auch von der Akzessorietät nach der Strafbarkeit des Haupttäters gesprochen werden.

Wenn ein Gesetz folgerichtig das Schuldprinzip verwirklichen würde, so müsste es die Teilnahmehandlung strafbar erklären, sobald sie ausgeführt ist, unabhängig davon, ob die Haupttat ebenfalls begangen oder auch nur versucht wird. Der Grundsatz der selbständigen Strafbarkeit der Teilnahmehandlung, welcher von der tatsächlichen Akzessorietät absieht, wird nur ausnahmsweise befolgt, siehe Art. 24 Abs. 2.

In der Regel gilt tatsächliche Akzessorietät und die Strafbarkeit der Teilnahme wird durch die Begehung der Haupttat bedingt. Dann stellt sich die weitere Frage, wie weit die Verwirklichung der Haupttat fortgeschritten sein muss, ob eine vollendete rechtswidrige und schuldhafte strafbare Handlung durch den Haupttäter ausgeführt worden sein muss oder ob die nur rechtswidrige Tat oder der Versuch genügt. Allgemein anerkannt ist, dass der Teilnehmer wegen vollendeter Teilnahme strafbar ist, wenn wenigstens strafbarer Versuch der Haupttat vorliegt. Wird die rechtswidrige, doch nicht schuldhafte Haupttat zur Strafbarkeit gefordert, so spricht man seit M. E. Mayer von *limitierter Akzessorietät*. Sie zu ermöglichen ist eine der Aufgaben von Art. 26.

### 2. Der Tatbestand der Teilnahmehandlungen

Die Lehre von der Teilnahme wird nur verständlich, wenn, wie schon Carl Stooss hervorhob, darauf geachtet wird, dass die gesetzlichen Bestimmungen über die Teilnahme einen eigenen Tatbestand umschreiben. Sie tun es allerdings nur mit wenigen Merkmalen und sehr allgemein, allein doch ausreichend, um dem Erfordernis der Legalität genügend die Voraussetzungen der Strafbarkeit als Anstiftung oder Gehilfenschaft zu umschreiben. Damit wird in typisierender Weise ein Sachverhalt des Lebens als Voraussetzung einer Rechtsfolge, als echter Tatbestand bezeichnet. Es genügt nicht, dass der Teilnehmer in irgendeiner Beziehung zur Haupttat steht, er muss seinen Willen in ganz bestimmter, tatbestandsmässiger Weise äussern.

## II. DIE ANSTIFTUNG, ART. 24

### 1. Der äussere Tatbestand

Literatur:
STEFAN TRECHSEL, Der Strafgrund der Teilnahme, Diss., Bern 1967.

Nach Art. 24 Abs. 1 heisst Anstiften jemanden zu dem von ihm verübten Verbrechen oder Vergehen vorsätzlich bestimmen. Anstiften ist *Hervorrufen des Tatentschlusses*.

Auf *welche Weise* der andere zur Tat bestimmt wird, ist gleichgültig. Jedes taugliche Mittel ist möglich; vom Rat, Geheiss, der Bitte, dem Verlocken mit Belohnung, dem Hinweis auf eine wirklich bestehende oder fehlende Begründung zur Tat bis zur Drohung kommt alles in Frage. Wird eine Irreführung verwendet, so darf sie nur nicht so weit gehen, dass die Eigenschaft der Tat als eine rechtswidrige verdeckt wird; ebensowenig darf die Drohung so stark sein, dass der Wille des Bedrohten völlig ausgeschaltet wird. Denn dann läge mittelbare Täterschaft vor.

Zu einem Delikt *bestimmen* bedeutet nicht, dass die gewünschte Straftat in allen Einzelheiten beschrieben werde; es muss nur eine Straftat bestimmter Art in Aussicht genommen werden, nicht einmal die Bezeichnung des Opfers oder eine Erläuterung der Ausführung ist nötig, BGE 73 (1947) IV 217.

Das *verlangte Verhalten* muss ein *strafbares*, also Verbrechen, Vergehen oder eine Übertretung sein.

Der *Anzustiftende* muss dazu *tauglich* sein. Wer schon von sich aus zur Tat bereit ist, kann als omnimodo facturus nicht mehr angestiftet werden, BGE 69 (1943) IV 203. Dasselbe gilt für den bereits durch einen anderen Angestifteten. Erkennt der Anstiftung Versuchende nicht, dass die Tatbereitschaft bereits besteht, so begeht er untauglichen Versuch der Anstiftung, a. M. BGE 72 (1946) IV 100. BGE *81* (1955) IV 149 hält hingegen alle die wegen Anstiftung strafbar, welche zusammen oder unabhängig voneinander jemanden zu einer Straftat bestimmten, unabhängig davon, ob schon ein einzelner Anstifter erfolgreich gewesen war.

## 2. Der subjektive Tatbestand

Der Anstifter setzt sich vor, einen anderen Menschen zur Begehung einer strafbaren Handlung zu veranlassen, und hegt damit einen besonderen, vom gewöhnlichen Tatvorsatz verschiedenen Vorsatz. Der Anstifter muss weder fähig noch willens sein, die Tat selber auszuführen, sondern sein Wille ist, aus welchen Gründen auch immer, darauf gerichtet, die Begehung der Tat durch einen anderen herbeizuführen. Deswegen liegt nach schweizerischer Ansicht ein Grund der Strafbarkeit der Anstiftung darin, dass der Anstifter eine sonst unbescholtene oder eine wenigstens nicht zu dem in Aussicht genommenen Delikt bereite Person zum Delinquenten werden lässt. Strafgrund der Anstiftung ist die Verderbnis, die Korrumpierung des anderen, wie dies der *Korruptions-* oder *Schuldteilnahmetheorie*, BGE 73 (1947) IV 240, 244, *81* (1955) IV 40, entspricht. STEFAN TRECHSEL hat diese Lehre für die Anstiftung mit soziologischen Argumenten, die Gefahr der sozialen Desingration betonend, untermauert. Die besondere Schuld des Anstifters tritt zu dem Verschulden, welches darin liegt, dass er eine Beeinträchtigung, zumindest Gefährdung, fremder Rechtsgüter herbeiführt.

Weil nur die vorsätzliche Anstiftung strafbar ist – die fahrlässige Herbeiführung einer fremden rechtswidrigen Handlung kann gemäss OR Art. 51 zivilrechtlich verantwortlich machen –, muss die herbeigeführte Tat ebenfalls vorsätzlich begangen werden. Den fahrlässig Handelnden zu einer Straftat zu veranlassen, ist hingegen eine Form der mittelbaren Täterschaft, § 24 II 2 aa hievor.

Weil der Anstifter jemanden zu einer strafbaren Handlung bestimmen will, gehört zu seinem Vorsatz, dass er die Strafbarkeit der Haupttat kennt. Nicht erforderlich ist, dass er selber die besonderen Schuldmerkmale verwirklicht, welche zum inneren Tatbestande der Haupttat gehören. Es genügt, wenn er, mit Parallelwertung in der Laiensphäre, weiss, dass sie zur Haupttat gehören, und deren Verwirklichung durch den Haupttäter annimmt. Die Gegenmeinung, dass der Anstifter selber alle Schuldmerkmale der Haupttat verwirklichen müsse, verfocht in mehreren Veröffentlichungen PAUL PIOTET, zuletzt Encore les circonstances personnelles spéciales (art. 26 CP), ZStrR *83* (1967) 337.

### 3. Die Vollendung

Die Anstiftung ist ein *Erfolgsdelikt*. Sie ist erst mit der Verübung der Haupttat vollendet. Verübt ist die Haupttat, sobald nur schon deren strafbarer Versuch vorliegt, BGE *81* (1955) IV 292. Genügt als Verübung der Haupttat der Versuch der veranlassten Tat, dann um so mehr die Begehung einer vollendeten gleichartigen leichteren Tat, a. M. BGE *85* (1959) IV 135, dazu ZBJV *97* (1961) 188, lit. b.

### 4. Die Strafe der Anstiftung

Art. 24 Abs. 1 unterstellt den Anstifter *derselben Strafdrohung wie den Haupttäter*. Damit wird jedoch nicht gesagt, der Anstifter habe als intellektueller Urheber die Tat begangen, sondern nur, dass er dieselbe Strafe wie der Haupttäter verdient, BGE *70* (1944) IV 70. Im Einzelfall ist es ohne weiteres möglich und oft angezeigt, den Anstifter strenger zu bestrafen als den Haupttäter. Man könnte sich sogar fragen, ob für sein hinterhältiges Vorgehen nicht grundsätzlich eine schärfere Strafe als für den Haupttäter vorgesehen werden sollte, so österreichisches Strafgesetzbuch vom 23. 1. 1974, § 33 Zif. 3 und 4.

### 5. Der Versuch der Anstiftung

Art. 24 Abs. 2 erklärt die *versuchte Anstiftung zu einem Verbrechen* in Durchbrechung der tatsächlichen Akzessorietät als selbständig strafbar. In Frage kommt die Strafe der versuchten Haupttat. Alle Versuchsformen sind denkbar, entgegen BGE *72* (1946) IV 100 auch untauglicher Versuch, wenn der Anzustiftende bereits zur Tat bereit gewesen war.

### 6. Der Anstiftungsexzess

Wie ist zu urteilen, wenn der Angestiftete anders handelte, als es der Anstifter gewollt hatte? Verschiedene Fälle sind zu unterscheiden:
Begeht der nur zu einer Straftat Angestiftete von sich aus weitere gleichartige Taten, so ist der Anstifter einzig für die Anstiftung zur ersten Tat verantwortlich, hinsichtlich der anderen liegt *quantitativer Anstiftungsexzess* vor, für den der Anstifter gemäss Art. 19 nicht einzustehen hat.
Begeht der Angestiftete eine der Art nach von der vom Anstifter gewünschten Tat verschiedene, so kann von *qualitativem Anstiftungsexzess* gesprochen werden. Ist die ausgeführte Tat ihrer Art nach ganz verschieden von derjenigen, zu welcher angestiftet worden war, so ist die Anstiftung nicht vollendet, und es liegt nur Anstiftungsversuch vor, der einzig strafbar ist, wenn ein Verbrechen in Frage stand, 5 hievor. Ist die ausgeführte Tat schwerer als die veranlasste Tat, doch gleicher Art, so ist die Anstiftung vollendet, aber nur in bezug auf die vom Anstifter gemeinte Tat.

Hatte der Anstifter zu einem Diebstahl angestiftet, doch begeht der Angestiftete daraufhin gegenüber dem ins Auge gefassten Opfer einen Betrug, so verfehlte die Anstiftung dieses qualitativen Exzesses wegen ihr Ziel. Verübte der Angestiftete auf diese Veranlassung hin einen Raub, so wäre die Anstiftung als vollendet anzusehen.

### 7. Der «*agent provocateur*»

*Agent provocateur* ist, wer einen anderen zur Begehung einer strafbaren Handlung herausfordert, damit er den Täter bei der Tat erwischen oder erwischen lassen kann. So unbezweifelbar die Strafwürdigkeit dieses Vorgehens ist, so umstritten ist seine Strafbarkeit. Ausser Frage steht, dass ein solches Vorgehen in einem Rechtsstaat den Behörden der Strafverfolgung untersagt und, käme es vor, disziplinarisch zu ahnden ist.

Die *Strafbarkeit* ist zu *bejahen*. Der agent provocateur weckt in einem anderen Menschen den Willen, ein strafbares Verhalten auszuführen, und diesen Willen wenigstens so deutlich zu äussern, dass ein strafbarer Versuch vorliegt. Damit führt er den anderen ins Verbrechen und hat nach der Schuldteilnahmetheorie die Strafe eines Anstifters verwirkt. Dass er handelte, um einen Verdächtigen durch die Polizei überführen zu lassen, ist unbeachtlich. Denn auf die Motive des Handelns kommt es für die Anstiftung nicht an. Und wie stünde es, wenn es der Polizei nicht gelänge, sogleich des provozierten Täters habhaft zu werden? Das Einsetzen eines agent provocateur ist nicht nur eine prozessual verwerfliche, sondern sogar eine strafbare Fahndungsweise.

Vom Handeln als agent provocateur ist zu unterscheiden die *verdeckte Fahndung*. Sie besteht darin, dass jemandem, der strafbaren Verhaltens verdächtig ist, Gelegenheit geboten wird, die Tat auszuführen, ohne dass auf seine Willensbildung eingewirkt wird, z. B. indem sich die Polizei auf ein Inserat meldet, durch welches vermutlich gefälschte Bilder zum Verkauf angeboten werden, Art. 154.

### 8. Die Abgrenzung zwischen Täterschaft und Anstiftung

Ob die Mitwirkung als Anstiftung oder als Mittäterschaft zu gelten hat, ist in einzelnen Fällen nicht ganz leicht zu entscheiden, wenn die subjektive Teilnahmetheorie befolgt wird. Meistens wird sich der Tatbeitrag des Anstifters darauf beschränken, dass er den Tatentschluss hervorzurufen suchte. Wirkt er ausserdem an der Vorbereitung und Durchführung der Tat mit, so kann mit BGE *88* (1962) IV 25 nur «das Mass des schuldhaften Willens» massgebend sein, siehe auch BGE *85* (1959) IV 133. Ob eine die volle Täterstrafe rechtfertigende Tatbeteiligung vorliegt oder nicht, ist auf Grund aller Tatumstände zu entscheiden, siehe § 24 II 2 b aa hievor.

### III. DIE GEHILFENSCHAFT, ART. 25

#### *1. Der äussere Tatbestand*

*Gehilfe* ist gemäss Art. 25, wer zu einem Verbrechen oder Vergehen vorsätzlich Hilfe leistet.

Die weite Umschreibung umfasst *jede Förderung* der von einem anderen beschlossenen und ausgeführten Straftat, BGE 70 (1944) IV 19. Wie das Bundesgericht sagte, muss die Handlung des Gehilfen «ein Glied in die Kette der Handlungen gesetzt» haben, welche zur Haupttat führte, BGE *78* (1952) IV 7. BGE *96* (1970) IV 116 erklärte, Gehilfenschaft sei «jeder irgendwie geartete kausale Tatbeitrag».

Zwei Formen der Gehilfenschaft werden unterschieden:

*Psychische* Gehilfenschaft ist jede die Tatbereitschaft stützende und fördernde seelische Einwirkung auf den Haupttäter, so die Bestärkung des bereits gefassten Tatentschlusses, die Zusicherung von Hilfe nach der Tat, eine Erläuterung, ein Rat, ein Hinweis, sogar nur die Tatsache, dass dem Haupttäter durch Anwesenheit während der Tat Beistand gewährt wird, ZBJV *79* (1943) 42, BGE *79* (1953) IV 147.

*Physische* Gehilfenschaft ist jede sachliche Förderung der Haupttat, so durch Entfernen von Hindernissen, Auskundschaften, den Transport des Täters an den Tatort, RStrS *1951* 137.

Es versteht sich, dass erst recht strafbare Gehilfenschaft vorliegt, wenn der Gehilfe den Haupttäter psychisch und physisch unterstützt.

Die Unterstützung der Tat durch den Gehilfen muss keineswegs immer die unmittelbare Ausführung der Haupttat erleichtern; es genügt jede Förderung des vom Täter entworfenen Tatplanes, selbst wenn sie das tatbestandsmässige Handeln nicht berührt und, für sich allein genommen, zu den Vorbereitungshandlungen zu zählen ist, siehe BGE *96* (1970) IV 115, welches Urteil allerdings den Begriff der Förderung aufs äusserste anspannte. Unerheblich ist auch, ob der Rat in der wirklichen Ausführung der Tat befolgt wurde oder nicht; entscheidend ist, dass das Erteilen des Rates dem Täter die Vorbereitung erleichterte.

Keine Gehilfenschaft ist die blosse Duldung der von einem Dritten ausgeführten Tat, BGE *70* (1944) IV 12, SJZ *1947* 13 Nr. 4; es sei denn, es bestehe eine rechtliche Pflicht, der Tat entgegenzuwirken. Ist eine solche Pflicht begründet, so bedeutet deren Nichterfüllung Gehilfenschaft durch Unterlassung als unechtes Unterlassungsdelikt, §§ 9 IV 2, 10 3 a hievor, BGE *79* (1953) IV 147. Eine solche Pflicht, einen anderen von der Begehung eines Deliktes abzuhalten, besteht insbesondere auf Grund der allgemeinen Erzieherpflicht, wie sie den Inhaber der elterlichen Gewalt trifft, ZGB Art. 271, 275 Abs. 2, 276–278, ZBJV *79* (1943) 44, ZR *1972* 325 N. 107. In ähnlicher Weise nahm RStrS *1955* 133 Gehilfenschaft der Mitfahrer zu Fahren in angetrunkenem Zustande an, wenn sie für die Angetrunkenheit des Lenkers verantwortlich waren und ihn nicht davon abgehalten hatten, das Fahrzeug zu steuern. BGE *96* (1970) IV 169, E. I 7, nahm für die Duldung der Tat durch einen Vorgesetzten sogar Mittäterschaft an; § 24 II b aa hievor.

Die Gehilfenschaft kann in der Regel nur vor oder während der Begehung der Haupttat ausgeführt werden. Bei einzelnen Delikten ist ausnahmsweise Gehilfenschaft nach der Vollendung bis zum Zeitpunkt der sogenannten *materiellen Beendigung* möglich, BGE *99* (1973) IV 124, dazu § 8 VI 3 hievor. Dies trifft zu, wenn ein gesetzlicher Tatbestand eine besondere Absicht fordert und der nach der Vollendung Mitwirkende die Verwirklichung dieser Absicht erleichtert. So ist Mithilfe bei der durch die Veräusserung veruntreuten Sachen noch Gehilfenschaft, nicht bereits Hehlerei, wie ZBJV *96* (1960) 114 annahm. Gehilfenschaft bis zur tatsächlichen Beendigung eines Diebstahls lässt BGE *98* (1972) IV 83 zu.

### 2. Der innere Tatbestand

Der Vorsatz des Gehilfen ist darauf gerichtet, die *fremde* vorsätzliche *Tat* zu *unterstützen*. Der Gehilfe *ordnet sich* dem *Willen* des *Haupttäters unter* und will nur die Durchführung des durch den Haupttäter beschlossenen Deliktes erleichtern. Er besitzt *keine Tatherrschaft* über die Haupttat.

Zum Vorsatz des Gehilfen gehört, dass er die Strafbarkeit des Haupttäters kennt. Doch ist nicht erforderlich, dass dem Gehilfen der Haupttäter bekannt ist, es genügt, wenn er dessen strafbares Verhalten kennt. Andererseits muss der Haupttäter von der durch den Gehilfen geleisteten Unterstützung nichts wissen, die vorsätzliche Hilfeleistung als solche genügt.

Kann der Gehilfe durch sein Verhalten die Begehung der von verschiedenen Personen verübten strafbaren Handlungen erleichtern, so entscheidet nach BGE *69* (1943) IV 207 der Vorsatz des Gehilfen darüber, wessen Tat er fördern will. Ist ihm bekannt, dass sein Verhalten anderen Tätern ebenfalls dient, so nimmt er die Förderung dieser Täter in Kauf, was für den Vorsatz der Gehilfenschaft genügt.

### 3. Die Vollendung

Weil Gehilfenschaft Hilfeleistung zu einer Straftat bedeutet, ist damit gesagt, dass die zu fördernde Haupttat ausgeführt werden muss, damit die Gehilfenschaft strafbar wird. Mithin ist die Gehilfenschaft ein *Erfolgsdelikt*. Versuch der Haupttat vollendet die Gehilfenschaft, BGE *74* (1948) IV 133. Dasselbe gilt, wenn der Haupttäter eine gleichartige, jedoch leichtere, aber vollendete Tat ausführte.

Ob es – wie Germann verlangt – Rücktritt von der Gehilfenschaft geben sollte mit der Möglichkeit, Straflosigkeit oder doch weitgehende Strafmilderung zu gewähren, liess BGE *92* (1966) IV 113 offen. Die Frage ist auf jeden Fall dann zu bejahen, wenn der Gehilfe der Vollendung der Tat entgegenwirkte oder die Folgen verhindert hatte oder zu verhindern suchte.

### 4. Die Strafe

Art. 25 spricht nur davon, dass der Gehilfe gemäss Art. 65 milder bestraft werden kann. Dies setzt voraus, dass er grundsätzlich der auf die *Haupttat angedrohten Strafe* untersteht.

### 5. Der Versuch der Gehilfenschaft

Art. 24 Abs. 2 stellt einzig den Versuch der Anstiftung zu einem Verbrechen ausdrücklich unter Strafe. Die versuchte Anstiftung zu einem Vergehen oder einer Übertretung bleibt straflos. Aus dieser Regelung ist zu schliessen, dass die versuchte Gehilfenschaft straflos ist. Denn die Gehilfenschaft ist die leichtere Teilnahmeform; sind schon einzelne Arten des Versuches zur schwereren Teilnahmeart straflos, so muss dies erst recht für die leichtere Art gelten, RStrS *1949* 296.

### 6. Der Gehilfenschaftsexzess

Begeht der Haupttäter eine gleichartige, jedoch schwerere Tat, als es sich der Gehilfe vorgestellt hatte, so liegt ein zugunsten des Gehilfen wirkender Irrtum im Sachverhalt vor, und der Gehilfe kann nur wegen Gehilfenschaft zu der von ihm gemeinten Haupttat schuldig erklärt werden, BGE *71* (1945) IV 120. Verübt der Haupttäter eine ganz andere Tat, so liegt ein qualitativer Gehilfenschaftsexzess und damit Straflosigkeit vor. Denn die Gehilfenschaft zu der vom Gehilfen gemeinten Tat war nur ein Versuch zu Gehilfenschaft, der nicht bestraft wird. Geringfügige Abweichungen der vom Gehilfen vorgestellten von der tatsächlich ausgeführten Haupttat sind unerheblich, RStrS *1954* 101.

### 7. Die Abgrenzung zwischen Gehilfenschaft und Mittäterschaft

Ob Gehilfenschaft oder Mittäterschaft vorliegt, entscheidet sich nicht darnach, ob der Mitwirkende an der Ausführung objektiver Tatbestandsmerkmale beteiligt gewesen war, sondern einzig darnach, ob er sich dem Willen des Haupttäters untergeordnet und ihm den Entscheid über die Ausführung der Tat überlassen hatte. Für die Umstände, die als Kriterien herangezogen werden können, ist auf § 24 II 2 b aa hievor zu verweisen. Die Rechtsprechung des Bundesgerichts stellt besonders darauf ab, ob der Betreffende ein eigenes Interesse an der Durchführung der Tat besass oder nicht.

### 8. Besondere Vorschriften

Art. 104 Abs. 1 erklärt die Gehilfenschaft zu *Übertretungen* nur strafbar, wenn das Gesetz es ausdrücklich sagt, so Art. 149 Abs. 2. VStrR Art. 5 erklärt die Gehilfenschaft zu einer Übertretung für den Geltungsbereich dieses Gesetzes für strafbar.

## IV. BESONDERE FRAGEN

### 1. Teilnahme an Sonder- und eigenhändigen Delikten

Unbestritten ist, dass der *extraneus* zu *Sonder-* und *eigenhändigen Delikten anstiften* und dazu *Gehilfenschaft leisten kann*. Handelt es sich um unechte Sonderdelikte, z. B. Art. 317 als Qualifizierung von Art. 251, so trifft den Teilnehmer, auch den extraneus, die Strafdrohung des Sonderdeliktes, BGE 77 (1951) IV 46, *81* (1955) IV 288, *95* (1969) IV 115, doch mit der anfechtbaren Begründung, es handle sich um ein eigenständiges Delikt, während eine durch das sachliche Merkmal der Beamteneigenschaft qualifizierte Urkundenfälschung vorlag, dazu ZBJV *106* (1970) 334, Zif. 6.

### 2. Die Berücksichtigung persönlicher Verhältnisse

Art. 26 bestimmt, dass die besonderen persönlichen Verhältnisse, Eigenschaften und Umstände, welche die Strafe erhöhen, vermindern oder ausschliessen, nur für den Täter, Anstifter oder Gehilfen gelten, bei welchem sie vorliegen, BGE 70 (1944) IV 125. Die Regel gilt *nicht* für die *strafbegründenden* persönlichen oder für sachliche Merkmale, BGE *81* (1955) IV 289, *87* (1961) IV 54, a. M. Piotet l.c. Deshalb war im genannten Vorentwurf vom

8.4.1959, Art. 26 Abs. 2, für diesen Fall eine besondere Vorschrift mit fakultativer Strafmilderung vorgesehen.

*Persönliche Merkmale* sind solche, welche weder die objektive Tatbestandsmässigkeit noch die Rechtswidrigkeit der in Frage stehenden Tat betreffen, sondern in der *Eigenart* des einzelnen *Beteiligten* gründen.

Insofern solche Merkmale *straferhöhend* oder *-mindernd* wirken, *begrenzt* Art. 26 die *Akzessorietät* der *Strafdrohung* und lässt diese Umstände nur für den Beteiligten wirksam werden, auf den sie zutreffen. So wirkt sich die Strafschärfung wegen Rückfalles, welche den Haupttäter trifft, nicht auf den ihn Anstiftenden aus; Gehilfenschaft zu gewerbsmässiger Tat ist nur gegeben, wenn der Gehilfe selber gewerbsmässig handelt, BGE *70* (1944) IV 125.

Insofern solche Merkmale *strafausschliessend* wirken, *begrenzen* sie die *tatsächliche Akzessorietät*. Der Hauptfall ist die Teilnahme an der Straftat eines Zurechnungsunfähigen, welcher nicht als solcher erkannt wird. Nach früher herrschender strenger Akzessorietät musste der Teilnehmer an der Tat eines Zurechnungsunfähigen mangels strafbarer Haupttat freigesprochen werden. Die von Art. 26 befolgte limitierte Akzessorität lässt nur die Strafbarkeit des Haupttäters entfallen, ohne die Strafbarkeit des Teilnehmers zu berühren. Anders ist hingegen zu entscheiden, wenn der Teilnehmer irrtümlich annimmt, der zurechnungsfähige Haupttäter handle vorsätzlich; in diesem Fall liegt untauglicher Versuch der Teilnahme vor, der nur strafbar ist, wenn Anstiftung zu einem Verbrechen in Frage steht, Art. 24 Abs. 2, siehe II 5 und III 5 hievor.

Die vom Bundesgericht wiederholt aufgeworfene, aber zum Glück noch immer offengelassene Frage, ob sich Art. 26 nur auf die im allgemeinen Teil geregelten persönlichen Merkmale beziehe, siehe BGE *87* (1961) IV 54, *92* (1966) IV 205, *95* (1969) IV 115, dazu ZBJV *99* (1963) 45, Zif. 6, *103* (1967) 424, Zif. 7, *106* (1970) 334, Zif. 6, ist entschieden zu verneinen. Anders zu antworten verstiesse krass gegen das Schuldprinzip. Ob ein Strafausschliessungsgrund sich im allgemeinen oder besonderen Teil findet, ist ein gesetzgeberischer Zufall. Wäre die Gewerbsmässigkeit, das Paradebeispiel der Argumentation des Bundesgerichtes, durch eine Vorschrift des Allgemeinen Teils geregelt wie der Rückfall, so würde nach der vom Bundesgericht ins Auge gefassten Lösung die Gewerbsmässigkeit gemäss Art. 26 zu berücksichtigen sein, nicht aber wenn sie, wie jetzt, durch verschiedene Vorschriften des besonderen Teils vorgesehen wird. Dasselbe kann vom Qualifikationsgrund der gemeinen Gesinnung gesagt werden, der nach Vorentwurf vom Februar und vom April 1908, je Art. 54, in einer Vorschrift des allgemeinen Teils erschien, während er nach geltendem Recht nur ein Strafschärfungsgrund in einzelnen Bestimmungen des besonderen Teils darstellt, z.B. in Art. 145 Abs. 2. Andererseits würde die vom Kassationshof angedeutete Auslegung dazu führen, dass der Teilnehmer an einer Kindstötung, Art. 116, der ausschliesslich wegen der Wirkung der Geburt einer Frau gewährten erheblichen Strafmilderung teilhaftig würde!

### 3. Die Strafrechtshoheit

Im Auslande begangene Teilnahme an einer im Inland ausgeführten Straftat ist gemäss Art. 3 und 7 in der Schweiz verübt, weil mit der Haupttat dort der Erfolg eintritt, BGE *81* (1955) IV 291. Für eine im Auslande versuchte Anstiftung zu einem in der Schweiz auszuführenden Verbrechen führen Art. 24 Abs. 2 und 7 Abs. 2 zu demselben Ergebnis.

Wird in der Schweiz die Teilnahmehandlung an einer im Ausland auszuführenden Haupttat verübt, so spricht das Prinzip der Akzessorietät der Strafdrohung für die Anwendung des ausländischen Rechts der Haupttat, das Territorialprinzip nach Art. 3 jedoch für die Anwendung des schweizerischen Rechtes. BGE *80* (1954) IV 34, *81* (1955) IV 37, hielten dafür, es sei Schweizer Recht anzuwenden, wenn die Haupttat gemäss Art. 4 bis 6 dem schweizerischen Recht untersteht. Vorzuziehen ist, grundsätzlich schweizerisches Recht anzuwenden, wie es das Territorialprinzip gebietet; denn die Teilnahmehandlung ist in der Schweiz ausgeführt worden. Um Härten zu mildern, kann analog Art. 5 Abs. 1 und 6 Zif. 1 Satz 1 die Strafbarkeit von Haupttat und Teilnahme nach dem Recht des ausländischen Tatortes der Haupttat verlangt werden. BGE *96* (1970) IV 115 und 152 zeigen, wie wichtig diese zugunsten des Beschuldigten wirkende und deshalb zulässige Ergänzung der gesetzlichen Regelung ist, dazu ZBJV *107* (1971) 455, Zif. 5, 473, Zif. 11 b.

3. KAPITEL:

§ 26 DAS PRESSESTRAFRECHT, ART. 27

Literatur:
CARL LUDWIG, Schweizerisches Presserecht; Basel und Stuttgart 1964.
JÖRG P. MÜLLER, Zur Bedeutung der Pressefreiheit beim privat- und strafrechtlichen Ehrenschutz, ZSR *1967* I 115.

Aufsätze von Max Nef, Pierre Cordey und Walter Gut, ZStrR *85* (1969) 113, 139, 160.

Hans Schultz, Das Problem einer Sonderstellung der Presse zum Strafverfahren; Arbeiten zur Rechtsvergleichung 29, Frankfurt a. M./Berlin 1966, S. 9.

## I. DIE PROBLEMSTELLUNG

BV Art. 55 lautet: «Die Pressefreiheit ist gewährleistet».
Das Freiheitsrecht der Pressefreiheit wurde auf dem Kontinent nach englischem Vorbild als Teil des Rechts auf freie Meinungsäusserung in der französischen Revolution durch Art. 11 der Erklärung der Menschenrechte von 1789 gefordert. Es ist in den grossen Auseinandersetzungen zwischen Liberalismus und konservativer Restauration im beginnenden 19. Jahrhundert in Europa Gemeingut geworden und bildet eine notwendige Voraussetzung des freiheitlichen, demokratischen Rechtsstaates und seiner tatsächlichen Wirksamkeit. Die freie Auseinandersetzung über die Angelegenheiten des öffentlichen Lebens und zukünftiger rechtlicher Regelung ermöglicht die freie Bildung des politischen Willens, wie er einer Demokratie eigen ist. Zur lebendigen Auseinandersetzung in der demokratischen Politik gehört, dass ein Gegenstand politischen Handelns von allen Seiten beleuchtet wird und dass die verschiedenen Möglichkeiten eines Entscheides öffentlich vertreten werden dürfen. Dazu bedarf die Presse nicht der Ermächtigung, strafbare Handlungen zu begehen, BGE *80* (1954) IV 165. Allein, soll ihr ausserdem die Aufgabe zukommen, an den öffentlichen Einrichtungen begründete Kritik zu üben, so ist ihr ein weiterer Spielraum zu eröffnen. Auf Missstände hinzuweisen oder gar Missbräuche aufzudecken ist nur möglich, wenn diese Handlungen und deren Urheber deutlich genannt werden. Solche Äusserungen können deshalb zu Ehrverletzungen von der Art der Üblen Nachrede, Art. 173, werden; es stellt sich die Frage, ob sie, der Pressefreiheit wegen, straflos bleiben sollen. Keinen Schutz der Pressefreiheit geniesst, dies versteht sich, BGE *77* (1951) IV 99, die bewusst unwahre ehrverletzende Behauptung; sie bleibt auch in der Presse Verleumdung, Art. 174. Dies selbst dann, wenn sie in der Absicht geäussert wurde, eine Erklärung der zuständigen Amtsstelle herauszufordern mit der Formel: «Ist es wahr, dass...?» Ebensowenig darf der den Schutz der Pressefreiheit anrufen, der schon in der Form ehrverletzend wirkte, der vom politischen Gegner als Kanaille, Schuft, Lump, Landesverräter spricht, es sei denn, es gelinge ihm nachzuweisen, dass Tatsachen vorliegen, welche ein solches Werturteil zu fällen erlauben, BGE *77* (1951) IV 168, *93* (1967) IV 23, E. 3.

Selbst die findigste Presse kann nicht stets überall dort sein, wo es nach Skandal riecht. Sie muss informiert werden. Damit die Informanten und Verfasser entsprechender Einsendungen vor nachteiligen Einwirkungen – wobei keineswegs in erster Linie an strafrechtliche Massregelungen, sondern an andere, wirtschaftliche, berufliche, disziplinarische, politische Sanktionen gedacht wird – bewahrt werden, muss ihnen zugesichert sein, dass sie geheim bleiben. Deswegen wird mit der Pressefreiheit die Forderung verbunden, dass die Informanten der Presse und die Verfasser von Artikeln ungenannt und damit von Strafe verschont bleiben können. Zweifellos geht diese Folgerung aus der Pressefreiheit auf die früheren Zeiten, in denen die Pressefreiheit umkämpft war, zurück; Zeiten, in denen vor allem die politische und wirtschaftliche Gefährdung derer vermieden werden musste, welche gegen die staatlichen Behörden, herrschende Ansichten und Schichten auftraten. Andererseits darf das Interesse des allfällig in seiner Ehre Angegriffenen nicht völlig ausser acht gelassen werden; dies um so weniger, als es heute nicht wenige Presseerzeugnisse gibt, denen es nicht um die eigentliche der Presse in einer Demokratie zugewiesene Aufgabe, die öffentliche Meinung zu bilden, geht, sondern einzig und allein darum, Sensation zu machen und zu verdienen. Und dass der Presse auch unbegründete Angriffe unterlaufen, lässt sich nicht vermeiden, irren doch Presseleute wie andere Menschen. Ausserdem ist zu berücksichtigen, dass an der Herstellung eines Presseerzeugnisses viele Personen beteiligt sind, weswegen es ausgeschlossen erscheint, die strafrechtliche Verantwortung jedes Einzelnen und deren Mass genau zu bestimmen.

Diese Schwierigkeiten und der Konflikt zwischen dem Bedürfnis der Presse auf Geheimhaltung und dem Anspruch des durch einen Artikel in seiner Ehre Verletzten auf Genugtuung führten zu einer strafrechtlichen *Sonderregelung*. Wie das Bundesgericht mehrmals erklärte, erwarb die *Presse* Anspruch auf Anonymität, weil sie bereit ist, *selber eine strafrechtlich verantwortliche Person zu stellen*. Die presserechtliche Sonderregelung findet sich nur im bürgerlichen Strafrecht, StrGB Art. 27, doch nicht im Militärstrafrecht.

Angemerkt sei, dass sich heute die Gewichte stark verschoben haben. Früher standen sich Staat und Presse gegenüber. Heute ist die Presse selber eine Grossmacht geworden, welche zuweilen rücksichtslos über die Interessen des Einzelnen, seinen Anspruch auf eine private Sphäre und deren Geheimhaltung, hinweggeht, um ein wirkliches oder auch nur vermeintliches Bedürfnis nach Information zu befriedigen. Die Lage ist nicht selten so, dass dem in der Presse zu Unrecht Angegriffenen oder dem in seinem Anspruch auf Geheimhaltung Verletzten heute kein genügender Rechtsschutz zur Seite steht, weil die allfällige rechtliche Erledigung sich erst nach Jahr und Tag vollzieht, wenn niemand mehr an die Sache denkt. Die einzig richtige Abhilfe wäre der Zwang, kurz nach der verletzenden unrichtigen Veröffentlichung eine *Berichtigung* durch den Verletzten zu veröffentlichen, und zwar ohne dass die Zeitung einen hämischen Kommentar beifügen dürfte. Eine andere Möglichkeit wäre, dem in seiner Persönlichkeit Verletzten so hohe Beträge als Genugtuung zuzusprechen, dass selbst finanzkräftige Presseunternehmungen sich scheuen würden, das Risiko derartiger Zahlungsverpflichtungen einzugehen. Ansätze dazu lässt die deutsche Rechtsprechung erkennen. Die Praktiken der Boulevardpresse, schamlos ihren Lesern erfundene Geschichten, Interviews oder Berichte, welche im Lichte der Öffentlichkeit stehende Personen betreffen, zu verkaufen, führte EUGEN BUCHER zur Frage, ob die Verbreitung solcher Lügen nicht als widerrechtlicher Eingriff in die Persönlichkeit des Lesers angesehen werden kann.

Die Änderung der Stellung der Presse, die früher im Kampf gegen den Staat in der Regel als Verfechter der Ansprüche des einzelnen Bürgers auftrat, doch heute als eine den Einzelnen bedrückenden und sogar erdrückenden Macht erscheinen kann, deutet auf eine vom Recht noch nicht bewältigte soziale Wandlung, ähnlich wie die vom Staat dem Einzelnen gewährte Wirtschafts- und Vertragsfreiheit zum Zusammenschluss in Verbänden und anderen juristischen Formen von der Art der Kartelle führte, deren Macht für den einzelnen Bürger als Wirtschaftssubjekt heute in vielen Gebieten bedeutend gefährlicher ist als die Gewalt des Staates, nicht zu sprechen von dem Einzelnen als Konsumenten, der in diesen Fragen überall zu kurz kommt und die ganze Sache schliesslich berappen muss.

## II. DAS PRESSESTRAFRECHT, ART. 27

### *1. Die Begehung der Tat durch die Presse, Zif. 1*

Die Vorschriften über das besondere Pressestrafrecht können nur angewendet werden, wenn, wie Art. 27 Zif. 1 sagt, die Handlung durch das *Mittel der Druckerpresse* begangen wurde und sich in dem *Presseerzeugnis erschöpft*.

Die Anforderungen an die Herstellung durch die *Druckerpresse* sind nicht hoch. Damit ist keineswegs nur die mit besonderen Maschinen im organisierten Betriebe einer Buchdruckerei hergestellte Veröffentlichung gemeint. Sondern *Presseerzeugnis* ist jede Veröffentlichung, welche mechanisch so vervielfältigt wurde, dass eine unbeschränkte Zahl von Exemplaren leicht hergestellt werden kann, BGE *74* (1948) IV 130; so die Vervielfältigung durch eine auf der Schreibmaschine geschriebene Matrize, l.c., ferner ZBJV *82* (1946) 231, doch unter Heranziehen des überflüssigen Merkmales, es müssten mehrere mitgewirkt haben. Eine derart vervielfältigte Schrift ist jedoch dann kein Presseerzeugnis, wenn sie nur bestimmten Personen abgegeben wird, BGE 74 (1948) IV 131, ähnlich SJZ *1949* 26 Nr. 6. Unerheblich ist, ob die Veröffentlichung allgemeinen oder nur geschäftlichen Zwecken dient, weil Art. 27 Zif. 4 auch den Geschäftsanteil einer Zeitung dem Presserecht unterstellt, BGE 77 (1951) IV 193.

Die Widerhandlung muss sich im *Presseerzeugnis erschöpfen*. Deshalb liegt ein Pressedelikt nur vor, wenn die durch das Presseerzeugnis geäusserten Gedanken und deren Kenntnisnahme den Tatbestand der strafbaren Handlung erfüllen, ohne dass weitere Tatbestandsmerkmale dazu kommen müssen. Derartige Widerhandlungen sind insbesondere die Ehrverletzungen, Art. 173-177, unzüchtige Veröffentlichungen, Art. 204, die öffentliche Aufforderung zu Verbrechen, Art. 259, unlauterer Wettbewerb im Sinne von Art. 13 lit. a – d und h des BG über den unlauteren Wettbewerb vom 30. 9. 1943, BS *2* 951, abgeändert durch BG über den Abzahlungs- und Vorauszahlungsvertrag vom 23. 3. 1962, AS *1962* 1047, Zif. II Art. 2, SR 241. Hingegen ist der durch ein täuschendes Inserat begangene Betrug, Art. 148, kein Pressedelikt, weil er erst mit der durch den Irregeführten vorgenommenen Vermögensschädigung vollendet ist. Pressedelikte können mithin nur die sogenannten *Gedankenäusserungsdelikte* sein.

Art. 27 ist einzig auf inländische Presseerzeugnisse anwendbar, weil nur für die durch sie verübten Pressedelikte die in Art. 27 Zif. 1 bis 4 vorgesehene besondere Verantwortlichkeit einspringen kann. Dass diese Auslegung zutrifft, wird erhärtet durch die in Art. 27 Zif. 3 Abs. 1 aufgestellte Regel, welche die presserechtliche Verantwortlichkeit vorsieht, wenn der Verfasser eines Zeitungs- oder Zeitschriftenartikels «in der Schweiz nicht vor Gericht gestellt werden kann», was gerade für die Urheber der Pressedelikte, begangen in ausländischen Druckerzeugnissen, zutrifft.

## 2. *Die presserechtliche Verantwortlichkeit, Zif. 1-4*

Strafrechtlich verantwortlich ist üblicherweise der Urheber einer strafbaren Handlung, sowie derjenige, welcher an der Tat in strafrechtlich erheblicher Weise mitwirkte. Stets ist schuldhaftes Verhalten vorausgesetzt. Das Pressestrafrecht kennt eine *besondere strafrechtliche Verantwortlichkeit*, welche Bestrafung selbst dann ermöglicht, wenn der Urheber der Pressewiderhandlung nicht ermittelt werden kann. Wen die Strafe in einem solchen Fall trifft, bestimmt sich nach einer gesetzlich geregelten Reihenfolge, welche als die zuerst vom belgischen Recht 1831 ausgebildete «responsabilité par cascade» bekannt ist. Das Strafgesetzbuch ordnet die Art und Reihenfolge der strafbaren Personen im Sinne der *Kaskadenhaftung* für die einzelnen Arten von Presseerzeugnissen verschieden.

Art. 27 Zif. 1 stellt den *Grundsatz* der alleinigen *Verantwortlichkeit des Verfassers*, dazu BGE *78* (1952) IV 219, *82* (1956) IV 73, *97* (1971) IV 158, E. 3 c, an die Spitze. *Verfasser* ist, wer die Einsendung entwirft und ihr die äussere Form zum Veröffentlichen gibt, aber auch, wer dies durch Dritte tun lässt und den Artikel als eigene Meinungsäusserung der Presse zustellt oder sich als Verfasser ausgibt. Voraussetzung der presserechtlichen Verantwortung des Verfassers ist, dass er dem Verletzten bekannt ist. Dies ist nur dann der Fall, wenn der Verletzte sicher weiss, wer Verfasser ist, z. B. weil der Artikel gezeichnet ist, BGE *97* (1971) IV 158, E. 3 c, oder weil der Verletzte Beweismittel besitzt; ein blosser Verdacht genügt nicht, BGE *74* (1948) IV 75, *76* (1950) IV 6, 68.

Kann der dem Verletzten *unbekannte Verfasser nicht ermittelt* werden, weil die Nachforschungen bei der Redaktion, dem Drucker oder dem Verlag ergebnislos geblieben sind, oder hatte die Veröffentlichung ohne das Wissen gegen den Willen des Verfassers stattgefunden, so sind *an dessen Stelle* strafrechtlich *verantwortlich:*

Gemäss Zif. 2 bei *nicht periodischen Druckschriften* der Verleger, wenn er fehlt, der Drucker; gemäss Zif. 3 Abs. 1 bei einem in einer *Zeitung* oder *Zeitschrift* erschienenen Artikel der verantwortlich zeichnende Redaktor, welcher auch belangt werden kann, wenn der Verfasser in der Schweiz nicht vor Gericht gestellt werden kann;

gemäss Zif. 4 bei einem in einem *Anzeigenblatt* oder im *Anzeigenteil* einer Zeitung oder Zeitschrift erschienenen Inserat, wer für die Anzeigen verantwortlich bezeichnet wurde; wenn dies unterblieb, der Verleger oder Drucker. Mit der für die Anzeigen verantwortlichen Person haftet der Verleger für die Busse!

Diese Regelung wird ergänzt durch Art. 322, welcher unter Straffolge die Nennung von Verleger, Drucker oder verantwortlichem Redaktor für die einzelnen Arten der Presseerzeugnisse gebietet.

Worauf beruht die besondere presserechtliche Verantwortlichkeit? In einzelnen Fällen erscheint sie begründet, weil der presserechtlich Verantwortliche die ehrverletzende oder sonst strafbare Natur der veröffentlichten Äusserung erkennen konnte und durch deren Veröffentlichung wie ein Miturheber handelte. Allein häufig wird er, insbesondere wenn es um Ehrverletzungen geht, höchstens erkennen können, dass eine solche Tat in Frage kommt, doch infolge der in der Veröffentlichung gegebenen Begründung sie für wirklich geschehen oder den erhobenen Vorwurf für zutreffend ansehen. In nicht wenigen Fällen, so wenn grössere Zeitungen in Frage stehen, könnte nur eine Verantwortlichkeit wegen mangelnder Aufmerksamkeit und Überprüfung begründet sein, mithin auf Grund einer Fahrlässigkeit, während die Pressedelikte einzig bei vorsätzlicher Begehung strafbar sind. Nicht selten wird jeder Grund, dem presserechtlich Verantwortlichen eine Schuld vorzuwerfen, fehlen. Deshalb lässt sich diese Verantwortung nicht als Verantwortung für eigene Schuld begründen, sondern sie ist eine *stellvertretende Verantwortung,* um dem Verletzten mit der Möglichkeit der Bestrafung Genugtuung zu verschaffen. Der für den Verfasser presserechtlich Verantwortliche hat *für fremde Schuld einzustehen;* das Pressestrafrecht schafft eine *Ausnahme* von dem das Strafgesetzbuch beherrschenden *Schuldprinzip.*

Insoweit die presserechtliche Verantwortlichkeit gilt, sind die *gewöhnlichen Regeln* über die *Teilnahme ausgeschlossen.* Übernimmt der Verfasser die presserechtliche Verantwortlichkeit gemäss Zif. 1 selber, so können weder der Redaktor noch der Verleger oder der Drucker als Teilnehmer an der durch die Veröffentlichung ausgeführten Straftat bestraft werden, BGE 73 (1947) IV 67. Eine strafbare Teilnahme dieser oder anderer Personen besteht nur dann, wenn ihr Verhalten über die unbedingt erforderliche pressemässige Mitwirkung hinausging, z.B. durch Anstiftung des Verfassers oder Gehilfenschaft bei der Abfassung des Artikels, BGE 73 (1947) IV 67, 86 (1960) IV 147. So war Gehilfe zu einem Pressedelikt, wer eine Fastnachtzeitung mit ehrverletzendem Inhalt austrug und zudem ausdrücklich auf diesen Inhalt hinwies, RStrS *1959* 183. Das Vertragen allein wäre als Veröffentlichen ein pressemässiges Mitwirken gewesen, Botschaft des Bundesrates an die Bundesversammlung zu einem Gesetzesentwurf, enthaltend das schweizerische Strafgesetzbuch vom 23.7.1918, 11.

Die presserechtliche Sonderregelung berührt auch die Stellung des Verletzten hinsichtlich der *Antragsfrist.* Kennt er den Verfasser nicht und nennt der Redaktor, Verleger, Herausgeber oder Drucker ihn ihm nicht, so läuft die Frist, den Strafantrag gegen den Redaktor oder Verleger zu stellen, erst vom Tage, an dem dem Verletzten die Weigerung, den Verfasser zu nennen, bekannt wird, BGE 76 (1950) IV 6. Die spätere Ermittlung des Verfassers schliesst die Verurteilung des bereits in Untersuchung gezogenen Redaktors nicht aus, BGE 76 (1950) IV 9. Andererseits ist es zulässig, schon vor dem genannten Zeitpunkt gegen den Redaktor Strafantrag zu stellen, selbst wenn im Antrag erklärt wird, die Verfolgung des Redaktors werde nur verlangt für den Fall, dass der Verfasser nicht ermittelt werden kann. Die Beifügung ist keine

Bedingung des Antrages, sondern entspricht der gesetzlichen Regelung, BGE *80* (1954) IV 145.

### 3. Die Vollendung der Pressedelikte

Aus der wiederholten Verwendung des Begriffes «Veröffentlichen» und «Erscheinen» in Art. 27 ist zu schliessen, dass die Pressedelikte einen besonderen Zeitpunkt der Vollendung kennen, den der *Veröffentlichung*. Damit ist gemeint der Zeitpunkt, in welchem das Presseerzeugnis der Post übergeben wird, oder der Beginn einer anderen Art der Zustellung, wie das Austragen, ZBJV *82* (1946) 231.

### 4. Der Ausschluss prozessualer Zwangsmassnahmen, *Zif. 3 Abs. 2 und Zif. 6*

Hinsichtlich der Zeitungen und Zeitschriften, also nur der *periodisch erscheinenden Presseerzeugnisse*, bestimmt Zif. 3 Abs. 2, dass der Redaktor nicht verpflichtet ist, den Namen des Verfassers zu nennen, und dass weder gegen ihn noch gegen den Drucker und sein Personal, den Herausgeber oder Verleger, prozessuale Zwangsmittel angewendet werden dürfen. Unzulässig sind eine Haussuchung, Telephon- oder Briefkontrolle, Verpflichtung zur Aussage als Zeuge oder gar Beugehaft wegen Verweigerung der Aussage. Die kantonalen Strafprozessordnungen pflegen in entsprechender Weise ein Recht der Presseleute, die Aussage als Zeugen zu verweigern, vorzusehen, bern. StrV Art. 141 Zif. 6, anders allerdings der Bundesstrafprozess, dazu BGE *83* (1957) IV 61. Das Recht, das Zeugnis zu verweigern, führt folgerichtig dazu, dass eine Durchsuchung des Zeugen oder eine Verpflichtung, Dokumente oder andere Beweismittel herauszugeben, ebenfalls ausgeschlossen ist, wenn durch diese Massnahmen der unbekannte Verfasser ermittelt werden soll.

Damit die Sonderregelung, welche das Redaktionsgeheimnis begründet und sichert, wirksam wird, ist sie *auszudehnen* einmal auf das Personal des Redaktors, Herausgebers oder Verlegers, ferner auf die Ermittlung der Personen, welche dem inner- oder ausserhalb der Redaktion stehenden Verfasser als Informanten dienten. Die gesetzliche Regelung bliebe unwirksam, wenn zwar der verantwortliche Redaktor den geheimgebliebenen Verfasser nicht preisgeben müsste, wenn jedoch seine Sekretärin verpflichtet wäre, als Zeuge die entsprechenden Auskünfte zu erteilen. Endlich soll sie hindern, jemanden, welcher der Tat nur verdächtig ist, als Verfasser zu überführen.

Wird die Beschränkung der gerichtlichen Nachforschungen berücksichtigt, so erhält die in Zif. 3 Abs. 1 umschriebene Voraussetzung presserechtlicher

Verantwortlichkeit des Redaktors, dass der Verfasser nicht ermittelt werden kann, erst ihre volle Bedeutung.

Zif. 6 schliesst die Beschränkung der prozessualen Eingriffe aus, wenn es sich um die Verfolgung einer Reihe einzeln aufgeführter Staatsdelikte handelt, wie sie in dem in BGE *83* (1957) IV 61 beurteilten Fall in Frage standen, weshalb allein mit der Berufung auf Art. 27 Zif. 6 die Beschwerde abgewiesen werden musste.

Die hier beschriebene Sicherung des Redaktionsgeheimnisses gilt, dies ist zu betonen, einzig, wenn es sich um die Verfolgung von Pressedelikten, begangen durch periodisch erscheinende Druckschriften, handelt. Sie spielt nicht, wenn es um andere Straftaten geht, selbst wenn Beziehungen zur Presse bestehen. So kann sich der Pressemann nicht auf das Redaktionsgeheimnis und die daraus folgenden Rechte berufen, wenn er von einer von einem Dritten begangenen strafbaren Handlung erfährt. Die Anonymität wird der Presse nur in den Fällen gewährt, in denen sie durch das Pressestrafrecht selber einen Verantwortlichen stellt. Diese Voraussetzung trifft einzig auf die Pressedelikte zu, nicht aber auf andere Straftaten, von denen und deren Urhebern der Journalist zufälligerweise oder auf Grund beruflicher Beziehungen erfährt. Deshalb ist das immer wieder von Journalisten beanspruchte Recht, in einem Strafverfahren stets die Aussage verweigern zu dürfen, entschieden abzulehnen.

*5. Das Recht zur Berichterstattung, Zif. 5*

Mit der Aufgabe der Presse als Informationsquelle der Öffentlichkeit und als Mittel, die öffentliche Meinung zu bilden, hängt zusammen, dass Zif. 5 die wahrheitsgetreue Berichterstattung über die öffentlichen Verhandlungen einer Behörde als straflos erklärt. Dies ist ein besonderer Rechtfertigungsgrund. Als Behörden gelten nicht nur die gesetzgebenden, sondern auch die gerichtlichen, selbstverständlich nicht nur die des Bundes, sondern auch die der Kantone und Gemeinden.

Zif. 5 entspricht einem allgemeinen Rechtsgrundsatz, weshalb diese Regel durch die im Gang befindliche Revision des Militärstrafgesetzbuches in das Militärstrafrecht eingeführt werden soll, Botschaft vom 15.5.1974, BBl 1974 I 1457, Art. 26[a].

# ABKÜRZUNGSVERZEICHNIS

Weitere Abkürzungen siehe S. 70/71

| | |
|---|---|
| Abänderungsgesetz | BG vom 18.3.1971 betreffend Änderung des Schweizerisch Strafgesetzbuches, AS *1971* 777 |
| Abs. | Absatz |
| AE | Alternativ-Entwurf eines Strafgesetzbuches Allgemeiner Teil, 2. Aufl., Tübingen 1969 |
| AGVE | Aargauische Gerichts- und Verwaltungsentscheide, zitiert nach Jahrgang, Seite und Nummer |
| AHVG | BG vom 20.12.1946 über die Alters- und Hinterlassenenversicherung, vielfach revidiert, SR 831.10 |
| al. | alinea |
| allg. | allgemein |
| a.M. | anderer Meinung |
| Art. | Artikel; ohne nähere Bezeichnung des Schweizerischen Strafgesetzbuches |
| art. | article, articolo |
| AS | Sammlung der eidgenössischen Gesetze, zitiert nach Jahrgang und Seite |
| Aufl. | Auflage |
| AuslG | BG vom 22.1.1892 betreffend die Auslieferung gegenüber dem Auslande, SR 353.0 |
| Bambergensis | Bambergische Halsgerichtsordnung von 1507 |
| BB | Bundesbeschluss |
| BBl | Bundesblatt, zitiert nach Jahrgang, Band und Seite |
| bern. | bernisch |
| BG | Bundesgesetz |
| BGE | Bundesgerichtsentscheid, zitiert nach Entscheidungen des Schweizerischen Bundesgerichtes, Amtliche Sammlung, mit Band, Jahrgang, Abteilung, Seite. |
| BRB | Bundesratsbeschluss |
| BS | Bereinigte Sammlung der Bundesgesetze und Verordnungen 1848–1947, Bern 1949–1955, zitiert nach Band und Seite |
| BStrP | BG vom 15.6.1934 über die Bundesstrafrechtspflege, SR 312.0 |
| BV | Bundesverfassung der Schweizerischen Eidgenossenschaft vom 29.5.1874, SR 101 |
| Carolina | Peinliche Gerichtsordnung Kaiser Karl V. von 1532 |
| CP | Code pénal, Codice penale |
| D | Digesten |
| E. | Erwägung |
| ed. | edition, edizione |
| éd. | édition |
| franz. | französisch |
| gem. | gemäss |

| | |
|---|---|
| GVP | St. Gallische Gerichts- und Verwaltungspraxis, zitiert nach Jahrgang, Seite und Nummer |
| i.e.S. | im eigentlichen Sinn |
| i.f. | in fine (am Ende) |
| ital. | italienisch |
| jurist. | juristisch |
| JVG | BG vom 10.6.1925 über Jagd und Vogelschutz, SR 922.0 |
| JZ | Juristenzeitung, Tübingen, zitiert nach Jahrgang und Seite |
| Kap. | Kapitel |
| Komm. | Kommentar |
| Kriminalistik | Zeitschrift für die gesamte kriminalistische Wissenschaft und Praxis, Hamburg, zitiert nach Jahrgang und Seite |
| l.c. | loco citato (an der angegebenen Stelle) |
| MilStrGB | Militärstrafgesetz vom 13.6.1927, SR 321.0 |
| MilStrGO | Militärstrafgerichtsordnung vom 28.6.1889, SR 322.1 |
| m.p. | man probiert! |
| N. | Nummer |
| OG | BG vom 16.12.1943 über die Organisation der Bundesrechtspflege, SR 173.110 |
| op.cit. | opere citato (im angegebenen Werk) |
| OR | BG vom 30.3.1911 betreffend die Ergänzung des Schweizerischen Zivilgesetzbuches (Fünfter Teil: Obligationenrecht), SR 220 |
| PKG | Die Praxis des Kantonsgerichtes von Graubünden, zitiert nach Jahrgang, Seite, Nummer |
| Pra | Praxis des Bundesgerichtes, zitiert nach Band, Jahrgang, Seite, Nummer |
| Rep. | Repertorio di giurisprudenza patria, zitiert nach Jahrgang und Seite |
| RGStr | Entscheide des Reichsgerichtes in Strafsachen, zitiert nach Band und Seite |
| RStrS | Rechtsprechung in Strafsachen, Bern, zitiert nach Jahrgang und Nummer des Urteils |
| S. | Seite |
| SchKG | BG vom 11.4.1889 über Schuldbetreibung und Konkurs, SR 281.1 |
| SJZ | Schweizerische Juristenzeitung, zitiert nach Jahrgang Seite und Nummer des Urteils |
| SR | Systematische Sammlung des Bundesrechts, im Erscheinen |
| StrafregisterVO | Verordnung vom 21.12.1973 über das Strafregister, AS *1974* 57, SR 331 |
| StrGB | Strafgesetzbuch, ohne nähere Bezeichnung Schweizerisches Strafgesetzbuch vom 21.12.1937, SR 311.0 |
| StrRG | Gesetz zur Reform des Strafrechts |
| StrV | Strafverfahren |
| SVG | BG vom 19.12.1958 über den Strassenverkehr, SR 741.01 |
| UWG | BG vom 30.9.1943/23.3.1962 über den unlauteren Wettbewerb, BS *2* 951, AS *1962* 1047, SR 241 |
| VO | Verordnung |

| | |
|---|---|
| Vorbem. | Vorbemerkung |
| VStGB 1 | Verordnung (I) zum Schweizerischen Strafgesetzbuch vom 13.11.1973, AS *1973* 1841, SR 311.01 |
| VStrR | BG vom 22.3.1974 über das Verwaltungsstrafrecht (VStrR), BBl *1974* I 727, SR 313.0 |
| ZBJV | Zeitschrift des bernischen Juristenvereins, zitiert nach Band, Jahrgang, Seite |
| ZG | BG vom 1.10.1925 über das Zollwesen, SR 631.0 |
| ZGB | Schweizerisches Zivilgesetzbuch vom 10.12.1907, SR 210 |
| Zif. | Ziffer |
| ZPO | Zivilprozessordnung |
| ZR | Blätter für zürcherische Rechtsprechung, zitiert nach Jahrgang, Seite, Nummer des Urteils |
| ZSR | Zeitschrift für schweizerisches Recht, zitiert nach Jahrgang, Band, Seite |
| ZStrW | Zeitschrift für die gesamte Strafrechtswissenschaft, zitiert nach Band, Jahrgang, Seite |

# SACHREGISTER
(Zahlen bedeuten Seiten, fettgedruckte Zahlen Hauptstellen)

Aberglauben 232
Abolition 211
Abschreckung 39, 46
Absicht 113, 116, 122, **138/139**, 154, 196, 238, 255
– unrechtmässiger Bereicherung 49, 122, **128**, 139, 154, 194, 223, 238
– sdelikte 114
Abstrakte Methode milderes Recht **85**, 93
– – Strafdrohung **103/104**, 205
Abtreibung 62, 123, 226, 231, 232, 233
aberratio ictus 200
actio libera in causa **132/133**, 190, 192
Adhäsionsprozess 69
Affekt 131, **137**, 188, 189, 191
agent provocateur 248
Akzessorietät der Teilnahme 235, **243/244**
– – – limitierte 216, **244**
– – – logische 244
– – – tatsächliche **244**, 247, 253
– – – der Strafdrohung **244**, 253, 254
Allgemeiner Teil des Strafgesetzes 50, **51**, 61, 62, 73, 74, 75, 78, 103, 108, 112, 253
Alter 129, 132
Alternativ-Entwurf 75, 152
Alternativität 112
Amnestie 211
Amtsdelikt 85, 98, **114/115**, 120
– handlung 169
– pflicht 167, **169**
– unfähigkeit 211
Analogie 48, **81**, 82, 83, 181
Angelsächsisches Recht 55, **78/79**, 128, 133, 144, 147
Angriff 170, **171/172**, 173, 175, 197
– sobjekt 105
animus auctoris 240
Anklagekammer 69
Anknüpfungspunkt 91
Annehmen müssen 153

Anrechnungsprinzip **93**, 95
Anschuldigung falsche 158
Anstalt 35, 36, 37, 45, 62, 186
– sreglement 35
Anstiftung 113, 159, 242, 243, **245–249**, 251, 252, 253, 254, 260
– sexzess 247/248
Antrag 86, 102, 114, 115, 120, 138, 155, **156–161**, 178, 203, 223, 260, 261
– sdelikte 115
– – absolute **157**, 159, 160
– – relative 156, **157**
– sfrist 157/158, 260
Anwalt siehe Fürsprech
Arbeit gemeinnützige 28
– geber 242
– sleistung 28
– sscheu 31, 154
Arzt 30, 107, 118, 123, 133, 149, 167, 169, **176**, 189, 190, 201, 226, 232
Atomenergie 145
Aufforderung zu Verbrechen 248
Auftrag 169
– geber 242
Ausführen der Tat 84, **90**, 91, 105, 107, 109, 200, 205, 206, 220, 221, 224, 227, 229, 230, 237, 238, 239, 241, 245, 249
Ausland 89, 92, 106, 206, 254
Ausländische Strafe **93**, 95
– Strafverfolgung 89, 90, **92/93**, 95
– r Tatort 90
– s Presseerzeugnis 258
– s Recht 89, 90
Auslegung 74, **79–83**, 105, 106, 112, 163, 169, 258
– ausdehnende 82
– des Strafrechts 82/83
– günstigere 82
– smethode 79/80
– sziel 79
Auslieferung 56, 57, 89, 90, 92, **94**, 95, 96

266

Aussagepsychologie 37
Aussenerfolg 99

Bambergensis 220
Bande 110, 242
Beamter 26, 85, 114, 136, 169, 192, 230, 236, 252
Bedingte Entlassung 47, 52, 87, 88, 208
– r Strafvollzug 28, 32, 44, 47, 59, 61, 84, 85, 87, 210, 211
– r Vorsatz 142, 226
Bedingungstheorie 107
Beendung 114, 250
Begegnungsdelikte 243
Begehungsdelikt 107/108, 215, 217
– ort 88, 90, 92, 108, 159, 254
Begnadigung 203, 209–211, 212
Begünstigung 108, 159, 242
Begutachtung 133, 186
Behandlung 37
Behörde 31, 35, 36, 50, 58, 81, 90, 159, 161, 171, 189, 208, 209, 210, 262
Beidseitige Strafbarkeit 93, 95, 96, 254
Belohnung 26, 212
Berichterstattung 262
Berichtigung 257
Berufsgeheimnis 167
– pflicht 167, 169/170
– verbot 211
Beschimpfung 81, 173
Beschwerde 64
Besonderer Teil des Strafgesetzes 50, 51, 61, 63, 73, 74, 78, 102, 113, 116, 153, 253
Besserung 32, 39, 40, 41, 42, 45, 47
Bestechen 136
Bestimmungsfähigkeit 126, 185, 187, 188, 190, 191
– norm 51
Betäubungsmittel 54, 73, 96
Beteiligte 159, 160
Betriebsstörung 168
– strafrecht 30
Betrug 67, 112, 132, 179, 227, 228, 229, 243, 248, 258
Beugehaft 29, 261

Bevorzugung eines Gläubigers 243
Beweggrund siehe Motiv
Beweis 106, 141, 158, 198, 207, 259
– last 181
– würdigung 190
– – freie 69
Bewertungsnorm 51
Bewusstsein 130, 131, 132, 134, 135, 136, 137, 165, 217
– sbeeinträchtigung 191
– sstörung 188
– der Rechtswidrigkeit 134, 136–138, 145, 196, 198, 216, 217
Billigkeit 210
Blankettstrafdrohung 52, 85
Blutschande 115
Botschaft vom 23.7.1918 60
– – 20.6.1949 61
– – 1.3.1965 61
Brandstiftung 139, 180
Bundesanwalt 69
– assisen 209
– behörden 262
– beiträge 62
– gericht 53, 65, 111, 137, 139, 141, 154, 156, 160, 161, 198, 199, 206, 208, 224, 225, 231, 252, 253
– rat 54, 60, 65, 69, 97, 209, 211
– recht 67, 86, 158, 167, 168, 169, 184
– republik Deutschland 55, 74/75, 166, 170
– staat 58, 78
– strafgericht 209
– strafrecht 58, 137
– – spflege 65
– verfassung 56/57, 58, 59, 62, 217
– versammlung 97, 198, 209, 211
Bürge 101
Busse 29, 31, 49, 66, 67, 95, 101, 103, 128, 134, 208, 209, 212 siehe auch Geldstrafe

Carolina 220
Charakter 45, 186
Common law 51, 78
culpa dolo determinata 152

267

Dauerdelikt 110, 206
défense sociale 40
délit manqué 229
Deutschland 58
 siehe auch Bundesrepublik Deutschland
Diebstahl 30, 49, 52, 66, 85, 105, 112, 122, 125, 135, 139, 143, 165, 179, 189, 194, 195, 196, 205, 211, 218, 219, 231, 237, 248, 250
Dienstherr 149
– verweigerer 28
Distanzdelikt 90
Disziplinarstrafe 26, **30**, 248
Doktrin 50, **71**, 85, 108, 111, 132, 140, 141, 193, 235, 237
dolus alternativus 142
– eventualis siehe Eventualvorsatz
– generalis **143**, 144
– indeterminatus 142/143
– indirectus **144**, 152
– praeterintentionalis **144**, 152
– subsequens 143
– superveniens **143/144**
Dreisprachigkeit 80
Drohung 161, 201, 245
Dualistisch-vikariierendes System 59
Drucker 259, 260, 261
– presse 257
Druckschriften siehe Presseerzeugnis
Dunkelziffer 36

Ehre 27, 66, 103, 171, 179
Ehrenstrafe 61
Ehrverletzung 155, 158, 167, 168, 169, 170, 181, 184, 189, 207, 255, 256, 258, 259
Eigenhändige Delikte **115**, 236, 239, 242, 252
Eigentum 85, **168**, 192
– svorbehalt 231
Eindruckstheorie 222
Einführungsgesetze 60
Einsichtsfähigkeit **130**, 185, 187, 189, 190
Einstellung in der bürgerlichen Ehrenfähigkeit 61

Einverständnis 179
Einwilligung des Verletzten 160, 176, **177–179**, 183, 195
– – – mutmassliche 180
– in besondere Gefahr 182/183
– stheorie **140**, 141
Einzeltatschuld 125
Einziehen des unrechtmässigen Vermögensvorteils 101
Elterliche Gewalt 29, 250
– – Entzug 211
Entlastungsbeweis 168, 181
Entscheid Ausfertigung 69
– Begründen 69
– Eröffnen 69
– Mitteilungspflicht 69
Entscheidungsnorm 79
Entschluss, auch Tatentschluss 135, 225, 240, 241, 245, 248
Entwendung 211
Erfolg 84, **90**, **105/106**, 108, 109, 127, 140, 143, 144, 150, 151, 152, 200, 205, 220, 229, 241, 254
– sdelikte **105–107**, 135, 205, 229, 246, 251
– sstrafrecht 127
– stheorie 90
Erlaubnis gesetzliche 165
– satz 162, 165, 167, 168
Erledigungsprinzip 93, **95**
Ermessen 81, 199
Erpressung 112, 119, 142
Erscheinungsformen des Verbrechens besondere 217
Erstdelinquent 226
Erziehung 43, 129, 250
– sstrafe 29
Ethik 23, 26, 44, 125, 137
 siehe auch Sozialethik
Europarat 56, 73
Eventualabsicht 141
– vorsatz **139–142**, 144, 146, 153, 182, 200, 217, 250
Expertenkommission erste 59
– neue 62/63
– 1954–1958 61, 195, 200, 239, 252/253
– zweite 60

Fahrlässigkeit 68, 102, 104, 107, 109,
114, 116, 117, 121, 124, 126, 133,
134, **144–152**, 153, 155, 171, 172,
182, 185, 192, 195, 196, 200, 205,
215, 216, 223, 236, 238, 242, 260
- Begriff 145/146
- bewusste 141, **146/147**, 153, 217
- Gegenstand 143
- leichte 147
- unbewusste 146, **147**
Familie 63
- ngenosse 159
Fehlgeschlagenes Delikt 229
Feldfrevel 66
Finale Handlungslehre siehe Handlungslehre
Fiskalische Bundesgesetze 101, 209
- Delikte 94
Flaggenprinzip 89, **91, 96**
Forderung 53
Formaldelikte 128
Fortgesetztes Delikt 110
Frankreich 55, 58, 76, 166
Freiheit menschliche 23, **126**, 127, 131
- Rechtsgut 44, 66, 82, 163, 171, 179
- sberaubung 110, 165, 167, 169, 183
- sentziehung 33, 38, 45
- sstrafe 31, 33, 52, 61, 95, 100, 208
Freispruch 95, 163, 177, 190, 197, 199, 206, 208
- zügigkeit 58
Fremdrechtsprinzip **93**, 95
Friedensbürgschaft 225
- ordnung 24, 31, 43
Frist 31, 79, 157/158, 210
siehe auch Antragsfrist
Fundunterschlagung 113, 194, 196
Fürsorgemassnahmen 29
Fürsprech 30, 157, 161, **169**, 197

Garantenstellung 108, 118, 150, 194
Garantietatbestand 116
Gebiet 91
- staatenloses 90
- shoheit 89
Gebot 24, 108, 118, 119, 129, 181, 193, 196

Gebrauchsdiebstahl 67
Gedankenäusserungsdelikt 258
Gefahr **104/105**, 118, 147, 149, 166, 175, 176, 177, 184, 200
- besondere 182/183
- erhöhte 176
Gefährdung **104**, 113, 122, 127, 141, 145, 148, 161, 171, 180, 183, 215, 216, 220, 222, 223, 246
- wissentliche 141, 152
- sdelikt **104/105**, 106, 113, 134, 145, 148, 151, 152, 222
- - abstraktes **104**, 106, 223
- - konkretes **104/105**, 144, 223
- stheorie objektive 221
- svorsatz 144
Gefängniskunde 36
- strafe 48, 61, 66, 103, 211
Geheimbereich 62, 155, 179, 256
Gehilfenschaft 104, 159, 238, 241, 242, 243, 245, **249–252**, 253, 260
- sexzess 251
Geistige Entwicklung 191
- Gesundheit 191
Geisteskrankheit 32, 186, 187, **188**, 191, 201
Geldfälschen 86, 112, 139, 194
- strafe 44
siehe auch Busse
Gelegenheitsverbrecher 40
siehe auch Situationsverbrecher
Geltungsbereich 83
- persönlicher **97/98**
- räumlicher 55, 73, **88–96**, 106
- zeitlicher **83–88**, 205
Gemeinde 169, 262
Gemeine Delikte 114
Gemeingefährliche Delikte 180
Generalprävention **39**, 40, 41, 45, 129
Genfer Abkommen 54/55
Genocid 56
Genugtuung 257
Gerechtigkeit 24, 31, 34, 43, 44, 220, 222
Gerichtsbarkeit 56, **90**
- hoheit **89/90**, 91
- stand 68, 69, 87, **90**, 106

269

Geschäftsführung ohne Auftrag 169,
    **180/181**
- herr 101
Gesetz 47, 48, 49, 50, 53, 81, 83, 88, 92,
    93, 97, 104, 109, 118, **167**, 206, 226,
    235, 243
- formelles 48
- geber 35, 46, 48, 53, 58, 73, 79, 81,
    82, 83, 89, 154, 170, 217
- gebungshoheit 54, 88, 89
- materielles **48**, 84
Gesetzesänderung 88, 205
- konkurrenz unechte **111**, 112, 120
- technik 51
Gesetzlich erlaubtes Handeln 167, **168**,
    181
- gebotenes Handeln **167/168**
Gesinnung 116, 127, 138, 154, 216, 238,
    253
- smerkmale **154/155**, 223
- sstrafrecht 223
Gesundheit siehe körperliche Integrität
Gewalt 25, 122, 172, **201**
- täter 63
Gewerbsmässigkeit 110, 154, 253
Gewinnsucht 154, 223, 238
Gewohnheitsmässigkeit 110
- recht 48, 49, **53**, 169, 183, **184**
- verbrecher 40
    siehe auch Zustandsverbrecher
Grossbritannien 49, **78**, 255
Grundtatbestand 104, 112
Güterabwägung 123, 163, 164, 184, 201

Haft 28, 66, 67, 103, 128, 134
Handeln für einen anderen 62
Handelsgesellschaften 236
Handlung 99
- strafbare 33, 35, 211, 219
- sbegriff finaler 214
- - kausaler 214
- seinheit 109, 110, 111
- sfähigkeit 157
- slehre finale 117, **213–215**, 216
- smehrheit 104/105
- sobjekt 86, **105**, 106, 200, 230, 231,
    232

- sunwert 122
- stheorie 90
- sziel 130, 135, 139, 214
Hauptstrafe 207
- tat **243**, 244, 245, 246, 247, 250, 251,
    253, 254
- täter 156, 159, 242, 247, 249, 250,
    253
Hausfriedensbruch 165, 181, 184
- suchung 261
Hehlerei 143, 156, 159, 242, 250
Heimatstaat 92
Helvetik 57
Herausgeber 260, 261
Höchststrafe 52
Hochverrat 58

Idealkonkurrenz 110, 143, 152, 200
- unechte 112
Immunität diplomatische 56, **97/98**
- parlamentarische **97**, 203, 206
Indemnität 97
Individualethik 41
- schutzprinzip siehe Personalität passive
Informanten 261
Initialdelikt 186
Internationale kriminalistische Vereinigung 58
- r Gerichtshof 56
- s Strafrecht 88
Irrtum 62, 137, 143, 166, 171, 172, 185,
    **192–200**, 238
Italien **76**, 91, 166
ius puniendi 34

Jugendrecht 28, 59, 61, 68, 94, 129, 205
Juristische Person siehe Person juristische
Justiz- und Polizeidepartement 62, 63

Kantonale Gerichte 53, 68/69, 86, 98
- s Recht 35, 56, 57, 58, 60, **66/67**, 68,
    70, 88, 97, 98, 161, 167, 169, 206,
    208, 209, 262
Kantonsregierung 210
Kartellabreden 29, 257

Kaskadenhaftung 259
Kausalität 50, **106/107**, 108, 131, 135, 143, 230, 241, 249
– adäquate **107**, 152
– konkurrierende 106
– kumulative 106
– natürliche 106, **107**
– überholende 106
– Unterbrechung 107
– Unterlassungsdelikte 108/109
Kind 22, 29, 129, 142, 171
– stötung 254
Kollektivdelikt 109/110
Kommentare 72, 75, 76, 77
Kommissivdelikt 108
Konkrete Methode milderes Recht 85
Konkurseröffnung 102, 138, 155
Konsumtion 112
Kontinentales Recht 52, 133, 134, 144
Kontumatialverfahren 95, 96
Konventionalstrafe 26, **28**
Konvergenzdelikte 243
Körperliche Integrität 27, 30, 63, 103, 118, 119, 122, 145, 166, 171, 176, 178, 200
Körperverletzung 26, 107, 110, 113, 121, 127, 144, 149, 152, 165, 172, 178, 182, 196, 239
Korruptionstheorie 246
Kriegsbrauch 55
– verbrecher 56
Kriminalanthropologie 37
– biologie 37
– phänomenologie 36
– politik **35**, 44, 47, 211
– recht 32, 33
– soziologie 37
Kriminalistik 37
Kriminalität 25
Kriminologie 35, **36**, 45
Kuppelei 154

Landesrecht, 54, 73, 88
– verrat 58
Leben 24, 27, 38, 63, 103, 105, 119, 122, 145, 166, 171, 172, 176, **178**, 184, 200, 201

Leben (Fortsetzung)
– sführungsschuld 125
– sgefährdung 118, 154
Legalitätsprinzip 46, **48–50**, 52, 57, 82, 83, 84, 87, 108, 116, 121, 127, 164, 186, 206, 207, 212, 245
– prozessuales 50
Lehrbücher 71, 75, 76, 77, 78, 79
Lehre siehe Doktrin
Leib siehe körperliche Integrität
Leichter Fall 104
Leichtfertigkeit 134
lex mitior siehe milderes Recht
List 122
Lücken des Gesetzes 81/82
Luftfahrzeug 89, 96
– piraterie 63, 73

Magna Charta 49
mala in se 31
– quia prohibitum 31
Mangel an Tatbestand 233
Marginale 66, 193, 229
Massnahmen sichernde 26, **31/32**, 33, 43, 45, 47, 49, 50, 59, 61, 67, 83, 85, 87, 100, 133, 189, 190, 192, 211, 212
– – Vollzug 33, 47, 50, 206, 208
– des Prozessrechts 29
– – Verwaltungsrechts 30
– – Zivilrechts 29/30
Materialien 80
Menschenrechte 49, 54, 73, 25
Milderes Recht **84–86**, 89, 93, 96, 205
Militärische Delikte 94
Militärpersonen 26, 29, 51, 176
– strafrecht 51, 60, **65**, 70, 95, **97**, 180, 256, 262
Mindestmass der Strafe 52, 210
Mitbewusstsein 136
Mittäter 91, 107, 113, 235, 236, **239–242**, 248, 250, 252
Mittelbare Täterschaft 236, **237–239**, 245, 246
Mitwirkung 128, 217, **234–254**
– des Verletzten 179
Monographien 72

Mord 241
Motive 99, 109, 116, 126, 131, 139, 154, 178, 185, 195, 228, 231, 248

Nachtat straflose 113
Nachtlärm 184
Nationalrat 61, 97
Nebenstrafe 67, 208, 211, 212
- strafrecht 51, **65/66**, 68, 73, 88, 94, 96, 102, 197, 223, 236, 242, 243
- täter **151/152**, 159, **239**
ne bis in idem 93
Neues Recht 87/88
  siehe auch milderes Recht
Neurose 191
Nichtanzeigen eines Fundes 113
Nichtigkeitsbeschwerde 68, 86, 206, 208
Nichtwissen **193**, 194
Nordische Staaten 92
Norm **24**, 25, 26, 27, 34, 44, 101, 121, 129, 165, 181, 192
- verletzung 25, 117, 215
Normative Kraft des Faktischen 183
Nothilfe **170**, 184
Nötigung 112, 179
Notlage 122
- recht 61
- stand 123, 163, 166, 172, **173–177**, 180, 181, 182, 184, 201
- - Begriff 173
- - Berechtigter 174
- - Grenzen 176/177
- - Mass 176
- - Rechtsnatur 174
- - Voraussetzungen 175/176
- - zivilrechtlicher 168
- - sexzess 177
- - shilfe **174**, 175, 176, 177, 184
- wehr 102, 121, 122, 162, 163, 166, **170–173**, 184
- - Begriff 170
- - Berechtigter 170
- - Exzess 173
- - Grenzen 172/173
- - provozierte 171
- - Voraussetzungen 170–172

Objektive Theorie fortgesetztes Delikt 110
- - Teilnahme **239**, 240
- - Versuch **221**, 222, 224, 226
Offizialdelikt 115, 178
Omissivdelikt 108
Opfer 46, 82, 91, 105, 116, 126, 143, 144, 151, 155, 156, 160, 164, 171, 172, 179, 189, 195, 199, 200, 226, 228, 229, 232, 237, 238, 243, 245
  siehe auch Verletzter
- gedanke 178
Ordnungswidrigkeit **31**, 66
Organisation 25
Organtransplantation 178
Österreich 77

Parallelwertung in der Laiensphäre **136**, 246
Peinliche Strafe 103
Person juristische 24, 27, 28, 96, **100/101**, 157, 236
- natürliche 27, 236
Personalität aktive 89, **92**, 94, **95**
- passive **92**, 94, **96**
Persönliche Verhältnisse 62, 148, **149/150**, **252/253**
Persönlichkeit 178, 222, 225, 226, 256, 257
- der Strafe **27**, 101, 209
Pflicht siehe Rechtspflicht, sittliche Pflicht
- delikte 236
- verletzung 46, 117, 122, 215
Pluralistische Gesellschaft 44
Politische Delikte 94, 210
Polizei 167, 169, 172, 176, 197, 230, 248
- strafrecht 66
Pressedelikt 217, 258, 262
- erzeugnis **257/258**, 259
- - periodisches 261, 262
- freiheit 217, **255**
- strafrecht 127, **254–262**
- verantwortlichkeit **258–261**, 262
Privatstrafklage 161
Privilegierung 112
  siehe auch Tatbestand privilegierter

Proportionalität siehe Verhältnismässigkeit
Provokation 171
Prozessrecht 28, 29, **35**, 36, 60, **65**, 68, 87, 89, 97, 156, 162, 181, 198, 202, 207, 208, 248
– strafrecht 67
– voraussetzung 156
Psychopathie **186**, 191
Putativdelikt **199**, 230
– notstand 195
– notwehr **172**, 195

Qualifiziertes Schweigen 67
Querulant 189

ratio legis 80
Raub 112, 119, 142, 248
Rauschmittelsucht 31
Realkonkurrenz 111
– unechte 112, **113**
Recht **23/24**, 42, 126, 131, 170, 171, 210
– öffentliches 34, 35
– Rechtfertigung 43
Rechtfertigungsgrund 102, 116, 120, 123, **161–185**, 195, 197, 201, 202, 203, 213, 224
– aussergesetzlicher 162, **164**, 166, **177–184**, 185
– gesetzlicher 162, **164**, 166, **177–184**, 185
– übergesetzlicher 123, **164**, **184/185**
Rechtsbegriff 190
– fahrlässigkeit 199
– findung 52
– – freie 48
– – – intra legem **81**, 166
– – – praeter legem **82**, 83, 207
– folge **116**, 163, 245
– frage 197
– gleichheit 50, 210
– grundsätze allgemeine 149
– gut 24, 27, 32, 42, 43, 44, 45, 46, 49, 66, 82, 91, 102, 103, 104, 105, 106, 108, 112, 113, 114, 115, 117, 118, 119, 121, 122, 125, 127, 145, 148, 150, 151, 157, 161, 163, 164, 165,

– gut (Fortsetzung) 166, 169, 170, 171, 172, 173, 174, 175, 176, 177, 180, 181, 184, 212, 215, 216, 217, 220, 222, 223, 228, 236, 239, 246
– – der Allgemeinheit 171, 178
– – inländisches 91
– – persönliches 171, 178, 184
– – staatliches 171 178
– hilfe 55, 56, 69, 94, 169
– institut 210
– irrtum siehe Verbotsirrtum
– kraft 85, 209
– lehre allgemeine 116, 166
– mittel 69, 206
– – ausserordentliches 86
– – kassatorisches 86, 206
– – ordentliches 85
– ordnung 24, 43, 46, 81, 123, 162, 178, 180
– – Bewährung 27, 33, 43, 44, 204
– – Einheit 163
– pflicht 99, 216, 249, 250
– quellen **46/47**, 51
– – des schweizerischen Strafrechts **53–74**
– satz 116
– sprechung 47, 50, **53**, **70/71**, 85, 88, 101, 106, 108, 110, 137, 140, 142, 153, 181, 190, 192, 206, 222, 224, 225, 226, 237, 240, 257
– staat 33, 46, 48, 52, 87, 224, 248
– vergleichung **73/74**, 80
– verwirklichung 42
– widrigkeit 82, 99, 102, 103, 115, **120–124**, 125, 128, 136, 138, 143, 146, 147, 149, 150, 151, 154, 155, 161, 162, 165, 169, 174, 185, 192, 196, 198, 202, 213, 214, 218, 219, 230, 244, 245, 253
– – formelle 120, **121/122**, 123, 124, 128, 130, 163
– – materielle 120, 121, **123**
– zwang 25, 43
Redaktionsgeheimnis 261, 262
Redaktor 259, 260, 261, 262
Reflex 102

273

Rehabilitation 211/212
Relevanztheorie 107
Religion 23
Resozialisierung 44, 47, 61, 92, 204, 210
Richter 29, 47, 50, 51, 53, 81, 83, 190, 192, 199, 210, 211, 222
Risiko 151, 183
Riskantes Verhalten 134
Rückfall 32, 104, 253
Rückfällige 186, 226
Rücksichtslosigkeit 134
Rücktritt vom Versuch 228, 232
– von Gehilfenschaft 251
Rückwirkung der Rechtsprechung 50
– des Gesetzes 49, 54, 84, 87


Sachbeschädigung 110, 113, 139, 181
Sache 53, 122, 135, 136, 142, 143, 192, 194, 197, 218
– öffentliche 178
Sachenrecht 135/136
Sachentziehung 143, 194
– verhalt 116, 140, 156, 163, 192, 196, 245, 247
– – sirrtum 166, 172, 177, 180, 181, 185, 193–196, 197, 230, 251
Sanktion 25, 26, 32, 33, 34, 36, 37, 40, 45, 47, 50, 73, 78, 101, 127, 163, 204, 206, 209, 211, 216, 217
– kriminalrechtliche 33
– – Vollstreckung 33, 36, 73, 79
Schadenersatz 28, 103, 173, 174, 211
Schuld 33, 38, 42, 46, 86, 99, **102**, 103, 110, 114, 115, 117, **124–128**, 135, 137, 139, 153/154, 155, 162, 175, 190, 192, 193, 194, 198, 199, 201, 202, 213, 214, 215, 216, 238, 244, 246, 258
– ausgleich 151
– ausschliessung 97, 116, 128, 173, 174, **185–201**, 203, 224, 232
– – übergesetzliche 201/202
– begriff normativer **125**, 185
– – psychologischer 125
– fähigkeit 127, 128, **129–133**, 138
siehe auch Zurechnungsfähigkeit

Schuld (Fortsetzung)
– form 119, 121, 128, 131, **133–154**, 223
– merkmale besondere 137, 153, **154/155**, 223, 237, 246
– – normative **125**, 147
– – psychologische **125**, 137, 147
– milderung 128, **191**
– minderung 192
– prinzip 110, 192, 196, 244, 245, 250
– strafrecht 113, **127**, 128, 239
– tatbestand 116
– teilnahmetheorie **246**, 248
– theorie **137**, 195, 200
– unfähigkeit 190, 238
siehe auch Zurechnungsunfähigkeit
– vermutung 128
Schwachsinn 132, 185, **188**, 191
Schwangerschaft straflose Beendigung 60, 62, 63, 73, 176
Schweizer 89, 95
Schwere Fälle 104, 205
Seefahrzeug 89
Selbsthilfe 168
– verletzung 179/180
Sexualdelikte 51, 53, 67, 73, 81, 115, 139, 165, 171, 172, 179, 182, 198, 214, 227, 258
Sicherheit öffentliche 30
– shaft 68
Sicherung 39, 45
Sitte 23
Sittliche Pflicht 108
Situationsverbrecher 33
Sitzungspolizei 29
Solidarische Haftung 101, 259
Sonderdelikte **114/115**, 230, 236, 238, 239, 241, 252
– unechte 115
Sorgfalt **148–150**, 216
– spflicht 121, 145, **148–150**
Sozialadäquanz 183
– ethik 31, 41, 48, 112, 126, 183, 216
– gefährlichkeit **32**, 33, 46, 50
– staat 145
Spezialität 112
Spezialprävention 39, **40**, 41, 47
Spielregeln 182

Sport 182/183
– Einzelsport 182
– Kampfsport 182
Staat 25, 29, 34, 38, 89, 171, 256, 257
– sangehörigkeit 89, 92
– sanwalt 35
– sdelikte 51, 95, 262
– srecht 35, 38, 98
– sschutz 60
– – prinzip 89, **91**, 94, **95**
– sverträge 55, 56, 73, 89, 92, 93
Ständerat 61
Steuerstrafrecht **67**, 112
Strafanspruch 34
– antrag siehe Antrag
– anzeige 158, 168
– aufhebungsgründe 203, 209
– ausdehnungsgrund 219, 235, 241
– ausschliessung 83, 203, 209, 228, 253
– bare Handlung 26, 32
– barkeit 51, 52, 78, 114, 116, 120, 128, 130, 132, 138, 139, 154, 155, 166, 194, 212, 217, 222, 230, 233, 246
Strafbarkeit Ausschluss 202/203
– Irrtum 196
– sbedingungen objektive 102, 115, 116, 138, **155**, 195, 219, 223
– befehl 161
– befreiung 81, 196, 202, 203, 204
– begründung 108, 153, 252
– drohung 25, 39, **51/52**, 95, 103, 104, 205, 244, 251
Strafe 25, **26-28**, 31, 32, 40, 41, 43, 52, 100, 210, 211, 227, 247
– körperliche 57
– Persönlichkeit **27**, 101, 209
– Proportionalität 42
– Sinn 41
– Übelscharakter **27/28**, 101, 209
Straferhöhung 195, 253
– erlass 210
– gericht 35
– gesetz **51/52**
– – buch **64**, 67, 99, 166, 168, 216
– – – Entstehungsgeschichte 57
– – – 1. Teilrevision 60/61

Strafgesetzbuch (Fortsetzung)
– – – 2. Teilrevision **61/62**, 65, 87, 128, 191, 194, 237
– – – neue Teilrevision 62/63
– – – Textausgaben 64
– hinderungsgrund 202, 203, 206, 207, 213
– losigkeit 87, **170**, 198, 202, 211
– mandat 161
– milderung 83, 104, 129, 171, 173, 177, 191, 196, 199, 200, 204, 205, 209, 210, 227, 228, 229, 232, 237, 239, 241, 251, 253, 254
– minderung 192, 195, 253
– mündigkeit 129
– prozess siehe Prozessrecht, Strafverfahren
– rahmen 52, 81, 210
– recht **33/34**, 41, 46, 58
– – formelles **34/35**, 36
– – materielles **34**, 36, 56, 57, 89, 156, 207
– – objektives 36
– – stellvertretendes **92**, 95, **96**
– – subjektives 34
– – shoheit **89**, 91, 92, 94, 95
– – – Teilnahme 254
– – spflege 25, 37, 43, 58
– – stheorien 38-43
– – swissenschaft 35, **36**
– register 211
– schärfung 104, 205, 240, 253
– theorien **43**, 46
– verfahren 35, 45, 50, 56, 58, 85, 163, 211
– – erstinstanzliches 86, 161
– – Psychologie 37
– – Übertragung 92
– verfolgung 50, 51, 95, 117, 155, 156, 158, 189, 205, 209, 211
– – ausländische 89
– vollzug 28, 32, 33, **35**, 40, 41, 44, 45, 47, 49, 52, 57, 61, 92, 93, 95, 132, 204, 206, 208, 209, 210, 211
– – bedingter siehe bedingter Strafvollzug
– – srecht formelles **35**, 36

Strafvollzugsrecht (Fortsetzung)
— — — materielles 35, 36, 56/57
— würdigkeit 27, **45/46**, 48, 220, 248
Strafzumessung 52, 104, 128, 138, 153, 154, 235, 250
— zweck 41
Strassenverkehr 25, 42, 65, 66, 73, 85, 113, 118, 141, 149, 150, 151, 178, 182, 211, 223, 239
Subjektive Theorie fortgesetztes Delikt 110
— — Strafgesetzbuch siehe Schuldprinzip, Schuldstrafrecht
— — Teilnahme 239, 240, 248
— — Versuch 220, **221/222**, 223, 224, 225, 226, 228, 231
Subsidiarität 112/113
Subsumtion 131
— sirrtum 199
Sühne 40, 41, 42, 46
Systematik 36, 51, 100, 117, 118, 120, 156, 179, 202, 211, 212–217

Talion 42, 44
Tat 83, **93**, 94, 130, 203, 204, 211, 213, 247
— bestand 49, 103, 104, 105, 109, 110, 111, 112, 114, **116**, 121, 125, 128, 145, 165, 193, 214, 216, 217, 230, 235, 244
— — abgewandelter 115, **120**, 136, 138
— — eigenständiger 104, 119
— — einfacher 119
— — privilegierter 104, 112, **120**, 136
— — qualifizierter 104, **120**, 136
— — verwandter **119**, 120
— — zusammengesetzter **119**, 152
— — smässigkeit 99, **102**, 103, 108, 115, **117/118**, 121, 123, 124, 136, 143, 146, 147, 150, 155, 161, 163, 164, 165, 166, 171, 183, 185, 202, 213, 214, 215, 252
— — smerkmale 85, 90, 91, 106, 111, 114, **116**, 135, 179, 194, 195, 198, 217, 219, 242

Tatbestandsmerkmale (Fortsetzung)
— — äussere 114, **116**, 117, 118, 122, 135, 136, 141, 143, 153, 154, 158, 162, 194, 213, 217, 219, 220, 221, 223, 226, 227, 237, 239, 240, 241, 245, 249, 252, 253
— — deskriptive **53**, 136
— — innere 114, **116**, 117, 122, 154, 213, 217, 219, 223, 237, 241, 246
— — negative 120, **165/166**
— — normative **53**, 81, 136
— — objektive 116, siehe äussere
— — persönliche 235
— — sachliche 252
— — subjektive 116, siehe innere
— — stheorie formell-objektive **221**, 224, 226
— — — materiell-objektive 221
Tatentschlossenheit 222, 223, **225–227**
Täter 46, 50, 126, 157, 158, 165, 195, 234, **235–237**, 252
— begriff 235–237
— — extensiver 237
— — restriktiver 237
— schuldloser 216
— strafe 241, 249
— system 212/213
— unbekannter 158
Tatfrage 197
Tatherrschaft **235**, 236, 240, 250
Tätige Reue **229**, 232
Tätigkeitsdelikt schlichtes **105**, 229
Tatirrtum siehe Sachverhaltsirrtum
Tätlichkeit 81, 163, 169
Tatmittel **230**, 231, 232
— mittler **237**, 238
— objekt **230**, 231, 232
siehe auch Handlungsobjekt
— ort 89, 90, 226,
siehe auch Begehungsort
— — recht 93
— — staat 92
— plan 223, **225**, 229, 232, 237
— schuld 41, 44, 46
— verdacht 50
Teilnahme 98, 116, 120, 217, 235, **242–254**, 260

Teilnahme (Fortsetzung)
- notwendige 243
- Teilrevision siehe Strafgesetzbuch
- ursache 151, 183
Telephonüberwachung 261
Territorialprinzip 90, **91**, **94/95**, 254
Tier 175
- prozesse 100
- quälerei 26
Tod des Angeschuldigten 203, **209**
- - Verurteilten 203
Tötung 24, 88, 136, 144, 165, 182, 196
- auf Verlangen 178, 179
- fahrlässige 105, 127, 143, 148, 150, 239
- vorsätzliche 42, 84, 103, 105, 108, 120, 139, 143, 200, 219, 224, 227, 231, 237
Trinkwasser 168, 171
Trinkerheilanstalt 87
Trunksucht 31, 185
Tschechoslowakei 60
Tun 131, 227, 235

Übergangsalter 129
Übertretung 31, **66**, 68, 94, 103, 128, 134, 205, 207, 233, 245, 251, 252
- sstrafe 66, 67
- sstrafrecht 66
Überzeugungstäter 126
Ubiquitätstheorie 90
Üble Nachrede 61
Umgangnehmen von Strafe 199, 202, 228, 232
Umkehrprinzip 109, 119
Umweltschutz 73
Ungehorsam 31
Universalitätsprinzip 92
Unlauterer Wettbewerb 60, 66, 258
Unrecht **124**, 130, 137, 170
- sausschliessungsgrund 162
- selemente subjektive 122, 154, **213**
- slehre personale 117, 122, 213, **215-217**
Untauglicher Versuch siehe Versuch
Untaugliches Subjekt **230**, 233
Unterlassung 50, 99, **108**, 131, 215, 227, 235, 250

- sdelikt **107/108**, 118/119, 205, 215, 236
- - unechtes **108**, 118, 150, 240, 242, 250
Unterschlagung 143
Untersuchungen besondere 68, 189
Untersuchungshaft 29, 95
- handlung 207
- richter 35
Unverstand 232
Unvorsichtigkeit pflichtwidrige 147, **148-150**, 152
Unzucht mit Kindern 231, 233, 243
Unzumutbarkeit 201
Urkundenfälschung 58, 67, 112, 228, 252
Ursache 151
   siehe auch Kausalität, Teilursache
Urteil 45, 53, 160, 161, 167, 202, 203, 204, 208, 211
   siehe auch Entscheid
- sfähigkeit 157, 178
- sveröffentlichung 211

Verantwortlichkeit 27, 33, 41, 45, 101, 107, 124, 126, 129, 131, 132, 151, 152, 167, 171, 173, 178, 183, 185, 191, 201, 215, 235, 240, 256, 258, 262
- presserechtliche **258-261**, 262
Verbandsstrafe 29
Verbot 24, 118, 182, 196
- sirrtum 167, 193, 195, **196-200**
Verbrechen **66**, 95, 98, 103, 104, 154, 167, 224, 245, 247, 248, 251, 253, 258
- gegen die Menschheit 56
- sbegriff allgemeiner 99, 100, **102**, 116, 117, 121, 202, 213
- slehre allgemeine 212
Verdeckte Fahndung 248
Vereinigte Staaten von Nordamerika 52, **78/79**
Vereinigungen 72
Verfahren 33, 34, 36
   siehe auch Prozessrecht, Strafverfahren, Strafverfolgung
- vereinfachtes 31
- skosten **29**, 69

Verfasser 258, **259**, 260, 261
Verfassung 24, 47
 siehe auch Bundesverfassung
 – srichter 57
Verfolgungsbeschränkungen 98
 – pflicht 68
Vergehen 66, 96, 98, 103, 104, 224, 245, 251
Vergeltung 28, 39, 41, 44, 47, 173, 204
Verhaftung 29, 169, 172, 209
Verhalten 23, 36, 48, 49, **99–103**, 109, 119, 124, 130, 131, 137, 140, 145, 146, 151, 155, 164, 168, 175, 180, 192, 231
 – sregeln 26, 31, 51, 136, 217
 – – zwingende **27**, 45, 50
Verhältnismässigkeit 163, 166, 169, 174, 176, 177
Verjährung 203, **204–209**
 – der Verfolgung 113, 203, 204, **205–207**, 208
 – – – absolute 207
 – – Vollstreckung 86, 203, 204, **207–209**
 – – – absolute 209
Verkehrsregel 31
Verleger 259, 260, 261, 262
Verletzter 156, **157**, 159, 160, 178, 256, 257, 259
Verletzung 24, **104**, 105, 113, 122, 127, 148, 151, 161, 165, 172, 180, 204, 215, 216, 217, 222, 239
 – sdelikt 104, 106, 113, 148, 149
 – sunwert 122
 – svorsatz 144
Verleumdung 255
Vermeidbarkeit 124, 125, 145, 152
Vermögen 24, 27, 66, 105, 119, 122, 171, 172, 175, 176, 178
 – sdelikt 128, 154, 165, 238
Veröffentlichung 261
Verordnung 47
versari in re illicita **144**, 152
Verschulden **153/154**, 192, 228, 239, 240, 241

Versuch 104, 113, **114**, 116, 117, 128, 143, 213, 216, 217, **218–233**, 244, 246, 247, 251, 253
 – Arten 219/220
 – Begriff 219
 – untauglicher 179, 195, **220**, 222, 223, 224, **230–233**, 245, 247
 – unvollendeter **219/220**, 223, **224–228**, 232
 – vollendeter 106, 200, **220**, 223, **229**, 232
Verteidiger 209
Vertrag 118
 – srecht 24, 27, 28, 257
Vertretener 236, 242
Vertreter 158, 236, 237
 – gesetzlicher 157, 209
Verüben der Tat 83/84
 siehe auch Ausführen der Tag, Ubiquitätstheorie
Veruntreuung 30, 104, 153, 231, 250
Verwaltungsrecht 30, 35, 52, 65, 66, 67, 85, 162, 181
 – strafrecht 65, 66, **67**, 101, 205, 209, 252
 – strafverfahren 69
 – zwang 25
Verweis 29
Verwirklichungswille 135
vis absoluta 201
 – compulsiva 201
Völkerrecht **54–56**, 88, 89, 92, 106
 – liches Strafrecht 55/56
Vollendung 113, **114**, 200, 217 **219**, 220, 221, 224, 227, 228, 233, 244, 246, 247, 248, 250, 251, 261
Vollstreckbarkeit 208
Vollstreckung ausländischer Strafen **93**, 95
Voraussehbarkeit 107, 135, 145, **150/151**, 152, 153, 175
Vorbehalt unechter 67
Vorbereitungshandlung 219, 220, 224, 225/226, 227, 232, 240, 249
Vorgesetzter 149, 240, 242, 250
Vormundschaft 29
 – liche Gewalt 211

Vorsatz 102, 103, 104, 107, 109, **114**, 116, 117, 124, 133, **134–144**, 146, 150, 151, 152, 153, 155, 158, 166, 171, 182, 185, 192, 195, 196, 198, 199, 200, 213, 214, 215, 216, 217, 223, 237, 238, 244, 246, 250, 260
siehe auch dolus, Eventualvorsatz
– Arten 138–144
– bedingter 142
– Begriff 134/135
– einfacher 138
– Gegenstand 135/136
– Inhalt 136–138
– psychologischer 137, 195
Vorsätzlichkeit 134, 217
Vorsatztheorie **137**, 138, 200
Vorstellungstheorie 134, 140
Vortat straflose 113
Vortrittsrecht 178, 239
Voruntersuchung 163, 190
Vorwerfbarkeit 27, 129, 137, 185

Waffengebrauch 169
Wahndelikt **199**, 230
Wahrscheinlichkeitstheorie **140**, 141
Wahrung berechtigter Interessen 181/182
Warenfälschung 112, 113, 165
Warnstrafe 39
Weltrechtsprinzip 92, 94, **96**
Werkzeug doloses
Wert 82, 103, 136, 163, 228
Wiederaufnahme 68, 86
Wille 125, 130, 133, 134, 135, 140, 146, 214, 217, 219, 220, 221, 222, 244, 245
– nsäusserung 161
– – konkludente 160
– nsbildung 102, 109, 110, 111, 113, 116, 126, 153
siehe auch Motiv
– nsfreiheit 126, 127
– nsmängel 161
– nstheorie 134
Willkürlichkeit **102**, 217
Wissen 130/131, 134, 140, 146, 153
– sschuld 152/153
– schaft 53
siehe auch Doktrin

Wohnsitz 92
Wollen limitatives 135
Wortlaut 82
Wucher 53, 81, 165, 179, 223

Zeitablauf 204
– gesetz **86**, 88
– schriften 72, 75, 76, 77
Zeuge 29, 114, 167, 227, 230, 261
Zivilprozess 25, 168
– recht 25, 28, 29, 30, 58, 59, 82, 101, 162, 163, 193, 219
Zollgesetz 66, 67, 207
Zuchthausstrafe 48, 52, 61, 103, 205, 210, 211
Züchtigungsrecht 163, 169, **183**
Zufall 124
Zurechnungsfähigkeit 127, **130–133**, 185, 191, 216
– Begriff 130
– Beweis 133
– Elemente 130–132
– Minderung 104, 133, **190–192**
– Relativität 132
– Zeitpunkt 132/133
– Zweifel 133
Zurechnungsunfähigkeit 31, 130, 171, 185, **186–190**, 203, 253
– – Beweis 189/190
– – Relativität 189
Zusammenarbeit internationale 55
– treffen strafbarer Handlungen 104
– – Strafbestimmungen 104
siehe auch Ideal-, Realkonkurrenz
Zuständigkeit 87
– internationale **89**, 90, 106
– örtliche siehe Gerichtsstand
Zustandsverbrecher 186
Zwang 28, 185, 200/201
– psychologischer 39/40
– smassnahmen 29, 68, 261
– svollstreckung 25, 181
Zweckmässigkeit 32, 42, 85, 87
– strafe 40
Zweikampf 178, 243
Zwischenwirkung 91

279

Stämpflis juristische Lehrbücher: Strafrecht

PROFESSOR DR. HANS SCHULTZ

*Einführung in den Allgemeinen Teil des Strafrechts*

**Band I:** *Die allgemeinen Voraussetzungen der kriminalrechtlichen Sanktionen*
1974, 2., durchgesehene und ergänzte Auflage, 270 Seiten, brosch. ca. Fr./DM 38.–

Der Band behandelt vorerst die Aufgabe des Strafrechts als Teil einer Rechtsordnung und damit als letzte Stufe des Schutzes der Rechtsgüter, darnach als allgemeine Voraussetzung der kriminalrechtlichen Sanktionen den allgemeinen Verbrechensbegriff.

**Band II:** *Die kriminalrechtlichen Sanktionen – Das Jugendstrafrecht*
1974, 2., durchgesehene und ergänzte Auflage,
210 Seiten, broschiert, ca. Fr./DM 34.–

Dieser Band stellt die kriminalrechtlichen Sanktionen und deren Zumessung mit der ihr gebührenden Einlässlichkeit sowie das Jugendstrafrecht dar.

PROFESSOR DR. GÜNTER STRATENWERTH

*Schweizerisches Strafrecht, Besonderer Teil*

**Band I:** *Straftaten gegen Individualinteressen*
1973, 298 Seiten, broschiert, Fr./DM 37.–

Die Darstellung dient vor allem dem Studenten und beschränkt sich auf die wesentlichen Fragen. Da jedoch eine umfassende deutschsprachige Kommentierung des Schweizerischen Strafgesetzbuches noch immer fehlt, schien es angezeigt, Praxis und Doktrin genauer nachzuweisen, als es bei einer blossen Studienhilfe nötig gewesen wäre.

**Band II:** *Straftaten gegen Gemeininteressen*
1974, 375 Seiten, mit Gesetzes- und Sachregister, broschiert, Fr./DM 49.–

Die Darstellung folgt denselben Grundsätzen wie der erste Halbband dieses Werkes. Die Register erschliessen beide Bände zusammen, wobei die durchlaufende Paginierung deren Benutzung erleichtert.

*In allen Buchhandlungen erhältlich*

**Verlag Stämpfli & Cie AG Bern**